Reiterbildnis König Augusts des Starken von Louis de Sylvestre

DAS ALTE DRESDEN

Bilder und Dokumente aus zwei Jahrhunderten

Gesammelt und herausgegeben

von

ERICH HAENEL

und

EUGEN KALKSCHMIDT

GONDROM

Lizenzausgabe für Gondrom Verlag GmbH & Co. KG, Bindlach 1995

ISBN 3-8112-1294-X

Inhalt

	Seite
Die Stadt der Vergangenheit. Von Erich Haenel	1
Der galanteste Hof der Welt. Von Johann Michael von Loen	12
Dresdner Karneval. Von Johann Michael von Loen	17
Die Gräfin Orczelska. Von Baron Pöllnitz	21
Eine Bittschrift in Versen	22
Von Dresden überhaupt. Von Benjamin Gottfried Weinart	23
Der Dresdner Hof in preußischer Gewalt. Ein „Promemoria" an König August III.	33
Die Beschießung Dresdens. Von P. Schreyer	35
Der reichste Mann in Sachsen. Eine gerichtliche Urkunde	40
Verschwendung im Brühlschen Palais. Aus vertraulichen Briefen eines Ungenannten	45
Johann Georg Palizsch	48
Ein Feuerwerk zu Wasser und zu Lande. Von Caroline Lucius	51
Die Dresdner Oper unter Hasse	57
Goethes erster Besuch in Dresden. Aus „Wahrheit und Dichtung"	58
Musikalische Reisebilder. Von Charles Burney	63
Ein merkwürdiges Experiment. Von Charles Burney	65
Eine Geisterbeschwörung im Jahre 1774. Von William Wraxall	66
„Harmonika"-Konzerte. Von Elisa von der Recke	70
Anfänge der Luftschiffahrt. Von Johann Christian Hasche	72
Lichter und Schatten. Von Kaspar Risbeck	75
Im Spiegel eines Reisenden. Aus anonymen „Briefen über Sachsen"	80
Von der großen Elbflut des Jahres 1784. Zeitgenössischer Bericht	85
Schillers Ankunft in Dresden. Ein Brief des Dichters	86
Schillers Brief vom 12. September 1785 an seinen Freund Körner	89
Schiller in Loschwitz. Von Fritz Jonas	90
Berühmte Gäste im Körnerhause. Von Gustav Parthey	91
Geselligkeit um 1800. Von Friedrich Laun	95
Jean Paul in Dresden. Aus einem Briefe des Dichters	98
Anton Graff	98
Empfindsame Maientage der Elisa von der Recke. Aus ihren Tagebüchern	101
Im polnischen Brauhause. Von Gustav Nieritz	103
Die Kurfürstliche Bibliothek um 1800. Zeitgenössischer Bericht	107
Die Zensur um 1800. Aus den Erinnerungen eines Ungenannten	109
Die Mundart der Dresdner. Kritische Bemerkungen eines Ungenannten	113
Das Lesebedürfnis der Dresdner. Prospekt über das „Museum" der Buchhandlung Arnold	114
Lady Hamilton und Nelson in Dresden. Von Ludwig Th. Kosegarten	115
Frühling in Dresden. Von Philipp Otto Runge	120
Öffentliche Vorträge. Von Gotthilf Heinrich von Schubert	121
Sturmzeichen. Von Gustav Nieritz	126
Kriegsbriefe aus dem Körnerhause. Von Minna und Emma Körner und Dora Stock	126

Seite

Vor Rauchs Büste der Königin Luise. Gedicht Theodor Körners 131
Napoleon. Von Wilhelm von Kügelgen 132
Der Kaiser auf der Flucht. Ein Brief von Friedrich Förster 134
Die Russen kommen! Von Wilhelm von Kügelgen 138
Die Befreiung. Von Marie Helene von Kügelgen 140
Die Sprengung der Augustusbrücke am 19. März 1813. Bericht eines Augenzeugen . . . 145
Der Freiherr vom Stein über Dresdner Stimmungen im Jahre 1813 151
Die Kriegszeit. Von Ludwig Richter 152
Schlacht bei Dresden. Von Freifrau von Zezschwitz 161
Nach der Schlacht. Von Gustav Nieritz 164
Aus der Schlacht bei Dresden. Gedicht von Julius Koch 168
In der belagerten Stadt. Von Gustav Nieritz 169
Körners auf der Flucht. Ein Brief von Minna Körner 172
Der Einzug des Königs Friedrich August 1815. Von Jul. Fr. Jakob von Könneritz . . . 175
Ideen zur Verschönerung der Stadt. Von Christian Arnold 177
Eisgang auf der Elbe. Von Carl Gustav Carus 182
Zum ersten Male in Dresden. Von Ernst Rietschel 183
Die Romantik der Sächsischen Schweiz. Von Ludwig Rellstab 187
Goethe und Luise Seidler. Aus den „Erinnerungen" der Malerin 191
Die Anfänge der Dreyssigschen Singakademie. Von Karl Maria von Weber 192
Kunstleben nach dem Kriege. Von Carl Gustav Carus 194
Künstlerprofile: Caspar David Friedrich und andere. Von Wilhelm von Kügelgen 200
Die Umwandlung der Theaterverhältnisse und die Gründung des Hoftheaters 1814 202
Im Hause Karl Maria von Webers. Von Max Maria von Weber 206
Am Stammtisch bei „Chiappone". Von Max Maria von Weber 211
Weber im festlichen Kreise. Von Karl von Holtei 213
Auf den Brand des Pillnitzer Schlosses am 1. Mai 1818. Gedicht von König Johann . . 217
Höfische Vergnügungen. Von Washington Irving 218
Zelebritäten. Von Wilhelm von Kügelgen 219
Das Landhaus Putjatin. Von Rudolf von Kyaw 231
Peter Cornelius in Dresden. Von Karl Förster 232
Die Königliche Residenz um 1820. Von Gustav Klemm 239
„Liederkreis" und „Abendzeitung" 242
Dresdner Poesie. Ein Gedicht von Heinrich Heine 246
Vorlesung im „Liederkreise". Von Wilhelm von Lüdemann 248
„Faust" im Hoftheater; Prolog von Ludwig Tieck 253
Therese aus dem Winckell. Von Luise Seidler 256
Im Hause Elisens von der Recke. Von Karl Falkenstein 259
Begegnung mit Jean Paul. Von Karl Förster 262
Tiecks Vorlesungen. Von Karl Immermann 266
Der Tod Friedrich Augusts I. Von Gustav Klemm 268
Die September-Revolution 1830. Zeitgenössischer Bericht 271
Pillnitz und Dresden. Von Karl Immermann 279
Gesellschaftlicher Naturgenuß um 1830. Von Wilhelm von Lüdemann 279
Der Sieg des Bieres. Aus den „Jugenderinnerungen eines alten Sachsen" 285

Seite
Der Struvesche Gesundheitsgarten. Von Ernst Scherzlieb 286
Konditoreien und Kaffeehäuser. Von Heinrich Meynert 289
Chaisenträger. Von Heinrich Meynert 292
Die ersten Dampfschiffe. Plauderei eines Ungenannten 295
Die Leipzig-Dresdener Eisenbahn. Bericht eines Zeitgenossen 296
Die Tieckbüste von David d'Angers. Von Karl Förster 302
Allerhand Ritter vom Geiste. Von Friedrich Pecht 304
Richard Wagners Anstellung 1843. Aus seiner Selbstbiographie 314
Karl Maria von Webers Asche. Von Richard Wagner 321
Im Vormärz. Von Alfred Meißner 328
Die Geselligkeit der Fremdenstadt. Von Friedrich Pecht 335
Otto Ludwigs Einführung in Dresden. Aus einem Briefe des Dichters 342
Bewegte Zeiten am Hoftheater. Von Karl Gutzkow 345
Die Gründung des Handwerkervereins. Von Gustav Freytag 348
Dresdner Bäckereiverhältnisse. Von Gottlieb Traugott Bienert. 352
Der Maiaufstand 1849. Von Gustav Nieritz 357
In militärischer Beleuchtung. Von Gustav von Schubert 364
Zwei Aufrufe 369
Richard Wagner als Revolutionär. Aus seiner Selbstbiographie 370
Alfred Rethel über den Aufstand. Ein Brief des Malers 375
Einzelbilder aus den Maitagen. Von Hermann Schöne 376
Die Leiter des Aufstandes. Von Fr. Ferdinand Graf von Beust 384
Der gefährliche Kalabreser. Von Johann Friedrich Hoff 388
Die Dresdner Konferenzen. Von Fr. Ferdinand Graf von Beust 390
Von Dresdner Kapellmeistern und Virtuosen. Von W. J. von Wasiliewsky 393
Kunst und Künstler 1856. Von Friedrich Preller dem Jüngeren. 394
Ein Brief aus dem Jahre 1860. Von Karl Stahr 403
Die Dresdner Vogelwiese der guten alten Zeit. Von Karl Otto Bucher 408
Das große Vogelwiesen-Gewitter. Von Carl Reinhardt 410
Die Dresdner Heide um 1860. Von Heinrich Meschwitz 414
Die Zeitungen um 1864. Von Otto Walster 415
Das Sängerbundesfest 1865 419
Der alte Emil Devrient. Von Alfred Meißner 420
Der Brand des Hoftheaters 1869 422
Ein Original, Leibarzt Dr. Walther. Von Sidney Whitman 427
Die Heimkehr des siegreichen Heeres. Von Otto Richter 429
Ludwig Richters Lebensabend. Von Paul Mohn 430
An der Polytechnischen Schule 1875. Von Leo Königsberger 435
Das literarische Leben in den achtziger Jahren. Von Karl Woermann 437
Erwachendes Kunstleben. Von Alfred Lichtwark 440
Die Großstadt bis zur Jahrhundertwende. Von Eugen Kalkschmidt 444
Schriftquellen. 457
Verzeichnis der Abbildungen 463
Namen-Verzeichnis 469

Titel zu Kleists „Phöbus“ 1808
Zeichnung von Ferdinand Hartmann

Von der geruhsamen Doppelbiegung des Stromes umrahmt und geleitet, drängt sich die Stadt zwischen den weichen Anhöhen des engbesiedelten Dorfreviers im Süden und dem waldigen Heideplateau im Norden und Osten dicht an die freundlichen Ufer. Die steinerne Symphonie ihrer Bauten scheint von vier mächtigen Sätzen getragen, die als Türme aus dem Melodienreichtum der Dächer und Giebel emporwachsen. Die Kreuzkirche schlägt in mäßig bewegtem Allegretto den Ton an, den das deutsche Barock in hundert köstlichen Variationen durch alle Straßen und Gassen singt. Ein gewaltiges Maestoso wölbt sich die Kuppel der Frauenkirche, Tempel protestantischer Gläubigkeit und bürgerlichen Tatbewußtseins. Das strenge Motiv des quadratischen Grundplanes weitet sich zum Halbrund des Chores, und viermal läßt der Meister den feierlichen Jubel der sanft geschwungenen Türme emporbrausen, ehe die erhabene Leichtigkeit der Laterne den frommen Satz in Kraft und Licht auflöst. Das Scherzo, der nadelspitze Schloßturm, trägt allein die Züge des siebzehnten Jahrhunderts. Flache Blendarkaden, Galerien, Rundfenster, lauter leichte, kurzatmige Formgebilde, eng und eilig aneinander gereiht, aufeinander getürmt, von altväterischer Beweglichkeit; die Melodie atmet zweimal stärker auf, ein langgezogener Geigenstrich — ein Paukenschlag — der Satz ist aus. Nun aber braust, fast ohne Pause, das stolzeste Finale auf. Zwei breite Sockel, von hundert eleganten und pathetischen Fiorituren aus Stein umspielt, tragen den Triumphgesang des katholischen Absolutismus. Der Turm der Hofkirche Friedrich Augusts II. vereinigt die Süßigkeit des architektonischen Belcanto, dessen klassischer Künstler Francesco Borromini ist, mit dem sinnlich schweren Temperament des deutschen Rokoko. Alle Instrumente baukünstlerischer Schaffensseligkeit klingen auf. Auf breiten Wogen schwillt das Hauptthema empor; in einem weitgespannten Unisono gipfelt die wundervolle Komposition.

Wer einmal die Musik des Dresdner Stadtbildes so vernommen und genossen hat — und wer könnte sich, etwa auf der Plattform der Brühlschen Terrasse flußauf- und abwärts wandelnd, diesem eigenartigen künstlerischen Gesamteindruck entziehen? — kann sich die Baudenkmäler des achtzehnten Jahrhunderts unmöglich aus dem Ganzen dieser geschichtlichen Einheit wegdenken. Und doch sind kaum erst mehr als zweihundert

Jahre vergangen, seit die Residenz der sächsischen Kurfürsten, Stadt und Festung Dresden, die entscheidenden Züge ihrer Erscheinung empfangen hat. Damals trennte eine Welt schicksalsreichen Geschehens die Heimat des jugendlichen Fürsten, der sich eben die polnische Königskrone auf das Haupt gesetzt hatte, von den düsteren Zeiten, da die wettinischen Markgrafen die Stadt im Dienste der Hohenstaufenkaiser als Bollwerk gegen die Slawen im Osten des Reiches gründeten. So stand deren Burg auf dem höchsten Punkte des südlichen Elbufers, und unter ihren Mauern spannte sich die Brücke dem sorbischen Fischerdorfe zu, über den träge im Sumpfgelände schleichenden Strom. Aber auf ihrem Rücken ging der Handelsverkehr ins Ostland seine Straße, und der Marktplatz, der rechteckige Kern der regelmäßigen, dem altrömischen Castrum nachgebildeten Stadtanlage, sah vor seinem freistehenden Rathaus jahrhundertelang die schweren Karren derer, die von und zu den westdeutschen Messen in Leipzig und Frankfurt ihre Waren führten. Aus dem Dämmer des Mittelalters erheben sich zwei Gotteshäuser. Die Klosterkirche der Franziskaner, wo der neue Orden der Bettelmönche sein Evangelium für die Armen und Ärmsten predigte, ein schlichter Hallenbau mit zwei Schiffen, was der Gotik der Zeit sonst fremd war, trägt heute den Namen der Kurfürstin Sophie. Denn diese hatte, am Ende des sechzehnten Jahrhunderts, den verfallenen Bau für den protestantischen Gottesdienst wieder herstellen lassen, und der Hof, der Adel und viele angesehene Bürgerfamilien fanden in der zur Hofkirche geweihten Halle ihre letzte Ruhestätte. Eine dünne und erkünstelte Gotik hat in den sechziger Jahren des neunzehnten Jahrhunderts das Gesicht des feinen alten Bau's ins Kathedralenhafte zu steigern versucht. Von der wichtigeren der mittelalterlichen Stadtkirchen, der dem heiligen Kreuze geweihten, ist heute nur noch der Name erhalten. Der spätgotische Bau, dessen breites Turmmassiv mit der dreispitzigen Bekrönung fast zwei Jahrhunderte lang die Silhouette der alten Stadt beherrschte, sank unter den Granaten Friedrichs des Großen in Trümmer.

Den Vorrang über Klerus und Bürgerschaft errangen als Bauherren die Landesfürsten, deren Schloß jetzt das entwicklungsreichste Denkmal der deutschen Renaissance wurde. Das Georgentor, das die Stadt nach dem Fluße und der Brücke abschließt, erinnert heute noch allein an den Fürsten, der, anfangs ein Anhänger, bald der erbittertste Gegner der Reformation, der heiteren und spielerischen Bewegung der süddeutschen Baukunst den kühleren Norden erschloß. Kurfürst Moritz ging noch weiter. Der Schloßhof, den der jetzt um das vierfache vergrößerte Bau der alten Residenz entstehen ließ, ist mit seinen vier Wendelstiegen und keck geschwungenen Giebeln der imposanteste Zeuge einer Baugesinnung, die aus artfremden Elementen ein vollkommenes Bild bodenständiger Monumentalkunst zu gestalten wußte. Was seine Nachfolger im gleichen Streben schufen, ein prächtiges Stallgebäude, Zeughaus, Kanzleihaus, allerhand Befestigungsarchitektur ist heute bis auf wenige Reste zerstört. Der Hof des

Der Altmarkt mit dem Blick nach der Kreuzkirche. Stich von Bernardo Bellotto, gen. Canaletto. 1752

Johanneums, den die lange Galerie an der Augustusstraße beherrscht, der kleine Schloßhof mit der wuchtigen Doppelstellung der Arkaden, reden von der Tätigkeit Paul Buchners, jenes Schraubenmachers und Mechanikers aus Nürnberg, der unter August und Christian sich zu dem ersten Baumeister Sachsens emporschwang. Neben ihm steht der Tessiner Giovanni Maria Nosseni aus Lugano, ein bewegliches Talent, der die Ornamentfreude seiner heimatlichen Art als Bildhauer und Baumeister geschickt dem nordischen Himmel anpaßte. Die pomphafte Begräbniskapelle der Wettiner im Dom zu Freiberg kündet, was alles in buntem Marmelstein und Bronze zum Ruhme der Auftraggeber ersonnen werden konnte.

Ein Hof, der über allen Glaubenskämpfen, die sich oft tief in die innersten Familienbeziehungen hineinfraßen, das Leben und Lebenlassen nicht vergaß, der mit Gastereien, Aufzügen, Turnieren sich und dem gehorsamen und dankbaren Bürger Tage und Nächte kürzte — eine leidenschaftliche, bis zur Kinderei gesteigerte Freude an allem Kostbaren, Curieusen, Spitzfindigen und Ausländischen, wie die Pflege der Kunstkammer, die Sammel- und Spielwut, die Neigung zu physikalischen, mechanischen und alchymistischen Experimenten und Erfindungen beweisen — ein Hin und Her kriegerischer Einzelunternehmungen, die von der stets ländergierigen, in ihren Mitteln zwar vorsichtigen und doch im Grunde skrupellosen Hauspolitik dirigiert wurden: so kam die Zeit des großen Krieges heran. Dresden, die Hauptstadt des klassischen Landes des Protestantismus, ging aus den Grausamkeiten und Verheerungen dieser unseligen Jahre ohne sonderliche Schäden hervor. Johann Georg I., so gering wir heute seinen Charakter wie seine staatsmännischen Fähigkeiten achten müssen, jedem derben Lebensgenuß, dem Trunk und der Jagd ergebener als den echten Herrscherpflichten, dabei als Familienvater in stetem Konflikt mit den Forderungen einer zentralistischen Staatsidee, stand, wie seine unmittelbaren Nachfolger, der Kunst innerlich fern. Statt seine Hauptstadt als Bauherr zu pflegen, wandte der Kurfürst alle verfügbaren Mittel den Unternehmungen höfischer Erlustierung und Repräsentation zu. Der Beginn einer Oper, die Unterstützung des Balletts fallen in die Zeit, als sich nach dem westfälischen Frieden der Absolutismus in aristokratisch-föderativen Formen neu erhob. Das Mythologische und die Allegorie beherrschten nicht nur im formalen Sinne alles schmückende Gestalten, sondern überzogen Sprache und Zeremoniell, Festbetrieb und musikalisches Drama mit schimmerndem Rauschgold. Man errichtete ein Komödienhaus, ein Ballhaus, ein Reithaus; Karussellreiten und Stahlschießen, Inventionen und Ringelstechen wechselten ab; gewichtige, bilderreiche Folianten wurden gedruckt, um das Gedächtnis einer durchlauchtigsten Zusammenkunft der fürstlichen Brüder und Schwäger, mit Hunderten an Troß und Pferden, der staunenden Nachwelt zu erhalten. Von all dieser Herrlichkeit zog nur das Kunsthandwerk, Kleinkunst und Graphik wirklichen Vorteil. Wer die deutsche Renaissance in Dresden studieren will, der suche sie nicht auf den Straßen und Plätzen,

Die alte Kreuzkirche. Stich von Bernardo Bellotto, gen. Canaletto. 1757

wenn auch hier und da noch ein schmuckreiches Portal, ein zierlicher Giebel die baumeisterlichen Ansprüche des Bürgers verrät, sondern in der Rüstkammer, bei den Prachtarbeiten der Plattner und Schwertschmiede, im Grünen Gewölbe, wo Pokale und

Schüsseln, Kassetten und Kannen in Gold und Silber strahlen, in der Bibliothek, wo die Meisterwerke der Buchdrucker in vergüldeten Lederbänden die Weisheit und den Glaubenseifer der Gelehrten bergen.

Kriegsbaukunst und Zivilarchitektur, Ingenieurwesen und Bühnendekoration berührten sich aufs engste. Auch der einzige Baumeister von Gewicht, den das beginnende Barock dem Lande schenkt, muß sich dieser Vielgestaltigkeit des Schaffens preisgeben. Wolf Kaspar von Klengel, seit 1656 Oberlandbaumeister, hat für seinen Herrn, Kurfürst Johann Georg II., dem alten Schloßturm seine dauernde Gestalt geformt. Was er sonst für die Fortifikationen und für den Hof als künstlerischer und technischer Spiritus rector alles Bau- und Dekorationswesens schuf, wird in den Schatten gestellt von seinem Genie als Städtebauer. Alt-Dresden am rechten Elbufer fiel 1685 einem riesigen Brande zum Opfer. Den Neubau der Stadt regelte ein Entwurf Klengels im Sinne italienischer Straßen- und Platzgestaltung, mit großzügigen Durchbrüchen und energischer Achsenführung. In der Anlage der Hauptstraße, wie sie August der Starke dreißig Jahre später verwirklichte, ist der glänzende Grundgedanke von Klengels Plan erhalten. Neben dem wertvollen Entwurf des Städtebauers blieb ein einziges Bauwerk aus dieser Periode lebendig. Das Palais im Großen Garten, Mittelpunkt des im französischen Geschmack angelegten fürstlichen Parks, ein Lusthaus von monumentalem Gepräge, vereinigt italienische und deutsche Stilelemente. Welch eine Zeit, da sich ein Fürst für seine Gartenfeste ein steinernes Zelt von solchen Ausmaßen aufschlagen durfte!

All dies, kühn im Wollen und nur allzuoft im Vollenden gehemmt und verkümmert, mag als Auftakt und Stimmungsweiser für die Epoche Augusts des Starken gelten. Zweifellos: Dresden als die Stadt des Barock ist sein Werk. Durch ihn wurde der Bürger in die neuen Vorstellungen der Sicherheit, Bequemlichkeit und Schönheit des Wohnens gezwungen. Seine Bauordnungen, am erfolgreichsten die von 1720, räumten mit der niedrigen Häuser dumpfen Gemächern, mit der mittelalterlichen Enge, Unsauberkeit, Verkehrsfeindlichkeit der Gassen und Plätze gründlich auf. Und wie der an Gehorsam gewöhnte Untertan umlernen mußte, sein Haus aus Stein und Putz à la mode, d. h. meist unter dem französischen Mansarddach zu erbauen, so gaben die Adligen und Beamten dem unaufhörlichen Drängen des Fürsten auch gern nach, wenn sie ihr Palais, oft mit Baugeldern, die der Monarch freigebig spendete, neu zu errichten hatten. Die Flemming und Wackerbarth, Hoym und Sulkowski halfen so nach Kräften mit, die Stadt des Roi soleil des Ostens würdig zu machen. Für die „Neue Königs-Stadt", als welche das rechtselbische Dresden sich nun endlich aus dem Schutt des Brandes erhob, wie für die neuen Vorstädte, insbesondere die weiträumige Friedrichstadt schrieben die kurfürstlichen Baureglements die Straßen- und Fluchtlinien vor. Was August der Starke, der mit aller Leidenschaft seines stürmischen Temperaments das Können eines geschulten Bauherrn verband, organisatorisch und erzieherisch geschaffen, muß heute fast

Der Neumarkt mit der alten Wache und der Frauenkirche. Stich von Bernardo Bellotto, gen. Canaletto. 1749

stärker gewertet werden als die unmittelbaren Früchte seines eignen fürstlichen Bauwillens. Freilich wiegt der Zwinger, selbst als Torso, schwerer als Dutzende von Palästen und Lustschlössern sonst. Dieser monumentale Festbau, den Matthäus Daniel Pöppelmann, der aus Westfalen stammte, in den Jahren 1714—1722 erbaute, ist kein Palast, sondern im Grunde nichts als eine ungeheure Dekoration, wie sie in der Periode stärkster höfischer Prachtentfaltung für figurenreiche Aufzüge, Karussellreiten, Tierhetzen, Maskeraden zu Fuß und zu Pferde, sogenannte Inventionen als Rahmen notwendig war. Darüber hinaus indessen spielt er in den Plänen für einen wahrhaft gigantischen Neubau des Schlosses, an die der Kurfürst-König ein Übermaß von Eifer verschwendete, ohne auch nur den geringsten Teil zu verwirklichen, eine immer wechselnde Rolle. Und damit rühren wir an den Punkt im Lebens- und Charakterbild dieses einst so vergötterten wie heute vielgelästerten Mannes, wo tragische Saiten anklingen. Vielleicht war sein Werk größer als der Schöpfer. Jedenfalls kam über Kriegsnöten, politischen Unternehmungen wechselnden Erfolges, Ambitionen und Amouren ohne Zahl keines der zahllosen Projekte eines neuen Residenzschlosses vom Papier los. Der Thronsaal und das Schlafzimmer, beide mit Deckengemälden von Sylvestre, sind heute im Schlosse die einzigen abgeschlossenen Denkmäler einer Raumkunst, die in der großen Tradition des Versailler Hofes, in dem Schaffen eines Lebrun und Mansard wurzelt.

Die Organisation der fürstlichen Kunst- und wissenschaftlichen Sammlungen, die der Kurfürst in den Jahren 1721—24 begründete, zeugt von Weitblick und Feinsinn; sie darf als eine klassische Tat in der Geschichte der europäischen Museen gepriesen werden. Was er als Förderer des Handwerkes und des Gewerbes geschaffen, gipfelt in der Tätigkeit Johann Friedrich Böttgers und seiner Erfindung, in der Gründung der Porzellanmanufaktur. Seiden- und Leinenweberei, Glasfabrikation, selbst die Gobelinwirkerei, die er durch Gründung einer Manufaktur belebte, vor allem auch die Goldschmiedekunst — wir nennen nur den Namen Johann Melchior Dinglingers, des genialsten Juweliers des deutschen Barock — gelangten unter seiner mächtigen Gunst zu neuer Blüte. Als Gartenarchitekt brach er, in vielerlei großzügigen Anlagen, Moritzburg, Pillnitz, Großsedlitz, dem System des gepflegten Kunstparkes auf französische Art entscheidend Bahn.

August der Starke hat es noch erlebt, wie die Mauern der Frauenkirche bis zum Kuppelrand emporwuchsen. Seine Lust an jeder wirklich eigenen und lebensvollen künstlerischen Arbeit machte vor dem Monument des Protestantismus nicht halt. Er hat nach Kräften den Meister George Bähr und die Stadt als Bauherrn unterstützt. Während die Kuppel, nach unübersehbaren Mühen und Hemmungen, endlich geschlossen ward, war schon das glaubenspolitische Paroli des städtischen Gotteshauses im Werden. Der Römer Gaetano Chiaveri war auserkoren, dem König und seinem Hofe, und damit dem Gedanken des dem Lande wesensfremden Katholizismus und seinem Kult

Der Zwingerhof in Dresden im Jahre 1758
Gemälde von Bernardo Bellotto, gen. Canaletto

Die Dresdener Neustadt im Jahre 1750
Gemälde von Bernardo Bellotto, gen. Canaletto

einen Tempel zu errichten. Der Sohn des starken August hat damit seiner Stadt und ihrer Schönheit eine unvergängliche Huldigung dargebracht. Aber auch auf dem Gebiete des Wohnbaus flutete die Bewegung weiter, die der Vater entfesselt hatte. Johann Christoph Knöffel war der Architekt, der für die vornehmeren Ansprüche der Staatsmänner und höfischen und militärischen Würdenträger wie für die des bürgerlichen Bauherrn den Stil des sächsischen Rokoko schuf. Die neue Kreuzkirche, vom Ratszimmermeister J. G. Schmidt, George Bährs tüchtigem Nachfolger erbaut, ist in ihrer Art eine harmonische und charaktervolle Leistung: letzter Ausklang des eingesessenen und ausgereiften Barock. Erst durch Friedrich August Krubsacius gelangte das akademische Ideal des pariserischen Klassizismus zum Siege. Das alte Landhaus ist sein Werk: Lisenen und Putzfüllungen, ein Portal mit freistehenden, toskanischen Säulen künden, wie man in Dresden die „edle Einfalt der Alten" architektonisch verstand.

Das arme Sachsen — das galante Dresden: so war es nach dem siebenjährigen Krieg geblieben, als Friedrich August II. und sein Minister Heinrich Graf Brühl vom Schauplatz abgetreten waren. Eine neue Zeit brach an. Die Regentschaft durch die energische und gebildete Kurfürstin-Witwe Maria Antonia und den sachlich-sparsamen Administrator Prinz Xaver gab den rechten Boden für die Periode des bürgerlichen Nationalismus, die sich nun kräftig ausweitete. Galanterie war nicht eine amouröse Sittenführung, sondern die Summe einer gepflegten Lebenshaltung, der Freude an guter Form in Sprache, Verkehr und geistigem Sich-Rühren in Wissenschaft, Kunst und Literatur. Winckelmann lebte in Sachsens Hauptstadt, und ihre Antiken begeisterten den seltsamen Schwärmer, wie ihn der Umgang mit den Köpfen der Stadt entzückte. Hagedorn, Algarotti, der gelehrte Antiquar Lippert, Mengs und Öser, Canaletto und Dietrich, denen Graff und Casanova folgten, bildeten eine Republik von Gelehrten und Künstlern, deren Ruhm Dresden zur ersten Kunststadt Deutschlands machte. In der Oper glänzten die Sterne Johann Adolph Hasses und seiner Gattin, der göttlichen Faustina; ihr Nachfolger und Antipode Joh. Gottlieb Naumann, der Vorkämpfer eines deutschen Musikdramas, erntete nicht mindere Begeisterung. Mit den geistigen Schranken fielen die der räumlichen Bedrückung. Die Stadt wuchs über den Ring ihrer alten Befestigungen hinaus; Remparts und dunkle Kasematten wandelten sich in freundliche Promenaden und Glacis. Der Hof hielt sich nicht mehr in stolzer Unnahbarkeit; ein freierer Geist liebenswürdigen, im Guten und Schönen gleichgestimmten Menschentums breitete seine Schwingen über die blühende Stadt. Reisende, Leute von Welt und Stil, kamen gern und blieben lang, und sie priesen die schönen, saubern Straßen, die guten Gasthöfe, den gebildeten Ton, die wohlgeordneten Sammlungen mit ihren unvergleichlichen Kunstschätzen, den breiten Strom, die heitere Landschaft rings umher, die wie in einem ewigen Frühling paradiesisch glänzte.

Das alte Dresden hatte seine Wohnung bestellt und seinen Stil begründet. E. H.

Der galanteste Hof der Welt

Einer der europäischen Kavaliere, die aus der Vergnügungs-Rundreise bei den Residenzen einen angenehmen Beruf zu machen wußten, war der spätere preußische Regierungspräsident Johann Michael von Loen (1694—1776). Er hat Dresden zu Zeiten Augusts des Starken mehrmals besucht und das üppige Hofleben mit ziemlicher Offenherzigkeit geschildert. Aus seiner Anwesenheit im Jahre 1718 berichtet er:

Ich beschreibe hier den prächtigsten und galantesten Hof von der Welt; man muß mir das letzte Wort im Deutschen gelten lassen, denn es ist in Sachsen sehr üblich und ich finde auch sonst keines in allen mir bekannten Sprachen, welches dasjenige besser ausdrücken sollte, was ich hier sagen will: es bedeutet solches soviel als ein lebhaftes, artiges Wesen, das gefällt und rührt, das sich der Sinne bemächtigt und den Witz gebraucht, um desto empfindlicher wollüstig zu sein.

Das sächsische Blut ist das schönste in Deutschland, es ist feurig, zärtlich und überaus verbuhlt. Die Wollust macht die Einwohner in diesem Lande sinnreich, angenehm, höflich und schmeichlerisch, aber zugleich auch wankelmütig, weichlich, plauderhaft, schwelgerisch. Weil die Sachsen von Natur mit einer so glücklichen Erfindungsgabe begabt sind, so findet man unter ihnen die meisten Poeten und Romanschreiber. Sie sind die ersten, welche sich erkühnt haben, deutsche Schauspiele nach dem Muster der Franzosen zu verfertigen. Putz, Üppigkeit und Schwelgerei führt die Sachsen dem Soldatenstande zu, im übrigen sind sie zu diesem Handwerke wenig tauglich, weil sie zu wollüstig und zu gemächlich sind. Jener Kurfürst von Bayern spottete deshalb der „geputzten sächsischen Männerchen" nicht ohne Grund, welche er mit seinen rauhen Kürassieren zu Paaren trieb. August richtete mit seinem prächtigen Heere in Polen ebenso wenig etwas gegen die Schweden aus; aber bei Hof, bei den Damen und in dem Umgange überhaupt gibt es keine artigeren Leute als die Sachsen.

Das Frauenzimmer, und darunter vorzüglich das Meißnische, hat etwas überaus Holdseliges und Liebreizendes. Hier findet man die besten Sprach-Meisterinnen der Deutschen, der liebliche Klang ihrer Stimme macht auch selbst unsere rauhen Töne zärtlich und angenehm. Das sächsische Frauenzimmer übertrifft noch die Engländerinnen an Wuchs und Schönheit. Es hat die Freiheit der Französinnen und das Feuer der Italienerinnen. In dem schmeichelhaften und zärtlichen Wesen aber geht es allen vor. Es hat dem Anscheine nach etwas sehr Sittsames und Unschuldiges; es schlägt aber die Augen insgemein nur deshalb nieder, um mit einem geschärften Blick desto mehr Unheil anzurichten.

So sehen die Menschen aus, welche zu unserer Zeit den Glanz des dresdenischen Hofes ausmachen. Nie hat man eine solche zusammenhängende Pracht und eine solche stets fortschreitende Galanterie gesehen. Der König scheint recht dazu geboren zu sein, den Menschen Lust und Freude zu machen. Alle seine Lustbarkeiten sind auf eine Art angestellt, daß sein Volk darunter nicht leidet und seine Schätze nicht erschöpft werden. Er befördert dadurch die Künste, die Wissenschaften, die Handlung und den Umlauf des Geldes.

Viele meinen, der König August besäße das Geheimnis Gold zu machen. Es ist glaublich, daß, wenn diese Verwandlung der Metalle möglich wäre, dieser König solche besitzen müßte. Alle chymische Philosophen haben ihre Künste hier probiert, und die Ausgaben des Königs beziehen sich gleichsam auf unerschöpfliche Einkünfte. Ich bin aber der Meinung, daß diese Destillierer nichts dazu beitragen, wohl aber die stattliche Handlung, die reichen Bergwerke, der gesegnete Ackerbau und eine Menge Volk, das sich durch Fleiß und Arbeit nährt, das sind Quellen, die nicht zu erschöpfen sind.

Unter den hohen Staatsbedienten, welche zu verschiedenen Zeiten, als ich mich in Dresden befand, am Königlich polnischen und dem Kursächsischen Hofe das Meiste zu bedeuten hatten, waren vornehmlich der Feldmarschall Graf Flemming, der Graf von Vitzthum, der Graf von Wackerbarth, der Graf von Friesen, der Graf von Manteuffel und der Ober-Marschall von Löwendahl.

Die Stadt Dresden scheint gleichsam nur ein bloßes Lustgebäude zu sein, worin sich alle Erfindungen der Baukünste angenehm mit einander vermischen und doch besonders betrachten lassen. Ein Fremder hat fast ein paar Monate zu tun, wenn er alles, was dieser Ort Schönes und Prächtiges hat, in Augenschein nehmen will. Es ist keine Kunst in der Welt zu finden, davon man hier nicht ausnehmende Meisterstücke sieht. Alles was in dem Reiche der Natur sich Verwunderungswürdiges und Seltenes geäußert, verschließen hier die Raritäten- und Naturalien-Kammern. Alles was man Prächtiges und Kostbares an Geschirren, Pferdedecken, Schlitten, Waffenzierraten und dergleichen Gerätschaften sehen kann, welche bei Aufzügen, Ritterspielen und Lustfesten gebraucht werden, wird in einer erstaunlichen Menge auf dem sogenannten großen Stalle in einer langen Galerie verwahrt. Von dem in der ganzen Welt berühmten Zeughause nicht zu gedenken; es ist bekannt, daß die angesehensten in Europa mit demselben pflegen verglichen zu werden.

Geht man weiter und betrachtet, ehe man noch seinen Fuß nach Hofe wendet, den in Alt-Dresden (der jetzigen Neustadt) von dem Feldmarschall Grafen Flemming erbauten holländischen Palast (das heutige Japanische Palais), so findet man darin nebst tausend anderen Seltenheiten einen reichen Vorrat des schönsten und feinsten Porzellans.

Das sogenannte türkische Haus, welches die Frau Gräfin von Dönhoff bewohnt, zeigt nebst vielen anderen Trefflichkeiten die Pracht des ganzen türkischen Hofes; alles ist darin so schön und prächtig, daß man sich in den Seraglio des Groß-Sultans versetzt wähnt. Ich übergehe die Menge anderer Paläste und eile an den Hof. Hier sehe ich den herrlichen Aufputz der königlichen Zimmer, ich betrachte die reizende Anordnung des Schönen und Prächtigen, welches darin allenthalben entzückend in das Auge spielt. Ich sehe hier die Künste, welche sich gleichsam eine Ehre daraus machen, den König als ihren größten Schutzgott zu umgeben. Die Menge der Vorwürfe verwirren das Auge, und man sieht eigentlich nichts, indem man alles zu sehen begierig ist. Wird nun einem Fremden auch erlaubt, den königlichen Schmuck im Grünen Gewölbe und den dabei befindlichen Schatz an Perlen, Juwelen und Edelgesteinen in Augenschein zu nehmen, so wird er mit mir gestehen müssen, daß ein einziges Gewölb in Sachsen noch Reichtümer für ein ganzes Königreich verschlossen halte. Es finden sich darinnen ganze Garnituren von Brillanten, Amethysten, Rubinen, Saphiren und dergleichen Edelsteinen, welche allesamt von einer unschätzbaren Schönheit sind.

Was die Schauspiele betrifft, so wird billig darunter die Opera Italiana am meisten bewundert. Alle Künste und Wissenschaften scheinen sich hier zur bloßen Lust zu vereinigen, die außerordentlichen Besoldungen, welche der König den Spielenden reichen läßt, haben aus Italien, als der hohen Schule der Musik, die besten und vortrefflichsten Meister dieser Kunst nach Dresden gelockt. Wenn Senosino und Bercelle singen, Lotti aber die Tonweise setzt, so hört man alles, was die Musik Schönes und Zärtliches hat. Das ganze Orchester ist dabei mit den besten Instrumentalisten erfüllt. Die Schaubühne ist zwar an und für sich selbst kleiner als in Wien, allein die Besetzung und Auszierung ist unvergleichlich. Die zweierlei Banden von Komödienspielern sind die ausgesuchtesten ihrer Art; die eine besteht aus Italienern, die andere aus Franzosen. Die Deutschen haben es in dieser Kunst noch nicht so weit gebracht, daß sie verdienten an einem Hof, wo der feinste Geschmack herrscht, ihre Schauspiele aufzuführen. Die Tänzer und Tänzerinnen, welche hierbei bald in Reihen, bald einzeln, bald paarweis ihre seltene Geschicklichkeit zeigen, sind aus jenem Lande, wo die Leichtigkeit der Füße und des Blutes die Menschen am meisten hüpfen und springen macht. Die berühmte du Parc hat ihres Gleichen nicht in der Behendigkeit und Grazie, allein man zieht ihr jetzt eine schlechtere Tänzerin, Mlle. Clement, vor, weil diese noch alle ihre Jugendkräfte beisammen zeigt, welche jene verschwendet hat. Es ist bekannt, daß die du Parc vormals mit unter die königlichen Buhlerinnen gehörte, die allezeit, wenn sie zu Ende sind, etwas Verächtliches hinterlassen.

Bei Hofe werden immer einige Lustbarkeiten angestellt: sie bestehen entweder in allerhand artigen Schauspielen oder auch nach Zeit und Gelegenheit in verschiedenen Aufzügen, Ritterspielen, Kampfjagden, Tierhetzen, Schnepperschießen, Wirtschaften, Schäferspielen, Musiken und dergleichen.

Am 12. Mai 1718, dem Geburtstage des Königs, gab die Gräfin Dönhoff, damals seine erklärte Maitresse. ein Fest in ihrem Garten. Alle dazu eingeladenen jungen Damen erschienen als Schäferinnen in weißen, mit Blumen ausgeschmückten Kleidern, um dem Könige bei Tafel aufzuwarten; sie hatten Kränze aufgesetzt und trugen Stäbe in den Händen. Eine jede erhielt einen, ihr durch das Los zugefallenen Kavalier; das Los trug eine jede auf der Brust angeheftet. Darauf begab sich die ganze Gesellschaft in ein von Laubwerk erbautes Sommerhaus. Der ganze Garten war beleuchtet und hatte in den beiden Ecken zwei Kabinette zu stillen Vergnügungen. In einem derselben speiste der König mit den vornehmsten Herren und Damen; die Musik ließ sich oben darüber hören, doch so, daß man die Spielenden nicht sehen konnte. In der Vertiefung zeigte sich ein mit Lampen erhelltes Grottenwerk, mit Wasserfällen und transparenten Gemälden. Alles gefiel mir bei diesem herrlichen Feste, nur zuletzt sah ich, daß die Menschen ihrer Lust nicht eher Schranken setzen können, als bis die Unlust dazu kommt. Man trank stark, wo der König war. Die Damen, die Gesandten und diejenigen Herren, welche auf diesem Kampfplatze keine Helden waren, hatten sich davon gemacht. Einige polnische Magnaten, denen hier die Deutschen wacker zugesetzt hatten, fanden sich übermannt. Sie wollten nicht weichen und jene als Sieger zurücklassen; allein die Wache schützte vor, daß sie Befehl hätte, niemand den Ausgang zu verstatten. Einige darunter sahen so blaß aus wie der Tod; ihre Köpfe wackelten auf ihren Schultern, und ihre Füße taten ungewisse Tritte; es hieß: sta pes! sta mi pes! nec fallere mi pes! sie taumelten demungeachtet voller Ehrerbietung vor dem Könige herum. Ein polnischer Herr erweckte bei mir ein Mitleiden, das Wasser tropfte ihm durch die Unterkleider herunter; er tat nicht anders, als ob er den Geist aufgeben wollte. Ein anderer Pole wurde wild. Er schwur bei dem deutschen Teufel, daß, wo man ihn nicht würde hinaus lassen, so würde er der Natur in des Königs Gegenwart ihren Lauf lassen. Als man seinen Ernst sah, ließ man ihn gehen. Ist es möglich, daß man die Lust in der Welt so weit treiben kann?

Ein anderes Lustfest gab den 13. Juli der Feldmarschall Graf von Flemming. Er ließ sechs Regimenter ungefähr eine Stunde von Dresden ins Feld rücken. Die ganze königliche Leibwache zu Pferd befand sich mit dabei. Auf den Höhen waren Kanonen aufgepflanzt, und alles regte sich, um dem Hofe das Schauspiel von einem förmlichen Treffen zu geben. Der König mit der Gräfin Dönhoff und der lithauischen Feldherrin Potzky, welche als Amazonen gekleidet waren, nebst den meisten großen Herren, erschienen zu Pferd. Die übrigen Damen fuhren in Kutschen mit sechs Pferden bespannt; der ganze Aufzug war prächtig. Nach geendigtem Treffen setzte sich der König unter ein großes Gezelt mit den vornehmsten Herren und Damen zur Tafel. Noch zwei große Tische waren in zwei anderen Gezelten für die Kavaliere und die Fremden aufgedeckt; während der Mahlzeit ließen sich die Kanonen und Trompeten mit einer abwechselnden Musik beständig hören.

Das lustigste Schauspiel begann nach geendigter Tafel. Die Tische wurden nicht abgenommen, sondern alles Eßwerk, was darauf stand, den hungrigen Soldaten preis gegeben. Weil es aber an Brot gebrach, so befahl der Feldmarschall, eintausend harte Gulden, um diesen Mangel zu ersetzen, in eben so viel kleine Stücke Brot zu stecken. Es wurde darauf zum Sturm geblasen. Die in Schlachtordnung gestellten Soldaten rannten mutig auf die noch mit Speisen besetzten Tische los, allein die Vordersten wurden von den Hintersten zu Boden gedrückt, so daß das eine Tischblatt mitten entzwei brach und also wohl hundert Mann auf einem Haufen unter einander wühlten. Hierauf wurde alles aufgeräumt, in dem königlichen Gezelt aber ein Teppich ausgebreitet und bis Abend um 7 Uhr getanzt. Der Feldmarschall trank dabei seinen Gästen wacker zu und wurde selbst ganz betrunken. Der König schien auch nicht mehr ganz nüchtern, doch beging er nicht die geringste, seiner Majestät unanständige Ausschweifung, sondern gebärdete sich in allem als ein König. Ich beobachtete hier mitleidigst die Marter eines gewissen Kammerherrn, welcher die Aufwartung bei Sr. Majestät hatte. Dieser stand oder schwebte vielmehr mit einem Glase Wasser hinter dem Könige, wobei er so wankelmütig auf den Füßen war, daß man ihn mit einem Finger hätte über den Haufen stoßen können. Der Feldmarschall aber war vor Freuden außer sich. Er fiel dem Könige, als er sich wegbegeben wollte, ganz vertraulich um den Hals: „Bruder Augustin", rief er ihm zu, „ich sage Dir alle Freundschaft auf, wenn Du schon weggehst!" — Die Gräfin Dönhoff, welche den König nie verließ, suchte ihn zwar von solchen Unanständigkeiten zurückzuhalten; allein Flemming war viel zu vergnügt, als daß er sich dieses Mal mit dem Wohlstand hätte viel zu schaffen machen sollen. Er wollte die Gräfin liebreich in seine Arme schließen. „Du kleines Hürchen", kreischte er ihr zu, „schweige Du nur still, Du bist ja doch ein gutes Luderchen." Dergleichen artige Komplimente war die Gräfin von dem Feldmarschall, wenn er getrunken hatte, schon gewohnt; sie beantwortete solche mit Lachen und bemühte sich nur, ihn von dem Könige abzuhalten. Der König setzte sich hierauf zu Pferd, schlug aber hinten über und würde einen üblen Fall getan haben, wenn nicht einer von seinen starken Läufern gleich bei Hand gewesen wäre und ihm unter die Arme gegriffen hätte. Alles lief darüber zusammen; man bat den König, daß er sich in eine Kutsche setzen möchte. Der Oberstallmeister von Racknitz war etwas heftig in seinen Vorstellungen; der König stieß ihn deswegen im Zorn von sich. Die Gräfin Dönhoff ließ darauf ihre Beredsamkeit wirken, der König aber antwortete ihr sehr höfiich: laissez-moi, Madame, je connois mon cheval, ne vous en mettez en peine! Hierauf sprengte er in einem Galopp nach Dresden; ihm folgten die Kavalier-Garde und andere Herren des Hofes nach. Die Gräfin Dönhoff wollte bei dieser Gelegenheit auch ihren Heldenmut zeigen und den König nicht verlassen; sie hätte aber bald das Unglück gehabt, vom Pferde zu stürzen. Man bat sie deswegen, sich in die Kutsche zu setzen. Sie bedachte sich auch nicht lange, sondern stieg vom Pferde und fuhr sicherer mit sechsen, als sie auf einem ritt, wiewohl sie sonst eine gute Reiterin war.

Nachdem sich der Hof entfernt hatte, wurde der Feldmarschall immer lustiger. Er griff, in Ermanglung der Damen, nach den Marketenderinnen und Kammerzofen, und sprang mit ihnen herrlich und in Freuden herum. Endlich brach die Nacht darüber ein und machte dieser sehr natürlichen Kurzweil ein Ende.

Ich befragte einen von meinen Freunden, der des Hofes kundig war, ob die Unehrerbietung des Feldmarschalls gegen den König ihm so hingehen würde? Ha! rief er lachend, das sind wir so gewohnt. Flemming hat wohl noch andere Sachen angefangen; allein wenn der Rausch verschlafen ist und er wieder nach Hofe kommt, heißt es: ich höre, Flemming ist gestern ein wenig närrisch gewesen, Ihro Majestät werden es ihm doch nicht ungnädig nehmen. Der König lacht darüber, und dann ist alles wieder gut. — In der Tat ist Flemming ein großer Mann, der dem Könige sehr getreu ist, und dem also eine kleine Ausschweifung im Trunk mit nichten übel zu nehmen ist, zumal da der König selbst dazu Gelegenheit gibt, um auf solche Weise seinen Ministern öfters in den Grund ihres Herzens zu sehen.

Dresdner Karneval

Bei seinem zweiten Besuche in Dresden im Jahre 1723 erhielt Johann Michael von Loen eine Einladung zum Karneval, von dem er uns ebenfalls eine kurzgefaßte Beschreibung gibt. Alle Abende — so erzählt er — waren während des Karnevals die sogenannten Redouten oder öffentlichen Tänze, wo alle Masken in einem besonders dazu erbauten Saale Zutritt erhielten; jedoch kam niemand in den abgesonderten Raum, in welchem sich der Hof befand, ohne sich beim Eintritt zu demaskieren und, wenn er nicht bekannt war, dem königlichen Hauptmann der Leibwache seinen Namen zu nennen. Es wurden hier meistens polnische Tänze getanzt. Auch war auf der Seite ein Spieltisch, wo Bank gehalten wurde.

Auf dem Amphitheater, welches sehr groß war, machte sich das gemeine Volk mit Hüpfen, Springen und allerhand possierlichen Maskeraden eine schwärmende Freude. Hier entstand öfters ein so großer Lärm, daß der Hof mitten im Tanzen aufhörte, um zuzusehen, was vorgehe. Dagegen hatten die Masken des Hofes nichts Besonderes, man sah fast nichts als Domino und noble vénitien.

Oben um diesen mit unzähligen Lichtern erhellten Saal lief eine ordentliche Galerie, wohin sich die unmaskierten Zuschauer begaben. Eine prächtige Balustrade mit herrlichen Schnitzwerken und Vergoldungen erhob sich in der Mitte als Chor für die Musikanten. Unten, wo der Pöbel war, fand man allerhand Naschwerk, Getränke und Speisen in besonderen kleinen Krambuden, hinter denen sich einige Zimmer befanden, in welchen stark gespielt wurde.

So sah es in Dresden aus, wenn man daselbst Karneval hielt. Was bei dieser halbnärrischen Kurzweil mir am seltsamsten vorkam, war dieses, daß man sich abends einander maskiert in den Häusern und ohne sich zu erkennen zu geben besuchte. Ich wurde etliche Male in Gesellschaft von Herren und Damen mit zu dieser Lustbarkeit gezogen. — Die vorsichtigen Anstalten des Königs waren in diesen Dingen besonders zu bewundern. Niemand durfte sich bewaffnet in einer Maske treffen lassen, und die feinen Künstler und Taschenspieler, welche bei dieser Kurzweil Uhren, Tabakdosen und Schnupftücher ihren Besitzern zu entwenden die Geschicklichkeit, aber zu entkommen die Ungeschicklichkeit hatten, mußten, wenn man sie ertappte, den andern Tag als Spitzbuben von Verdienst in ihren Maskenkleidern auf dem hölzernen Esel reiten.

Während des Karnevals wurde gewöhnlich ein prächtiges Karussel- und Ringelrennen gegeben, und auf dem großen Platze waren rings herum Krambuden und in den vier Ecken Schaubühnen aufgeschlagen. — Den Beschluß machte eine Wirtschaft bei Hofe in dem großen Redoutensaal, wobei gleichfalls alles maskiert erscheinen mußte. Die Königin selbst wohnte damals dieser Kurzweil bei; sie erschien aber nur in ihrer gewöhnlichen Tracht. Mehr Juwelen wird man wohl nicht leicht wieder beisammen sehen. Kurz, Dresden schien zu meiner Zeit ein recht bezaubertes Land zu sein, welches sogar die Träume der alten Poeten noch übertraf. Man konnte hier nicht wohl ernsthaft sein, man wurde mit in die Lustbarkeit und Schauspiele hinein gezogen, nicht anders, als ob man darin einige Rollen mitzuspielen hätte. — Hier trifft also jener alte Vers ein: .... Vita haec est fabula quaedam,

Scena autem mundus, versatilis histrio et actor
Quilibet est hominum*).

Kein Ort auf der Welt sieht einer solchen Schaubühne ähnlicher, als Dresden. Hier gibt es immer Maskeraden, Abenteuer, Jagden, Schützenfeste, Schäferspiele, Kriegs- und Friedens-Aufzüge, Zeremonien, schöne Raritäten; kurz, Alles spielet. Man sieht zu, man spielet mit, es wird uns selbst mitgespielet: ludendo ludimur. —

*) Dieses Leben ist ein Schauspiel, die Welt ist die Bühne und ein jeder Mensch ein gewandter Komödiant.

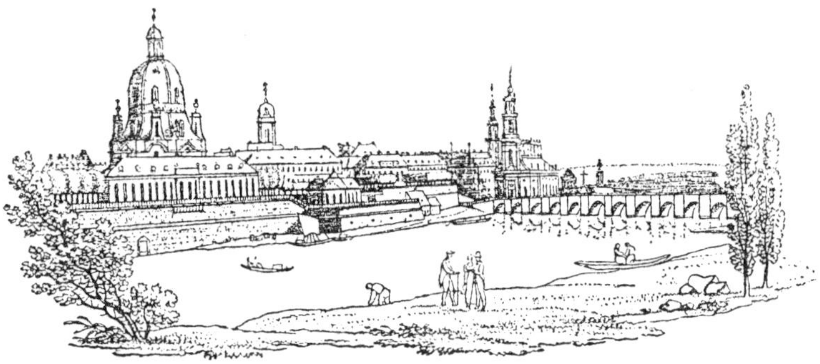

Die Fürstin Teschen, vormalige Gräfin Lubomirska, Mutter des Chevalier de Saxe
Pastell von Rosalba Carriera

Die Gräfin Orczelska, spätere Herzogin von Holstein

Pastell von Rosalba Carriera

Die Gräfin Orczelska

nimmt unter den zahlreichen illegitimen Kindern Augusts des Starken eine besondere Stellung ein. Obwohl ihre Mutter nur die schlichtbürgerliche Tochter eines französischen Weinhändlers in Warschau war, nahm sich der König gerade dieser natürlichen Tochter mit besonderer Wärme an. Als König Friedrich Wilhelm I. von Preußen mit seinem Sohne, dem späteren Friedrich dem Großen, den sächsischen Hof im Januar 1728 besuchte, machte die schöne Gräfin bei den Festen einen tiefen Eindruck auf den jungen Kronprinzen. Sie wurde Gegenstand seiner feurigen Liebesgedichte. — Über die erste Begegnung des Königs August mit seiner bereits erwachsenen Tochter weiß der Baron Pöllnitz in seiner Chronik „Das galante Sachsen" folgendes zu erzählen:

Als der Monarch einstmals sein Garderegiment durch die Musterung gehen ließ und in dem Schloßgarten ein wenig herumspazierte, sagte er zum Grafen Rutowski, er wäre sehr vergnügt, daß seine Garde die Exerzitien so wohl machte. Der Graf Rutowski antwortete ihm, er hätte ein junges Frauenzimmer bei sich in seinem Hause, welches alle Kriegsübungen noch besser machte als der beste Exerzitienmeister unter den Soldaten. Der König verlangte sie zu sehen. Sie kam in einem Mannskleid und war von Fuß auf wie ein Grenadier von der Garde ausstaffiert. Der König wurde durch ihren Anblick ganz erweicht; ihr ganzes Gesicht versicherte ihn, daß sie seine natürliche Tochter wäre. Er umfing sie, nannte sie sein Kind und gab ihr den Titel einer Gräfin Orczelska. Etliche Tage darauf wies er ihr große Gelder jährlicher Einkünfte an und verehrte ihr einen prächtigen und mit kostbarem Geräte ausgeschmückten Palast. Nachdem sie also mit einer solchen Wohnung versehen war, brachte der König seine meisten Abende bei ihr zu. Der ganze Hofstaat fand sich daselbst ein, und sie genoß alle Ehren einer rechtmäßigen Tochter des Königs. Der König nahm sie mit sich nach Sachsen und ließ vor ihren Augen alle seine Pracht und Herrlichkeit hervorleuchten. Es gaben sich zwar viele Damen Mühe, das Herz des Königs zu gewinnen; allein es richtete keine was aus, denn die väterliche Liebe hatte in ihm alle fremde Liebe erstickt. Weil das seine einzige Sorge war, eine so liebe Tochter wohl anzubringen, vermählte er sie, etliche Wochen nach dem großen Lager bei Mühlberg, an den Prinzen von Holstein-Beck.

Der Graf Fr. August von Rutowski (1702—1764), ein natürlicher Sohn des Königs und der Türkin Fatime, brachte es nach einem sehr bewegten Leben bis zum Generalfeldmarschall. Die Gräfin Orczelska stieg späterhin zur Herzogin von Holstein auf.

Eine Bittschrift in Versen

Während die großen Leute schwelgten, hatte der kleine Mann seine liebe Not mit dem Auskommen. Dies behauptete auch der Königliche und Kurfürstliche Sekretarius Hanke von sich in einem Bittgedicht, das er 1729 an August den Starken richtete. Es gibt nicht nur zahlenmäßig, sondern auch sonst über die Bedürfnisse eines damaligen bürgerlichen Haushalts genaueren Aufschluß, wobei die Frau mit ihrem Bedarf an Kleidung, Band und Spitzen jedenfalls nicht zu kurz gekommen ist. August verdoppelte die 300 Taler Jahresgehalt, er war nicht kleinlich in solchen Dingen.

Großmächtigster Monarch!

Dein Secretarius,
der sich durchs gantze Jahr mit Ziffern plagen muß,
Ich rechne Tag und Nacht und quäle mich mit Brüchen,
Doch ist vom Monat noch die Hälfte kaum verstrichen,
so ist der vierdte Theil von Hundert schon verzehrt,
Da doch so Frau als Magd fast täglich Geld begehrt.
Wo nehm' ich solches her? Ich fürchte mich vor Borgen,
Indessen soll ich doch das gantze Haus versorgen,
Ich theile wie ich will 300 Thaler ein,
So will mein Tractement noch nicht zulänglich seyn.
Vor 40 Thaler Holtz, damit ich nicht erfriere,
Zwei Thaler wöchentlich an Covent, Wein und Biere,
Vor Butter, Fleisch und Brodt, vor Eier, Saltz und Licht,
Setz ich 4 Gulden an. Sie reichen öffters nicht.
Ein Thaler monathlich nur an Gesindes-Lohne,
Auf 60 Thaler Zins, damit ich sicher wohne.
Vor Cnaster, Spagniol, vor Zucker und Thee Bou,
Peruquer, Wäsche-Lohn, vor Hembden, Strümpf' und Schuh.
Vier Thaler der Barbier, wo aber bleibt der Schneider?
Ich rechne monathlich 2 Thaler nur auf Kleider.
Doch leider! dieses macht 400 Thaler aus,
Und dennoch hab ich nicht noch alles in dem Haus.
Was kostet nicht die Frau? was kostet Band und Spitzen?
Was Adrienen, Schmuck, Pantoffeln, Hauben, Mützen?

Was kost' der Domino, mit Spitzen ausgeziert,
Wenn man sie Winters-Zeit auf die Redoute führt?
Und wenn man Sommers-Zeit in Starckens Garten fähret,
So seynd 6 Groschen nur in Kuchen bald verzehret,
Wie offte muß man nicht allhier zur Hochzeit gehen!
Wie offte muß man auch nicht zu Gevattern stehen!
Und läßt man oftermahls den eignen Zuwachs tauffen,
So muß man alsobald mit Geld zur Kirchen lauffen.
Was kost das Kinder-Zeug? was kost der Ammen-Lohn?
Stirbt etwa aber gar der kleine liebe Sohn,
So wird man nimmermehr das Kind umsonst begraben.
Warum? die Kirche will vorher das ihre haben.
Kurtz, alles kostet Geld, und ehe ichs gedacht,
Ist mir schon wiederum die Casse leer gemacht.
Wie können nun aufs Jahr 300 Thaler reichen?
Drum großer König laß Dich meine Noth erweichen.
Setz 100 Thaler zu. Denn krieg ich nur ein Blatt,
Das Deine Gnadenhand selbst unterzeichnet hat,
So ist mein Wunsch erhört. Ich sterb' in tiefstem Dancke,
Mein König, Fürst und Herr Dein

Pflichtverbundner H.(anke)

Von Dresden überhaupt

In der stattlichen topographischen Geschichte, die Benjamin Gottfried Weinart anno 1777 von der Stadt entwarf, die „in sich beinahe alle Merkwürdigkeiten von Sachsen versammelt hat", haben wir den ersten größer angelegten Versuch, die wieder auferstehende Stadt des Barock in ihrem Wesen historisch zu begreifen. Wir wählen aus dem ersten Abschnitt des Kupferwerkes folgende Beschreibung:

Jetziger Zustand und innerliche Verfassung

Ist je eine Stadt nach wahren und echten Grundsätzen der Polizei eingerichtet, so ist es gewiß unter vielen andern Dresden. Gewiß die meisten Regeln, die D. Zink, Christian Ludwig von Griesheim, D. Becher und ganz neuerlich J. P. Willebrand in dem Grundriß einer schönen Stadt gegeben, findet man hier schon längst in der genauesten Befolgung. Die Gassen sind weder zu enge noch zu weit; sie sind reinlich, weil das Pflaster unaufhörlich verbessert wird. Die Luft ist wegen des vorbeifließenden

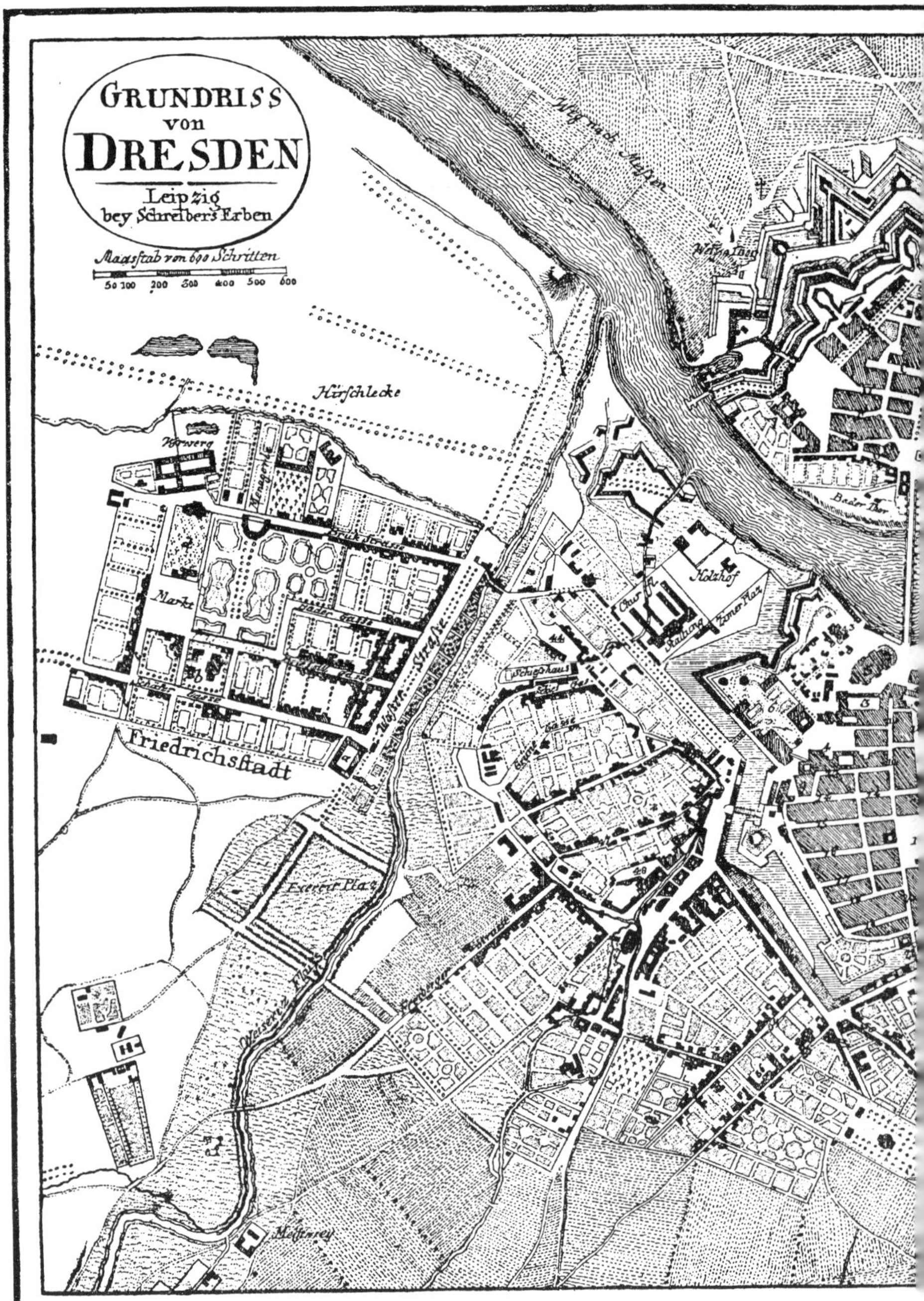
GRUNDRISS
von
DRESDEN
Leipzig
bey Schreiber's Erben
Maasstab von 600 Schritten
50 100 200 300 400 500 600
Hirschlecke
Holzhof
Friedrichsstadt
Markt
Exercir Plaz

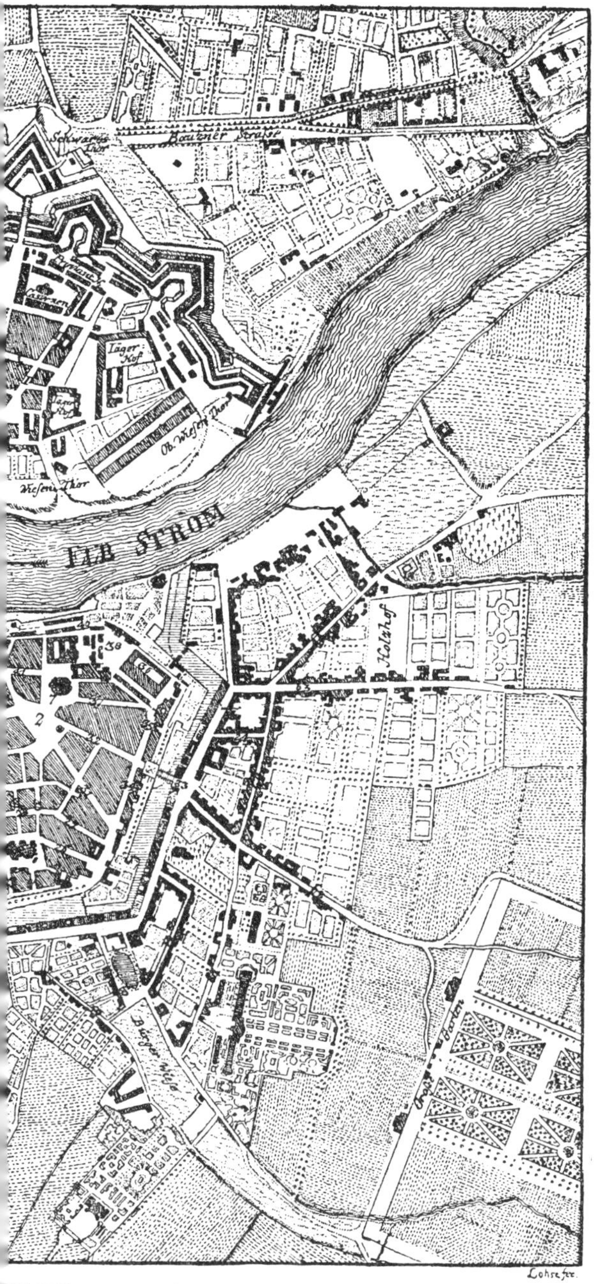

Erklärung der Zahlen u. Buchstaben.

Alt Dresden ist mit Zahlen, Neustadt mit grossen Buchstaben, und Friedrichstadt mit kleinen Buchstaben bemerkt.

1. Alte Marckt
2. Neue Marckt
3. Schloß
4. Prinzl. Palais
5. Cathol. Kirche
6. Zwinger
7. Frauen Kirche
8. Kreuz Kirche
9. Soph. Kirche
10. Schloß Gasse
11. Schlosser Gasse
12. Frauen Gasse
13. Kl. Brüder Gasse
14. Gr. Brüder Gase
15. Wilsdruffer Gasse
16. Scheffel Gasse
17. Weber Gasse
18. Zahns Gasse
19. Breite Gasse
20. See Gasse
21. See Thor
22. Schreiber Gasse
23. Pfarr Gasse
24. Schul Gasse
25. Marstall
26. Kreuz Gasse
27. Büttel Gasse
28. Markt Gasse
29. Nasen Gasse
30. Weisse Gasse
31. Moriz Strasse
32. Pirnaische Gas.
33. Pirnaische Thor
34. Gr. Schiess Gas.
35. Kl. Schiess Gas.
36. Zeughauss
37. Ramische Gas.
38. Zimmerhof
39. Münze
40. Brühl. Garten
41. Töpfer Gasse
42. Elb Gasse
43. Kl. Opern H.
44. Vieweide
45. Lazareth
46. Mittel Gasse
47. Huds Gasse
48. Fischersdorf
49. Gerber Gasse
50. Rosen Gasse
51. Männer Spital
52. Falkenhoff
53. Neue Gasse
54. Kl. Plauische Gas.
55. Gr. Plauische Gas.
56. Jungfern Stift
57. Winckel
58. Kälber Steg
59. Halbeilen Gasse
60. Juden Teich
61. Born Gasse
62. Pirnaische Gas.
63. Neue Gasse
64. Dreh Gasse
65. Ramische Gas.
66. Ziegel Gasse
67. Lange Gasse

A. Japanische Palais und Garten
B. Königs Strasse
C. Graben
D. Pfarr Gasse
E. Neue Gasse
F. Kl. Meisnische Gasse
G. Meisnische Gasse
H. Kloster Gasse
I. Breite Gasse

a. Schäferei
b. Freimauer Schul.
c. Vorwergs Strasse
d. Kathol. Kirchh.
e. Neue Gasse

Elbstroms, der alle etwa sich über der Stadt verbreitenden unreinen Dünste mit sich wegzieht, rein, gesund und unschädlich. Man gehe zu einem Tore hinaus, zu welchem man wolle, man wird die fruchtbarsten Auen und die bebautesten Äcker erblicken. Alles ist Abwechslung. Alle Reizungen der Natur haben gleichsam diese Stadt in ihren Schoß aufgenommen. Waldungen in einer gehörigen Entfernung, Berge, teils nahe teils fern, umgeben die ganze Gegend und stellen dem Auge ein entzückendes Amphitheater dar. Nahe um die Stadt sind zum freien Vergnügen der Einwohner die schönsten Gärten und zum Sommervergnügen vollkommen geschickt eingerichtete Örter in großer Anzahl. Niemals kann die Stadt an irgend etwas einen Mangel leiden. Wenn auch die ganze Gegend um Dresden eine Zeitlang unfruchtbar läge, würde doch der etwa zu befürchtende Mangel an Lebensnotwendigkeiten wegen der beständigen Zufuhr aus Böhmen und den an der Unterelbe gelegenen Provinzen wenig merklich sein. Keine Art Früchte werden dem Geschmack der Einwohner dieser vortrefflichen Residenz entzogen. Alle Fremden geben dieser Stadt vor vielen andern hierin den Vorzug.

In der Stadt selbst bewundert man eine Menge der prächtigsten Häuser; geschmackvolle Bauart macht sie schon von außen merkwürdig. Inwendig ist alles, was nur irgend zu einiger Bequemlichkeit erdacht werden könnte, meistenteils angebracht; nur die schaudererweckenden Ruinen der letzten Belagerung stören noch oft den Bewunderer und entrüsten ihn. Durch schon gemachte weise Anstalten werden aber auch bald diese traurigen Überreste unsern Augen, schwerlich aber unserm Andenken entzogen werden.

Die Kirchenverfassung und die Regierung der Stadt ist nach den vernünftigsten Grundsätzen der allgemeinen Rechte eingerichtet; jede Sache wird nach der Billigkeit und den durch Weisheit sich besonders auszeichnenden Gesetzen des Landes untersucht und unterschieden. Alle Landesangelegenheiten werden in den hier angelegten hohen Kollegien bestimmt. Diese sind auch Ursache, daß von einer Zeit zur andern ein großer Zufluß von Fremden sich einfindet. Wie denn überhaupt um deswillen die Stadt volkreicher ist, als sie in Abwesenheit derselben sein würde. Man rechnet jetzt die Volksmenge, ob sie gleich seit dem letzten Krieg sehr abgenommen hat und kaum die Hälfte der ehemaligen Anzahl erreicht, doch noch auf 30000 Menschen, die in verschiedenen Ständen, Handwerken und Künsten hier ihr gutes Auskommen finden. Alle Bedürfnisse werden hier verfertigt, manche in einem so vollkommenen Grad, daß Ausländer sich eine Ehre daraus machen, sie von Dresdener Künstlern besitzen zu können. Die Flöten von der Meisterhand eines Crenzers, die Pianoforte des berühmten Wagners, die prächtigsten Steinarbeiten eines Stiehlers und viele andere Sachen wird man in auswärtigen Kunstkabinetten und in den Händen der Italiener und Russen häufiger als der Sachsen selbst antreffen. Die schönen Wissenschaften werden ganz besonders in Dresden geliebt, alle Teile derselben finden hier ihre Verehrer, und ist für jeden auch ganz besonders gesorgt worden. Wie stark die Lektüre der Einwohner sei, beweist des

Buchhändlers Hilschers Lesebibliothek, die sich gegen viertausend Bände erstreckt. Die Musik macht hier einen großen Teil der Vergnügungen der feineren Genies aus. Selbst Friedrich August der Gütige findet daran den edelsten Zeitvertreib, weil er darin Meister ist, und seine Durchlauchtigste Mutter hält es für die edelste Beschäftigung, die vortrefflichsten Stücke selbst zu komponieren. Die größten Kenner bewundern ihre Stärke darin. Sie ist ganz Meisterin. Weil die Musik am Hofe geschätzt wird, liebt sie die ganze Stadt. Ein Naumann, Richter, Homilius und eine vortreffliche Anzahl Männer, deren Arbeiten in ganz Europa bewundert und nachgeahmt werden, sind Zierden unserer Stadt. Wieviel geschmackvolle Malereien werden nicht alle Jahre in alle auswärtigen Provinzen geschickt. Unter der Aufsicht eines Schenau, Casanova, Graff werden so eine so große Anzahl der besten Maler erzogen, daß Dresden bei dem Flor der bildenden Künste bald die Schule derselben genannt werden wird. Die vortrefflichen Sammlungen und Galerien von Werken der Kunst überzeugen sogleich den Ausländer von dem feinen Geschmack der Einwohner Dresdens. Ein Freund der Bildhauerkunst und Antiken wird seine edle Neugierde auf die vollkommenste Art in der prächtigen Sammlung von alten römischen marmornen Statuen und Überbleibseln, die der große König Friedrich August in dem kurfürstlichen großen Garten mit sehr großen Kosten veranstaltet hat, befriedigen können. Ein Kenner der Gemälde wird in der kurfürstlichen Bildergalerie ganz Verwunderung sein und alle Arten von Meisterstücken in der besten Ordnung zu beurteilen, die beste Gelegenheit finden ....

Nur will ich noch der kurfürstlichen Bibliothek mit einigen Worten Erwähnung tun. Sie ist jetzt eine der ansehnlichsten in Absicht der Bände und vielleicht nächst der Wiener die stärkste. Unter den Manuskripten sind viele auch von unbezahlbarer Seltenheit. Sie wird von würdigen und gelehrten Männern jetzt in die beste Ordnung gebracht und wird, wenn die unternommenen Anstalten zur Wirklichkeit kommen sollten, gewiß eine der vorzüglichsten Sehenswürdigkeiten von Dresden sein.

Die Einwohner selbst sind gesittet, überaus gefällig, der größte Teil ohne Stolz, emsig, arbeitssam, unverdrossen und weniger zum Müßiggang geneigt. Es haben zwar die Sitten, so wie die ganze Stadt eben auch durch den letzten Krieg, eine andere, in gewissem Betracht bessere, in anderm aber auch schlimmere Gestalt angenommen. Die Bildung der Mannspersonen sowohl als der Frauenzimmer ist mittelmäßig, unter hundert wird man kaum eine wahre Schönheit antreffen. Der Umgang ist dem ohnerachtet reizend und ihr Betragen angenehm. Die meisten Haushaltungen sind sparsam, doch mit allen möglichen Bequemlichkeiten versehen eingerichtet. Die Gastfreiheit und ein gesellschaftlicher Umgang macht die Einwohner den Fremden liebenswürdig, und hierin hat Dresden vor den meisten sächsischen Städten einen rühmlichen Vorzug.

Wegen der Gegenwart des Hofes ist Dresden auch niemals ohne Fremde, aller von dem Hofe öffentlich angestellter Lustbarkeiten kann sich jeder teilhaftig machen. Komödien, Opern, Redouten, Bälle, Schlittenfahrten und andere Ergötzlichkeiten wechseln nach Beschaffenheit der Jahreszeit miteinander ab, und doch wird durch den Genuß dieser Freuden niemand sich in seinen Verrichtungen Nachteil und Verlust bringen.

Dresden würde noch weit mehr Lobsprüche verdienen, es würde weit volkreicher sein und mehr Reichtümer in seinen Mauern aufbewahren, wenn nicht der Handel hier zu schwache Unterstützung genösse. Die Elbe würde Dresden zu einer der größten Handelsstädte machen können. Käme noch die Betreibung hier schon versuchter Fabriken, die freie Schiffahrt, die Milderung der Abgaben auf inländische Produkte und Manufacta dazu, würde das Vorurteil, daß fremde Waren und Kostbarkeiten besser als inländische, uns zuträglicher und ebenso brauchbar wären, nach und nach ausgerottet. Vielleicht sind die Zeiten nicht mehr weit entfernt, in welchen Sachsen seine wahre Größe kennen lernen wird; alsdann wird Dresden die Wohnung der Glückseligkeit sein ....

Weil Neustadt bei Dresden eher als Dresden selbst erbaut wurde, erhielt es den Namen Altdresden und das mit gutem Recht. Jede Stadt war besonders und in nichts mit einander verwandt. Jede hatte ihren besonderen Rat, Gerichte, ihre eigentümlichen Freiheiten und Privilegien, auch jede ihr besonderes Siegel. Zum Beispiel Neustadt bei Dresden hatte einen Hirsch, der einen Zweig mit zwei Blättern im Maule hielt, und einige grüne Bäume in seinem Siegel. Als aber der unvergeßliche Kurfürst Moritz um Dresden Festungswerke zu bauen anfing und Neustadt ebenfalls damit zu versehen den Anfang machte, deswegen auch die Heide, die ehemals bis an die Stadt ging, um der Verteidigung wegen einen freien Platz um die Stadt zu erlangen, abtreiben und abholzen ließ, verordnete er, daß diese beiden Städte künftig nur eine Stadt sein und von dem Rat in Dresden beide Städte regiert werden sollten. Dieses geschah 1550, und von dieser Zeit an bedienen sie sich auch nur einerlei Siegels.

Nachdem endlich Neustadt von Zeit zu Zeit immer mehr angebaut worden, der König Friedrich August der Große es aber noch mehr vergrößert und verschönert wissen wollte, verordnete er, daß künftighein der Name Altdresden in Neustadt bei Dresden verwandelt sein sollte ....

Endlich muß ich noch erwähnen, daß diese Stadt seit langer Zeit der ordentliche Aufenthalt und die Residenz der preiswürdigsten Regenten gewesen. Vorher hielten sich die Markgrafen von Meißen nur dann und wann hier auf, weil sie ihr Hoflager noch an keinem beständigen Orte eingerichtet hatten. Markgraf Otto der Reiche war nur bisweilen in Dresden. Sein Enkel, Markgraf Heinrich der Erleuchtete, aber fand einen größeren Wohlgefallen an der Dresdner Gegend; er bewohnte diese Stadt achtundvierzig Jahre lang bis an seinen Tod. Es hielten zwar nachher Markgraf Friedrich der Kleine, der in der Geschichte von Dresden benannt worden, Markgraf Friedrich der Strenge, auch Wilhelm und noch andere sich die meiste Zeit hier auf. Kurfürst Friedrich des Gütigen Sohn, Herzog Albrecht zu Sachsen, aber machte diese Stadt

Der Stallhof mit der Englischen Treppe. Stich von Moritz Bodenehr

Die Reitbahn im Stallhof. Kolorierter Stich von Johann Benedikt Theil. Um 1780

Das Seetor vor der Auflassung der Festungswerke

Die Kurfürstin Maria Antonia, Prinzessin von Bayern

Gemälde von Anton Raphael Mengs. 1751

erst zur Residenz. Seit der Zeit ist sie es auch immer geblieben, und die nachherigen Kurfürsten haben nur dann und wann im Sommer andere Schlösser im Lande auf eine kurze Zeit bezogen. Der Hof ist aber doch immer in Dresden geblieben. Noch jetzt kann Dresden darauf stolz sein, daß es die Gegenwart eines Fürsten, des weisen und huldreichsten Friedrich Augusts, dessen landesväterliche, weise Anstalten jedem Einwohner Ehrfurcht einflößen, genießt, eines Fürsten, dessen Wohltaten bereits am glänzenden Morgen seiner Regierung seine Untertanen beglückt haben ....

Dresden, das bisher noch die Nachwehen des letzten Krieges empfunden, erholt sich unter seiner sanften Regierung zusehends. Ein Haus erhebt sich nach dem andern aus den traurigen Ruinen, worunter es begraben gelegen, prächtiger als es vorher gewesen war, empor. Alle Einwohner beeifern sich, würdige Bürger einer solchen Residenz zu sein.

Der Dresdner Hof in preußischer Gewalt
1758

Nach der Kapitulation der sächsischen Armee bei Pirna hatte sich König August III. mit zweien seiner Söhne nach Warschau begeben. Die übrigen Mitglieder der Königlichen Familie blieben in Dresden, das von Friedrichs Truppen besetzt war. Friedrich, anfangs darauf bedacht, die Wettiner aus der Residenz zu entfernen, änderte nach der Schlacht von Kolin (18. Juni 1757) sein Verhalten und hielt die Königin mit dem Hofe als Geiseln fest. Nach dem raschen Tode der Königin am 17. November gelang es der beherzten Kurprinzessin Maria Antonia, die neben ihrem kranken Gatten die Verhandlungen führte, einige Erleichterungen der Haft zu erreichen. Aber da Friedrich auf die gesamten Einnahmen des Landes Beschlag gelegt hatte, geriet der Kurprinzliche Hof bald in schwere wirtschaftliche Bedrängnis. Maria Antonia, eine bayerische Prinzessin, hoffte nun auf dem Umwege über München bei König Georg II. von England, dem Verbündeten Friedrichs, eine Fürsprache zur Befreiung der Wettiner Prinzen erwirken zu können. Zugleich war aber auch das Einverständnis des sächsischen Familienhauptes in Warschau nötig. Deshalb richtete das Kurprinzliche Paar am 28. November 1758 das nachfolgende vertrauliche „Promemoria" an König August III., das die üble Lage des Dresdner Hofes zwar etwas umständlich aber doch klar beleuchtet:

„Nachdem des Königs in Preußen Majestät nicht allein alle Egards gegen die anwesende Königliche Familie dermahlen gäntzlich aus der Acht zu lassen und vielmehr Ihro Kgl. Hoheiten täglich auf eine neue Arth zu kräncken sich bestrebet, welches auch besonders dadurch geschehen, daß gedachte Seine Majestät Ihro Kgl. Hoheiten fast alle diejenigen Personen entzogen, die höchst denenselben bey diesen epineusen Umständen durch guten Rath und treue Dienstleistungen einige Erleichterung verschaffen können, sondern auch in Ansehung des Landes mehr als jemahls hart und unaussteblich verfähret, und daß diese Bedrückungen immer härter und bedenklicher werden dürften, dadurch neuerlich zu verstehen gegeben haben, daß sie denen Ständen schriftlich erklären lassen, wie sie Sachsen dermahlen nicht mehr als ein in Schutz genommenes, sondern als ein erobertes Land ansähen, so ist daraus auf das künftige der betrübteste Schluß zu machen, daß in kurtzem sowohl die kgl. Familie an der eigenen und dero Hofstadt Subsistenz Mangel leiden, folglich auch jedermann allhier in die äußerste Dürftigkeit und Verlegenheit gesetzt seyn wird. Ihro Kgl. Hoheiten, welche sich nach dem vorigen rühmlichen Beyspiel Ihro der höchstseligsten Königin Majestät bisher zum Besten des Landes mildest verwendet und sich und ihre eigene Gemächlichkeit hintangesetzt, sind von der bevorstehenden Entziehung aller und jeder Mittel, wodurch sie dem Lande, denen Dicasteriis und denen zum Dienst der kgl. und dero Hofstatt gehörigen Personen einiges Soulagement zu verschaffen bemühet gewesen, überaus gerühret und sehen zum voraus, daß sie bey dero ganz unnütz werdenden längern Aufenthalt selbst mit Ihro Familie und Dienern Mangel leiden und täglich neuen gar unerhörten Desagremens ausgesetzt seyn dürften. Da nun höchstdenselben des Churfürsten zu Bayern Churfürstliche Durchlaucht schon öfters dero Hoflager zum Asylo und selbstbeliebigen Aufenthalt höflichst und dringend offeriret hat, so wünschen Ihro Kgl. Hoheiten deshalb zuförderst von Ihro Kgl. Majestät, unserm allergnädigsten Herrn, gütigster und väterlicher Gesinnung informirt zu seyn. Nachhero wäre zu consideriren, daß vielleicht anjetzo der König in Preußen hierunter anderes Sinnes geworden seyn könnte als vordem, um die kgl. Familie allhier zu behalten, auch wohl gar durch das gegen dieselbe fortsetzende unfreundliche und harte Benehmen einen Frieden zu erzwingen trachte. Es scheinet also alle Behutsamkeit bey der wegen dergleichen Absichten anzustellenden Negociation überaus nöthig. Man überläßet dahero Ihrer Kgl. Majestät erleuchtetem Ermessen, ob nicht zuvörderst deshalb von Seiten des Kgl. Churprintzens und Churprintzessin Kgl. Hoheiten einige convenable Passus, zuerst unter der Hand und nachhero dem Befinden nach durch eigene Verwendung, zu machen wären, wobey jedoch Ihro Kgl. Hoheiten selbst entschlossen sind, dergleichen Schritt nicht eher zu thun oder nur zu versuchen, bis höchstdieselben aus denen etwanigen Verhältnissen mit Zuverlässigkeit vorhersehen können, daß sowohl denenselben und dero Familie es an der benöthigten Subsistenz fehlen als auch ihr längeres Hierbleiben denen getreuen Dienern und Lande kein Soulagement verschaffen können würde; oder ob vielleicht Ihro Kgl. Majestät besser und sicherer zu seyn erachteten, wenn allerhöchstdieselben selbst entweder en droiture oder aber durch Vermittelung ein oder des andern Hofes, deren gemeine Sache ein gegen eine Kgl. Familie gerichtetes unerhörtes Betragen zu seyn scheinet, die Sache anzubringen oder auf eine oder die andere Arth zu betreiben beliebt. Ihro Kgl. Hoheiten beneyden anbey das Schicksal derer seit einigen Tagen aus Sachsen exilirten Ministorum und Diener, welchen das Glück, Ihrem allergnädigstem Könige und huldreichsten Landesvater sich zu Füssen legen zu dürffen, bestimmet worden ist, und würden darinnen, wenn es Zeit und Umstände erlaubten, ihre größte Consolation finden. Bei deren Entstehung gewärtigen höchst dieselben jedoch über obige Anfrage einer beliebigen gnädigst baldigen Antwort und Belehrung."

In Warschau machte der allmächtige Minister Graf Brühl Bedenken geltend, und Friedrich lehnte ab. So verlief die ganze Sache im Sande.

Die Beschießung Dresdens

Brand der Kreuzkirche 1760

Ein Augenzeuge, der spätere Dresdner Pfarrer Schreyer erlebte die Schrecken der Belagerung Dresdens durch die Preußen im siebenjährigen Kriege als Kind und berichtet darüber in seiner Selbstbiographie:

Immer furchtbarer wurden die Erwartungen und Ereignisse des Jahres 1760. Ein starkes Belagerungskorps der Preußen rückte im Juli vor Dresden, um es von den österreichischen Truppen und ihren Verbündeten wieder zu erobern. Die erschütternden Vorfälle bei dieser Belagerung haben auf meine Kinderseele zu tiefen Eindruck gemacht, als daß sie nicht noch jetzt mir lebhaft vor Augen schweben sollten, um so mehr, da die preußische Batterie zunächst bis an den Zinzendorf'schen Garten reichte, welcher längs der Hintergebäude der Langengasse sich ausdehnte, wir also zwischen zwei Feuern wohnten und alle Kugeln aus der Festung und in dieselbe über unsere Häuser flogen. Von meinen damaligen Erfahrungen will ich übrigens nur das berühren, was unmittelbar auf mich besonderen Eindruck gemacht hat.

Am sechsten Trinitatissonntag (13. Juli) warteten mein Vater und ich zum letzten Male den Vormittagsgottesdienst in der uns nahe gelegenen Waisenhauskirche ab. Mitten unter der Predigt hörten wir die ersten Schüsse des beginnenden Bombardements. Hastig strömten die ziemlich zahlreich Anwesenden aus der Kirche. Der Prediger Gladitsch ermahnte zur Ruhe, Fassung und Mut, und wer nicht fort war, ließ sich halten. Er schloß bald darauf ohne Gebet, nur mit dem Vaterunser, einem kurzen Gesang und dem Segen. Währenddessen hatten auf Anregen der Wirtin sämtliche Hausleute in Kisten und Laden ihre besten Sachen in den Keller geschafft. Mit Beihilfe der Nachbarn hatte auch die allein und außer Fassung sich befindende Mutter (der Vater hatte kurz vorher wieder geheiratet) Alles, was sie in der Angst ergriffen, in eine Lade gepackt und nebst den meisten Betten ebenfalls in Verwahrung bringen lassen. Als wir nach Hause kamen, war der vollgepfropfte Keller bereits zugemauert.

Die Belagerung
Dresdens
im Juli 1760

Stich von
Johann Martin Will

Vorstellung der Belagerung der Königlich Polnisch und Chur Sächsischen Residenz Stadt Dresden wie solche von dem König von Preussen 1760. von 13. biss 22. Iulii beschossen worden.

Als der König von Preussen den 13. dis die Stadt berënet, so liesse eben denselben Tag Se Majestæt den Comendanten General Macquire aufforden die Stadt zu übergeben, und der freye Abzug der Garnison angebotten und erlaubet wurde; der Comendant aber darauf antwortete sich auf das ausserste zu vertheidigen suchte, welches auch geschehen. Darauf aber der König von Preussen alle Anstallten machte die Stadt zu Bombardiren und den 18. schon Bresche geschossen würde. Den 19. aber kame der Herr Gen. Feld Marschall Graf von Daun anmarschiret, und solche Belagerung durch kluge Anstalten abgeholffen wurde, dass also die Belagerung von 21 biss auf den 22 Iulij an Ende nahm, und zugleich der König von Preussen sambt der ganzen Armee abgezogen. Bey dieser Belagerung hat die Stadt 200 und etliche 20 Häuser darunter verschiedne Paläste welche gänzlich abgebrandt sind, ohne die Beschädigte.

Erklärung der Ziffern.

(1) Das Schlos. (2) alt Dresnische Thor. (3.) Kunst-Kammer. (4) Heilig Kreuzer Kirch. (5) Frauen Kirch. (6) Pulver Thurn. (7) Gies Haus. (8) Zeug Haus. (9) Die Iungfer (10) Operen Haus. (11) Redouten Haus. (12) Zwinger Garten. (13) Rathhaus. (14) Commendanten Haus (15) König von Preussen. (16) Herzog von Holstein. (17) Ausfälle aus der Stadt. (18) Königlich Preussische Batterien.

Ioh. Martin Will excud. Aug. Vind.

Das Bombardieren dauerte nun Tag und Nacht, bald stärker, bald schwächer, und ein Feuer nach dem andern sahen wir in der Stadt, zum Teil auch in der Vorstadt aufgehen, unter denen das uns so nahe gegenüberstehende ansehnliche Waisenhaus nebst der Kirche den wehmütigsten Eindruck auf uns Alle machte. Preußische Freikorps, die sich bis in die Vorstädte wagten, und kaiserliche Kroaten, die außerhalb der Festung lagen, trafen häufig aufeinander, beschossen sich als Feinde vor unsern Augen herum, ohne daß ein einziger Mann gefallen wäre, und brachen nachher freundschaftlich in die Häuser, wo sie es vermochten, um zu plündern, obwohl es den Letzteren streng untersagt war. Gerade unseren Fenstern gegenüber lag ein Kroatenkapitän, vor dessen Tür mehrmals täglich sogar von Weibern und Kindern herbeigeschleppte Verbrecher dieser Art auf stets bereitliegende Strohschütten geworfen wurden, tüchtige Stockprügel ad posteriora erhielten und doch wieder plünderten. Die schlimmsten unter ihnen waren das Marketendergesindel und ihre Weiber. Ein Kerl von ihnen erhielt eines Tags vor unserem Exil dreimal diese Strafe. Daß es der nämliche war, erkannten wir an seinem ausgezeichnet gellenden Geschrei: „Jäsens Marie!" Den gräßlichsten Lärm vollführten bei solchen Exekutionen die Weiber, die, auf dem Pflaster sich wälzend, um Gnade schrien, und wenn sie es zu arg machten, mit Rückenhieben fortgestöbert wurden.

Dieses Kroatengesindel und ihr Anhang war die furchtbarste Rasse und unnützeste Bagage, welche die kaiserliche Armee mit sich herumschleppte. Bei jedem Schusse aus dem preußischen Lager, der sie doch nicht treffen konnte, bückten sie sich tief. Fünf solche Kerls kamen einst durch unser Hausgärtchen, dessen Zaun die Freikorps zum Verbrennen bereits gestohlen hatten, und sprengten die Hoftüre. Ihre Blicke flogen zwar überall umher, doch wagten sie nichts anzurühren, da mehrere Hausbewohner sich im Hofe befanden. Der alten Wirtin, welche sie mit Schimpfreden empfing, gaben sie zu verstehen, daß sie ihnen die Haustüre öffnen möchte. Indem sie es tat, ergriff der Eine ihre auf der Wäschmangel liegende Sackmütze. Sie bemerkte es, zog den Kerl von der Gasse wieder ins Haus, und da er sie hinwarf, ließ sie ihn kreischend nicht eher fort, als bis er sie aufgehoben und die Mütze wieder an den vorigen Ort gelegt hatte. An eben diesem Tage hatte unser nächster Nachbar, ein Kaufmann, auch einen Plünderer erwischt, den er zum Hause hinaus gerade in den vorbeifließenden Kaitzbach warf, ja sogar mit den Füßen in den Schlamm niederdrückte. Verschiedene seines Gelichters sahen es mit an und schlichen davon.

Den tollsten Spektakel bei solchen Mausereien machten die Weiber, die über die Beute fast allemal in Schlägerei gerieten. Das erste bei solchen Katzbalgereien war das Abreißen der Hauben und das Raufen bei den Haaren, bis sie hinstürzten und unter Zetergeschrei auf dem Pflaster sich so lange herumwälzten, bis sie es satt hatten. Gemeiniglich kam ein dritter Spitzbube dazu, der den Raub wegstibitzte.

Die Bogenschüsse aus den Kanonen, welche am fünften Tage häufiger wurden und niedriger gingen als die Bomben, gestatteten uns ferner keinen sicheren Aufenthalt, nicht einmal im Hofe, da die durch das Dach des drei Geschoß hohen Hauses fliegenden Kugeln unaufhörlich Ziegel herabwarfen. Den Donnerstag (17. Juli) nachmittags um vier Uhr entschlossen wir uns, mit der größeren Hälfte von elf Familien auszuwandern, und was sich in einem Korb und in den Händen fortbringen ließ, mitzunehmen. Es war auch die höchste Zeit, denn am folgenden Vormittag lag das Haus und fast die ganze Gasse in Schutt und Trümmern. Wir flüchteten zuerst in den Großen Garten, wo wir auf dem sehr geräumigen Boden des Palais schon um und um alles von Flüchtlingen besetzt und kaum noch ein Plätzchen zum Niederlassen und Ausruhen fanden. Ehe wir so weit gelangen konnten, kamen zwei preußische Offiziere, welche den ganzen Boden durchgingen und andeuteten, daß Alles hier geräumt werden müsse, da die Verwundeten und Kranken aus dem Lager hierher geschafft werden sollten.

Die Beherzteren entschlossen sich, es abzuwarten, wir nebst andern Furchtsamen setzten den Wanderstab weiter fort, ohne zu wissen, wohin. Ein Kamerad meines Vaters, der sich unterwegs zu uns fand und in Strehlen eine bekannte Familie wußte, riet uns, es zu versuchen, und wirklich glückte es uns, daß der Bauer Ludwig auch uns (ganz Unbekannte) nach einigem Bitten aufnahm. Wahrscheinlich mochte ihn der Umstand willfähriger machen, daß er durch uns einige Gehilfen mehr zu schleuniger Einbringung seiner in Gefahr stehenden Feldfrüchte bekam. Für mich war es ein ungewöhntes Vergnügen, fleißig auf dem geleerten Erntewagen mit des Wirtes zwei Kindern aufs Feld fahren zu können.

Als dies auch am darauffolgenden Sonnabend (19. Juli) in den Nachmittagsstunden geschah und wir Kinder immer die Augen auf die vielen Feuer in der Stadt gerichtet hatten, bemerkten wir auf einmal, daß ein Seitentürmchen der Kreuzkirche brannte. Dies Feuer ward zwar wieder gelöscht, aber bald darauf stand der hohe Hauptturm in vollen Flammen, und ehe wir noch auf dem Rückweg das Haus erreichten, sahen wir die hohe Spitze desselben sich etwas rückwärts neigen; heftiger schlugen nun die Flammen um sie herum, und bald darauf stürzte die ganze brennende Masse mit einem so starken Krachen, als wenn es im Dorfe wäre, auf das Dach, schlug dieses und das Gewölbe durch und setzte die ganze Kirche in Flammen. Wie man sich einen entzündeten Vulkan denken kann, ragte das große, über und über brennende Gebäude während der ganzen Nacht empor, indem das viele Holzwerk dem Feuer immer neue Nahrung bot — ein grausenhafter Anblick! Am folgenden Tage — einem Sonntag — abends gegen neun Uhr sahen wir auch die mir so liebe Annenkirche in Feuer stehen, welche zwar nicht vom Bombardement erreicht, sondern nebst der Schule und dem Pfarrhaus besonders angezündet worden war.

Der Zinzendorf'sche Garten bildete einen Teil des Gartens vom späteren Palais des Prinzen Johann Georg. Die abgebrannte Annenkirche, die ebenso wie die Kreuzkirche nach dem Kriege wiederaufgebaut wurde, führt den Namen der Kurfürstin „Mutter Anna" (1532—1585), der Gemahlin des Kurfürsten August, der das Gotteshaus erbaute. Vom Waisenhaus kündet heute nur der Name Waisenhausstraße.

Der reichste Mann in Sachsen

war im 18. Jahrhundert zweifellos der bekannte Günstling Friedrich Augusts II., der Minister Graf Heinrich Brühl. Als er 1763 starb, hinterließ er einen Gesamtbesitz im Werte von 2,830,644 Talern, der sich nach Abzug der Schulden immer noch auf 1,539,346 Taler belief. Es ist interessant, im einzelnen zu verfolgen, was dieser Grandseigneur allein an Wertgegenständen aller Art angehäuft hatte. Das Gericht stellte u. a. fest:

376,843 Taler 6 Gr. an Pretiosen; darunter waren nicht weniger als 87 Ringe, 835 Stück Tabatieren, 55 Etuis, 102 Taschenuhren, 75 Degen und Hirschfänger, 29 Stück spanische Rohre, 30 Schreibtafeln, 67 Stück Riechfläschchen.

62,007 Taler 12 Gr. Silberwerk.

27,214 Taler 20 Gr. Porzellan.

53,905 Taler 5 Gr. 9 Pf. die Garderobe, worinnen 198 Stück gestickte Kleider, 61 reiche, 40 seidene, 84 sammtene, 24 Trauer-, 23 ordinäre Kleider, 43 Schlafröcke, 30 Hüte, 47 Pelze, 17 Zobelmüffe, sowie kostbare Stoffe und Gallalivrees.

21,445 Taler 10 Gr. an Wäsche und Spitzen.

28,102 Taler 10 Gr. an Möbel, nebst Gardinen und Teppichen, Kaminschirmen, Wandleuchtern usw.

4,596 Taler die Sattelkammer.

8,835 Taler die Wagenremise, worinnen 29 Kutschen und 2 Portechaisen.

13,936 Taler 2 Gr. die Gewehrkammer mit mehr als 600 Flinten und Büchsen.

105,329 Taler 2 Gr. die Bildergalerie.

Die Bibliothek von 15,000 Bänden; die Kupferstichsammlung in 300 Kartons. Das Naturalienkabinett, worin beinahe für 800 Taler Mineralien; dann schöne Kunstwerke aus Glas, Porzellan und Wachs, Silber, Stahl und Schmelzwerk, für 1107 Taler 8 Gr. Elfenbeinarbeiten.

55,644 Taler die Kellerei.

Unendlich waren die Vorräte an Tee, Kakao und Schokolade; 870½ Pfd. guter und 396 Pfd. Schnupftabak; 238 Flaschen wohlriechendes Wasser; viele musikalische Instrumente, Wand- und Konsol-Uhren.

Heinrich Graf von Brühl (1700—1763) trat 1719 als Page in den Hofdienst, gewann rasch die Gunst Augusts des Starken, noch mehr aber durch seine geschickte Mithilfe bei der Gewinnung der polnischen Krone das Vertrauen König Augusts III., der ihn 1733 zum Kabinettsminister ernannte und seinem Einflusse bis ans Lebensende unterworfen blieb. Die Mißwirtschaft des Brühlschen Regimentes ist bekannt. Die Staatsschulden wuchsen von zwanzig auf hundert Millionen Taler, während Brühl, der nicht weniger als zehn hohe Zivil- und Militärämter bekleidete, sich skrupellos bereicherte.

Die Trümmer der ehemaligen Kreuzkirche. Gemälde von Bernardo Bellotto, gen. Canaletto. 1765

Die Augustusstraße mit dem Brühlschen Palais zur Rechten

Saal im Brühlschen Palais. Aquarell von C. Aßmann

Illumination im Brühlschen Palais. Stich von C. P. Lindemann. 1738

Verschwendung im Brühlschen Palais

Ein ungenannter Kritikus richtete im Jahre 1760, also mitten im siebenjährigen Kriege, gegen den berüchtigten Minister einen ziemlich breit angelegten Angriff. In drei Bänden zerlegt er „Leben und Charakter des Grafen Brühl" mit all der Umständlichkeit und der behaglichen Entrüstung, wie sie damals in der öffentlichen Erörterung solcher Fragen üblich war. In diesen „vertraulichen", aber immerhin gedruckten Briefen an einen Freund schildert der Verfasser den verschwenderischen Aufwand im Hause des Ministers sowie die unsauberen Mittel, die er erforderte, folgendermaßen:

Es ist in der Thαt kaum glaublich, schätzbarer Freund, wie hoch dieser Minister-Regent die Pracht und Verschwendung getrieben hat, wenn man sich nicht durch seine eignen Augen davon überzeugt hat. Ich habe Ihnen in meinem Briefe vom 23. Julii, wo ich mich anders recht erinnere, die Versicherung gegeben, daß ich keinen Königl. Hof gefunden habe, der es in der Pracht und Verschwendung dieser großen Excellenz gleich gethan hätte. Als ich in denen Jahren 1744 bis 1747 in Dreßden war; so wurde die Brühlische Tafel niemals geringer als mit dreyßig Schüsseln besetzet; und das mit einer solchen Profusion und Verschwendung, daß die Bedienten, wie sie wollten, Essen aus dem Hause schleppen konnten. Ein klein Tractament mußte wenigstens aus fünfzig Schüsseln bestehen, und ein großes wohl aus achzig und hundert. Ich habe nach der Zeit Königliche Höfe gesehen, wo die Königliche Tafel ordentlich und gewöhnlicher maßen nur mit zwölf Speisen besetzet worden ist und bey Tractamenten mit vier und zwanzig bis dreißig.

Zu eben der Zeit bestanden die Brühlischen Bedienten wenigstens aus zwey hundert Personen. Darunter waren zwölf Kammerdiener, zwölf Pagen, alle mögliche Haus-Officiers von Stallmeistern, Bereutern, Hauß-Hofmeistern, Küch- und Kellerschreibern, und wie sie nur an dem größten Hofe befindlich seyn können. Die Küche bestand aus vier Mund-Köchen, zwölf andern Köchen und so viel Küchen-Jungen und Beyläuffern, daß sie über dreyßig Personen hinausstieg. Die Kellerey und Conditorey war fast eben so stark; und man versichert mich, daß mehr als hundert Bediente in Livree vorhanden wären.

Wenn der Herr Graf von Brühl keine Cammer-Junker hatte; so waren hingegen eine besondere Art von Hauß-Officiers vorhanden, welche von gutem Adel waren, die die Frau Gräfin führeten und sonst die Honneurs des Hauses machten, die auch einen stärkern Gehalt hatten und besser versorget wurden als die Cammer-Junker an Königlichen und Fürstlichen Höfen.

Heinrich Graf von Brühl

Stich von Lorenzo Zucchi nach dem Gemälde von Louis de Sylvestre. Um 1740

Machen Sie einmal, liebster Freund, von einem so erstaunlichen Aufwand nur einen mäßigen Ueberschlag; setzen Sie die große Pracht der Meublen nicht allein in Dreßden, sondern auch auf seinen übrigen Schlössern hinzu, die alles übertrifft, was man sich davon vorstellen kann; überrechnen Sie die Kosten der prächtigen Gärten in Dreßden und auf seinen Gütern; fügen Sie den Aufwand auf seine überaus große Bibliothek, Kunst-, Naturalien- und Mineralien-Cabinet und die Gallerien von theuren Gemählden hinzu und sagen Sie mir, ob Sie glauben, daß solches alles mit einer Million jährlich bestritten werden kann! Ich wenigstens möchte nicht der Entrepreneur seyn, um vor diese Summe den Aufwand Sr. Excellenz zu unterhalten. Bey allen solchen unaussprechlichen Verschwendungen aber noch unermäßliche Güter zusammen zu bringen, das ist eine Kunst, welche, so lange als Menschen auf unserer Kugel wohnen, gewiß noch niemand gekannt hat und — wir wollen zur Ehre des menschlichen Geschlechtes hoffen — auch niemand wieder ausüben wird.

Als ich diese unbeschreibliche Verschwendung mit eigenen Augen ansah, so war das bevorstehende Falliment der Steuer-Casse dem Grafen von Brühl schon mehr als zu wohl bekannt; wie denn ihr Verfall noch Zeit meiner Anwesenheit in Dreßden völlig ausbrach. Dennoch, ob gleich durch die Nicht-Auszahlung der Interessen von denen Steuer-Schulden unzähligen rechtschaffenen Leuten und Wittwen und Waysen, die ihr ganzes Vermögen darinnen hatten, gleichsam das Brod aus dem Munde gerissen und sie in den elendesten Zustand versetzt wurden, so wurde doch von aller dieser Pracht nicht das allermindeste eingeschränckt.

Ja was noch mehr ist, werthester Freund, und woran ich ohne schmerzliche Rührung nicht denken kann, um diese Pracht zu unterhalten und dem Credit der Steuer noch etwas hinzuflicken, so wurde allen Gerichten in Sachsen anbefohlen, die Depositen-Gelder zur Steuer-Casse zu liefern und davor Steuer-Scheine anzunehmen. Die auf öffentlichen Treu und Glauben niedergelegten Gelder, das Vermögen der Waysen und Unmündigen, welches eine jede vernünftige und rechtschaffene Regierung mit äußerster Vorsorge zu schützen schuldig ist, wurde hier so gut als geraubt. Denn die davor gegebenen Steuer-Scheine verlohren gar bald allen ihren Werth. Man redete damals davon, daß ein gleicher Befehl an alle Kirchen und milden Stiftungen ergangen wäre, ihre vorräthigen Capitalien einzuliefern; und mithin hätte man gar kein Bedenken getragen, auch sogar den Altar zu berauben. Ich kann aber nicht vor gewiß behaupten, ob es geschehen ist. Die Sache ist mir außer Acht gefallen, so daß ich mich niemals weiter darnach erkundigt habe, wenn ich in Sachsen gewesen bin.

Ohnfehlbar wird mein schätzbarer Freund die Scarteque gelesen haben, welche vor einigen Jahren zur Verteidigung Sachsens und des Herrn Grafen von Brühl unter dem Titul des gerechtfertigten Ephraims herauskam. Man äußerte darinnen die lächerlichen Grundsätze, daß die Verschwendung des Hofes und folglich auch des

Herrn Grafen von Brühl zur Belebung der Künste und des Nahrungs-Standes in Sachsen nützlich gewesen sey.

Allein, wenn auch diese Grundsätze in ihrer weitläufigsten Erstreckung wahr wären; so hat doch die Verschwendung des Herrn Grafen von Brühl gewiß niemals den Nahrungs-Stand in Sachsen befördert. Das meiste zu seinen Verschwendungen ließ er aus fremden Ländern einführen. Seine Schuhe zu hundert Paaren auf einmal, seine Peruquen zu Dutzenden wurden aus Paris verschrieben, und sogar Pasteten kamen auf der Post aus Paris. Die Chocolade, ohngeachtet sie in Dresden und Leipzig sehr gut verfertigt wird, mußte aus Rom und Wien kommen; und alles was man fast ansah, war nicht in Sachsen verfertigt.

Sie werden vielleicht sagen, daß doch zu einer so großen Verschwendung unzählige Dinge erfordert würden, die unmöglich in fremden Ländern gemacht werden könnten. Ja! das ist wahr, mein Allerliebster. Aber es hatte mit denen Brühlischen Arbeiten eine besondere Beschaffenheit, daß auch diese dem Nahrungs-Stande in Sachsen nicht zum Vortheil gereichten. Die Handwerker mußten nemlich einige Jahre lauffen, ehe sie ihre Rechnungen bezahlt bekamen. Ich habe sie Dutzendweise in dem äußersten Brühlischen Vorzimmer stehen sehen, wo sie öfters ziemlich laut redeten und sich unnütze machten. Wollten sie endlich nach zwey- und dreyjährigem Lauffen ihre Bezahlung haben, so mußten sie denen Brühlischen Secretairs und Haus-Officiers so viel spendieren, daß sie nicht den geringsten Vortheil von ihrer Arbeit übrig behielten. Wahrhaftig! mich deucht, daß auf diese Art der Nahrungs-Stand in Sachsen von dem Brühlischen Aufwand eben nicht viel Vortheil gehabt haben kann.

Johann Georg Palizsch

wurde am 11. Juni 1723 in dem Dorfe Prohlis bei Dresden geboren. Er, der sein Leben lang ein Bauer war und als Musterlandwirt seinem Stande hohe Ehre machte, hat sich aus eigner Kraft zu einem erfolgreichen Himmels- und Naturforscher emporgeschwungen. Seine Leistungen als Astronom gipfelten in dem Wiederauffinden des Halleyschen Kometen 1738 und in der Entdeckung des periodischen Lichtwechsels des Perseussternes Algol. Die Wissenschaft hat seine Verdienste anerkannt und sich zu eigen gemacht; die Akademien in Paris, London und Petersburg nahmen ihn in ihre Reihen auf. Seine Sammlungen umfaßten die Gebiete der Mineralogie, Zoologie, Konchylienkunde, Ethnographie, Prähistorie, Geodäsie und Physik. Sein botanischer Garten war weithin berühmt; er hat als erster die Kartoffel im Elbtal angebaut. Der Bauernastronom von Prohlis ist unter den merkwürdigen Figuren in der geistigen Bewegung des achtzehnten Jahrhunderts eine der bewundernswertesten. Er starb im Jahre 1788.

Stich von C. G. Schulze nach dem Gemälde von Anton Graff. 1782

Blick auf Schloß Pillnitz und die Sächsische Schweiz
Kolorierter Stich von Johann Gottfried Jentzsch. Um 1800

Ein Feuerwerk zu Wasser und zu Lande

Am 22. Oktober 1760 erhielt der alte Christian Fürchtegott Gellert in Leipzig von einer unbekannten Demoiselle aus Dresden einen munteren Schreibebrief. Caroline Lucius, damals einundzwanzig Jahre alt, Tochter eines Hofbeamten, hatte ihrem schöngeistigen Drange nachgegeben und dem berühmten Manne ihre Verehrung bezeigt. Sie kennt und liebt nicht nur seine Schriften genau, sie versichert auch zu wissen: „wie Sie aussehen, wie Sie reden, wie Sie gehen, wie Sie sich kleiden, wie Ihre Perücken, Mützen, Trodelwesten, Schlafpelze usw. aussehen." Und da kann sie sichs nicht verwehren, „den einzigen Weg zu ergreifen, den ich vor mir sehe, um Ihnen zu sagen, daß auch ich in der Welt bin, und daß dies Ich, das Sie zwar nicht kennen, Sie unendlich hochschätzt und verehrt." Der alte Poet, dem dergleichen Briefe von Verehrern und Verehrerinnen nichts Ungewohntes waren, antwortet noch am gleichen Tage sehr liebenswürdig: er könne sich nicht erinnern, daß er „jemals einen so lachenden und doch natürlichen Brief von einem Frauenzimmer erhalten hätte." Damit war ein äußerst reger brieflicher Verkehr eröffnet, der sich, in ziemlich redseliger Breite, über alle erdenklichen Fragen des geistigen Lebens, der Moral, der Poesie usw. ergeht. Die Schreiberin beklagt zuweilen die Begrenztheit ihrer Lebensführung, immerhin weiß sie aber bei Gelegenheit auch ein äußeres kleines Erlebnis, wie es das höfische Fest im August 1764 zu Ehren des Administrators Prinzen Xaver in Pillnitz für sie war, recht artig zu schildern. Wir erfahren dabei zugleich, wie der Hof die von Gellerts geistigem Licht bestrahlte kleine Registratorstochter gnädig bemerkt und einer Ansprache würdigt. Das bescheidene Selbstgefühl, mit dem die Demoiselle Lucius dem Leipziger Freunde davon berichtet, spiegelt das langsam erwachende geistige Selbstbewußtsein des Bürgertums überhaupt ganz anschaulich:

Ich bin recht schlimm daran, daß ich Sie niemals mit irgend einer abwechselnden Beschreibung oder Abschilderung unterhalten kann. Ich reise nirgends hin, lebe immer an einem Orte und mit einerlei Menschen, einen Tag wie den andern. Diese Woche ist einige kleine Veränderung in meiner Lebensart dadurch vorgegangen, daß der Geburtstag des Prinzen Administrators in Pillnitz sehr feierlich begangen ward. Meine Eltern wollten also mit uns (mit mir, Schwester und Bruder) hinausreisen, um uns das Feuerwerk sehen zu lassen, das Abends dem Schlosse gegenüber an dem andern Elbufer abgebrannt werden sollte; denn wir hatten zuvor noch nie eines gesehen.

Wir fuhren so stille und gemächlich wie auf dem Wasser, und der Kutscher, ein sehr närrischer Kerl, sagte uns immer zu unserm Troste, wir kämen gewiß noch nach

Pillnitz und führen so hübsch allein und hätten keinen Staub. Wir langten endlich um 6 Uhr dem Schlosse gegenüber an, kamen glücklich über die Elbe und waren anfangs in großer Angst, Herrn Zeisen, der sich, ich weiß nicht warum, in ein anderes Schiff gesetzt hatte, das an einem andern Orte gelandet war, wiederzufinden. Denn die Wachen, die da herumgestellet waren, wollten ihn nicht zu uns und uns nicht zu ihm lassen, wir hatten auch keine Lust dazu, denn wir waren besser. Endlich hatte sich Herr Zeis in den Garten hineingearbeitet, kam durch das Schloß zu uns und brachte uns durch Hilfe eines höflichen Offiziers, der die Wache hatte, hinein ...

Wir machten nunmehr eine Gesellschaft und wurden auf eine Galerie geführt, die einen Pavillon des Schlosses an der Elbe umgibt, und von der wir von der einen Seite den Garten und von der andern das Feuerwerk, gleich uns gegenüber, zur Aussicht hatten. Auch gingen Fenster von dieser Galerie in den Salon, wo man Konzert hielt. Der Hof war schon früh vor zehn Uhr hinausgefahren, und Mittags war große Tafel von siebenzig oder mehr Kuverts gewesen. Ich hörte die Prinzessin Cunigunde und eine Hofdame Spinuzzi singen und den Herzog Carl auf der Flöte spielen, doch nur schwach; denn die Fenster waren zu, auch mußte ich, um meinen Platz, von welchem ich das Feuerwerk sehen sollte, nicht zu verlieren, die Musik verlassen und länger als eine Stunde, bis das Konzert zu Ende war, auf einem Flecke stehen und frieren, welches mir sehr langweilig vorkam. Hiermit vereinigte sich noch die Furcht und Angst, die mir die andern Leute wegen des Feuerwerks einjagten. Ich rüstete mich mit Mut, so gut ich konnte. Mir war nur vor dem Anfange bange. Wenn nur, dachte ich, die achtzehn Kanonen (sie stunden uns gleich gegenüber, und ich stellte mir vor, sie würden alle auf einmal gelöst werden) überstanden sind; hernach soll es schon gut gehen. Nunmehr kam der Hof aus dem Konzerte und versammelte sich gleich unter uns an der großen Treppe, und ich ward sehr ruhig, als ich nur eine Kanone nach der andern losbrennen sah. Soll ich Ihnen, liebster Professor, das Feuerwerk beschreiben? Ich denke nicht; ich weiß die Kunstwörter nicht und würde Ihnen nur eine ungeschickte Vorstellung davon geben. Die Raketen sahen schön aus, aber sie klingen mir abscheulich, sie rauschen und zischen wie Karkassen und Bomben in der Belagerung, wenn sie in der Luft über dem Hause hinflogen. Die Inscription: Tutore Xaverio Saxonia Felix in weißem Feuer, die auf beiden Ufern den hellsten Tag verbreitete und nach und nach in lauter Raketen, Lichtkugeln, Sternfeuer, Goldregen usw. in die Luft ging, gefiel mir sehr wohl, ingleichen ein großes X mit einer Krone im brillanten Feuer. Die Kurfürstin zündete es selbst vermöge eines brennenden Szepters an, welches ihr ein Offizier überreichte, mit welchem sie ein Ding berührte, davon die Leute sagten, es wäre eine Taube; es mag meinethalben so sein. Eigentlich war es eine Rakete, die an einem Faden über die Elbe hinfuhr und mehr einer Schlange auf diese Weise ähnlich sah. Dieses X aber verwandelte sich bald in ein blaues Feuer.

Blick von der Augustusbrücke nach Westen

Nach dem Feuerwerke begab sich der Hof durch den wirklich artig illuminierten Garten in einen andern Pavillon zur Abendtafel. Wir spazierten unterdessen in den Garten, machten Betrachtungen über das Gedränge des Volks, das die Tafel sehen wollte, und kamen doch zuletzt selbst mit hinein. Beim Herumgehen um die Tafel geschah es, daß ich, ich weiß nicht wie, ich vermute durch eine Verbeugung, die mir der Hauptmann Wiedemann machte, den Sie in Welkau gesehen haben, und der mit speiste, von der Prinzessin Elisabeth und dem Prinzen-Administrator bemerkt ward (der Hauptmann erzählte mir nachher, daß ihn die Prinzessin durch die Hofdame Spinuzzi habe nach meinem Namen fragen lassen). Weil ich sah, daß wir beobachtet wurden, verließ ich bald diese Stelle. Nach der Tafel aber schickte der Prinz Xaver einen Kavalier an Hofmannen und ließ fragen, wer ich wäre? Er kam sogleich wieder und sagte Hofmannen im Namen der Prinzessin Elisabeth, daß er mich ihr präsentieren sollte. In dem Augenblicke war sie selbst da. Hofmann küßte ihre Hand. Ich war zurückgetreten und wußte von dem allen nichts, als nur, daß ich ihn der Prinzessin die Hand küssen sah, und das sagte er mir auch noch vorher mit halben Worten, daß der Prinz hätte fragen lassen. Hofmann gab mir einen Wink, ich trat näher, und die Prinzessin ließ mir ihre Hand auf eine sehr gnädige Art küssen und redete mich freundlich an: Sie korrespondiert mit Gellerten, wie ich gehört habe? (unfehlbar hatte es Wiedemann gesagt). Ja, Ihro Hoheit, er schreibt zuweilen an mich. — Nun das ist ganz eine angenehme Korrespondenz; er schreibt gut, der Gellert. — Hierauf wandte sie sich zu den beiden Prinzen und sagte etwas zum Prinzen Carl, das mir Hofmann wieder erzählte, das ich aber nicht wiederholen will, weil ichs nicht selbst gehört habe. Was will Sie ihm denn, fing sie wieder zu mir an, von der heutigen Fête schreiben? Will Sie's ihm denn recht lustig beschreiben? — Gnädigste Prinzessin, antwortete ich, ich werde ihm gewiß von dem heutigen Feste schreiben, und, wenn ich könnte, wollte ichs ihm gern so schön beschreiben, als es ist. — — So weit ging's gut, nur das war mir unangenehm, daß es in einem sehr engen Raume, nicht allein im Angesichte des ganzen Hofes (doch glaube ich, daß der nicht so sehr darauf gesehen hat), sondern auch vor einer großen Menge bekannter und unbekannter Zuschauer geschah, die alle darauf Achtung gaben ...

Nach der Tafel ward getanzt, und wir gingen nach einer halben Stunde mit Herrn Zeis und seiner Schwester in den Garten, aßen da früh um zwei Uhr eine gebratene Henne, suchten im Finstern ein Schiff, kamen glücklich über die Elbe, fanden unsern Bedienten wieder, unsere Kutsche und auch den Kutscher, der immer einige Schritte fuhr und hernach wieder den Weg mit Laternen suchte. Um fünf Uhr früh kamen wir in die Stadt, stiegen bei Herrn Zeis ab, um unsere Eltern nicht so früh aufzuwecken, tranken Tee, kamen um halb sieben Uhr zu unsern Eltern, fanden sie aufgestanden und gesund genug, tranken mit ihnen Kaffee, erzählten einige unserer Begebenheiten, legten

Georg Adolf Hasse

Nach dem Gemälde von C. P. Notari gestochen von Lorenzo Zucchi

Kammersängerin Faustina Hasse

Nach dem Gemälde von Steffano Torelli gestochen von Lorenzo Zucchi

uns ins Bette, schliefen drei Stunden, waren den ganzen Tag müde und wissen nun, wie ein Feuerwerk zu Wasser und zu Lande aussieht.

Der Briefwechsel fand mit dem Tode Gellerts am 13. Dezember 1768 seinen Abschluß und ist zum Teil in die Werke des Poeten aufgenommen worden. — Der Prinz Xaver führte nach dem frühen Tode seines Bruders, des Kurfürsten Friedrich Christian die Regentschaft für seinen unmündigen Neffen, den späteren König Friedrich August den Gerechten, vom Jahre 1763 bis 1768.

Die Dresdner Oper unter Hasse

Die Oper am Dresdner Hofe, für den Ristori von 1717 an seine komischen Opern komponiert hatte, wurde durch Johann Adolf Hasse (geb. 1699 in Bergedorf), der in Italien bei Scarlatti seine Ausbildung vollendet hatte, und seine Frau, die göttliche Faustina Bordoni, seit 1734 zu europäischer Berühmtheit emporgeführt. Der Sieg Joh. Seb. Bachs über seinen französischen Nebenbuhler Marchand im Jahre 1717 hatte der deutschen Musik keineswegs auf die Dauer am kursächsischen Hofe Geltung verschaffen können, trotz der vielgesungenen Motetten des Kreuzkantors Homilius, der Meisterwerke des sächsischen Orgelbauers Silbermann. Hasse, den die Italiener „il divino Sassone" nannten, versammelte eine Schar erlesener Sänger um sich, und alljährlich zum Karneval entzückte eine neue Oper des ungemein fruchtbaren Meisters den Hof und die Stadt. Aus der Dresdner Hofkapelle holte sich Friedrich der Große, ein leidenschaftlicher Bewunderer der italienischen Musik, den Flötisten Quantz, seinen musikalischen Mentor und Liebling. Die mit unerhörtem Aufwand inszenierten Opern wurden erst von 1746 an dem Publikum gegen Eintrittsgeld zugänglich gemacht.

Die gesamten Theaterkosten erreichten z. B. im Jahre 1756 die stattliche Höhe von 101,639 Talern. Im Siebenjährigen Kriege geriet die Oper arg in Verwirrung, ein Teil der Kräfte wurde entlassen, ein zweiter folgte dem Könige nach Warschau, ein dritter verblieb in Dresden. Bei der Beschießung der Stadt erlitt die Kapelle einen schweren Verlust durch die Zerstörung kostbarer Instrumente und Partituren beim Brande des prinzlichen Palais auf der Pirnaischen Gasse. Auch Hasse büßte damals seine Habe und den größten Teil seiner Manuskripte ein. 1763 wurden er und Faustina zwei Tage nach des Königs Tode ohne Pension entlassen; sie wandten sich nach Wien, wo Hasse im Jahre 1783 starb. In der Kurprinzessin Maria Antonia erwuchs der italienischen Kunst jeglicher Gestalt eine neue Beschützerin. Selbst im Gesang, auf dem Klavier und in der Komposition geschult, fand sie mit einer Oper „Talestri", sagar den Weg auf die Bühne. Erst durch die Berufung Karl Maria von Webers, seit 1817, wurde der Kampf der deutschen gegen die italienische Richtung in der Oper endgültig zugunsten der ersteren entschieden (s. u. „Die Umwandlung der Theaterverhältnisse").

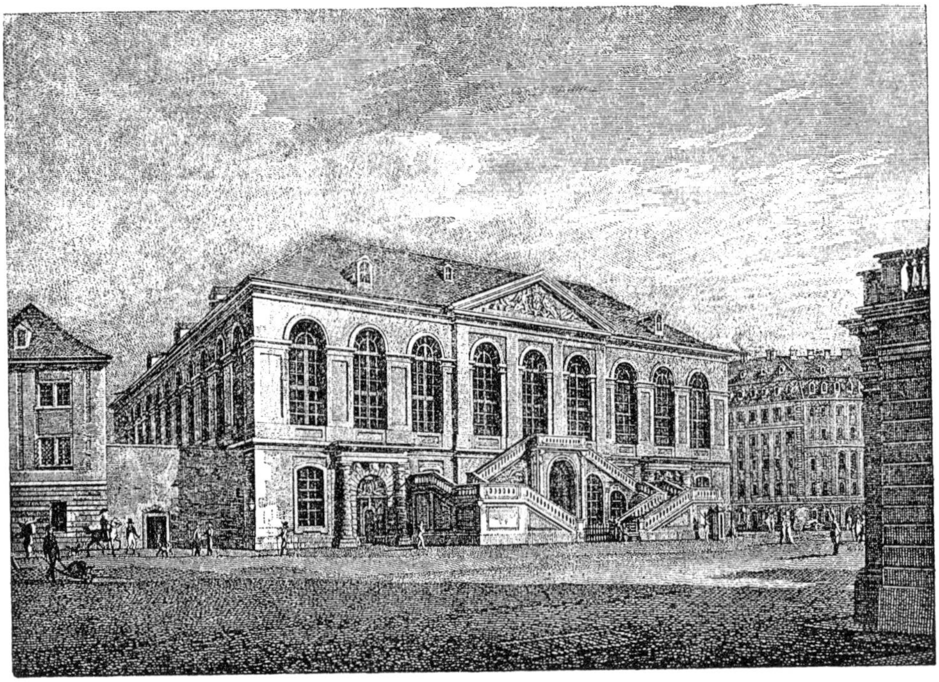

Die Gemäldegalerie. Stich von C. G. Hammer.

Goethes erster Besuch in Dresden

Im achten Buche von „Wahrheit und Dichtung" erzählt der junge Goethe von seinem Besuche der Kunststadt, den er im Jahre 1768 als Leipziger Student unternahm, um „doch einmal bedeutende Kunstwerke in größerer Masse zu erblicken". Seine Schilderung charakterisiert aber auch einige Dresdner Menschen jener Tage. Er schreibt:

Die Stunde, wo die Galerie eröffnet werden sollte, mit Ungeduld erwartet, erschien. Ich trat in dieses Heiligtum, und meine Verwunderung überstieg jeden Begriff, den ich mir gemacht hatte. Dieser in sich selbst wiederkehrende Saal, in welchem Pracht und Reinlichkeit bei der größten Stille herrschten, die blendenden Rahmen, alle der Zeit noch näher, in der sie vergoldet wurden, der gebohnte Fußboden, die mehr von Schauenden betretenen, als von Arbeitenden benutzten Räume gaben ein Gefühl von Feierlichkeit, einzig in seiner Art, das um so mehr der Empfindung ähnelte, womit man ein Gotteshaus betritt, als der Schmuck so manches Tempels, der Gegenstand so mancher Anbetung hier abermals, nur zu heiligen Kunstzwecken aufgestellt erschien. Ich ließ mir die kursorische Demonstration meines Führers gar wohl gefallen, nur erbat ich mir, in der äußeren Galerie bleiben zu dürfen. Hier fand ich mich, zu meinem Behagen, wirklich zuhause. Schon hatte ich Werke mehrerer Künstler gesehen, andere kannte ich durch Kupferstiche, andere dem Namen nach; ich verhehlte es nicht und flößte meinem Führer dadurch einiges Vertrauen ein, ja, ihn ergötzte das Entzücken, das ich bei Stücken äußerte, wo der Pinsel über die Natur den Sieg davontrug: denn solche Dinge waren es vorzüglich, die mich an sich zogen, wo die Vergleichung mit der bekannten Natur den Wert der Kunst notwendig erhöhen mußte . . .

Ich besuchte die Galerie zu allen vergönnten Stunden und fuhr fort, mein Entzücken über manche köstliche Werke vorlaut auszusprechen. Ich vereitelte dadurch meinen löblichen Vorsatz, unbekannt und unbemerkt zu bleiben; und da sich bisher nur ein Unteraufseher mit mir abgegeben hatte, nahm nun auch der Galerie-Inspektor, Rat Riedel, von mir Notiz und machte mich auf gar manches aufmerksam, welches vorzüglich in meiner Sphäre zu liegen schien. Ich fand diesen trefflichen Mann damals ebenso tätig und gefällig, als ich ihn nachher mehrere Jahre hindurch gesehen und wie er sich noch heute erweist. Sein Bild hat sich mir mit jenen Kunstschätzen so in eins verwoben, daß ich beide niemals gesondert erblicke, ja, sein Andenken hat mich nach Italien begleitet, wo mir seine Gegenwart in manchen großen und reichen Sammlungen sehr wünschenswert gewesen wäre.

Da man auch mit Fremden und Unbekannten solche Werke nicht stumm und ohne wechselseitige Teilnahme betrachten kann, ihr Anblick vielmehr am ersten geeignet ist, die Gemüter gegen einander zu öffnen, so kam ich auch daselbst mit einem jungen Manne ins Gespräch, der sich in Dresden aufzuhalten und einer Legation anzugehören schien. Er lud mich ein, abends in einen Gasthof zu kommen, wo sich eine muntere Gesellschaft versammle, und wo man, indem jeder eine mäßige Zeche bezahlte, einige ganz vergnügte Stunden zubringen könne.

Ich fand mich ein, ohne die Gesellschaft anzutreffen, und der Kellner setzte mich einigermaßen in Verwunderung, als er mir von dem Herren, der mich bestellt, ein Kompliment ausrichtete, wodurch dieser eine Entschuldigung, daß er etwas später kommen werde, an mich gelangen ließ, mit dem Zusatze, ich sollte mich an nichts stoßen, was vorgehe, auch werde ich nichts weiter als meine eigene Zeche zu bezahlen haben. Ich wußte nicht, was ich aus diesen Worten machen sollte, aber die Spinneweben meines Vaters fielen mir ein, und ich faßte mich, um zu erwarten, was da kommen möchte. Die Gesellschaft versammelte sich, mein Bekannter stellte mich vor, und ich durfte nicht lange aufmerken, so fand ich, daß es auf Mystifikation eines jungen Menschen hinausgehe, der als ein Neuling sich durch ein vorlautes, anmaßliches Wesen auszeichnete; ich nahm mich daher sehr in acht, daß man nicht etwa Lust finden möchte, mich zu seinem Gefährten auszuersehen. Bei Tische ward jene Absicht jedermann deutlicher, nur nicht ihm. Man zechte immer stärker, und als man zuletzt seiner Geliebten zu Ehren gleichfalls ein Vivat angestimmt, so schwur jeder hoch und teuer, aus diesen Gläsern dürfe nun weiter kein Trunk geschehen; man warf sie hinter sich, und dies war das Signal zu weit größeren Torheiten. Endlich entzog ich mich ganz sachte, und der Kellner, indem er mir eine sehr billige Zeche abforderte, ersuchte mich, wiederzukommen, da es nicht alle Abende so bunt hergehe. Ich hatte weit in mein Quartier, und es war nah an Mitternacht, als ich es erreichte. Die Türen fand ich unverschlossen, alles war zubette, und eine Lampe erleuchtete den enghäuslichen Zustand, wo denn mein immer mehr geübtes Auge sogleich das schönste Bild von Schalken erblickte, von dem ich mich nicht losmachen konnte, so daß es mir allen Schlaf vertrieb.

Die wenigen Tage meines Aufenthalts in Dresden waren allein der Gemäldegalerie gewidmet. Die Antiken standen noch in den Pavillons des großen Gartens, ich lehnte ab, sie zu sehen, sowie alles Übrige was Dresden Köstliches enthielt; nur zu voll von der Überzeugung, daß in und an der Gemäldesammlung selbst mir noch vieles verborgen bleiben müsse. So nahm ich den Wert der italienischen Meister mehr auf Treu und Glauben an, als ich mir eine Einsicht in denselben hätte anmaßen können. Was ich nicht als Natur ansehen, an die Stelle der Natur setzen, mit einem bekannten Gegenstand vergleichen konnte, war auf mich nicht wirksam. Der materielle Eindruck ist es, der den Anfang selbst zu jeder höheren Liebhaberei macht...

So sollte mir denn auch, noch kurz vor meiner Abreise, etwas sehr Angenehmes begegnen. Durch die Vermittlung jenes jungen Mannes, der sich wieder bei mir in einigen Kredit zu setzten wünschte, ward ich dem Direktor von Hagedorn vorgestellt, der mir seine Sammlung mit großer Güte vorwies und sich an dem Enthusiasmus des jungen Kunstfreundes höchlich ergötzte. Er war, wie es einem Kenner geziemt, in die Bilder, die er besaß, ganz eigentlich verliebt und fand daher selten an anderen eine Teilnahme, wie er sie wünschte. Besonders machte es ihm Freude, daß mir ein Bild von Schwanefeld ganz übermäßig gefiel, daß ich dasselbe in jedem einzelnen Teile zu preisen und zu erheben nicht müde ward; denn gerade Landschaften, die mich an den schönen heitern Himmel, unter welchem ich herangewachsen, wieder erinnerten, die Pflanzenfülle jener Gegenden, und was sonst für Gunst ein wärmeres Klima den Menschen gewährt, rührten mich in der Nachbildung am meisten, in dem sie eine sehnsüchtige Erinnerung in mir aufregten.

Diese köstlichen, Geist und Sinn zur wahren Kunst vorbereitenden Erfahrungen wurden jedoch durch einen der traurigsten Anblicke unterbrochen und gedämpft, durch den zerstörten und verödeten Zustand so mancher Straßen Dresdens, durch die ich meinen Weg nahm. Die Mohrenstraße im Schutt, sowie die Kreuzkirche mit ihrem geborstenen Turm, drückten sich mir tief ein und stehen noch wie ein dunkler

Innenansicht der Gemäldegalerie. Aquatintablatt

Kreuzschul=Kurrendaner. Aquarell von J. Dahl

Fleck in meiner Einbildungskraft. Von der Kuppel der Frauenkirche sah ich diese leidigen Trümmer zwischen die schöne städtische Ordnung hineingesät; da rühmte mir der Küster die Kunst des Baumeisters, welcher Kirche und Kuppel auf einen so unerwünschten Fall schon eingerichtet und bombenfest erbaut hatte. Der gute Sakristan deutete mir alsdann auf Ruinen nach allen Seiten und sagte bedenklich lakonisch: Das hat der Feind getan!

Die Gemäldegalerie befand sich damals in den oberen Räumen des „Stallgebäudes", des späteren Johanneums, wo sie bis zur Mitte des 19. Jahrhunderts verblieb. Joh. Anton Riedel (1733—1816) hatte das Glück, bereits mit 20 Jahren neben seinem Vater, dem Galerieinspektor Joh. Gottfr. Riedel, als Unterinspektor berufen zu werden. Vom Jahre 1755 bis 1816 versah der jüngere Riedel das Amt der Inspektion allein; er war eine stadtbekannte Persönlichkeit. 1759 wurden die Bilder der Galerie vor den anrückenden Preußen unter Riedels Leitung auf den Königstein in Sicherheit gebracht. Unter dem Generaldirektor Hagedorn wie auch später unter dem Grafen Marcolini war Riedel tatsächlicher Leiter der Galerie. Der Hamburger Christian Ludwig von Hagedorn bekleidete das Amt eines „Generaldirektors der Künste, Kunstakademien und dahingehöriger Galerien und Cabinets" von 1764 bis 1780. Bei der Gründung der Akademie, der geistigen Schöpfung des frühverstorbenen Kurfürsten Friedrich Christian und seiner geistvollen und hochgebildeten Gemahlin Maria Antonia, wurde er, als die anerkannte Autorität in allen Dingen künstlerischen Belanges, an ihre Spitze berufen. Zwar war Sachsens berühmtester Maler, Anton Raphael Mengs (1728 bis 1779), damals nicht mehr in Dresden. Aber Künstler wie Chr. W. E. Dietrich (seit 1765), der ausgezeichnete Bildnismaler Anton Graff aus Winterthur (seit 1766), Adam Fr. Oeser, der zugleich die Akademie in Leipzig leitete, ferner Johann Elias Schenau (seit 1774), Giovanni Battista Casanova aus Venedig, der nach des ersten Direktors Hutin Tode seit 1774 abwechselnd mit jenem den Posten des Direktors bekleidete, verschafften der Akademie bald den Rang einer der führenden künstlerischen Bildungsstätten auf deutschem Boden. — Goethe wohnte in der Friedrichstraße (jetzt Nr. 5) bei dem Schuhmacher Johann Gottfried Haucke, dessen originelle Religiösität er in seinem „Ewigen Juden" unsterblich gemacht hat.

Musikalische Reisebilder

Der Engländer Charles Burney hielt sich während seiner ausgedehnten musikalischen Studienreise auf dem Festlande auch einige Zeit in Dresden auf. Seinem Tagebuch von 1772 seien die folgenden Bemerkungen entnommen:

Die Singeknaben

Es ist eine allgemein angenommene Meinung, daß diese Schüler oder Singeknaben ein Großes zu der schnellen Ausbreitung der Lehre Luthers in Sachsen getan haben. Und weil keine feste Fundation für den beständigen Unterhalt dieser Sänger vorhanden war, so entschlossen sich solche Familien, die die Reformation begünstigten, das Ihrige durch freiwillige Gaben dazu beizutragen; und diese Beiträge vermehrten sich, als das ganze Land protestantisch ward. Die Regeln, welche diesen Chorschülern vorgeschrieben sind, bestehen in folgenden: Die Stadt ist in verschiedene Weichbilder oder Kirchenspiele geteilt; wenn sie z. E. den Ersten des Monats anfangen, vor den Türen des vornehmsten Weichbildes zu singen, so kommen sie den Zweiten vor die Türen des Folgenden und so fort, bis sie in allen rund sind und wieder beim Ersten anfangen.

Außer dieser gewöhnlichen Reihe ist es in den vornehmen und angesehenen bürgerlichen Häusern, welche einen großen Schein von Andacht lieben, Gebrauch, daß sie diese Schüler bestellen, ein- oder zweimal in der Woche vor ihre Türen zu kommen und zu singen, wofür sie außerordentlich bezahlen; und ob diese Bezahlung gleich in ihrem Belieben steht, so ist sie doch so weit bestimmt, daß niemand unter zwei gute Groschen für jeden Gesang, den er singen läßt, geben darf. Einige Familien lassen sich auch an ihren Geburtstagen und bei andern freudigen Begebenheiten muntere Oden und Lieder vorsingen; oft singen sie auch des Abends mit Fackeln in der Hand bei den Begräbnissen reicher Leute vor den Häusern, worin die Leiche ist, Trauerlieder und begleiten den Sarg bis zum Grabe, wobei sie, gleich den Klageweibern bei den Alten, Nänien singen.

Es ist dabei anzumerken, daß, außer der sauren Arbeit, die sie Sommer und Winter in allerlei Witterung auf den Gassen verrichten, auch noch alle Sonn- und Festtage in den verschiedenen Kirchen singen müssen. Sie sind gewöhnlicherweise in Chöre von sechzehn oder achtzehn eingeteilt, und was sie die ganze Woche durch sammeln, wird in eine allgemeine Büchse gesteckt, welche der Rektor der Schule alle Sonnabende öffnet, einem jeden seinen bestimmten notdürftigen Unterhalt reicht, und was übrig bleibt, nach ihrem verhältnismäßigen musikalischen Verdienste unter sie verteilt; denn wenn z. B. der Anführer oder sogenannte Präfekt eines Chores, einen Reichstaler erhält, so bekommt der ihm folgende nächst beste Sänger einen Gulden u. s. f. Dieses Geld bekommen sie indessen nicht gleich in die Hände, sondern der Rektor hebt es ihnen auf, bis sie ihre Schuljahre zurückgelegt haben, da ihnen dann zu ihrem weiteren Fortkommen gereicht wird, was für sie zusammengespart ist.

In der Frauenkirche

Sonntags, den 20. September. Heute früh ging ich in die lutherische Frauenkirche, welche an einem großen Marktplatze liegt. Es ist ein sehr edles und feines Gebäude von Quadersteinen und hat eine hohe Kuppel in der Mitten; auswendig ist es ein Viereck, aber inwendig hat es die Gestalt eines Amphitheaters. Vor dem Altartische ist eine Erhöhung, über welcher man eine prächtige Orgel gebauet hat. Dies ist das einzige mir bekannte Exempel einer an der Ostseite der Kirche angelegten Orgel. Alle, die ich gesehen habe, lagen am Ende des Chors westlich oder auf einer Seite.

Das Singen unter Begleitung eines so schönen Instruments tut hier ungemeine Wirkung. Die ganze Gemeinde, an dreitausend Personen stark, singt im Einklange meist so langsame Melodien, wie die, welche in unseren Pfarrkirchen üblich sind; allein da die Leute hier zu Lande musikalischer sind als bei uns und von Jugend auf gewöhnt werden, den größten Teil des Kirchengesanges selbst zu singen, so hielten sie besser Ton und machten einen der größten Chöre, die ich je gehört habe.

Das Gebäude ist sehr hoch und geräumig, zwischen den Pfeilern sind vier Emporkirchen von schöner Form über einander; die Sitze an der Erde gehen im Kreise herum, alle haben das Gesicht nach dem Altare zu. Überhaupt war dies eine der andächtigsten, ehrwürdigsten Gemeinden, die ich gesehen habe.

Die Frauenkirche, Deutschlands bedeutendstes protestantisches Gotteshaus, wurde in den Jahren 1726—1743 erbaut. Nach dem Tode ihres Architekten, des Dresdener Ratszimmermeisters George Bähr (1738), vollendete sie sein Nachfolger J. G. Schmidt. Ihre Orgel ist eines der Hauptwerke von Gottfried Silbermann.

Ein merkwürdiges Experiment

Der Engländer Burney berichtet 1772 in seinem Reisetagebuch: Es war eben damals ein Engländer, Namens Tunnerstick, zu Dresden, aus Peel in Dorsetshire gebürtig, aber in Frankreich erzogen. Er war den vergangenen Sommer durch verschiedene deutsche Länder gereist, um ein sehr merkwürdiges Experiment zu zeigen. Dies bestand in nichts Geringerem als darin, daß er einen Nagel ganz durch den Kopf eines Pferdes schlug, welches dann allem Ansehen nach starb. Allein er zog den Nagel heraus und goß ein chemisches Wasser, welches er selbst zu diesem Zwecke verfertigt hatte, in die Wunde, wodurch das Pferd innerhalb fünf bis sechs Minuten sich hinlänglich wieder erholte und fähig war, jeden Zuschauer aufsitzen zu lassen.

Eines von den Pferden, welches diese sonderbare Operation ausgestanden hatte, ward auf Befehl des Churfürsten getötet, um durch Anatomirung des Kopfes ausfindig zu machen, ob der Nagel wirklich durch das Gehirn gegangen. Alle Ärzte und Wundärzte, die zugegen waren, gestanden, daß er durch den gefährlichsten Teil desselben gedrungen sei. Ein anderes Pferd, das zu gleicher Zeit auf ebendiese grausame Art war umgebracht worden, erholte sich gleich und war noch ganz gesund, als ich aus Dresden reiste.

Der Churfürst wünschte diese Arzenei zu einem nützlichen Gebrauche angewandt zu sehen und nicht nur zur Heilung solcher Wunden, welche bloß aus eitler Grausamkeit gemacht wären. Befragte also diesen Pferdearzt, ob sein Hilfsmittel ebenso wirksam an andern Teilen des Körpers sei? Dr. Tunnerstick bejahete es; doch weigerte er sich, nochmals diesen Versuch zu machen, unter dem Vorwande, daß man beleidigende Zweifel gegen den guten Ausgang desselben gemacht habe; er ging aufgebracht davon.

Das Kurländer Palais

Eine Geisterbeschwörung im Jahre 1774

Um das Jahr 1770 machte in Sachsen der „Theurge" Johann Georg Schrepfer beträchtliches Aufsehen durch seinen Verkehr mit Geistern. Er erschien im Sommer 1774 von Leipzig her, wo er bereits einen abenteuerlichen Ruf genoß, und wurde durch den Herzog von Kurland gebeten, den Geist seines Oheims, des Chevaliers de Saxe, um den Fundort vergrabener Schätze zu befragen. Der Engländer William Wraxall, der um diese Zeit in Dresden weilte, schildert den aufregenden Vorgang in seinen Memoiren nach der Erzählung mehrerer Augenzeugen:

Die Gesellschaft versammelte sich in der bestimmten Nacht; denn Schrepfer zog natürlich die Dunkelheit vor, welche nicht nur an und für sich zu der Sache mehr geeignet sei, sondern auch für die Wirkung der Beschwörungen besser berechnet. Die Gesellschaft bestand aus neunzehn Personen, von denen ich mehrere persönlich kenne, welche Leute von Consideration, Charakter und Respektabilität sind. Als sie in der großen Galerie des Palais zusammengekommen waren, war das erste Geschäft aller Anwesenden, Fenster und Türen fest zuzumachen, um sowohl eine Eindrängung als

Der tiefe Grund bei Schandau. Aquarell von Fr. L. Oeser. 1790

Die Königsmühle im Plauenschen Grund. Deckfarbenbild von Caspar David Friedrich. Um 1800

eine Täuschung zu verhindern. Schrepfer eröffnete der Gesellschaft hierauf, daß die Handlung, die er zu unternehmen im Begriff stehe, alle ihre Festigkeit in Anspruch nehme, und riet ihnen, um ihre Nerven zu stärken, von einer Bowle Punsch, die auf der Tafel stand, zu nehmen. Mehrere aus der Gesellschaft (eigentlich glaube ich alle, ausgenommen einen oder zwei) fanden diese Anermahnung vernünftig und entsprachen ihr wirklich. Der Herr aber, von dem ich diese Umstände vernahm, weigerte sich, von dem Rate Gebrauch zu machen. Ein anderer Herr von der Gesellschaft, der seine Geistesgegenwart beibehalten hatte, stellte sich an den Haupteingang, um darüber zu wachen, daß niemand wage, ihn heimlich oder mit Gewalt zu öffnen. Als diese Maßregeln getroffen waren, begann das große Werk mit der größten Feierlichkeit.

Schrepfer fing es damit an, daß er sich in eine Ecke der Galerie zurückzog, hier auf seine Knie niederfiel und mit einer Menge geheimnisvoller Zeremonien die Geister anrief zu erscheinen oder wenigstens ihm zu Hilfe zu kommen. Er pflegte bei den Beschwörungen beständig ein Kruzifix in den Händen zu halten, bediente sich geweihter Lichter, schlug Kreuze und sang. Es verging eine geraume Zeit, ehe die Geister gehorchten. Während dieser Zwischenzeit arbeitete er sichtlich unter großer Anstrengung von Körper und Geist; er war mit einem heftigen Schweiß bedeckt und lag meist in Konvulsionen wie die Pythia der alten Welt. Endlich ließ sich ein lautes Prasseln an der Außenseite aller Fenster hören, darauf folgte bald ein anderes Geräusch, und dieses glich mehr als irgend etwas anderem der Wirkung, welche nasse Finger, über den Rand von Gläsern hingezogen, hervorbringen. Dieser Ton, sagte Schrepfer, verkündige die Ankunft seiner guten oder Schutzgeister, er schien ihn anzufeuern, weiter zu arbeiten. Kurze Zeit nachher hörte man ein Geheul von fürchterlicher und ungewöhnlicher Art. Schrepfer erklärte, dies komme von den bösen Geistern, deren Gegenwart, wie es scheint, nötig und unerläßlich war zur Vollendung der Katastrophe.

Die Gesellschaft, wenigstens der größere Teil, war jetzt durch Erstaunen elektrisiert oder durch Schauder versteinert und also vollkommen auf alles, was sich ihr darstellen konnte, vorbereitet. Schrepfer setzte seine Beschwörungg fort, und auf einmal öffnete sich nun plötzlich die Türe mit Gewalt und etwas, das einem schwarzen Ball oder Kugel glich, rollte ins Zimmer. Es war mit Rauch oder einer Wolke umgeben, und in der Mitte stellte sich ein menschliches Gesicht dar, dessen Züge dem Chevalier de Saxe glichen, wahrscheinlich so, wie Corregio oder Hannibale Caracci den Jupiter darstellen, wie er der Semele erscheint. Von dieser Gestalt ging eine laute und zornige Stimme aus, welche rief: Carl, was willst du mit mir? Warum störst du mich?

Die Zuschauer, entweder fest überzeugt, daß die Erscheinung, die sie sahen, ein Geist und unantastbar sei, oder des Entschlusses nicht mächtig, an sie heranzutreten und zu versuchen, sie zu greifen, machten keinen Versuch, sich von ihrer unkörperlichen Beschaffenheit zu überzeugen. Der Herzog, dessen gottlose Neugierde seines Oheims Geist heraufbeschworen hatte, war weit entfernt, Kaltblütigkeit zu zeigen oder eine Antwort zu geben; er verriet die stärksten Zeichen des Schreckens und der Zerknirschung. Er schleppte sich auf den Knieen herum und rief Gott an, ihm zu verzeihen, während andere von der erschreckten Gesellschaft den Magier flehentlich baten, die einzige Probe seiner furchtbaren Kunst, die noch übrig bleibe, zu geben, indem er die Erscheinung entlasse. Schrepfer aber, obgleich anscheinend dazu willig, fand oder gab wenigstens vor, zu finden, daß dieses über seine Macht gehe. So unglaublich, ungereimt oder lächerlich es auch scheinen mag, Augenzeugen der Szene haben mir versichert, daß nahe an eine Stunde verging, ehe, durch die Macht von Schrepfers Beschwörungen, das Gespenst genötigt werden konnte, zu verschwinden. Ja, als es endlich diesem gelungen war, es zu entlassen, in dem Augenblick, als die Gesellschaft sich wieder etwas zu erheitern begann, sprang die Tür, die verschlossen worden war, noch einmal auf, und dieselbe schreckliche Gestalt stellte sich noch einmal unter die Augen der Gesellschaft. Dem Entschlossensten und Gefaßtesten derselben entfiel der Mut bei dieser zweiten Erscheinung, und es folgte nun eine Szene allgemeiner Verzagtheit. Endlich entließ Schrepfer durch wiederholte Beschwörungen oder Verwünschungen die Erscheinung. Die erschütterten Zuschauer gingen bald auseinander, von Erstaunen übermannt und von Schrepfers übernatürlichen Kräften vollständig überzeugt.

Das Kurländer Palais, in dem die Geisterbeschwörung stattfand, steht heute noch; es ist der feingliedrige Bau am Zeughausplatz. Es wurde für den Staatsminister Grafen A. Chr. Wackerbarth (1662—1734), den bekannten Günstling Augusts des Starken im Jahre 1729 erbaut, nachdem das alte Gouvernementsgebäude, das an dieser Stelle stand, am 17./18. Januar 1728 gerade während des Besuches Friedrich Wilhelms I. von Preußen und seines Sohnes abgebrannt war. 1740 kaufte das Palais der Chevalier de Saxe, ein illegitimer Sohn Augusts des Starken. Beim Tode des Chevaliers 1774 erbte es einer der Söhne Friedrich Augusts II., Prinz Carl, von 1750—1763 Herzog von Kurland. Nach ihm hieß es fortab das Kurländer Palais. Weiteres über Schrepfers Treiben in Dresden bei Kügelgen, Jugenderinnerungen IV. 3: „Die Geisterpost".

„Harmonika"-Konzerte

In den Journalen der Zeit um 1780—90 ist viel von dem Harmonikaspiel die Rede, und in Dresden beschäftigte sich besonders der Hofkapellmeister Joh. Gottlieb Naumann eingehend mit diesem Instrumente, das sich rasch die Salons der vornehmen Welt eroberte. Es bestand aus gläsernen Glocken, die auf einer beweglichen Walze befestigt waren und durch sanfte Berührung der befeuchteten Finger zum Klingen gebracht wurden. Die Geisterbeschwörer, die damals ihr Wesen trieben, benutzten diese schmelzenden, süßlichen Töne zur Vorbereitung ihrer mystischen Stimmungen. Auch Leute, die dem Hokuspokus der Cagliostro, Schrepfer und Konsorten kritisch begegneten wie Elisa von der Recke, gerieten in Verzückung vor der Musik der Harmonika.

Elisa berichtet in ihren Tagebüchern und Briefen, wie sie am 22. August 1784 Naumann, den bewunderten Komponisten der Oper „Kora", zusammen mit ihrer Freundin Sophie Becker spielen hörte:

„Wenige Tage nach meiner Bekanntschaft mit Naumann besuchte ich in Begleitung dieser interessanten Personen den Vater der „Kora", um bei und durch diesen Meister der Harmonie zum ersten Male die Harmonika zu hören, von der wir alle so viel sprechen gehört hatten. Unsere Erwartung war hoch gespannt! — Wir fanden in der eleganten Wohnung Naumanns noch andere Fremde, die der gefällige Künstler auch an diesem musikalischen Genusse teilnehmen lassen wollte. Nach einer kurzen geistvollen Unterhaltung setzten sich alle versammelten Zuhörer. Eine feierliche Stille herrschte unter uns, als Naumann seine Harmonika öffnete. Aber wie ward mir, als Orpheus Naumann aus den gläsernen Glocken dieses so in die tiefsten Gefühle des Herzens eingreifenden Instrumentes himmlische Töne hervorzauberte! Von solcher Zauberkraft der Musik hatte ich zuvor keine Idee! — Weinen! beten! — Gott im Menschen lieben! mich meines Daseins, meiner Zukunft freuen! — Dies alles wechselte verworren in mir mit der Anstrengung, der zahlreichen Gesellschaft geistvoller, interessanter Personen den zu tiefen Eindruck zu verbergen. Ich sah Sophie, meine Freundin und Begleiterin, an und las auf ihrem seelenvollen Gesichte und Blicken das Nämliche, was im Innern bei mir vorging. Doch schwiegen wir beide und wagten es nicht, unsere Empfindungen zu äußern, aber gleich tief waren unsere Seelen bewegt. — Mein alter Arzt stand hinter meinem Stuhle, trocknete sich die Augen, lächelte wie begeistert und sagte zu mir und Sophie: „Händel, Hasse, Pergolese und Graun sollten aus ihren Gräbern hervortreten und diesen herzerhebenden Meister der Harmonie krönen! Bei Gott, das ist einzig!" — Die anderen in der Gesellschaft drückten ihre Gefühle, ihre Bewunderung auf die mannigfaltigste und verbindlichste Art aus. Sophie und ich blieben stumm!"

Naumann machte sogar den Versuch, das Mode-Instrument in die Kammermusik einzuführen. Über einen solchen Quartettabend schreibt Elisa unterm 26. Mai 1799:

„Wie schön feierte Naumann gestern Abend den Geburtstag meines seligen Bruders. Meine Schwester mit ihrem ganzen Gefolge, mich und G. hatte er zu einem kleinen Konzerte zu sich gebeten. Naumann überraschte meine Schwester und mich durch ein Quartett, welches er für die Harmonika komponiert hatte. Die Flöte, die Laute und das Violoncell wetteiferten miteinander: die Harmonika und Flöte drückten himmlische Empfindungen aus, die mich über dieser Endlichkeit Schranken erhoben; die Laute und das Violoncell hatten etwas irdischeres; aber die zärtlichste Melodie drang auch bei diesen Instrumenten, von der vollkommensten Harmonie beseelt, tief in das bewegte Gemüt. Auf der Harmonika zauberte Naumann unnachahmlichen Wohllaut hervor! Dieser schien aus höheren Sphären zu uns hernieder zu tönen; nur die Flöte durfte mit der Harmonika wetteifern und konnte sie begleiten, ohne verdunkelt zu werden. Wagten aber die anderen Instrumente sich neben die Harmonika, dann mußten sie ihren Weg allein gehen oder sich miteinander vereinigen, um einen gefälligen Eindruck zu machen. Trafen aber alle vier Instrumente zusammen, dann war das ätherische mit dem irdischen in einer entzückenden Harmonie vereinigt. Naumann sagte mir, er habe durch dies Quartett die hohe geistige und die zarte sinnliche Liebe darstellen wollen; durch die Harmonika und Flöte habe er die edelste Geschwisterliebe auszudrücken gesucht, und ich sollte dies Quartett als die Geburtstagsfeier meines seligen Bruders betrachten."

Joh. Gottlieb Naumann (1741—1801) ein armer Dorfjunge aus Blasewitz, wurde nach italienischen Studienjahren 1765 als kurfürstlicher Kirchenkomponist angestellt, stieg 1786 zum Oberkapellmeister auf und entfaltete eine sehr fruchtbare Tätigkeit als Komponist zahlreicher Opern, Messen und Oratorien. Er galt als eine europäische Berühmtheit und wurde, wie von der baltischen Dichterin Elisa von der Recke, der berühmtesten unter den schöngeistigen Frauen der Zeit, und ihrer Schwester, der Herzogin Dorothea von Kurland, auch von anderen Fremden gern aufgesucht.

Anfänge der Luftschiffahrt

Unter den Dresdner Nachrichten seines „Sächsischen Magazins" verzeichnet Joh. Chr. Hasche 1784 etwas mißbilligend die vorerst fruchtlosen Versuche, die Erfindung Montgolfiers nachzuahmen:

Das Volk der Franzosen hat mit seinen Luftmaschinerfindungen auch den ernsthafteren Deutschen angesteckt, so daß das Geschlecht der Aeronauten (wie sie Wieland in seinem Mercur getauft hat) auch zu Dresden mit und ohne physische Kenntnis manchen fruchtlosen Versuch mit aerostatischen Ballons in allerhand Formen anstellte und das erwartende Publikum mehr als einmal unangenehm täuschte. Man wählte just die Montgolfiersche Methode und fertigte, vermutlich des kleinern Aufwandes wegen, zum Unglück die Ballons aus Papier, die endlich zahllos wie die Maikäfer herumschwärmten und am Ende war es — Spielerei*). Wollte man bloß zeigen, der Deutsche könne diese Kunst auch nachmachen, wollte man dem Zuschauerpubliko ein erlaubtes Vergnügen machen, so habe ich nichts darwider; aber warum fertigte man denn die Ballons so groß, daß der leichteste Windstoß sie hindern, von ihrer Richtung abbringen und platzen machen konnte? Warum lauter papierne à la montgolfier, wo ein unglücklicher Versuch doch vorauszusehen war, da man die Ursache des Steigens, nämlich das Feuer, nicht mitschicken konnte, das die verdünnte Luft unterhält? Doch trahit sua quemque voluptas.

Ein gewisser Herr Lange aus Leipzig, der so gar pränumeriren ließ, zeigte in drei

*) Ich leugne dadurch den Nutzen und die künftig daraus herfließenden Entdeckungen im Ganzen nicht.

Hofkapellmeister Johann Gottlieb Naumann
Kreidezeichnung von Anton Graff. 1801

Anton Graff im Kreise seiner Familie

Schabkunstblatt von Charles Townley. 1788

mißlungenen Versuchen, wo der Ballon nicht stieg, er verstehe seine Kunst nicht; Herr Resener aus Danzig bemühte das Publikum auch einigemal vergeblich. Endlich fertigten die jungen Herren von Ferber mit ihrem Hofmeister unter Beihülfe des Schlipalius einen kugelförmigen von 15 Ellen Höhe und 32 in Umfange, füllten ihn am siebenten Mai (an dem nämlichen Tage, wo Herr Resener sein Versprechen wegen zu großen Windes nicht halten zu können vorgab,) zur Probe mit verdünnter Luft, die so kräftig wirkte, daß er wider ihren Willen sich losriß, durchging und, nachdem er von der Bastei des Walles an in seinem fast eine Viertelmeile hohen Fluge über die Pirnaische Vorstadt hingeschwebt, nahe am großen Garten niederfiel. Eine zweite Probe, am 9. Mai, einem windigen, regnerischen Tage, wo man's für unmöglich hielt, daß er nur zehn Ellen hoch steigen könnte, war noch merkwürdiger. Der Ball troff von Regen, und doch stieg er, unter sichtbarem Kampfe mit Wind und Wetter, ziemlich hoch und fiel im Hofe des Waisenhauses nieder.

Lichter und Schatten

Das galante Dresden, dessen Ruf durch August den Starken nicht eben der einwandfreieste geworden war, als Stadt des sozial und geistig gesteigerten Lebens aus den Eigenschaften seiner Bewohner zu begreifen, bemühte sich jener Kaspar Risbeck, der im Jahre 1784 unter der durchsichtigen Maske eines reisenden Franzosen allerhand Persönliches über Deutschland und seine Hauptstädte niederschrieb. Konnte ein kosmopolitisch geschulter Weltmann in seiner Art Licht und Schatten feiner verteilen als er, wenn er schreibt:

Je länger ich hier bin, Bruder, desto mehr glaube ich in meinem Vaterlande zu sein. Die Sitten der hiesigen Einwohner, ihre Lebensart, ihre Geberden, Vergnügungen, der Ton ihrer Gesellschaften, kurz alles versetzt mich nach Haus. Ich wünsche nur, daß unsere Damen, Fräulein und Mädchen auch so schön und frisch wären wie die hiesigen. Ich erinnere mich, daß eine Österreicherin, als einige Herren in einer Gesellschaft den Sächsinnen eine große Lobrede hielten, denselben zur Antwort gab: Gebt uns nur so schöne und artige Männer wie die Sachsen sind und dann laßt uns für das Übrige sorgen.

Mit dem Essen und Trinken sieht es hier nicht so gut aus wie in Süddeutschland. In diesem Punkt ist der Kontrast zwischen den Sachsen und den übrigen Deutschen, die ich bisher gesehn, so groß, daß man zu den Antipoden der letzteren gekommen zu sein glaubt. Die Brühen sind hier so dünne, man hat so oft kalte und immer so schmale Küche, daß ich glaube, ein Wiener könne es hier in einem mittelmäßigen Haus nicht vier Wochen aushalten. Ich hatte schon mehr als eine Gelegenheit, zu bemerken, daß auch in den vornehmen Häusern eine Kärglichkeit in Rücksicht auf Küche und Keller herrscht, die man in Österreich und Bayern für eine Entbehrung halten würde. Diese

Dresdener Trachtenbilder um 1780

Kupferstiche von Rosmaster

strenge Ökonomie erstreckt sich über alles, was zum innern Hauswesen gehört, und ich habe noch keine andere Art von großem Luxus bemerken können, als die Kleidungen, worin der Aufwand im Ganzen noch größer sein mag als in Süddeutschland. Alle vom Mittelstand, Frauen und Männer, sind hier nach der Mode gekleidet, und sie herrscht auch unter einem ansehnlichen Teil der unteren Klassen, da hingegen zu Wien, München und anderen Orten sich bis tief in den Mittelstand hinauf noch eine gewisse Nationaltracht erhält. — Ich wohne bei einem Uhrmacher, dessen zwei Töchter ihre vollständige Toilette haben und täglich coiffürt werden; dagegen nehmen sie öfters Abends mit einer Butterschnitte und allenfalls einem dünnen Schnittchen Schinken dazu vorlieb, welches Essen mir anfangs sehr auffiel. — Hier schämen sich die gnädigen Frauen nicht, sich in der Küche umzusehn, den Bedienten die Lichter, auch die Stümpfchen der Lichter vorzuzählen und auszurechnen, wie lange sie brennen müssen. Kurz, die Kleidungen ausgenommen, ist hier alles nach der strengsten Ökonomie abgemessen.

Es sind auch der reichen Häuser hier sehr wenige. Kaum einer vom inländischen Adel hat über 30000 Gulden Einkünfte, und die meisten der vornehmsten Häuser stehen zwischen zehn und fünfzehntausend Gulden. Die Bürgerlichen klagen durchaus über Mangel an Geld, Teuerung und geringen Verdienst. In Rücksicht auf den Zustand der Stadt, wie er unter dem letzten Kurfürsten war, mögen sie wohl Ursache zu klagen haben; allein ich habe noch keine Stadt in Deutschland gesehn, wo durchaus so

Dresdener Trachtenbild: Dame im Morgenkleide

Dresdener Trachtenbild: Köchin

viel Wohlstand herrschte wie hier. Man sieht eben so wenig Armut wie übermäßigen Reichtum. Das Geld, welches im Umlauf ist, wird größtenteils durch die bürgerliche Industrie in Bewegung gesetzt, und in diesem Betracht sticht Dresden von München und andern Städten Deutschlands, die bloß vom Hof und der Schwelgerei des Adels ihre Nahrung ziehn, stärker ab, als in irgend einer andern Rücksicht. In dieser einzigen Stadt sind ungleich mehr Fabrikanten und nützliche Künstler als in ganz Bayern. Man verfertigt hier eine große Menge Rasche, Sarsche, Seiden- und Leinenzeuge, Tücher u. dgl. m. und treibt damit einen ausgebreiteten Handel durch ganz Deutschland. Eben deswegen, weil das Geld meistenteils durch Arbeit gewonnen wird, geht man sparsam damit um.

Der Zustand, worin die Stadt unter dem letzten Kurfürsten war, ist eben nicht der gesündeste. Er gleicht dem Zustand eines Körpers, der zu viel Nahrung und zu wenig Bewegung hat, um die Säfte in alle gehörigen Kanäle zu verteilen und so leicht zu machen, daß keine Stockung entstehen kann. Einsichtige Bürger von hier, mit denen ich über diesen Punkt geredet, mußten gestehn, daß zu der Zeit, als der Hof in seinem größten Glanz war, unter einem gewissen Teil der Einwohner ungleich mehr drückende Armut herrschte als jetzt. Die Verschwendung der Großen hatte auch die Kleinen angesteckt, und die Leichtigkeit des Verdienstes verringerte den Wert des Geldes in den Augen des Besitzers ...

Ich glaube gerne, daß es hier jetzt trauriger aussieht als vormals. Es ist auch sichtbar genug, daß der gute Humor und die Munterkeit, welche die Natur diesem Volk gegeben hat, öfters von einem gewissen Trübsinn umwölkt wird, der meistens durch die angewöhnte Sparsamkeit und den angestrengten Gewerbegeist verursacht wird. Ohne Zweifel hat man es dieser Bedächtigkeit zu verdanken, daß man hier mehr wahres Vergnügen genießt, als in irgend einer andern Stadt Deutschlands, die ich gesehn. Hier weiß man das Vergnügen des Umgangs, der Freundschaft und Liebe zu schmecken. Man macht kleine Partien auf das Land und hat Gefühl für die mannigfaltigen Schönheiten der Natur. Auch unter dem Mittelstand herrscht Geschmack an Kunstsachen, und die Lektüre ist fast allgemein. Diese ist nicht wie in Süddeutschland bloß auf Komödien und fade Romane eingeschränkt, sondern erstreckt sich auch über gute moralische, historische und andre Bücher von höherm Wert.

Ich glaube hier schon bestätigen zu können, was Pilati über den Unterschied der katholischen und protestantischen Deutschen sagt, nämlich daß bei diesen ein Junge von zwanzig Jahren mehr weiß, als bei jenen mancher alte Gelehrte. Wenigstens ist mir hier der Unterschied so stark aufgefallen, daß ich glaubte, über die Pyrenäen aus Spanien nach Frankreich gekommen zu sein. Was man zu Wien in der Normalschule mit so viel Geklatsche erst in Aufnahme zu bringen sucht, das scheint hier schon vor einigen Menschenaltern getan worden zu sein. Ich besuchte vor wenig Tagen eine

Landschule unweit der Stadt und fand ungleich mehr Ordnung und wahren Unterricht als in der besten Schule zu Wien. Die gemeinsten Leute verraten durchaus ungemein viel Kenntnis von den Dingen, die zur bürgerlichen Gesellschaft und zum sittlichen Leben gehören, dahingegen ein gemeiner Bürger in Süddeutschland, einige kleine Striche in Schwaben ausgenommen, in seinem eigenen Zirkel fremd ist und nichts denkt, als wie er die Woche durch so viel Geld zusammenbringe, daß er am Sonntag schmausen könne.

Hier gibt es wahre Ideale von Schönheiten. Schlank von Wuchs, frisch von Fleisch und Farbe, rund von Knochen und lebhaft in Gebärden hüpfen hier die Mädchen daher wie die jungen Rehe, um mit Salomon zu sprechen, an den ich dich überhaupt verwiesen haben will, um dir von den übrigen Reizen dieser Mädchen und dem Eindruck, den sie machen müssen, durch Gleichnisse eine Vorstellung machen zu können; denn ich bin wirklich nicht dazu aufgelegt, dir ein dichterisches Gemälde davon zu geben, obschon ich noch kein Frauenzimmer gesehen habe, das mich so leicht zu einem hohen Lied entzücken könnte wie das hiesige. Es scheint aber geschwinde zu verblühen, denn ich sah wenig Weiber von dreißig Jahren, an denen nicht die Spuren des Verwelkens sichtbar waren. Das heftige Temperament mag viel dazu beitragen, vielleicht aber noch mehr die schlechten Nahrungsmittel verbunden mit der Sorge für das Hauswesen. Die Bayerinnen mögen die Sächsinnen vielleicht in Qualität des Fleisches übertreffen; allein diese sind ungleich schöner von Bau, und ihre Gesichtszüge sind interessanter.

Im Spiegel eines Reisenden

Ein Anonymus bemüht sich, in seinen „Briefen über Sachsen" auch der Residenz einen kleinen Spiegel vorzuhalten. Die Schrift, 1786 in Berlin erschienen, ist im Ton nicht ganz frei von sarkastischem Wohlwollen. Der Verfasser ergänzt in seiner Art die vorstehenden Bemerkungen des „reisenden Franzosen" K. Risbeck.

Vergnügungen

Die Vergnügungen der hiesigen Einwohner bestehen bei den geringeren Klassen darinnen, daß sie des Winters Abends um sechs oder sieben Uhr in Bierhäusern, deren es hier eine sehr große Menge gibt, zusammenkommen und allda über den Inhalt der Zeitungen räsonieren. Im Sommer aber verteilen sie sich in die vielen um die Stadt her liegenden Gärten und bringen ihre Zeit mit Kegeln oder anderen Spielen zu, wobei man überhaupt leicht bemerken kann, daß alle Dresdner im ganzen genommen, das Vergnügen über die Maßen lieben und besonders in den höheren Klassen oft mehr darauf verwenden, als ihre Einkünfte ihnen eigentlich gestatten.

Gestoch. Prof. Richter.

Die Pickertsche Wirthschaft im grossen Garten zu Dresden.

Jene, welche zu den höhren Ständen gehören, worunter ich auch die Kaufmannschaft mitrechne, bringen den Winter teils mit Privatgesellschaften, Kränzchen und dergl. zu. Teils besuchen sie die Konzerte, welche von verschiedenem Gehalte fast in allen Kaffeehäusern gehalten werden, und unter denen das Basemannische das vorzüglichste ist, denn die Kurfürstliche Hofkapelle spielt hier, und die zur Oper gehörigen Sänger und Sängerinnen lassen sich wechselweise hören. Teils besuchen sie die Schauspiele, wo wöchentlich dreimal Komödie und zweimal Oper ist, oder vergnügen sich während der Fastnachtszeit auf Masken- und anderen Bällen. Den Sommer hindurch aber besuchen sie die um die Stadt herum liegenden Lustorte.

Für diejenigen, welche bei Hofe vorgestellt sind, ist alle vierzehn Tage Hofball und wöchentlich einige andere bei den Gesandten, wo sich alles versammelt, was zu dem Adel gehört, vom Minister an bis zu dem Edelmann, dessen Diplom erst gestern ankam. Sonst ist alle Sonntage Cour und Abends, wann nämlich kein Hofball ist, von sechs bis neun Uhr Spiel, welches in Lhombre, Quadrille, Trisett und Whist besteht, denn die Hasardspiele sind hier scharf verboten, obschon sie an den meisten öffentlichen Orten insgeheim gespielt werden; dies würde freilich nicht sein, hätte Dame Gerechtigkeit nicht die Augen verbunden.

Das Frauenzimmer

Das hiesige Frauenzimmer hat vor vielen anderen Hauptstädten das Lob einer frischeren Gesichtsfarbe und einer gewissen Sittsamkeit, die ungleich mehr gefällt, als die fast ins Freche fallende Koketterie der Berlinerinnen; allein man würde sich sehr irren, wenn man sie darum für besser und unbescholtener halten wollte als jene. Denn auch hier blühen viel erborgte Rosen auf den Wangen der Schönen; auch hier setzt der größere Haufe des anderen Geschlechtes virtus post nummos; auch hier ist ein unwiderstehlicher Hang zum Vergnügen die größte und fast einzige Triebfeder aller ihrer Handlungen; mit einem Wort: es ist hier wie in anderen großen Städten. Wenn ein biederer Mann ein gutes rechtschaffenes Weib haben will, deren Herz nicht jeder faselnde französierte Windbeutel einnimmt, die nicht darüber untröstlich ist, wenn die Einkünfte ihres Mannes ihm nicht erlauben, ihr wenigstens alle vier Wochen einen neuen Kopfputz und alle halbe Jahre ein neues Kleid zu kaufen, die auch allenfalls im Stande wäre, ihrem Manne zuliebe Poschen und Buffanten wegzuwerfen und als ein Kind der Natur mit ihrem Körperbau zufrieden zu sein, wie ihn die gütige Mutter ihr gab; der gehe ums Himmelswillen nicht nach Dresden, sondern hole seine Gattin aus irgend einem Landstädtchen Sachsens. Hier dürfte er eher finden, was er sucht, obschon es vielleicht einige Schwierigkeiten machen würde; denn auch bis dahin ist der Dämon französischen Tands gekommen, um sich der Mädchen Herzen zu bemeistern und Liebe zur ungekünstelten Natur gegen Modesucht zu vertauschen.

Die Kreuzkirche, eingeweiht am 22. November 1792

Kolorierte Steinzeichnung von C. S. Schönhe

Schloß Uebigau an der Elbe. Erbaut 1724
Nach einem Aquarell aus der Zeit um 1800

Von der großen Elbflut des Jahres 1784

In Hasches „Magazin der Sächsischen Geschichte" findet sich ein Bericht über das große Hochwasser, das am 28. Februar 1784 begann und ganz Sachsen verheerte:

Daß eine solche Flut großen Schaden verursachen müsse, besonders da sie so plötzlich, wie ein Dieb in der Nacht kam, wer sieht das nicht von selbst ein? Es war eine der größten Fluten, die wir jemals gehabt haben*), schrecklich im Ausbruch, grausend in ihrem Anblick und beweinenswürdig in den Folgen. Man fühlte es genau, wie sehr die steinerne massive Brücke von den heftigen Eisstößen bebte, wenn man sich ans Geländer anhielt. Aber Gott! Wie herzblutend war der Anblick, wenn man mit vergebenem Jammer große Stämme und ausgewurzelte Bäume, ganze Schragen Holz, Bettstellen, Schränke, Koffer, Spiegel, steinerne Krucifixe, Fässer, Kähne und Schiffe, ganze Wände, Giebel und Häuser in wilder Zertrümmerung daherschwimmen sah. Vielleicht an vierzig Kähne und Schiffe, die meist an der Brücke scheiterten; eins kam sogar mit aufgespanntem Maste einhergeschwommen, der aber beim zweiten Anstoß gegen den Pfeiler wie Glas zersprang. Ein Glück für uns war es noch, daß es alle Nächte derbe Fröste gab und dadurch wenigstens den neuen Zufluß abschnitt, wodurch die große Flut eben so schnell wieder abnahm, wie sie wuchs, denn am zweiten März fiel sie schon bis sechs und am dritten bis drei Ellen zurück, in welcher Höhe, bald mehr bald minder, sie sich auch bis zum 16ten erhielt, wo sie noch zwei Ellen maß.

Zu Dresden blieben viele und große Spuren einer traurigen Verwüstung zurück. An den Neustädter Gärten riß die Flut an vielen Orten die Mauer ein, rasirte bis auf den Grund die zwei Steinmetzhütten der Elbwiese, durchlöcherte die Mauer an der Vogelwiese, auf welcher noch jetzt schreckliche Lasten von Eisschollen zwei bis dreifach übereinander liegen, stieß die Hälfte der Mauer am Sartorius'schen Garten über einen Haufen, beschädigte an der Brücke zwei Rondele zwar nur leicht, aber desto nachdrücklicher das achte mit seinem Gewölbe zugleich, dessen Einsturz bei länger anhaltender Eisfahrt gewiß erfolgt wäre. Die Kurfürstliche und Kurprinzliche Kellerei, ingleichen das sogenannte Brühlsche Palais haben beträchtlichen Schaden, indem die

*) Die einzige vor 128 Jahren an unserer Elbbrücke auf einer kupfernen Tafel mit der Jahreszahl 1655 bezeichnete ausgenommen. Wenn es scheint, als wäre die jetzige größer gewesen, so muß man nur überlegen, daß damals die Elbe in neunzehn Pfeilern weit breiter ging, folglich höher steigen mußte. Übrigens wissen unsere Chroniken nur zwei solche schreckliche Fluten, wo die Festungsgräben in der Masse übergegangen wären, nämlich 1501 und 1655, wo es den zweiten Pfeiler mit der Kupfertafel ruinierte. Im Jahre 1771 wuchs die Flut zu neun Ellen, 1779 nur sieben Ellen, folglich ist die jetzige die größte in diesem Jahrhunderte.

Flut durch die Schleusen unaufhaltsam eindrang, die Flaschenlager hob und umschmiß, sodaß man noch am 26ten März das zurückgebliebene Wasser auspumpen ließ. Gleichen Verlust leiden Se. Kurfürstliche Durchlaucht zu Pillnitz, Uebigau, im Japanischen Garten; überall hat das Eis die schönsten Bäume, Blumen und raren Gewächse umgerissen, zerbrochen, ausgewaschen. Sogar die großen Lindenalleen im Ostragehege blieben nicht verschont. Von dem böhmischen Elbholze sind über 200 Schragen fortgegangen, und einige Kaufleute zu Neustadt und Friedrichstadt haben großen Schaden in Kellern und Niederlagen, sowie andere an verdorbenen Kleidern, Möblement und so ferner erlitten. Am Koselschen Garten über Neustadt, am Linkschen Bade, am Komödienhause hat es die Brett- und Stacketwände, ja selbst große Stücken Mauern umgestoßen, zertrümmert und die großen schönen Linden und Kastanienbäume jämmerlich zerschunden.

Schillers Ankunft in Dresden

Der Einladung des jungvermählten Freundes Körner folgend, übersiedelte Schiller im Jahre 1785 von Leipzig auf längere Zeit nach Dresden. Sein Brief aus den ersten Tagen dieses Dresdner Aufenthalts an Huber, den Dritten im Freundschaftsbunde, ist erfüllt von dem Glück des Dichters über die neue Lebenslage:

Dresden, den 13. September 1785.

Ich weiß zwar noch nicht mein Lieber, ob dieser Brief heute wird abgehen können, daß Du ihn morgen Abend in Händen hast, indessen will ich doch den Fall setzen und Deinen Geburtstag darin ignorieren. Es ist der erste Brief, der von Dresden handelt, und er verdient also mit jedem anderen Inhalt verschont zu bleiben.

Was bisher meine heißesten Wünsche erzielten, hab' ich nun endlich erlangt. Ich bin hier im Schoße unserer Lieben aufgehoben wie im Himmel. Ich würde es wagen, Dich in das Innere meiner Seele hineinzuführen und Dir die Geschichte meines Herzens von gestern an zu beschreiben, wenn ich Dich so lange könnte vergessen machen, daß ich Dichter bin. Laß' Dir's also mit trockenen Worten malen. Mir ist wohl, und in der jetzigen Fassung meines Gemütes kenne ich keine andere Besorgnis mehr als die Furcht vor dem allgemeinen Los der zerstörenden Zeit. Erblicke in mir Dein eigenes Schicksal. Wie mir jetzt ist, wird Dir in wenigen Wochen auch sein.— Betrachte mich also als den

— — „selgen Spiegel Deiner Seligkeit."

Ich schreibe Dir auf meinem Zimmerchen im Weinberg; über mir höre ich unsere lieben Weiberchen herumkramen in häuslichen Geschäften und mitunter auf dem Klavier klimpern. Wie viel Stimmung gibt mir das zu einer Unterhaltung mit Dir!

Straße in Blasewitz mit Proviant-Knecht. Kolorierter Stich von J. C. A. Richter. Um 1800

Das Schillerhäuschen in Loschwitz

Unsere Hierherreise war wirklich sehr angenehm, schade nur, daß der Abend und die Nacht uns beim Eintritt in die schöne Landschaft überfielen. Mit dem andächtigen Schauer eines Wallfahrers grüßte ich die merkwürdigen Plätzchen wieder, die sich meinem Herzen unter der neulichen Reise vorzüglich ausgezeichnet hatten, als zum Beispiel die Abschiedsstelle zwischen Staupitz und Hubertusburg. Als auf einmal, und mir zum erstenmal, die Elbe zwischen zwei Bergen heraustrat, schrie ich laut auf. O, mein liebster Freund, wie interessant war mir alles! Die Elbe bildet eine romantische Natur um sich her, und eine schwesterliche Ähnlichkeit dieser Gegend mit dem Tummelplatz meiner frühen dichterischen Kindheit macht mir sie dreifach teuer. Meißen, Dresden und seine Gegenden gleichen ganz in die Familie meiner vaterländischen Fluren …

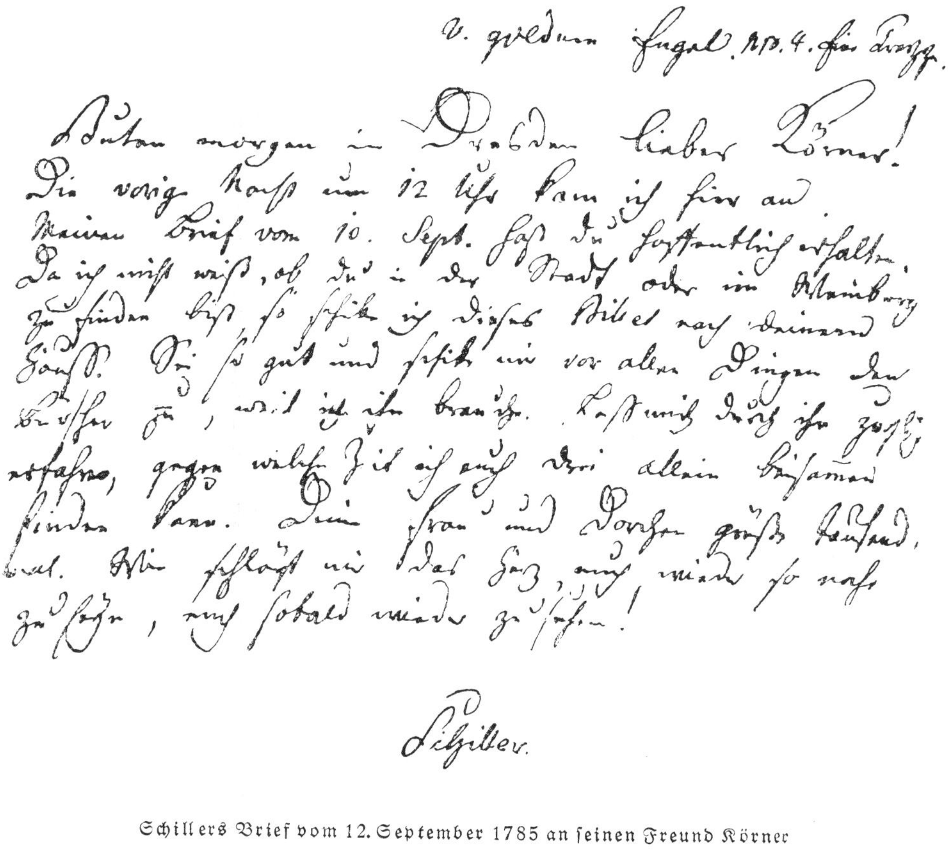

v. goldenen Engel. No. 4. [illegible]

Heute morgen in Dresden lieber Körner!
Die vorige Nacht um 12 Uhr kam ich hier an.
Deinen Brief vom 10. Sept. hast du hoffentlich erhalten.
Da ich nicht weiß, ob du in der Stadt oder im Weinberg
zu finden bist, so schik ich dieses Billet nach deinem
Hauß. Sei so gut und schike mir vor allen Dingen den
Koffer zu, weil ich ihn brauche. Laß mich doch hier zugleich
erfahren, gegen welche Zeit ich auch Euch allein beisammen
finden kann. Deine Frau und Dorchen grüß tausend-
mal. Wie schlägt mir das Herz, euch wieder so nahe
zu sehen, euch sobald wieder zu sehen!

Schiller.

Schillers Brief vom 12. September 1785 an seinen Freund Körner

Schiller in Loschwitz

Das „Zimmerchen im Weinberg“ (s. oben den Brief vom 13. September) hatte Körner dem Freunde in seinem Loschwitzer Gartenhäuschen eingeräumt. Hier draußen begann nun für Schiller eine ungemein produktive Zeit. Er schrieb u. a. die Novelle „Der Verbrecher aus verlorener Ehre“ und die „Philosophischen Briefe“. „Don Carlos“ wurde vollendet — unter mancherlei Hemmungen, deren eine aus dem Jahre 1788 der folgende poetische Erguß humorvoll schildert. In den biographischen Nachrichten über Christian Gottfried Körner und sein Haus erläutert Fritz Jonas die drollige Episode:

Als Körners einstmals zu Tisch nach Pillnitz ausgebeten waren, wollte Schiller sie nicht begleiten, sondern lieber an der Fortsetzung des Carlos arbeiten. Am Abend gedachten Körners zurückzukehren. Im Wohnhaus wurde gerade gebaut. Um stiller arbeiten zu können, begab sich Schiller in das Häuschen des Winzers nebenbei, in dem auch die Waschküche lag. Kaum hatte er sich in seine Arbeit vertieft, so wurde er in derselben durch das Schwatzen der Waschfrauen und das Klatschen der Wäsche gestört, und zu allem Unglück wurden Körners durch ein heftiges Gewitter genötigt, die Nacht über auch noch in Pillnitz zu bleiben. Da überreichte der vernachlässigte Dichter am nächsten Tage Minna und Dorchen jene bekannte Bittschrift:

Dumm ist mein Kopf und schwer wie Blei,
Die Tobaksdose ledig,
Mein Magen leer — der Himmel sei
Dem Trauerspiele gnädig.

Ich kratze mit dem Federkiel
Auf den gewalkten Lumpen;
Wer kann Empfindung und Gefühl
Aus hohlem Herzen pumpen?

Feu’r soll ich gießen aufs Papier
Mit angefrornem Finger? — —
O Phöbus, hassest du Geschmier,
So wärm’ auch deine Sänger!

Die Wäsche klatscht vor meiner Tür,
Es scharrt die Küchenzofe —
Und mich — mich ruft das Flügeltier
Nach König Philipps Hofe.

Ich steige mutig auf das Roß;
In wenigen Sekunden
Seh’ ich Madrid — am Königsschloß
Hab’ ich es angebunden.

Ich eile durch die Galerie
Und — siehe da! — belausche
Die junge Fürstin Eboli
In süßem Liebesrausche.

Jetzt sinkt sie an des Prinzen Brust
Mit wonnevollem Schauer,
In ihren Augen Götterlust,
Doch in den seinen Trauer.

Schon ruft das schöne Weib Triumph!
Schon hör’ ich — Tod und Hölle!
Was hör’ ich? — einen nassen Strumpf
Geworfen in die Welle.

Und weg ist Traum und Feerei,
Prinzessin, Gott befohlen!
Der Teufel soll die Dichterei
Beim Hemdewaschen holen.

Gegeben in
unserm jammervollen Lager
ohnweit dem Keller.

F. Schiller,
Haus- und Wirtschaftsdichter

Minna Körner und Dorothea Stock waren die Töchter des Leipziger Kupferstechers Stock, in dessen Hause auch der junge Goethe als Student zu Gast war. Näheres über die beiden Frauen und den späteren Verkehr im Körnerschen Stadthause in der Neustadt berichten Gustav Parthey und Fr. Laun.

Berühmte Gäste im Körnerhause

Gustav Parthey (1798—1872), ein Freund der Familie Körner aus ihrer Berliner Spätzeit, weiß in seinen „Jugenderinnerungen", durch Erzählungen seines Vaters aus den früheren Jahren unterstützt, allerlei über die Art des Verkehrs berühmter Gäste im alten Dresdner Körnerhause zu berichten:

Das Körnersche Haus wurde nun durch den Geist und die Anmut der Frauen, sowie durch das musikalische Talent des Mannes ein anziehender Mittelpunkt für Einheimische und Fremde. Mein Vater, welcher vier Jahre in Dresden privatisierte, gehörte zu den treusten Hausfreunden. Er hat mir oft erzählt, daß er die Mozartschen Lieder, so wie sie eben erschienen, zu Körners kräftiger Baßstimme am Klavier begleitet habe.

Mozart selbst, bei seinem kurzen Aufenthalte in Dresden, verkehrte fast täglich im Körnerschen Hause. Für die reizende und geistvolle Doris stand er in hellen Flammen und sagte ihr mit süddeutscher Lebhaftigkeit die naivsten Schmeicheleien. Gewöhnlich kam er kurz vor Tische und setzte sich, nachdem er sich in galanten Redensarten ergossen, an das Klavier, um zu phantasieren. Im Nebenzimmer wurde inzwischen der Tisch gedeckt, die Suppe aufgetragen, und der Bediente meldete, daß angerichtet sei. Aber wer mochte sich entfernen, wenn Mozart phantasierte! Man ließ die Suppe kalt werden und den Braten verbrennen, um nur immerfort den Zauberklängen zuzuhören, die der Meister, völlig in sich versunken und unempfindlich für die Außenwelt, dem Instrumente entlockte. Doch wird man auch des höchsten musikalischen Genusses am Ende überdrüssig, wenn der Magen seine Forderungen geltend macht. Nachdem einige Male die Suppe über Mozarts Spiel kalt geworden war, machte man kurzen Prozeß mit ihm. „Mozart", sagte Doris, indem sie ihren schneeweißen Arm sanft auf seine Schulter legte, „Mozart, wir gehn zu Tische, wollen Sie mit uns essen?" „Küß die Hand, meine Gnädige, werde gleich kommen!" Aber wer nicht kam, war Mozart; er spielte ungestört fort. „So hatten wir denn oft", schloß Doris ihre Erzählung, „bei unserem Essen die ausgesuchteste Mozartische Tafelmusik und fanden ihn nach Tische noch am Instrumente sitzen".

Während seines Dresdner Aufenthaltes stand Schiller mit dem Körnerschen Hause in ununterbrochener freundschaftlicher Verbindung. Mit welcher liebenswürdigen Gutmütigkeit Schiller die kleinen Schwächen seines Freundes Körner zum Ziele des feinsten Humors machte, sieht man aus dem Scherze: Er hat sich rasieren lassen! Es konnte dem rastlos tätigen Dichter nicht entgehen, daß sein Freund Körner vor lauter Geschäftigkeit oft nicht zu seinen Geschäften komme. Er benutzte dies zu einer Reihe von komischen Szenen, die, voll von persönlichen Anspielungen, nicht eine einzige anzügliche Stelle enthalten; sie bestätigen Goethes großes Wort über Schiller:

Und hinter ihm im wesenlosen Scheine
Blieb, was uns alle bändigt, das Gemeine!

In den Sommermonaten wohnte Schiller bei der Körnerschen Familie auf dem Weinberge zu Loschwitz in einem mehr als bescheidenen Dachkämmerchen. Unablässig mit seinen geistigen Arbeiten beschäftigt, überließ er gern den Frauen des Hauses die Sorge für alles andere. Minna Körner erzählte mir, daß er schon damals die üble Gewohnheit gehabt, nach Tische und manchmal sogar Abends auf dem Sopha einzuschlafen, ohne die Kniegürtel aufzulösen; dadurch sei das Blut ins Stocken geraten, und es sei gar keinem Zweifel unterworfen, daß dies mit zu seinem frühzeitigen Tode beigetragen habe.

Eines Sommers kam auch Goethe zum Besuche nach Dresden. Ob er mit auf dem Körnerschen Weinberge gewohnt oder von der Stadt aus seinen Freund Schiller öfter besucht habe, wüßte ich nicht mehr zu sagen. Minna Körner erinnerte sich sehr genau, daß eine ganze Menge Xenien in dieser ländlichen Einsamkeit entstanden seien. Die beiden Schwestern saßen zusammen unten in der Wohnstube und hörten über sich in der Dachkammer die Stimmen der dichtenden Freunde. In kürzeren oder längeren Pausen ertönte ein schallendes Gelächter, zuweilen von sehr vernehmlichem Fußstampfen begleitet. Wenn die Herren um zwölf Uhr zum Mittagessen herunter kamen, waren sie äußerst aufgeräumt und sagten mehr als einmal: heute sind die Philister wieder tüchtig geärgert worden!

Mozarts Besuch wird in das Jahr 1790 zu verlegen sein, als er nach der erfolgreichen Aufführung von „Cosi fan tutte" (26. Januar 1790) über Leipzig und Dresden nach Berlin reiste. In dasselbe Jahr 1790 fällt Goethes zweiter Besuch in Dresden, dem späterhin noch manche folgen sollten. Schiller hatte Dresden am 20. Juli 1787 verlassen, besuchte im April 1792 Körners zum zweitenmal auf einige Wochen und kehrte erst im August 1801 wieder bei den Freunden ein, um in Loschwitz mit ihnen schöne Tage zu verleben. Am 15. September verließ er die Stadt und hat sie nicht wieder betreten. Mit Goethe ist Schiller nie zusammen in Dresden gewesen; die Erzählung Minna Körners beruht also auf einem Irrtum.

Christian Gottfried Körner
Kreidezeichnung von Friedrich Erhard Wagener. 1790

Minna Körner. Um 1786

Emma Körner, etwa 12 Jahre alt

Silberstiftzeichnungen von Dora Stock

Theodor Körner

Miniaturbildnis. Um 1810

Geselligkeit um 1800

Friedrich Laun, mit seinem richtigen Namen Friedrich August Schulze (1770—1849), der Verfasser zahlreicher, damals beliebter Romane, hatte gute Gelegenheit, die besondere Art geselligen Verkehrs in dem Kreise, für den die Familie Körner vorbildlich war, kennen zu lernen. In seinen „Memoiren" und ausführlicher noch in Wolfgang Menzels „Literaturblatt" vom Jahre 1848 gibt Laun darüber folgende Schilderung:

Seit meiner Einführung in das Körnersche Haus, welche im ersten Jahrzehnt des jetzigen Jahrhunderts geschah, gelangte dieses allmählich in folgenden Zustand: Noch in den achtziger Jahren des achtzehnten, sogenannten philosophischen Jahrhunderts, hatte Körner den Grund dazu gelegt und zwar mit seiner Gattin aus Leipzig. Ihre noch unvermählte ältere Schwester Dorothea, als Pastellmalerin rühmlich bekannt, begleitete sie an ihren neuen Wohnort und schlug gleichfalls in dem neugegründeten Hause der Residenz ihren Sitz auf. Dem an sich schon durch Jugend, Geist und Frohsinn ein höchst interessantes Ganzes bildenden Vereine gesellte sich noch ein viertes Glied bei, ein soeben dem ganzen Deutschland aufgegangener, viel bewunderter Stern: der große Schiller. Zusehends wuchs die Bevölkerung des Körnerschen Hauses mit geeigneten Gästen. Mancher anderen Stadt gegenüber lastete damals im allgemeinen auf dieser noch eine Art von ägyptischer Finsternis. Sie erstreckte sich weit über die der Landes- und städtischen Kollegien vorsitzende steife Gravität hinaus, bis in die meisten Privatwohnungen. Der Unterschied der Stände zerschnitt alles gesellige Leben der höher sich dünkenden Klassen so unbarmherzig, daß sein eigentliches Wesen ganz zugrunde ging. Den durch Geburt, Rang, Reichtum, Orden usw. Bevorrechteten wurde meist höchst unwohl, wenn sie irgendwo in Gesellschaft mit Personen von geringerem Belange zusammentrafen. Mit einem Worte: aus einem quasi pennsylvanischen Absonderungssystem hatte sich seit undenklicher Zeit in Dresden immer vollständiger ein tragikomischer Zustand entwickelt, der den gebildeten Ausländern, die hier einsprachen, oft unerträglich vorkam, während sich manche andere deutsche Stadt aus der seitherigen sozialen Unverträglichkeit immer besser herausarbeitete. Das Körnersche Haus gehörte in kurzem nicht nur zu den wenigen ehrenvollen Ausnahmen, in denen weder Adel noch Orden, noch irgend eine äußere Auszeichnung, vielmehr bloß wahrhafte Bildung und Intelligenz Zutritt erhielten, sondern es durfte sich sogar rühmen, hierzu den Ton angegeben zu haben. In ihm regulierte sich ein recht mannigfaches glückliches Gesellschaftsverhältnis gleichsam von selbst. Wen auch weder die geistige Liebenswürdigkeit seiner drei Begründer noch der Reiz angezogen hätte, den hohen Sänger des Liedes an die Freude von Angesicht zu erschauen, den fesselte, auch nachdem dieser längst in Weimar des fortdauernden Verkehrs mit Goethen sich erfreute, die ganze Einrichtung des gastfreundlichen Hauses und dessen völliges Abweichen von den meisten übrigen Häusern durch anständige Zwanglosigkeit und eine Einfachheit, ebensoweit entfernt von Prunk und Hoffart, wie von unzureichender Bequemlichkeit. Fremde und Einheimische fanden ihre Rechnung in seinen behaglichen Räumen und bei der Frugalität seiner Tafel und seiner Büfetts, zumal da in der Regel, vermöge der dortigen freien Bewegung der Rede, der mannigfachste Gesprächsstoff sich recht heiter und anmutsvoll zu gestalten pflegte. Wissen und Kunst, denen in diesem Lokal ein Freihafen offen stand, mußten zwar beim Eintritt ihre pedantischen Formen zurücklassen, fühlten sich dann aber auch um so wohler in der lieben, trauten Umgebung. Gemeiniglich übernahmen die drei häuslichen Autoritäten die Leitung der allgemeinen Unterhaltung im Stillen und ohne daß jemand solches inne wurde. Des ansehnlichen, würdevollen Hausherrn vielfache Präponderanz tat hierin das meiste und wußte stets eine imponierende Haltung zu behaupten. Der Hausfrau, zu Anfang der ersten Jahre des neunzehnten Jahrhunderts schon über ihre Blütezeit weit hinaus, war zufolge übereinstimmender Berichte früher, bei einer noch fortdauernden unvergleichlichen Figur, die ausgezeichnetste Grazie eigen gewesen, deren Spur noch immer mächtig nachwirkte, so daß oft durch einen einzigen ihrer milden Blicke ein Scherz, der aus der Art zu schlagen drohte, auf der Stelle in seiner rechten Bahn festgehalten wurde. Und der dritten Person, ihrer Schwester Dorothea, fiel ebenfalls kein geringer Teil der Unterhaltungsdirektion zu. Mit scharfem, zuweilen zu schonungslosem Witze reich begabt, war sie mitunter eine arge Zuchtrute, vor der die Voreiligkeiten mancher Anwesenden auf ihrer Hut zu sein alle Ursache hatten.

Unter diejenigen vornehmeren Zirkel, von denen die Notwendigkeit einer gesellschaftlichen Reform in Dresden zuerst anerkannt wurde, war der des Hausmarschalls Freiherrn von Rackenitz zu zählen. Wie in Körners, so behauptete auch im Rackenitzischen Hause die Unterhaltung eine höhere, als die gewöhnliche Richtung. Namentlich konnte in beiden der in den meisten Gesellschaften für ein notwendiges Bedürfnis geachtete Spieltisch nur als Abweichung von der allgemeinen Regel gelten, die höchstens dann und wann aus besonderen Gründen stattfand. Bei Körners gehörte das Vorlesen interessanter literarischer Produkte zu den bevorzugtesten Zweigen der Unterhaltung. Zuweilen unterzog sich Körner solchem selbst, und ich erinnere mich eines Abends, wo die ganze, dazu besonders eingeladene Versammlung mit einem neuen Trauerspiel, auf dessen Vortrag er unverkennbar viel Sorgfalt verwendete, einen gewaltigen Enthusiasmus unter der ansehnlichen Zuhörerschar erregte. Scharaden, Rätsel, lebende Gemälde, Sprichwörteraufführung und was sonst die Mode gerade vorzüglich begünstigte, pflegte bei Körners baldmöglichst aufzusprossen, um sodann die Runde durch die eleganten Gesellschaftssalons der Stadt zu machen. Mit Ergötzlichkeiten aus dem Gebiete des Gesanges und der Instrumentalmusik war es der nämliche Fall. Deklamation und Improvisation hatten im Körnerschen Hause ihre ziemlich langen Glanzperioden. Den Gipfelpunkt seiner Fülle und seines Ansehens bildeten vielleicht die Jahre der Napoleonschen Gewaltherrschaft. Die Stadt zerfiel damals in zwei politische Parteien. Aber wie gründlich auch Körners den absoluten Weltbeherrscher haßten, so sehr wachte doch der Vorsteher des Hauses darüber, daß dieser Haß nie in demselben öffentlich zur Sprache kam. Um der Kunst, Wissenschaft und Geselligkeit willen!

Friedrich Joseph Freiherr von Racknitz (1744—1818), nicht Rackenitz, wie Laun ihn irrtümlich nennt, wurde 1790 Hausmarschall, zehn Jahre später Hofmarschall und führte als solcher mehrmals die Aufsicht über die Hofkapelle und das Theater. Er stand zu Goethe in Beziehung und veröffentlichte mehrere schöngeistige Bücher. Sein Haus stand am Palaisplatz in der Neustadt, jetzt Kaiser Wilhelm-Platz.

Kurfürstin Amalia Augusta

Silhouette von Stoelzel. 1783

Jean Paul in Dresden

Im Jahre 1798 war Jean Paul in Dresden und schrieb unterm 16. Mai und 8. Juni an seinen Freund Otto:

„Ich habe den Königstein und seine notanda und videnda gesehen und war erfreut aber nicht außer mir. Über die neuen Weltkugeln und Weltsonnen in der Bildergalerie sollst Du noch astronomische Ephemeriden haben. Ich habe die Antiken gesehen, gleichsam die andere Hemisspäre der Abgüsse, die wir gestern wieder verklärt bei Fackelschein Nachts zehn Uhr besuchten — ferner das Naturalienkabinett — die fürstliche heilige Familie nebst dem plattgedrückten Hoftroß in der katholischen Kirche an der Himmelfahrttagfeier, wo zugleich das Kind einer Prinzessin hineingetragen wurde, das die Trompeten taub bliesen gegen künftige Bitten. Ich habe dabei meine demokratischen Zähne geknirscht, am meisten über das gekrümmte Schranzen-Volk von Dresden, das nicht schön, nicht edel, nicht lesbegierig, nicht kunstbegierig ist, sondern nur höflich etc. Ich habe viele Bekanntschaften gemacht, aber keine von Bedeutung . . .

Meine schönen Tage hatt' ich allein vom Freitag bis zum Pfingsttag in Königsbrück bei der Gräfin Münster und einer ungemein schönen Frau von Ledebur, in die ich mich in drei lieblichen Tagen als der einzig daseiende Mann gehörig verschoß, mit welchen beiden ich am Montag nach dem himmlichen Seifersdorfer Tale fuhr, wo die B. auch ankam."

Bei einem späteren Besuche im Jahre 1822 konnte der Dichter wesentlich freundlichere Eindrücke in seine heimische Einsiedelei nach Bayreuth mitnehmen (vgl. S. 262).

Anton Graff

Für diesen berühmtesten deutschen Bildnismaler des ausgehenden 18. Jahrhunderts (1736—1813) wurde Dresden, ebenso wie für seinen Freund und Landsmann, den Schweizer Kupferstecher Adrian Zingg, zur zweiten Heimat. Im Jahre 1766 als Hofmaler und Lehrer an die Dresdner Kunstakademie berufen, gewann er sehr bald einen bedeutenden Ruf, und alle Welt ließ sich von ihm porträtieren. Nach Graffs eigenen Aufzeichnungen sind von seinen 1655 Bildern 943 in Dresden entstanden. Er wohnte am Altmarkt Nr. 9, nach Angaben der Malerin Luise Seidler nur in einem einzigen, geteilten Raume. Chodowiecki, der den Freund im Herbst 1773 besuchte, weiß von einer „geräumigen" Wohnung zu berichten, und dies ist auch das Wahrscheinliche. Die letzten Jahre verbrachte der kränkliche, dem Erblinden nahe Mann bei seiner Tochter, der Witwe des Malers Kaaz, in deren Hause er, schwer beunruhigt durch die Nöte und Drangsale des Krieges, im Juni 1813 gestorben ist.

Anton Graff. Selbstbildnis. 1795

Elisa von der Recke Dorothea, Herzogin von Kurland

Silberstiftzeichnungen von J. Darbes

Christian August Tiedge

Miniaturbildnis. Um 1810

Empfindsame Maientage der Elisa von der Recke

In ihrem Tagebuch-Auszug, den die Dresdner Landesbibliothek bewahrt, gibt die weitgereiste Baltin eine Schilderung ihres zweiten Aufenthalts in Dresden, der durch eine aufkeimende Neigung zu dem preußischen Gesandten am Sächsischen Hof, Karl Grafen von Geßler, eine lyrisch empfindungsvolle Färbung erhält. Geßler war ein intimer Freund des Körnerschen Hauses und einer der geistig regsamsten Köpfe der damaligen Dresdner Gesellschaft. Die Zeit der nationalen Erhebung durchlebte der hochgesinnte Patriot in enger Gemeinschaft mit seinem Jugendfreunde, dem Freiherrn vom Stein und Ernst Moritz Arndt. Die Verbindung mit Elisa kam nicht zu stande.

Hier folgt nun die Schilderung eines Ausfluges in die „Sächsische Schweiz" — wobei wir zugleich die angebliche Herkunft dieses Namens erfahren — und des darauffolgenden Abends auf Körners Weinberg in Loschwitz:

Den 15. Mai (1790). Ein schöner Freudengenuß folgt dem andern. G. lud mich ein, mit ihm und Körners Familie eine Reise durch die Sächsische Schweiz zu machen; er hat um Dresden Felsengegenden aufgefunden, die bis jetzt noch unbesucht waren, und denen er den Namen der Sächsischen Schweiz gegeben hat*). Um 4 Uhr morgens holten er und Körners Familie mich in einem geräumigen Wagen ab. Ein schöner Frühlingsmorgen erfüllte die Gegend mit Blütenduft; immer abwechselnde Landschaften gewährten einen reizenden Anblick. Zuerst stiegen wir bei Liebethal aus. Kaum ein Maler vermag diese reizenden Baum-, Wasser- und Felsenpartien darzustellen; meine Feder ist zu schwach, die schauerliche Anmut um Liebethal zu beschreiben. Es wurde mir schwer, mich von diesem reizenden Tale zu trennen; doch meiner warteten noch schauerlichere Gegenden, und so mußte ich mich vom rauschenden Wasserstrome der einsamen Mühle losreißen ...

Den 19. Mai nach Mitternacht. Nie fühlte ich mich so sonderbar bewegt wie an diesem Abend auf Körners Weinberg; er liegt an der Elbe, Blasewitz gegenüber. Dort sah ich G. im verflossenen Jahre am 17. Juni zum ersten Male in Naumanns Weinberg; der 17. Juni war der Geburtstag meiner seligen Tochter. Meine Seele war durch das Andenken dieses holden Kindes und meines ganzen Schicksals feierlich gestimmt. Naumann stellte mir damals G. als einen seiner verehrtesten Freunde vor. G. wußte sich gleich durch geistreiche Unterhaltung interessant zu machen. Und — ist

*) Diese Stelle ist wohl das älteste literarische Zeugnis für die Entstehung des Namens „Sächsische Schweiz", der nach der bisherigen Kenntnis zuerst in den 1794 erschienenen „Mahlerischen Wanderungen durch Sachsen" von Engelhard und Veith erwähnt wird.

er mir jetzt nur interessant? — noch kenn' ich G. kein volles Jahr, und immer schwebt nur sein Bild mir vor! Am heutigen Abend hat er sich mir noch werter gemacht, und doch sah ich eigentlich keine Handlung von ihm, die mein Herz so erwärmen könnte! Das Interesse, welches er an mir zu nehmen scheint, verdient freundschaftliche Erwiderung; aber was soll diese Unruhe in mir? — Kurz vor Untergang der Sonne bat G. mich und Körners Familie, wir möchten an diesem schönen Abende die Stube mit dem Garten verwechseln, und so bot er mir den Arm. G. führte mich zu der Gartenmauer auf eine Erhöhung, so daß ich die Aussicht auf die Elbe und ihre reich mit Weingärten besetzten Ufer hatte. Hier, sagte G., wollen wir den Untergang der Sonne erwarten; sie spiegelte sich mit ihren blendenden Strahlen in der blauen Elbe und versprach ein schönes Abendrot. Die Luft war so rein, daß man auch die Formen der entfernten Bergketten, die hinter den Weinbergen liegen, am Horizonte scharf gezeichnet erblicken konnte. Kaum hatte ich mich einige Augenblicke dieses Schauspiels gefreut, so erscholl eine sanfte Musik von Blasinstrumenten, ich wollte mich dieser nahen, aber G. bat mich, ihm diese Stunde zu schenken; denn die andere Gesellschaft spazierte im Garten umher. G. lenkte das Gespräch auf den ersten Tag unserer Bekanntschaft und sprach von dem Einflusse, den dieser auf seine Geistesstimmung habe. Er sagte mit tiefer Rührung, sein ganzes Leben würde Zeuge der Wahrheit sein, daß ich keinen treuern Freund als ihn hätte. Wunderbar fühlte sich mein Herz bewegt, und mit Innigkeit erwiderte ich, daß auch er auf meine Freundschaft rechnen könne. G. ergriff meine beiden Hände, sah mich zärtlich an und rief bewegt aus — „soll das Leben Interesse für mich gewinnen, so müssen Sie meine innigste Freundin werden". Die Sonne neigte sich in diesem Augenblicke zum Untergange; die Musik der Blasinstrumente wurde immer sanfter und ging zum heitern Allegro über, als die Sonne niedersank. Mit ihrem letzten Feuerstrahle wünschte G. mir zu meinem Jahresschlusse (denn es war der Abend vor meinem Geburtstage) mit diesen Worten Glück — „möchten für Sie, edle Frau, mit diesem Sonnenuntergange alle Lebenssorgen schwinden odre nur so viele Ihr Los sein, als zur Lebenswürze nötig sind. Sie, teure Elisa, verloren in diesem Jahre viel — sehr viel! — und ich gewann noch in keinem so edle Lebensfreuden; denn, Sie lernte ich kennen! Möge der Abend Ihres Lebens so schön wie diese Abendröte sein, die es uns verspricht, daß die Natur den 20. Mai durch einen herrlichen Sonnenaufgang feiern wird." — Nun trat die übrige Gesellschaft zu mir und wünschte mir zum letzten Abend meines verflossenen Jahres Glück. Die Musik wurde immer fröhlicher, und ich fühlte mich tief bewegt. Scherzend fragte die Körner mich, ob ich ein Kind des Tages oder der Nacht sei; ich erwiderte, mit der vierten Morgenstunde begrüßte mein erstes Weinen diese schöne Gotteswelt. Graf G. rief mit Entzücken aus, „unsere Elisa ist ein Kind des Lichtes!" Halblaut sagte er, sich zu mir neigend, — „mit heiligen Gefühlen feiere ich in meiner Einsamkeit morgen die vierte

Tagesstunde.“ Nun wurde das Gespräch allgemeiner. Wir speisten unter einer Linde, der hellbesternte Himmel glänzte über uns, heitere Geselligkeit würzte das Mahl, und unerwartet wurde mir zu Ehren von der ganzen Gesellschaft ein an mich gerichtetes Lied, bald im Chor, bald nur von einer einzelnen Stimme gesungen. Bis elf Uhr blieben wir bei einander, Graf G. und Körner begleiteten mich über die Elbe; auf dieser blauen Flut spiegelte sich der Sternenhimmel prachtvoll ab, und G. suchte beim Glanze der Sterne die Empfindungen der entflohenen Stunden in meinen Augen zu lesen.

Im polnischen Brauhause

Gustav Nieritz (1795—1876), der bekannte Volkserzähler, verlebte seine Jugend im ehemaligen polnischen Brauhause der Neustadt. Der Garten mit Kegelbahn war ein beliebter Vergnügungsort der kleinen Leute. Die anspruchslosen Freuden jener Zeit um 1800 schildert Nieritz u. a. folgendermaßen:

Unser neuer Hausherr brachte eine unbegrenzte Baulust mit, welche sofort sich geltend machte. Zunächst wurde der Garten zu einem öffentlichen Vergnügungsorte umgewandelt und deshalb mit einem Kegelschube, mit einem zweiten Gartenhause, mit einer Musikloge und zahlreichen, feststehenden Tafeln und Bänken begabt. Dann wurde das niedere Malzhaus niedergerissen und ein neues, ansehnliches an seiner Stelle aufgeführt, das dreifach übereinander gewölbte Keller bekam und seinen stolzen Giebel hoch in die Luft emporstreckte. Zur damaligen Zeit brachte man in Dresden mit dem Aufbau eines Hauses drei volle Jahre zu. In dem ersten Jahre legte man den Grund dazu, wölbte man den Keller und führte das Gebäude bis zur Socke. Im zweiten Jahre kam es bis zum Heben des Dachstuhls, und im dritten war der innere Ausbau beendigt. Welch' ein Unterschied gegen jetzt! Damals war das Sprichwort, daß jeder Schweißtropfen eines Maurers einen Dukaten koste, eine Wahrheit.

Unter den Maurern, welche drei Jahre lang an dem neuen Malzhause bauten, befand sich ein taubstummer, der erste, den ich sah, und der uns durch seine unverständliche Zeichensprache vielen Spaß machte.

Der neue Schänkgarten erfreute sich eines zahlreichen Zuspruchs. Alle Nachmittage rollte die Kugel ihre glatte Bahn entlang, fielen die Kegel, gröhlte der Kegeljunge: „Alle neune! einen Groschen zu Bier und zu Weine!“ Unter den Kegelschiebern befand sich ein Schloßturmwächter, namens Näther, nach dessen Besuch alle Inhaber von Kegelschüben angelten, weil der Mann durch sein außergewöhnliches Gebahren beim Schieben eine große Menge anderer Gäste herbeizog. Wenn der Ruf ertönte: „Jetzt schiebt Näther!“ so verließ Jung und Alt die Plätze an den Schänktafeln und eilte im

Laufe nach den offenen Fenstern des Kegelschubs, die durch die vielen neugierig hereinschauenden Köpfe plötzlich verfinstert wurden. Hierdurch ließ sich jedoch Näther durchaus nicht beirren. So wie die Kugel seiner zielenden Hand entglitt und ihren Lauf begann, nahm auch Näthers Mienen- und Gebärdenspiel seinen Anfang, an welchem jeder Muskel, jedes Glied, ja der ganze Körper seinen lebhaften Anteil bekam. Es war, als könne Näther die Kugel nach seinem Belieben an unsichtbaren Fäden leiten. Wendete sich jene zu weit von der Mitte der Bahn nach links, so bog er sich mit seinem Oberleibe und den ausgestreckten Händen nach rechts, so daß diese selbst mit der Mauer in Berührung kamen. Dabei stemmte der linke Fuß des lang ausgestreckten Beines seine Fersenspitze krampfhaft auf den bretternen Fußboden fest, und das heftigste Mienenspiel verzerrte zugleich sein langes, hageres Antlitz. So bog, wendete, krümmte und dehnte sich Näthers Körper, je nachdem die Kugel ihren Lauf fortsetzte. Ich habe den Mann so sehr auf seine Lippen beißen sehen, daß Blutstropfen über dieselben hervorquollen. Nahm endlich die Kugel ihren Lauf auf die Mitte der Kegel, so trommelte Näther mit seinen Armen einen Wirbel in der Luft, um der Kugel anzudeuten, wie sie unter den Kegeln aufzuräumen habe. In meinem langen Leben ist mir ein so exzentrischer Kegelschieber nie wieder vorgekommen.

An einem Abende jeder Woche führte der Stadtmusikus samt seinen Leuten ein vollstimmiges Instrumentalkonzert in unserem Garten auf, wobei ich niemals fehlte und meinen Stand hinter einem Violinspieler einzunehmen pflegte. Meine Aufmerksamkeit steigerte sich mit meiner Lust an der Musik, nachdem ich später das Klavierspiel zu erlernen begann. Einlaßgeld verlangte man uns Kindern nicht ab, ebensowenig der Schänkwirt von uns einen Nutzen einerntete, obwohl wir die fleißigsten Besucher seines Gartens waren. Dennoch kostete mir oder vielmehr meiner guten Mutter jeder Konzerttag einen ganzen Dreier. An einem solchen Abende stellte sich nämlich regelmäßig eine reinlich gekleidete Frau mit einem großen Henkelkorbe ein, der unter seiner weißen Leinendecke eine große Fülle frisch backener, süßduftender Käsekäulchen in sich barg. O wohlfeile, goldene Zeit! Für nur drei Pfennige bekam ich zwei solcher köstlichen Käsekäulchen! Vergebens suchten mißgünstige Spottvögel uns Kinder durch das Vorgeben abzuschrecken, daß die Käsekäulchen in Hundefett gebraten würden. Selbst das Fett von Kröten, Schlangen und anderem ekligen Getier hätte uns umsoweniger von dem Verzehren der Käsekäulchen abgehalten, als wir ja deren Zubereitung nicht beigewohnt hatten. Und „was ich nicht weiß, macht mich nicht heiß" lautet das Sprichwort. Ach, unvergeßlich bleiben mir die warmen Sommerabende, an welchen der weite Garten im bunten Lampenschimmer erglänzte, ein dichtes Menschengewühl die Gänge durchwogte, die Lüfte von den süßen Harmonien der Musik ertönten und — der Käsekäulchenkorb seinen lockenden Inhalt austeilte.

Phantastische Ansicht von Dresden. Aquatinta-Blatt von R. Bowyer

Blick auf Dresden von der Bautzener Straße. Um 1800

Die Kurfürstliche Bibliothek um 1800

Nicht immer waren die Schätze der Dresdner Landesbibliothek so bequem zu nutzen wie heute. Zu Zeiten des höfischen Prunkes arg stiefmütterlich beiseite gesetzt, gewann sie doch in der gelehrten Welt einen europäischen Ruf, zumal vom Jahre 1786 ab, wo sie aus dem Zwinger in das Japanische Palais verlegt und nun erst richtig benutzbar wurde. Wie es vordem an diesem Sammelpunkte des Dresdner literarischen Lebens zuging, schildert ein Zeitgenosse in seinen Erinnerungen vom Ende des achtzehnten Jahrhunderts in den „Blättern für literarische Unterhaltung":

Die kurfürstliche Bibliothek, obgleich damals schon ihrer Bestimmung nach „Museum usui publico patens", war doch, ihrer Einrichtung und sonstigen Verhältnisse wegen mehr clausum als patens; denn seit 1728 in drei Säle der Zwingerpavillons geklemmt, gewährte sie den Musen ein so beschränktes Quartier, daß ihre Schätze wenig zu bemerken, oft kaum zu finden waren. Die Bücher standen nämlich doppelt und dreifach hintereinander, viele lagen nur so herum, wie man gerade noch ein Plätzchen für sie gefunden hatte, und die zusammengedrängte Last derselben bedrohte sogar die Gebäude. Von einer Benutzung der Bücher wie jetzt hatte man damals keinen Begriff, obschon der Oberbibliothekar Crusius und die Bibliothekare Canzler und Daßdorf den Gebrauch derselben eher förderten als erschwerten. Außer dem Kurfürsten, den Ministern, den Mitgliedern der höchsten Behörden, einigen Gelehrten und Künstlern oder besonderen Günstlingen des Personals benutzte sie niemand, und fast glich sie einer Insel in unbekannten Meeren, wo nur dann und wann ein literarisches Schiff landete. Obschon ein sogenanntes Einschreibebuch seit 1756 existierte, ward es doch wenig benutzt, weil die Besuche von Fremden selten waren, und oft erzählte der Sekretär Naumann dem Bibliothekar Crusius, wenn dieser etwa ein paar Tage gefehlt hatte, mit wichtiger Miene: „Wir haben indes auch einen Fremdenbesuch gehabt. Man wollte unter anderem sogar die konfiszierten Bücher sehen, was ich aber natürlich verweigerte." Wie es scheint, gab es also bei der Bibliothek eine besondere Sammlung solcher Schriften, die aber späterhin wohl einrangiert wurden.

Übrigens erschwerte auch das enge Lokal des Expeditions- und Lesezimmers, wo, wenn nur ein halbes Dutzend Leser auf einmal sich einstellten, schon wahre Raumnot entstand, der Mangel an guten Katalogen und die Ungelenkheit und Ungelehrtheit des untern Personals oder der sogenannten Bibliothekschreiber, wozu nicht selten Bediente von Exzellenzen befördert wurden, den Gebrauch nicht wenig. Weiß man nun vollends, daß diese Bibliothek viele Jahre einen Chef (den Grafen Marcolini) hatte, dem die Literatur, insbesondere die deutsche, ganz fremd war, so kann man von selbst auf ihre Wirksamkeit schließen.

Schon der Zugang zur Bibliothek, eine alte bemooste Freitreppe, auf welcher man im Winter Arm- oder Beinbruch zu fürchten hatte, war nicht einladend, aber auch so wenig begangen, daß es ordentlich auffiel, jemanden sie besteigen zu sehen. Höchst possierlich klingt es, und doch ist es wahr, daß das untere Personal sich oft sogar nach Besuch sehnte, weil es für die Beamten gar zu wenig zu tun gab, und daß noch weit öfter Bücher nicht ausgeliehen werden konnten, weil man sie nicht zu finden wußte oder des engen Lokals wegen zu viel Mühe hatte, sie zutage zu fördern, oder endlich, weil schlechte Witterung deren Herbeiholen hinderte, denn die oben erwähnten drei Zwingerpavillons standen nur durch offene, ziemlich lange Gänge in Verbindung. Verlangte nun jemand z. B. mehrere Bücher, deren jedes in einem andern Pavillon sich befand, und es schneite oder regnete gerade, dann war das literarische Holland, mehr aber noch der es in Anspruch nehmende Literatus in Nöten, wenn ihn nicht vielleicht Rang und Stand vor Knurren und finstern Gesichtern schützten. Dazu kam noch, daß der damals einzige Sekretär, Naumann, ebenso ungeschliffen und ungefällig wie das jetzige Personal fein und dienstfreundlich, für Besucher der Bibliothek mehr eine abstoßende als anziehende Kraft hatte. Die Fälle waren nicht selten, wo es hieß: „Kommen Sie morgen wieder! Die Theologen, die alten Klassiker usw. stehen in dem Pavillon da drüben, da mag sie in dem Wetter der Teufel holen." Wenn dieser aber nicht wollte und der Sekretär gleichwohl so ein außerpavillonisches Werk eines vornehmen Begehrers wegen doch holen mußte, da hieß es gewöhnlich: „Santo (Name des Aufwärters), meinen Paraplui!" oder bei Glätte und Kälte: „Santo, meine Bärlatschen!" oder bei heftigem Winde: „Santo, meinen Roquelaure (Regenmantel)!" Ja, nicht selten mußten Paraplui, Bärlatschen und Roquelaure vereint geschafft werden, eine alte theologische Schwarte oder die Ausgabe eines römischen Klassikers in usum Delphini zu holen.

Von den genannten Bibliothekaren war K. W. Daßdorf (1750—1812) der bekannteste. Ein Lieblingsschüler Gellerts, erhielt er 1775 seine Anstellung und leitete von 1786 ab die Bibliothek selbständig bis zu seinem Tode. Seine große Liebenswürdigkeit war sprichwörtlich. Das bekannteste seiner Werke war die zweibändige „Beschreibung der vorzüglichsten Merkwürdigkeiten der Churfürstl. Residenzstadt Dresden", ein Werk, das auf Anregung Lessings entstand und 1782 erschien. — Camillo Graf Marcolini (1739—1814) kam mit dreizehn Jahren aus Italien als Edelknabe an den Hof, befreundete sich intim mit dem späteren Kurfürsten Friedrich August und erhielt 1778 als Oberkammerherr die Oberleitung der Sammlungen, der Meißner Porzellanfabrik und der Kunstakademie. 1809 wurde der Graf Kabinettsminister. Sein Name ist noch heute bekannt durch das früher dem Grafen Brühl gehörige Marcolini-Palais in Dresden-Friedrichstadt, das er 1774 kaufte und umgestaltete, mit den schönsten Porzellanen schmückte und meist nur während der Sommermonate bewohnte. Napoleon I. residierte hier. Seit 1845 ist das Palais zum städtischen Krankenhause umgewandelt.

Die Zensur um 1800

In seinen Erinnerungen aus dem Dresdner literarischen Leben um 1800 gibt der ungenannte Verfasser auch eine drastische Schilderung der damaligen Zensur und zwar gerechterweise sowohl der Nöte der Zensierten wie des geplagten Zensors selber:

Bis in die 1790er Jahre war das Zensuramt in Dresden so eine Art von Ruhekissen, auf welches die Buchdruckereien fast nach Belieben — denn oft beliebte es ihnen auch nicht — resp. zwei und vier Groschenstücke pro Bogen oder pro Gelegenheitsgedicht legten, die der Zensor ohne sonderliche Mühe und Sorge nur wegnehmen durfte, denn das literarische Meer, für welches er den Hafenkapitän abgab, war fast immer ruhig und spiegelhell. Von Preßfreiheit, Konstitution und dergl. hatte man kaum Begriffe. Über öffentliche Behörden und Anstalten, über Staats- oder Stadtverfassung und Verwaltung schriftstellerisch nur zu muxen, galt fast für Hochverrat. „Anzeiger" mit Örtlichem, „Bienen" mit Instanz- und Personalstacheln, „Konstitutionelle Bürgerzeitungen" und „Insel Rügen" mit Freihäfen für derbe Wahrheiten (oft auch gehässige Lügen) und dergl. gab es noch nicht. Ehrenmänner öffentlich abzuschlachten, Ehrwürdiges durchzuhecheln, Geheimes zu veröffentlichen, gehörte noch nicht zur Würze der Journale, deren es ohnedem noch wenige und nur ganz unschuldige gab, — und so konnte der Zensor sein Amt fast schlummernd verrichten, über seine imprimatur einnicken und ohne Furcht vor Verantwortung, mit leicht verdienten Zwei- und Viergroschenstücken auf Rosen schlafen, während ein jetziger Zensor (1833), obschon neben jenen kleinen Silberlingen auch noch mit einem nicht unbedeutenden Gehalte gesegnet, doch auf Dornen dejeuniert, diniert und soupiert, auf Dornen conversiert und promeniert, auf Dornen ins Theater und endlich zu Bette geht, um — auf Dornen zu schlafen.

Die Zensur der Bücher trug freilich in jener seligen Zeit, wo die meisten Werke Dresdner Gelehrter aus Mangel tüchtiger Verlagshandlungen und eleganter Buchdruckereien nach Leipzig oder Berlin wanderten, so blutwenig ein, daß der Zensor oft versicherte: er verdiene damit nicht das Salz in die Suppe. Dafür entschädigte ihn aber hinlänglich die Zensur der Gelegenheitsgedichte, denn fast in alle Verhältnisse der Häuslichkeit wie des geselligen und öffentlichen Lebens mengte sich die Muse. Kein Wiegen-, kein Hochzeits- oder Jubelfest, kein Genesungs- oder Todesfall in anständigen Familien, kein Amtsantritt von Bedeutung, kein Thron- oder Hofereignis ohne — und zwar meist ganz unschuldige — Verse. Jedes solcher Gedichte aber, auch das kleinste, durfte nicht ins offene Meer des Lebens ohne vier Groschen für den Hafenkapitän. Was Wunder, wenn man diese enormen Gebühren auf alle Art zu umgehen suchte, sodaß der Zensor oft seufzte: er erhalte von zehn Gedichten kaum zwei zur

Zensur, und deshalb mehrmals klagbar auftrat gegen die Buchdruckereien, die sich damit entschuldigten, daß sie die hohen Zensurgebühren meist nicht mit in Rechnung bringen könnten und also einbüßen müßten, weil ihre Kunden schlechterdings nicht glauben wollten, daß eine so unbedeutende Arbeit wie das Lesen eines Gedichtes so hoch im Preise stehe.

Letzterer, bis jetzt noch dauernd, ist aber auch in der Tat unbegreiflich, besonders im Vergleich zu dem der Bücherzensur, wo der arme Zensor sechzehn oft sehr enge, auf großes Format gedruckte Seiten oder höchst unleserliche Manuskripte mit größter Aufmerksamkeit, steter Furcht vor Verantwortung und oft nicht ohne Ausrüstung mit vielseitigen Kenntnissen lesen muß, um — zwei Groschen zu verdienen; denn sein fixer Gehalt ist doch wohl nur geringe Entschädigung für die namenlosen Bürden und Unannehmlichkeiten, die mit seinem Amte verbunden sind, für seine allgemein verrufene Stellung im Staate, für die ewigen und zarten Rücksichten, die er bald auf Behörden, bald auf Schriftsteller, bald aufs Publikum zu nehmen hat.

Der Zensor der historischen, geographischen, politischen und ästhetischen Literatur war in den 1780er und 90er Jahren der Rektor der Kreuzschule, M. Olpe, ein tüchtiger Philolog, ein nicht unglücklicher, besonders lateinischer Dichter und ein seelenguter Mann, der niemandes Ruhe störte, aber auch in der seinigen nicht gestört sein wollte. Und doch ward er es auf die lebendigste Art bald nach dem Ausbruche der französischen Revolution, wo das Fieber des Freiheitsschwindels, auch Dresden bedrohend, die höchsten Behörden zu so strenger Handhabung der Zensur veranlaßte, daß der arme Olpe, bisher in seliger Ruhe, nun auf einmal in steter Angst vor Verantwortung lebte und einst den Oberkonsistorialpräsidenten von Berlepsch dringend bat, der Bücherzensur ihn zu entbinden und ihm nur die Zensur der Gedichte zu lassen, indem, wie er humoristisch-massiv sich ausdrückte, letztere zu ersterer sich verhalte wie Taubenwürgen und Rinderschlag oder wie einen Scheffel säen und fünfzig Scheffel dreschen.

Und doch brachte ihm gerade solch zensorisches Taubenwürgen einst schwere Verantwortung, ja sogar die Androhung einer Strafe von fünfzig Talern. Der unter den privatisierenden Gelehrten erwähnte heillose Rebmann, der seiner satirischen, französische Freiheit predigenden Feder wegen mit Olpe in ewiger Fehde lebte, hatte einst auf den frühen Tod einer allberüchtigten Antivestalin Verse gemacht, die ganz unschuldig mit:

Weinet, Grazien! Weinet, Amoretten!

begannen. Der gute alte Rektor, in seiner gelehrten Welt ganz unbekannt mit der sündigen, nicht ahnend, daß das an sich treffliche Gedicht einer sehr Untrefflichen gelte, gab unbedenklich sein imprimatur, und die Hetärenelegie, für die Richter'sche Buchhandlung sauber gedruckt, ging so reißend ab, daß binnen wenig Tagen eine neue Auflage notwendig ward. Die Sache machte Aufsehen, und nicht eine Woche ging ins

Das Japanische Palais in der Neustadt. Kolorierter Stich. Um 1800

Äußere Ansicht des Zwingers mit Graben. Kolorierter Stich von Johann Benedikt Theil. Um 1800

Land, da ward der arme Zensor auf eines hochedlen und hochweisen Rats Kommissionsstube zitiert, wegen des dem skandalösen Gedichte erteilten imprimatur höchster Anordnung gemäß sich zu verantworten. Olpe, jetzt erst von dem puncto controversiae gehörig in Kenntnis gesetzt, war wie vom Donner gerührt, sammelte sich aber bald und berief sich auf Horaz, Ovid, Catull und Konsorten, deren weit unzüchtigere Verse auf Gymnasien der lieben Jugend sogar in die Hände gegeben würden. Allein es blieb bei Verweis und fünfzig Talern Strafe, von welchen letztern er nur durch eine de- und wehmütige Bittschrift sich befreite.

Der Literat A. G. F. Rebmann, der sich später zum revolutionären Volkstribunen entwickelte, veröffentlichte 1795 unter dem Namen Anselmus Rabiosus der Jüngere „Wanderungen und Kreuzzüge durch Deutschland", wo er vorgibt, die Wahrheit nach oben wie nach unten zu „enthüllen". In Wirklichkeit richtete sich sein unverhüllter Spott aber nur nach oben und führte zum Verbot der Schrift.

Die Mundart der Dresdner

Die Mundart der Dresdner reizt einen Anonymus, der sich anno 1805 über „Dresden wie es ist, und wie es seyn sollte" ereifert, zu einigen kritischen Bemerkungen:

Wir haben uns zwar hier an die hochdeutsche Mundart gewöhnt und sollten sie mit Recht auch so in allen Gesellschaften und im gemeinen Leben sprechen; aber beim letztern Fall darf man nicht einmal die reine deutsche Sprache sprechen, wenn man nicht ausgelacht werden oder für einen Sonderling gehalten sein will. Man wird angegafft, wenn man statt ne, nein sagt. Es ist eigentlich eine jämmerliche Sprache, welche die Dresdner im gemeinen Leben führen, und man verwechselt hier das Reine mit der schlechteren Mundart selbst in den angesehensten Familien und Gesellschaften. Selbst der Adel und Leute von Erziehung sprechen so; z. B. „Ich war gestern recht in Verlegenhöt, daß Sie nicht kamen, zumal da mir's ooch Ihre Schwester absagen ließ." „Ich habe könen Vorthöl davon gehabt." So wird allgemein statt nein, ne, statt auch, ooch, statt nicht, nich gesprochen. Auch das doch und noch wird verhunzt. Man spricht nämlich: „Du wirst dach heute nach zu mir kommen?" statt „Du wirst doch heute noch zu mir kommen"? Überhaupt wird das ei allemal in eh verwandelt. „Ich habe keine Zeit", heißt hier „Ich habe kehne Zeit"; das au wird in o verwandelt: „Ich habe mir heute Tuch zu einem Kleide gekoft." „Lof dach nich so", statt: „Lauf doch nicht so." Wollte ich ein Wörterbuch der Art schreiben, würde ich mehrere Bogen ausfüllen können; kurz es ist eine verdorbene Sprache, die jedem Fremden besonders und am allermeisten am schönen Geschlechte auffällt. Auch das B und P, D und T, G und K wird hier garnicht unterschieden und ganz einerlei ausgesprochen, daher denn auch oft bei einigen Leuten, von denen man es nicht erwarten sollte, die ungeheure Menge Schreibefehler. Man hält es nicht der Mühe wert, seine Muttersprache zu kultivieren.

Dem Lesebedürfnis der Dresdner

hatte der Buchhändler Johann Christoph Arnold mit dem in dem Eckhause des Altmarkts an der Kreuzkirche gegründeten „Museum" eine vielbewunderte Pflegestätte geschaffen. Folgender Prospekt wurde damals über dieses neue Institut verbreitet:

Museum zu Dresden
am alten Markte, im Eckhause bei der Kreuzkirche, Nummer 7.

Dieses Institut für die Freunde der Künste und Wissenschaften ist täglich, früh von 9 Uhr ununterbrochen bis abends um acht Uhr, sonn- und festtags aber nur nachmittags von zwei bis neun Uhr offen.

Es enthält:

1. Im Vorzimmer die Expedition des Unternehmers.

2. Ein Musikalienkabinett, in welchem ein Pianoforte, Violinen, Flöten usw. sowie die neuesten Musikalien zur Unterhaltung für die Interessenten und zum Verkauf für Jedermann vorhanden sind.

3. Das Sprechzimmer zur gesellschaftlichen Unterhalzung. Es sind darinnen die neuesten und besten Landkarten, die vorzüglichsten Wörterbücher, Kunst- und Zeitungslexika und die nötigen Schreibmaterialien zu Exzerpten anzutreffen.

4. Ein großes Lesezimmer, wo in einem Büro unter einzelnen Rubriken die vorzüglichsten deutschen und französischen und englischen, politischen und gelehrten Zeitungen, Journale und Zeitschriften über alle Branchen der Wissenschaften und Künste und außerdem noch die interessantesten Flugschriften, Taschenbücher und andere Werke des guten Geschmacks vorrätig sind.

5. Einen Saal, in welchem eine Bibliothek von mehr denn zwanzigtausend Bänden der neuesten und vorzüglichsten Schriften über alle Wissenschaften in deutscher, französischer, englischer und italienischer Sprache aufgestellt ist.

Das Abonnement wird auf ein Jahr mit zwölf Taler in vierteljährlichen Terminen und von Fremden, welche sich auf kürzere Zeit hier aufhalten, mit einem Taler acht Groschen auf einen Monat, sechzehn Groschen auf vierzehn Tage und zwölf Groschen auf eine Woche vorausbezahlt.

Dafür können außer den bestimmten Lesestunden in dem Museum neue Zeitungen, Journale und Flugschriften, bei gehöriger Meldung, von abends acht bis den folgenden Morgen um acht Uhr, ältere Stücke aber auf einige Tage von jedem der Herrn Teilnehmer zuhause gelesen werden. Der Gebrauch der Bibliothek für dieselben aber erstreckt sich bloß auf das Lesen der Bücher in dem Museum, indem alle zuhause gelesenen Bücher für sich bezahlt werden. Im Übrigen aber kann auch bei dieser Lesebibliothek jedermann gegen Entrichtung eines bestimmten billigen Lesegeldes Bücher sowohl als Zeitungen und Journale erhalten, ohne dem Museum beizutreten.

Englische, französische und deutsche, politische und gelehrte Zeitungen.

1. The Morning Chronicle
2. Le Moniteur
3. Journal de Paris
4. Journal de Francfort
5. Allgemeine Zeitung
6. Allgemeine Kunstzeitung
7. Berliner Zeitung
8. Berliner Zeitung für gebildete Menschen
9. Baireuter Zeitung
10. Hamburger Correspondent
11. Frankfurter Staatsristrette
12. Leipziger Zeitung
13. Dresdner Anzeiger
14. Leipziger Intelligenzblatt
15. Wittenberger Wochenblatt
16. Wiener Zeitung
17. Zeitung für die elegante Welt
18. Musikalische Zeitung
19. Beckers Reichsanzeiger
20. Jenaische Literaturzeitung
21. Leipziger Literaturzeitung
22. Göttingische gelehrte Zeitung
23. Gothaische gelehrte Zeitung
24. Erfurter gelehrte Zeitung
25. Landwirtschaftliche Zeitung
26. Oberdeutsche Literaturzeitung

Lady Hamilton und Nelson in Dresden

Der Schriftsteller Kosegarten, Verfasser des empfindsamen Reiseberichtes „Meine Freuden in Sachsen", verzeichnet unter seinen Dresdner Eindrücken 1801 einen Besuch des „Lese-Museums" und eine zufällige Begegnung mit dem schon damals berühmten Ehepaar Hamilton sowie seinem unzertrennlichen Begleiter Lord Nelson in der Dresdner Galerie:

Das hiesige Museum ist eines der elegantesten. Außer dem Lesezimmer, wo man die vorzüglichsten Zeitungen und Journale findet und auf weichgepolsterten Lehnstühlen an kleinen Tischen sehr behaglich das Neue heraussuchen kann, findet man noch zwei geräumige Zimmer. In dem einen ladet ein schönes Sofa ein, die Wände sind mit vorzüglichen Kupferstichen verziert, Atlasse liegen auf dem Tisch, und Wörter- und Sachlexikons stehen in einem niedlichen Büro, um sich technisch und geographisch zu raten und zu befriedigen. In dem dabei liegenden Zimmer ist für Musikliebhaber gesorgt. Ein Fortepiano oder ein einfaches Klavier bedienet sich der Klavierspieler. Noten von Mozart, Haydn, Reichardt usw. warten seiner auf gefälligen und zierlichen Notenpulten. Auch dem Flötenbläser wie dem Violinspieler stehen die erforderlichen Instrumente zu Befehl. Dies nenne ich doch für die Launen der Menschen gesorgt und dem Genießer in seinen Schwächen nachgesehen. Es mißfiel mir nicht, und ich habe Sofa und Klavier versucht, um mich von beider Güte zu überzeugen.

Man muß schon den Dresdnern lassen, daß sie Genüsse kennen und sie zu kosten verstehen. Die Kunst behält immerhin ihre unsichtbare Gewalt über die Bewegkraft und das Benehmen derer, die in ihrem Kreise leben. Man findet vielleicht eine solche gefallende Urbanität an wenigen Orten, denn man hält eine richtige Mittelstraße zwischen der kalten, fremdartigen Aufnahme und der überlaufenden Freundlichkeit, welche wie Syrup anklebt.

*

Heute, wie in der Regel jeden Tag, war ich des Morgens auf der Galerie. Wie wenig sah ich aber heute von den schönen Madonnen und Göttinnen, denn eine lebende Göttin fesselte alle Blicke, die ich nur aufbringen konnte. Es erschien nämlich die berühmte Lady Hamilton in Gesellschaft des Admirals Nelson und des Lord Hamilton. Sie ist die bekannte Frau, welche die Attituden der Antiken auf das wahrste nachzuahmen versteht und dies meistenteils vermittels der Haltung eines Schleiers. Einige Zeichnungen hatte ich längst von diesen Attituden gesehen. Meines Wissens ist sie bis jetzt die erste, welche diese Kunst zu unseren Zeiten verstand, und wozu ihr Natur und Grazie die Hand anbieten. Oft überraschte ihr Gemahl, Lord Hamilton, ein siebzigjähriger Greis, seine Gesellschaft mit den vielen Antiken, welche in seinem Palais sich befanden. Es war immer diese Dame. Schnell schlüpfte sie durch Nebentüren, stellte sich in die Nische des Zimmers und zauberte sich durch ihren Schleier in eine andere Stellung irgend einer berühmten Antike hin. Die Muse des Tanzes muß eine ihrer Hauptstellungen ausmachen. Da ich sie fast drei Stunden sah und beständig in ihrem Kreise mich aufhielt, hatte ich allerdings Zeit, sie zu betrachten. Sie ist groß, zu stark — vielleicht eine Folge der Jahrdreißigen, in welchen sie steht, hat aber ein überaus schönes Profil ... Mir ist es begreiflich, daß sie vor sechzehn Jahren die Gebieterin jedes Mannes in der Welt werden konnte. Man drängte sich um sie her. Damen von allen Ständen schlossen einen Zirkel um diese merkwürdige Frau, und wer in irgend einer Hinsicht nur an sie kommen konnte, nur ein Wort von ihr sich sagen zu lassen, schien äußerst beglückt. Sie sprach zu jedem mit vieler Artigkeit und Feinheit. Französisch, englisch und italienisch redete sie gleich fertig und schön. Ihre Stimme gehörte zu den sonorsten, welche ich je aus weiblichem Munde vernahm. Viel Stoff zu Bemerkungen gaben mir einige junge Weiber, die zuerst nur in der Ferne standen und allerlei aufsuchten, um sie nicht schön zu finden. Es glückte ihnen nicht. Auch sie wurden überwunden und standen dann in ihren Strahlen, als würden sie erwärmt und begeistert. Ein junger Mann, den sie wahrscheinlich lange kannte und der nicht besonders

Wettrennen auf den Elbwiesen am 2. Juli 1805. Aquarell

Die Pulvermühle im Plauenschen Grunde. Gemälde von Caspar David Friedrich. Um 1800

merkwürdig schien, hatte das Glück, viel von ihr zu hören. Man flüsterte sich zu: wer ist der? wer ist der? und Frauen und Männer sahen mit neidischen Augen auf ihn. So treibt Eigenliebe aus dem Inneren hervor und wirft öfters auf Blüten den verderblichen Mehltau.

Die Hamilton wunderte sich über die ansehnlichen Soldaten, welche in kurfürstlichen Diensten stehen. Sie zogen gerade zur Wachtparade, welches auf dem Platze geschieht, wo das Gebäude der Bildergalerie steht. Sie guckte aus dem Fenster und rief mit Lebhaftigkeit aus: what troups, I have never seen such troups, come M. Hamilton look here — er erwiderte: er hätte Truppen genug in seinem Leben gesehen. — But not such troups, I assure you, very fine troups. — Sie war begeistert. In ihren Augen glühte ein Feuer, welches wohl verriet, daß ihm wenig entginge.

Aber ich vergesse ganz, den berühmten, glorreichen Sieger Nelson zu beschreiben. Sonderbar genug — das ist ein verzeihlicher Fehler eines Mannes, im Angesicht der Schönheit mehr der Venus als dem Mars zu dienen. Nelson ist eine der kleinlichsten, winzigsten Figuren, welche ich in meinem Leben sah. Mit siebenzig Pfund ist er gewogen. Ein armseligeres Knochensystem und dürreres Gebäude kam mir bis jetzt nicht vor. Seine kühne Nase, das feste Auge und das Gehaltene im ganzen Gesicht verrät einigermaßen den großen Sieger. Er spricht wenig und nur englisch, lächelt fast nie und schien mir nichts mehr auffallend finden zu können. Ich zweifle nicht an seinem hohen Geiste, aber man kann nicht ohne Verwundern den schmächtigen Körper ansehen, wiewohl dieser ohne unmittelbaren Zusammenhang mit einer großen Seele gar wohl stehen kann und bei manchem schon gestanden hat. Doch fühlt man das Bedürfnis, das Erhabene auch in den äußeren Formen dargestellt zu sehen. Das findet man bei Nelsons Körperbau nicht. Er war fast von Sternen und Orden bedeckt. Da der rechte Arm ihm fehlt, so war der Ärmel des Kleides an der Brust festgesteckt. Gewöhnlich trug Lady Hamilton seinen Hut . . .

Die Uhr schlug zwölfe, und man schloß die Galerie. Die Königin der Schönheit verließ Paphos und Cnidus, und alles zerrann in das ewige Einerlei, wie durch den Niedergang der Sonne mystisches Dunkel auf dem Erdball ruht. Durch ganz Dresden erscholl es: Nelson, Lady Hamilton wären da. Das Gasthaus Polonois war von Gaffenden umgeben, und ich schwelgte in den Genüssen der Formen, welche Wirklichkeit und Kunst mir in diesen Tagen gewährten.

Der britische Diplomat und Altertumsforscher Sir William Hamilton (1730—1803) hatte in Neapel, wo er Gesandter war, die schöne Emma Harte (1761—1815) kennen gelernt und sich als Sechzigjähriger mit ihr vermählt. Die Dame, die eine reichlich bewegte amouröse Vergangenheit hinter sich hatte, machte durch ihre mimischen und plastischen Talente viel von sich reden. Als Vertraute der Königin Karoline war sie bei der Wiedereroberung Neapels auch politisch eifrig tätig. Lord Nelson (1758—1805), der spätere Sieger von Trafalgar, lernte die Lady 1798 genauer kennen und schloß sich dem Ehepaar an, als Lord Hamilton 1800 nach England zurückgerufen wurde.

Die Saloppe bei Dresden

Frühling in Dresden

Der Hamburger Dichter und Maler Philipp Otto Runge (1777—1810), der feinste unter den Wegbereitern der romantischen Schule, kam im Juni 1801 nach Dresden, um an der Akademie seine Studien fortzusetzen. Er trat in Beziehung zu den Professoren Hartmann, Graff und Friedrich, befreundete sich mit Tieck und kehrte Anfang November 1803 nach Hamburg zurück. Die nachstehende Schilderung findet sich in einem Briefe vom 10. Mai 1802 an Runges Vater:

So einen Frühling wie hier habe ich noch nicht gesehen; rund um uns her ist ein wahres Paradies. Ich wünsche und hoffe, daß Sie an Ihrem Garten dieses Jahr auch soviel Freude haben, wie man hier allenthalben sieht. Die Bäume blühen ganz zum Erstaunen, dabei ist es die Zeit her so trocken gewesen, daß sie völlig haben ausblühen können; jetzt wird wohl etwas Regen kommen. Ich habe gestern mit Herrn Demiani und zwei anderen einen Spaziergang gemacht, der für mich sehr überraschend war. Wir gingen in die Fläche eben an den Bergen hinein, und ehe wir uns versahen, waren wir doch so hoch gekommen, daß wir ganz Dresden übersehen konnten. Rund um den Hügel lag ein Dorf mit gewaltig schönen Blütenbäumen; hinten kamen wir in ein flaches Tal und ein Dörfchen, das ganz versteckt lag, man konnte nicht weit sehen, und es war da ganz wie in Mecklenburg oder Holstein. Nun gingen wir rechts längs einem Bächlein hin, das ganz mit blühenden Obstbäumen umgeben war, bis wieder an ein anderes Dorf, und dann auf einem Fuß-Steig über den Hügel zurück. Hier war es sehr hoch, ich der erste hinauf und ganz überrascht, Dresden noch viel schöner zu sehen, rechts hinunter die Weinberge, den Porsberg und Pillnitz zu Ende, dann Pirna, wo der Sonnenstein darin liegt, hinter diesem den Königstein, Lilienstein, Pfaffenstein, den Winterberg, Schandau und dahinter noch die ungeheuren Felsen in Böhmen, links von Dresden die schöne Krümmung der Elbe bis Meißen, an den Weinbergen und Felsen hinunter und dazwischen alle die vielen Dörfer, Schlösser, Gärten, die Äcker; es war unglaublich schön.

Auf den Bergen war noch ein sehr hoher Stein, auf welchem ich stand und noch weiter hin sah. — Dann gingen wir noch durch Plauen, welches wie eine Blüte weiß ist, in den Plauenschen Grund hinunter. Es war ein starker Kontrast, mit einem Male so von Felsen und rauschendem Wasser eingeschlossen zu sein.

Öffentliche Vorträge

Der Naturphilosoph Gotthilf Heinrich von Schubert (1780—1860), Theologe und Mediziner zugleich, nachmals Mitglied der Münchner Akademie der Wissenschaften, verbrachte die Jahre 1807 und 1808 lernend und lehrend in Dresden, wo er sowohl mit den führenden Künstlern wie C. D. Friedrich und Gerh. von Kügelgen als auch mit den Romantikern in engen Verkehr trat. Die inneren Hemmungen, die der seiner Bedeutung noch nicht bewußte Schüler Schellings bei der ersten öffentlichen Vorlesung in Dresden zu überwinden hatte, sowie den äußeren Rahmen des Ereignisses schildert Schubert mit gutem Humor im zweiten Bande seiner Selbstbiographie:

In Dresden war schon seit einigen Jahren das Bedürfnis gefühlt und auch befriedigt worden, den gewöhnlichen Unterhaltungen der gebildeten Welt im Theater und in Konzerten auch noch eine andere, die der wissenschaftlichen Belehrung beizugeben. Männer von Fach und von Einsicht hielten namentlich während des Winters Vorträge, wodurch in allen, für solche geistige Anregung empfänglichen Zuhörern der Sinn geweckt und geschärft werden konnte für jene augenfälligen Lichtpunkte im Gebiete der Wissenschaft und der Kunst, welche der Beachtung am meisten wert und von eigentümlich anziehendem Reize sind. An dem Genusse und an der Belehrung, welche diese Vorträge gewährten, nahmen Männer wie Frauen aus den verschiedensten gebildeten Ständen, der hohe Adel wie Künstler und Gelehrte einen lebhaften Anteil.

Böttiger, in der anziehenden, allgemein verständlichen Weise, die seinen mündlichen Vorträgen eigentümlich war, führte seine Zuhörer in die Geschichte der Kunst, sowie selbst in das Familienleben und den Haushalt der alten Griechen und Römer ein; er hatte stets einen dankbaren Kreis der Hörer und Hörerinnen um sich. Auch Adam Müller hatte schon im vorhergehenden Winter 1806—07 Vorträge über die deutsche Literatur, dramatische Poesie und über die Idee des Schönen gehalten. Er war gesonnen, auch im nächsten Winter den abgebrochenen Faden derselben wieder aufzunehmen und ihn durch das Gesamtgebiet der Staatswissenschaften weiter zu führen. Da kamen er und seine vorhin erwähnten Freunde auf den Einfall, mich, der ich vor dem Eintreten in eine glänzende Öffentlichkeit eine Furcht hatte, wie der Wasserscheue vor jeder Schüssel voll Wasser, zu einer tätigen Teilnahme an dem löblichen Werke der allgemeinen Bildung aufzufordern. Ich solle, so stellten sie mir meine Aufgabe, Vorlesungen über ein Gebiet der Natur- und Seelenkunde halten, welches seinem Wesen nach das anziehendste von allen und gerade für die damalige Zeit von höchstem, allgemeinstem Interesse sei: über die Äußerungen des Seelenlebens in jenen Zuständen einer Gebundenheit des leiblichen Lebens, welche der animalische Magnetismus hervorruft, oder welche auch ohne diesen im Traume, in den Vorahnungen des Künftigen, im geistigen Ferngesichte und ferners sich kundgeben. Nun war es zwar allerdings so, wie jene Freunde meinten, ich hatte mich aus ganz besonderer Vorliebe mit den Gegenständen, über die ich jetzt öffentlich sprechen sollte, beschäftigt, hatte wohl all das Wichtigere gelesen, das über den animalischen Magnetismus und die von ihm hervorgerufenen Erscheinungen bis dahin geschrieben und bekannt geworden war, hatte mich auch in alten und neuen Schriften fleißig nach dem umgesehen, was darin über Vorahnungen wie über magisches Ferngesicht zu finden war. Auch manche, mündlich mir mitgeteilten sowie einige eigene Erfahrungen kamen mir dabei zu statten. Und wenn ich mit Adam Müller und seinen Freunden allein oder mit ihnen im Kreise einer adeligen Familie aus Polen mich befand, bei welcher Müller wohnte, da konnte ich so ohne Scheu und so fertig über solche Dinge sprechen, daß es mir selber und nach meinem Bedünken auch den Andern eine Freude war. Denn namentlich für Kleist hatten Mitteilungen dieser Art so viel Anziehendes, daß er gar nicht satt davon werden konnte und immer mehr und mehr derselben aus mir hervorlockte; auch hatten einige seiner Freunde unter meiner Anleitung einen Versuch mit dem Mesmerismus gemacht, wobei sich jedoch keine der gehofften und gewünschten „wunderbaren" Erscheinungen zeigen wollte.

Die weitere Verabredung über den Plan der Vorträge war nun folgende. Adam Müller und ich sollten unsere Vorlesungen, der eine an diesem, der andere an einem anderen Abende der Woche, nicht nur in einem und demselben Hörsaale, sondern auch, was den Inhalt betraf, so in Beziehung des einen auf den anderen halten, daß sie ein zusammengehöriges Ganzes mit einander bildeten. Der Kreis der Zuhörer würde dann für uns beide mutmaßlich derselbe sein, und diese würden von dem einen von uns das empfangen, was der andere nicht geben könne oder wolle; von dem einen die Anschauungen des Lebens der Natur, von dem anderen die des Lebens der Staaten.

Des Alterthums Erforscher sey ein Janus-kopf,
Rückwärts und vorwärts schauend. Für die Itztwelt sey
Die Vorwelt da. Wo nicht so tönt's wie Schellenklang.

Dresden.
d. 17 März.
1826.

Carl August Böttiger.

Carl August Böttiger
Lithographie von Zöllner. 1826

Die Abguß-Sammlung im ehemaligen Galeriegebäude
Farbige Zeichnung von C. Matthaei

An einem gewissen Donnerstag Abend im Spätherbst, so war es öffentlich versprochen, sollte ich mich zum ersten Male in dem großen Saale des von Carlowitzischen Hauses bei Kerzenlicht vernehmen lassen. Gerade auf jene Zeit hatte eine lächerliche Furcht der großen Menge, durch einige Halbwisser in der Sternkunde angeregt, eine Gefahr des Untergangs nicht nur für Dresden oder Sachsen und Preußen, sondern für die ganze Erde und alle ihre Bewohner angekündigt. Der zahme Komet von 1807 sollte nach diesen Schwindeleien der Erde so nahe kommen, daß für beide ein Zusammenstoß zu fürchten war, wobei es so leer nicht abgegangen wäre, von Überflutungen durch das Meer und Zusammensturz aller festen Höhen. Ich selber glaubte freilich nicht an dergleichen Dinge, denn ich wußte, daß das große Weltenuhrwerk der Gestirne und ihres Laufes von seinem Meister, dem Schöpfer, wohl so eingerichtet sei, daß keines der einzelnen Räder das andere hemmen kann, und daß außer dem Zug und Zusammenhalt der Schwere im Reiche der Sichtbarkeit noch eine andere, höhere Kraft wirke, welche die Elemente auseinander und in Ordnung hält. Dennoch, Gott verzeihe mir es, stieg in meinem geängsteten Herzen manchmal der Wunsch auf, die Schwindler möchten Recht haben, der Komet möchte, meinetwegen nur eine Stunde vor dem Anzünden der Kerzen in meinem künftigen Hörsaale an Dresden sowie an die ganze Erde anstoßen, und nicht nur die Kerzen und Stühle, sondern Alles zusammen umstoßen.

Freilich hätte mir das als eine große Erleichterung in meiner Angst erscheinen können, daß unsere Vorträge nicht, wie damals in Weimar das projektierte antike Drama frei, ohne alles Konzept gesprochen, sondern nach dem Vorgange und Beispiele Adam Müllers aufgeschrieben und vom Papier abgelesen werden durften. Aber was sollte ich nun gleich für die erste Vorlesung, von der mein ganzes Glück und meine Ehre abhing, aufschreiben? Ich wollte, so war mein Plan, den erkennenden Geist des Menschen in einem ähnlichen Verhältnisse zur gesamten sichtbaren Natur darstellen, wie das des leiblichen Tieres durch seinen Instinkt zu jenem beengteren Kreise der Leiblichkeit ist, der ihm Erhaltung gewährt oder Gefahren bringen kann. Aus diesem Hellblick, diesem Ferngesicht des Naturmenschen, den ich mir freilich doch etwas anders und höher dachte, als den Peronschen und Leschenaultschen, müsse dann jenes Wissen um die Natur — jene Naturweisheit — hervorgegangen sein, die wir an dem frühesten Altertum bewundern, und aus welcher die Geschichte der Naturwissenschaft ihren Anfang nahm.

Der Archäologe C. A. Böttiger (1760—1835) wurde 1804 von Weimar nach Dresden berufen als Direktor des Kadettenhauses und Oberinspektor des Antikenkabinetts sowie des Mengs'schen Museums der Gipsabgüsse. Sein Hauptwerk „Sabina oder Morgenszenen im Putzzimmer einer reichen Römerin" verschaffte ihm den Ruf eines profunden Kenners. Er liebte es, die Antiken bei Fackelbeleuchtung zu erklären. Späterhin gehörte er dem „Liederkreise" an. — Adam Heinrich Müller (1779—1829), der romantische Publizist, kam kurz nach seinem Übertritt zur katholischen Kirche aus Wien nach Dresden und hielt dort Vorlesungen über Staatswissenschaften und Literatur, in denen er die Schlegelschen Ideen vertrat.

Sturmzeichen

In seinen Rückblicken verzeichnet Gustav Nieritz den Einmarsch der verbündeten Preußen in die Stadt und die Wirkung ihrer Niederlage bei Jena:

Die preußischen Krieger und namentlich deren Offiziere waren von großem Selbstvertrauen, ja mit wirklichem Übermut erfüllt. Noch immer dünkten sie sich des großen Friedrichs unüberwindliche Streiter zu sein und glaubten, die Franzosen von Roßbach vor sich zu haben. Man weiß, wie diese Geringschätzung des Feindes gestraft wurde . . .

Als die Schreckensnachricht von der verlorenen Schlacht bei Jena nach Dresden gelangte, war die Bestürzung um so größer und allgemeiner, als man auf einen solchen Ausgang des kaum begonnenen Kampfes durchaus nicht gefaßt gewesen war. Händeringend und in wahrer Todesangst wankte mein Vater in unserer Wohnstube umher. Im Geiste sah er bereits die Feinde da, die Seinen gemißhandelt, sein Eigentum geplündert, Brand, Mord und alle sonstigen Greuel des Kriegs dazu. Mehr Mut bewies meine Mutter, deren tröstender Zuspruch aber vergeblich war. Ich, der elfjährige Knabe, blickte mehr erstaunt als erschrocken auf meine Eltern hin, die ich in solcher Gemütsbewegung noch nie gesehen hatte. Dieselbe dauerte fort, bis mein Bruder Karl, welcher bei einem Meister in der Schloßgasse das Drechslerhandwerk erlernte, unerwartet mit der Freudenbotschaft eintrat, daß der sächsische Adjutant von Funk in Dresden angelangt sei und in des Kaisers Napoleon Namen und Auftrage unserem Kurfürsten die Neutralität und das Aufhören der Feindseligkeiten angeboten habe. Die bereits zur eiligen Flucht reisefertig gepackten Wagen des Kurfürsten seien hierauf sogleich wieder ausgespannt und in ihren vorherigen Ruhestand zurück versetzt worden. Diese Nachricht ward bald darauf den Dresdnern durch eine Schar Postillons bestätigt, welche blasend die Straßen durchritt und den abgeschlossenen Frieden verkündigte.

Kriegsbriefe aus dem Körnerhause

Den Briefen der Familie Körner an einen Vetter, Professor F. B. Weber, entnehmen wir einiges, was das häusliche Leben während der schweren Kriegsjahre spiegelt. Frau Minna Körner berichtet:

Dresden, den 7. November 1805.

Ich preise mich glücklich, daß ich meinen Mann nie verhindert habe, seine Jugend froh zu genießen, und ihn das alles habe gewähren lassen, was seinem reinen Sinn Freuden gab. Das Haus dem Gatten so angenehm als möglich zu machen, ist der

Frau erste Pflicht, um daß er nie die Idee kriegt, daß es wo anders besser wär' oder nur könnte sein. Ich habe das Glück genossen und genieß' es auch bei meinen Kindern; das Wählenswerteste ist für sie immer das Haus, wenn man sie zwischen Ausgehen und Zuhausebleiben wählen läßt.

Lassen Sie uns, mein guter Vetter, ja nicht über die jetzigen Zeiten klagen, wenn wir bedenken, wie es den armen Menschen geht, die dem Kriegsschauplatz näher sind als wir; die Sorge wird mir leichter zu tragen, wenn ich an meine armen Verwandten in Schwaben denke, mein Herz blutet, und ich unterwerfe mich dem Drang der Zeiten ohne Murren. Mein Körner fühlt sich ganz glücklich, wenn er den Genuß von Musik hat, und die äußeren Dinge haben keinen Einfluß auf seinen Frieden. Seine schöne Seele verbreitet Ruhe und Glück um alle die, die um ihn leben. Der Genuß von Musik vervollkommnet sich immer mehr und mehr bei uns; der Kapellmeister Paer, der sehr den Eintritt in unser Haus gesucht hat und uns fleißig besucht, gibt uns manchen Genuß. Er hat Freude an der Töchter Gesang; sie tragen seine Sachen nach seiner Idee vor, er bringt immer neue Sachen von sich, die sie prima vista singen müssen, und tadelt und lobt sie und sagt, wo und wie sie manches machen sollen; so wird sein Besuch uns zur Freude und den Töchtern zur Belehrung.

Dresden, den 19. Januar 1806.

Wir beschlossen das alte Jahr mit einer Aufführung des Figaro, die uns viel Freude gab, weil Paer den Figaro vortrefflich sang. Emma sang die Susanne, Julie die Gräfin, Körner den Grafen, zwei Mamsells Grünewald den Cherubin und die Marzelline, und die übrigen Rollen wurden von den Herren von unserer Singgesellschaft gesungen. Sie wissen, wie wir in dem Genuß von Musik leben, und wie sie uns das Leben erfreut, so können Sie sich denken, wie froh wir das Jahr beschlossen, und da Dorchen und Herr von Vieth noch zuletzt uns Scherz und Ernst ganz vortrefflich gaben. Noch eine wichtige Veränderung im Haus ist vorgegangen: Karl, d. i. Theodor, hat einen Hofmeister bekommen. Ein Herr Dippold ist es; kennen Sie ihn vielleicht aus Leipzig?

Dora Stock, die Schwägerin Körners, schreibt an Professor Weber:

Dresden, den 11. April 1808.

Ach, es ist so angenehm, bei der allgemeinen Zerstörung und Vernichtung auf die dauernde Anhänglichkeit seiner Freunde rechnen zu können. Dieses Glück habe ich jetzt recht lebhaft genossen, wie ich die Herzogin von Kurland*) jetzt wiedersah, treu und unverändert, wie in den ersten Tagen unserer Freundschaft. Ich rechne die Tage, die ich mit ihr verlebte, zu den schönsten, die das Schicksal mir diesen Winter gab. Ich werde auch diesen Sommer viel mit ihr sein; denn ich gehe zu ihr nach Löbichau und

*) Sie war die Patin Theodor Körners.

von da mit ihr nach Karlsbad. Überhaupt habe ich sehr Ursache, dankbar gegen das Schicksal zu sein, wie wichtig und groß auch die Ereignisse der mich umgebenden Welt sein mögen; der kleine Kreis meiner Lieben ist nicht gestört. So lebhaft ich mich auch der Unfälle annehme, die die Menschheit treffen, so sehr mein Herz dabei blutet, so tröstet mich doch immer wieder der Gedanke, daß mir Gott die meinen gelassen, und daß ich daher alle Trübsal geduldiger ertragen kann.

Zu Pfingsten trennt sich Karl (Theodor) von uns, und das wird eine trübe, bittere Zeit werden!

Herrn von Kleist sehen wir oft in unserm Hause, und wir schätzen ihn als Menschen, wie er verdient. Mit dem Schriftsteller haben wir manchen Streit. Sein Talent ist unverkennbar; aber er läßt sich von den Heroen der neuern Schule auf einen falschen Weg leiten, und ich fürchte, daß Adam Müller einen schädlichen Einfluß auf ihn hat. Seine „Penthesilea“ ist ein Ungeheuer, welches ich nicht ohne Schaudern habe anhören können. Sein „Zerbrochener Krug“ ist eine Schenkenszene, die zu lange dauert, und die ewig an der Grenze der Dezenz hinschießt.

Seine Geschichte der Marquisin von O. kann kein Frauenzimmer ohne Erröten lesen. Wozu soll dieser Ton führen? Überhaupt fürchte ich, daß der „Phöbus“*) nicht länger als ein Jahr leben wird. Jetzt schon wird er weder mit Vergnügen erwartet, noch mit Interesse gelesen. Und doch wollen diese Herren an der Spitze der Literatur stehen und alles um sich und neben sich vernichten.

Emma Körner an Professor Weber:

Dresden, den 15. April 1808.

Wenn sie das Politik nennen, daß ich den wärmsten Anteil an allem nehme, was mein deutsches Vaterland angeht, so bin ich sehr politisch. Die Liebe zum Vaterlande ist leider selten geworden, und wenn man sich dieses Gefühls auch nicht schämt, so wird es doch häufig aus Rücksichten unterdrückt, was ich sehr unrecht finde, da es gewiß zu den schönsten Gefühlen gehört, welche die menschliche Brust bewegen können, und man es hüten sollte, daß es nicht bei dem Drang der Umstände untergeht ...

Kleist sehen wir ziemlich oft, und seine Gesellschaft gewährt uns recht viel Vergnügen. Man muß ihn genau kennen, um ihn zu verstehen. Er hat eine reiche Phantasie, welche, wenn ihr die Zügel mehr angelegt werden, gewiß noch große Dinge hervorbringen wird. Obgleich Kleist nichts weniger als anmaßend ist, so bedarf er doch gewiß einen strengen Kritiker, welcher sein außerordentliches Talent auf andere Gegenstände leitet, als er immer zu seinen Dichtungen wählt. Er liebt es mit dem Stoff zu kämpfen, aber es ist schade, wenn er seine Kraft verschwendet. Müller tadelt ihn vielleicht nicht streng genug, sondern findet alles unverbesserlich, was Kleist in der Folge schaden kann.

---

*) Die neue Zeitschrift, die Heinr. von Kleist im Bunde mit Adam Müller seit Januar 1808 herausgab.

Dora Stock. Selbstbildnis. Um 1800

Das Palais Marcolini in der Friedrichstraße. Tuschzeichnung (Ausschnitt)

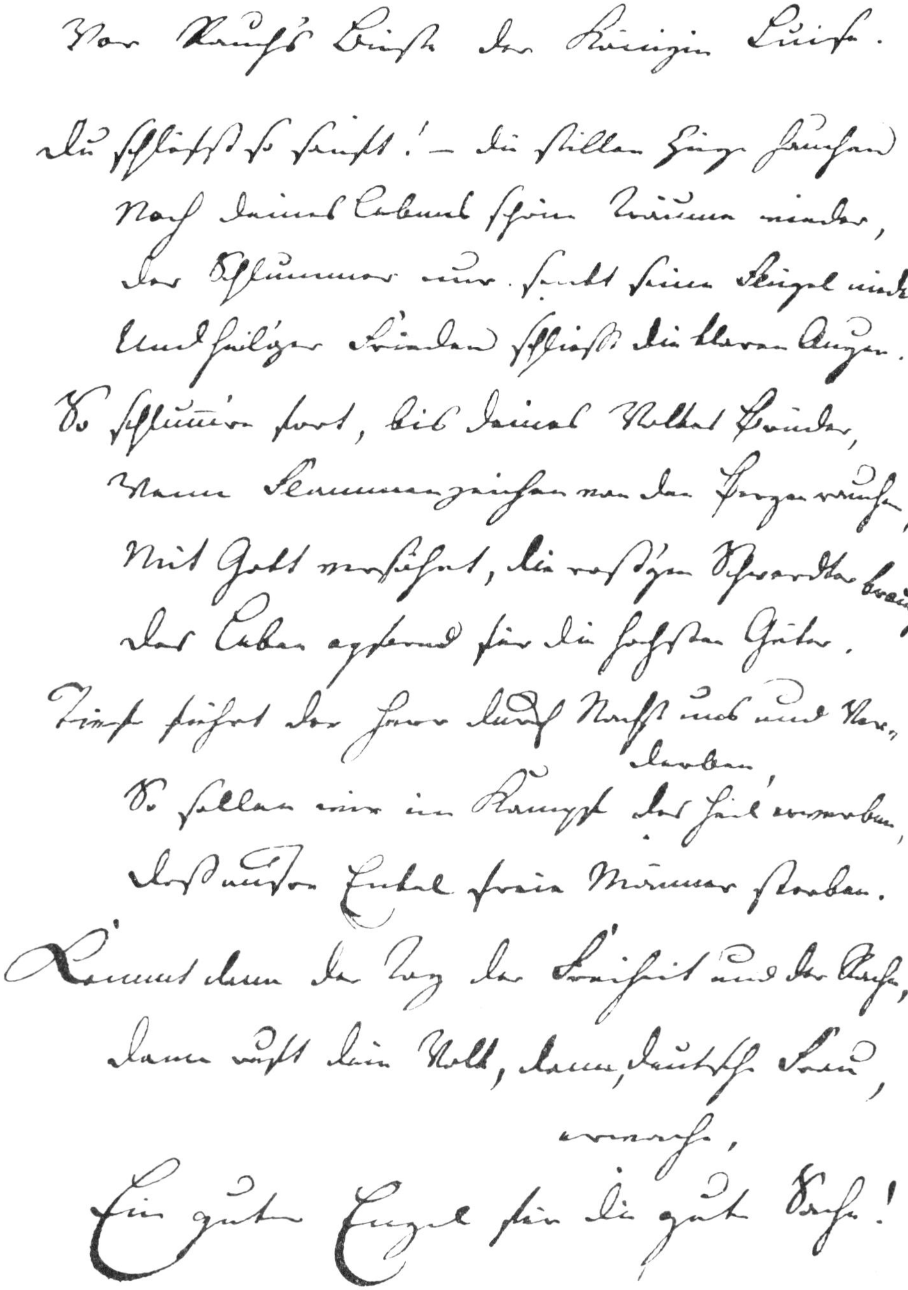
Vor Rauch's Büste der Königin Luise.

Du schläfst so sanft! — die stillen Züge hauchen
Noch deines Lebens schöne Träume wieder,
Der Schlummer nur senkt seine Flügel nieder,
Und heil'ger Frieden schließt die klaren Augen.
So schlummre fort, bis deines Volkes Brüder,
Wenn Flammenzeichen von den Bergen rauchen,
Mit Gott versöhnt, die rost'gen Schwerdter brauchen,
Das Leben opfernd für die höchsten Güter.
Tief führt der Herr durch Nacht uns und Verderben,
So sollen wir im Kampf das Heil erwerben,
Daß unsre Enkel freie Männer sterben.
Kommt dann der Tag der Freiheit und der Rache,
Dann ruft dein Volk, dann, deutsche Frau, erwache,
Ein guter Engel für die gute Sache!

Gedicht Theodor Körners in der Handschrift des Dichters

Napoleon

Den zum russischen Feldzuge ausrückenden Kaiser mit seinem glänzenden militärischen Aufgebot für die Moskauer Katastrophe schildert Wilhelm von Kügelgen in seinen berühmten „Jugenderinnerungen eines alten Mannes“:

Da wir nun unsere kleine Sauvegarde im Hause hatten, so dauerte es auch nicht lange, bis im Westen schwere Wetterwolken aufstiegen, und schon im Frühjahr 1812 wälzten sich die Heersäulen der kriegegeübten französischen Armeen nach Norden. Durch Dresden zogen sie in dichtgedrängten Massen. Noch schweben mir die langen, dunkeln Züge der alten Garde mit ihren stolzen Adlern, hohen Bärenmützen und martialischen Gesichtern wie düstere Traumgebilde vor; vorweg der kriegerische Lärm der Trommeln und Pfeifen, dann die gespenstischen Gestalten der Sappeure mit blinkenden Äxten und langen schwarzen Bärten, und hintennach endlose Reihen von Trossen.

So ging es täglich unter unseren Fenstern durch, Mann an Mann, und Brigade an Brigade. Ich bekam fast alle Waffengattungen des großen Heeres zu sehen, die hohen Kürassiere mit beschweiften Helmen und goldenen Panzern, die leicht berittenen Chasseurs, Ulanen, Dragoner, Husaren, Voltigeurs, alle Gattungen von Infanterie und Artillerie mit guter Bespannung, endlich lange Züge von Pontons und Kriegsgerät. Es war eine gar treffliche Armee, wie sie die Welt noch nicht gesehen, wohlversorgt und ausgerüstet mit allem Nötigen; sogar an Winterschuhe hatte man gedacht und an grüne Brillen gegen die Blendungen des Schnees. Endlich sahen wir noch ein ganzes Geschwader von jungen Nähterinnen auf kleinen Pferden folgen, vielleicht um die Soldaten im rohen Rußland vor Verwilderung zu bewahren.

Aber auch die deutschen, spanischen und italienischen Truppen, die dem Machtgebot des Zwingherrn folgten, sahen kriegerisch und trotzig drein. Sie hatten seine Siege mit erfochten, teilten die Ehren seiner Armee, und sie sollten mit dieser auch die letzte Katastrophe teilen.

Zu Anfang Mai erschien Napoleon selbst und empfing, von zahlreichen anderen Vasallenfürsten umgeben, auch die Besuche seiner hohen Verbündeten, des Kaisers Franz und Königs Friedrich Wilhelm. Letzterem begegnete ich bei Gelegenheit eines Spazierganges auf der Brühlschen Terrasse und schloß ihn gleich ins Herz, weil er so würdig aussah und so traurig und Senff mir sagte, er sei ein guter königlicher Herr.

Es gab überhaupt damals recht viel zu sehen in Dresden. Die Anwesenheit so vieler Kriegsheere erfüllte die Stadt mit kriegerischem Pomp; Glocken und Kanonen spielten zum Empfang der Fürsten auf, großartige Paraden und Manöver unterhielten sie, und bei Nacht erstrahlte die Stadt im Zauberglanze tausendfältiger Lampen. Ich weiß es nicht, ob es bei dieser oder einer anderen Napoleonischen Gelegenheit war, daß sich ein von bunten Papierlaternen komponierter breiter Regenbogen in allen Farben des Lichtes vom Elbspiegel aus hoch über die Brücke spannte — das reizendste, was man von nächtlichen Lichteffekten sehen konnte. Auch Feuerwerk durchprasselte die Luft, Tempel und Namenszüge flammten in Brillantfeuer, und jedenfalls mochte man klug tun, im Voraus zu triumphieren, da sich nachher keine Veranlassung mehr dazu finden wollte.

Dabei lagen alle Häuser voll Militär, das fast in allen Zungen Europas durcheinander lachte, sprach und fluchte. Auch wir, obgleich nur Mietsleute, hatten einen General im Quartier, der mit seinem Gefolge fast die Hälfte unserer Räume einnahm, und die bedrängte Mutter erschrak nicht wenig, als sich eines schönen Morgens zum Überfluß auch noch ein Flügeladjutant des neben uns residierenden Königs von Neapel einfand. Während ein Arrangement getroffen wurde, ihn unterzubringen, entspann sich zwischen ihm und meiner Mutter folgende Unterhaltung:

Wenn Madame vielleicht den Kaiser sehen wolle, sagte der Fremde, so möge sie nur ans Fenster treten, er werde gleich vorbeireiten.

Vielmehr werde sie sich, erwiderte meine Mutter, mit Erlaubnis ihres Gastes in die Hofzimmer zurückziehen, da sie wenig Neigung fühle, den Mann zu sehen, der im Begriffe sei, ein armes Volk zu zertreten, das ihm nichts getan habe.

Jener lachte und sagte, es würde auch zu nichts führen, als die Augen wieder abzuwenden. Darauf fügte er vertraulich hinzu: „Glauben Sie mir, Madame, ich teile Ihren Geschmack und könnte Sie um solche Hofzimmer wohl beneiden."

Dies Bekenntnis war etwas unerwartet von einem Offizier der großen Armee, und meine Mutter brach das Gespräch ab. Bei näherer Bekanntschaft zeigte sich indessen, daß der vermeintliche Franzose ein Italiener und als solcher vielleicht nicht ganz unberechtigt war, sich dem Beglücker seines Vaterlandes aus dem Wege zu wünschen. Mit meinem Vater, der italienisch mit ihm sprach, wurde er schnell vertraut und wußte beim Glase Wein als Augenzeuge schauerliche Dinge zu berichten. Er nannte Napoleon einen Geist der Finsternis, der im Himmel und auf Erden nichts respektiere als sich selbst. Am besten wüßten das, die ihm am nächsten ständen, seine Marschälle und Verwandten, welche oft versucht sein möchten, sich in Hof-Hinterzimmer zu wünschen, wenn sie sich für ihre Fürstentitel buchstäblich mit Füßen müßten treten lassen. Bei seinem endlichen Abmarsch sagte er meiner Mutter: „Ich wünsche Ihnen Glück, Madame, zu diesem klugen Kriege, der ihre Feinde auffessen wird. Sie sehen schwerlich viele von uns wieder."

Was meine Wenigkeit anlangt, so teilte ich zwar aufrichtig den Widerwillen meiner guten Mutter gegen den Helden des Jahrhunderts, doch hatte mich das nicht abgehalten, mich an jenem Morgen auf die Straße zu begeben, um mir den hochgewaltigen Mann, dessen Name auf allen Lippen war, möglichst von nahem zu besehen. Auch war es mir gelungen, in einem Augenblicke, da er anhielt, um eine Meldung anzuhören, nicht weit von seinem Pferde Fuß zu fassen. Da blickte ich ihm lange in sein gelblich fahles, damals schon gedunsenes Gesicht, das mir den Eindruck eines Leichenfeldes machte. Seine festen, imperatorischen Züge waren kalt und ruhig, sein Auge tot, und gleichgültig ruhte sein trüber Blick ein Weilchen auf dem kleinen, ihn neugierig anstarrenden Knaben. Dann ritt er langsam weiter, von seinem glänzenden Stabe gefolgt.

Neben ihm war Murat, der König von Neapel. Er sah phantastisch aus, wie ein Theaterprinz, trug ein Barett mit Straußenfedern, gestickte Schnürstiefel und einen kurzen, reich mit Gold belegten Waffenrock. Aber neben der einfachen Gestalt des Kaisers entschwand er dem Blicke schnell. Jenem blickte ich lange nach, dem kleinen, unscheinbaren, großen Mann in seinem schlichten Überröckchen. Das also war er! dachte ich.

Der Kaiser auf der Flucht

Friedrich Förster, einer der nächsten Studienfreunde Theodor Körners und nachmals sein Biograph, ward durch einen Zufall Zeuge der nächtlichen Ankunft des geschlagenen Imperators in Dresden auf seiner Flucht aus Rußland. Förster schildert die Begegnung dem Freunde, der in Wien durch W. von Humboldt bereits über den Brand Moskaus unterrichtet war, unterm 14. Dezember 1812:

Obschon Mitternacht vorüber, nehm' ich dennoch die Feder zur Hand, um in der Unterhaltung mit Dir, geliebtester Freund, Besinnung und Seelenruhe wieder zu gewinnen. An meiner zitternden Handschrift wirst Du erkennen, in welcher Aufregung ich Dir schreibe, und ich muß mich noch immer besinnen, ob es ein Trugbild der Nacht oder ob es Wirklichkeit war, was ich erlebte. Es war ein Uhr vorbei, als ich gestern Nacht das Haus Deiner Eltern, wo musikalische Abendunterhaltung war, verließ und vom Schneegestöber getrieben, in raschen Schritten der Brücke zueilte; denn, wie Du weißt, wohne ich in Neustadt. Da höre ich vor des Doktor Segerts Wohnung französisch und deutsch durcheinander fluchen, und ein Postillon stieß ins Horn, als ob er Feuerlärm blasen wollte. Neugierig trat ich trotz Wind und Wetter heran, und da guckt eben Freund Segert in Schlafrock und Nachtmütze zum Fenster heraus und ruft: «Ce n'est pas chez moi, moi je suis le docteur Segert, et vous cherchez Mr. Serra.» Nun fügte er noch auf deutsch eine derbe gute Nacht in seiner Weise hinzu: „So laßt einen doch zum Teufel in der Nacht zufrieden und verlangt nicht von mir, daß ich bei 25 Grad Kälte Boten laufen soll." Hierauf schlug er das Fenster zu, und die Nachtmütze verschwand. Jetzt wurde ich an den Wagen, der auf ein Paar Schlittenkufen gebunden war, herangerufen, und da ich von dem Verlangen der Reisenden schon unterrichtet war, sagte ich: «N'est-ce pas? Vous cherchez l'hotel de l'ambassadeur

Ehrenpforte für Kaiser Napoleon auf dem Schloßplatz im Mai 1812

Kolorierter Stich von Johann Gottfried Klinsky

Die große Parade vor Kaiser Napoleon auf der Ostrawiese am 10. August 1813. Aquarell (Ausschnitt)

français, Mr. de Serra? suivez-moi!» Das war es, was sie wünschten, und da Serra sogleich um die Ecke in der Kreuzgasse, in dem Loosschen Palais, wohnt, war ich bald mit dem Schlitten an Ort und Stelle. Jetzt sprang ein Kammerdiener oder sonst ein dienstbarer Geist aus den Fußsäcken heraus und riß mit Gewalt an der Hausglocke des Gesandten, als ob er selbst hier zu Hause gehörte. Der Portier öffnete; oben war noch Licht, und unterdessen hatten sich zwei andere eingepelzte Knecht-Ruprechte in ihren Wolfsschuren aus den Fußsäcken herausgewickelt. Der erstere war ein starker, stattlicher Mann, allein er war an Händen und Füßen so steif gefroren, daß er sich vergebens bemühte, seinen noch ungeschickteren Kameraden beim Aussteigen zu unterstützen. Halb gefällig, halb neugierig trat ich heran, und sogleich legt der kalte Schneemann mir seinen Fausthandschuh auf die Schulter, als ob ein Eisbär mit seiner Tatze mich anrührte. Der Handschuh fiel ihm herab, ich unterstützte ihn nun mit meiner Hand und führte ihn zur Türe. Diese sprang auf; zwei Kammerdiener mit Wachskerzen, der Gesandte selbst, einen Armleuchter in der Hand, treten uns entgegen; die volle Beleuchtung fiel wie ein Blitz auf das Gesicht des Gastes, dessen Hand mich noch immer festhielt; nur die Augen und die Nase waren sichtbar. Ich erkannte sie sogleich wieder, diese feurigen Sterne, die ich im Frühjahr hier so oft in der nächsten Nähe hatte leuchten sehen — es war der Kaiser Napoleon, dessen Hand in der meinen lag, und ich kann nun sagen, daß das Schicksal Europas einmal auf meinen Schultern ruhte.

Freund, welche Gedanken drängen sich nun durch mein Gehirn; ich sitze wachend hier wie in einem bösen Fiebertraum. Das Zeitungsblatt mit dem verhängnisvollen neunundzwanzigsten Bulletin liegt auf meinem Tische — die große französische Armee ist vernichtet, gänzlich vernichtet; erst gestern erhielten wir diese Zeitung! War mir doch eben, als habe ich einen Dolch aus meinem Mantel hervorgezogen und mit dem Ausrufe „Europa, ich gebe dir den Frieden" in das Herz des Todfeindes des Vaterlandes und der Freiheit gestoßen. Doch nein, Brutus, ich beneide dich nicht um deine Tat. Cäsar, du sollst fallen, aber nicht durch feige Mörderhand; wir wollen unsere Sache mit dir ritterlich auskämpfen, nach gutem Fechtgebrauch dir richtige Mensur geben und Wind und Sonnenlicht gleich verteilen; so wird das wahrhafte Gottesurteil an dir vollzogen werden.

Napoleon hielt sich diesmal nur wenige Stunden in Dresden auf. Er wollte in derselben Nacht dem Könige Friedrich August einen Besuch abstatten, doch dieser kam ihm zuvor. Der Kaiser diktierte noch rasch zwei Briefe, an den Kaiser Franz und den König von Preußen, und setzte dann kurz vor Tagesanbruch seine Flucht fort. Schon im nächsten Frühjahr, nach dem Gefecht bei Lützen am 2. Mai, zog Napoleon als Sieger abermals in Dresden ein und verlegte vom 10. Juni ab sein Hauptquartier hierher. Er bezog nun das Marcolinische Palais in der Friedrichstadt, das man eilig für ihn hergerichtet hatte. Hier fand die bekannte achtstündige Unterredung mit Metternich am 28. Juni statt. Der Staatskanzler berichtet darüber in seinem Nachlaß: Der Kaiser versuchte, Österreich von den Verbündeten zu trennen, und verwies auf die Stärke seiner neuen Armee. Metternich entgegnete: „Ich habe Ihre Soldaten gesehen, sie sind Kinder ..." Zornig auffahrend schleuderte Napoleon seinen Hut in die Ecke des Zimmers. Als Metternich keinerlei Anstalten traf, ihn wieder aufzuheben, tat es der Kaiser selbst. Man hat in dieser Geste ein Symbol gesehen für die gewandelte Stellung Napoleons in der politischen Welt. Während der nun folgenden Kämpfe kehrte er immer wieder nach Dresden zurück und verließ die Stadt am Morgen des 7. Oktober 1813, als er die bisher festgehaltene Elblinie endgültig aufgeben mußte.

Die Russen kommen!

Das Vordringen der russischen Vorhut und die Besetzung der Neustadt schildert Wilhelm von Kügelgen:

Der „Gottessegen" war ein hohes Haus, außer dem Erdgeschoß noch vier Etagen übereinander; dann folgte erst der Dachboden, an welchem alle Mietsleute ihren Anteil und Verschluß hatten. Hier oben war eine romantische Welt, ein Labyrinth von dunklen, winkligen Gängen, Verschlägen und Rumpelkammern, voll alten, weggesetzten Hausrates und voll Reiz für Kinder. Überdem erfreute man sich aus den Dachluken einer weiten Aussicht auf die Meißener Gegend, wie auch nach Norden über das schwarze Tor hinaus bis auf die waldigen Höhen der Radeberger Haide.

Indem mein Bruder und ich nun eines Morgens hier unser Wesen hatten, fiel es uns ein, doch einmal auszuschauen, ob die Russen noch nicht kämen. Wir blickten angestrengt und lange in die Ferne und wollten eben die Köpfe wieder einziehen — da! — nein, es war keine Täuschung; da zeigten sie sich wirklich! Am Saum des fernen Kiefernwaldes, wo dieser an eine öde Sandfläche grenzte, die sich bis zur Stadt heranzog, war plötzlich ein neuer Gegenstand erschienen, ein dunkles Etwas, das sich lebhaft hin- und herbewegte. Dann waren es zwei und immer mehrere. Bald schwärmte es wie ein Mückenschwarm der Stadt zu.

Die Russen! die Russen! frohlockten wir, und fort ging's mit Sturmeseile, den Eltern das entzückende Ereignis zu verkünden. Mein Bruder krallte sich fest an meine Jacke, schreiend, er wolle es auch mit sagen, denn er habe es zuerst gesehen, was auch nahe an die Wahrheit streifte. So wirbelten wir gekoppelt und gedoppelt die Treppe hinunter und drangen atemlos in das Arbeitszimmer des Vaters, der empört über unser Ungestüm den Malstock hob und uns die Flegelei verwies. Da er aber den Grund unserer Aufregung erfuhr, eilte er, die Arbeit vergessend, mit uns auf den Boden und blickte mit seinem scharfen Auge in die Ferne. Wir hatten recht gesehen; es waren Kosaken, die lustig auf dem Sande schwärmten und sich der Festung immer kecker nahten.

... Nächsten Tags in aller Frühe zog denn auch die sächsische Besatzung ab, während sich unsere Neustädter Honoratioren am schwarzen Tor versammelten, um die Kosaken zu empfangen. Diese, geführt vom Obersten Brendel, etwa 800 Mann stark, zogen in guter Ordnung ein und machten unweit des Tores auf dem damals noch freien Platze zwischen Kirche und Kaserne Halt. Auch mein Vater war mit uns Knaben hingegangen.

„Das sind deine Landsleute", sagte er mir, in welcher Bezeichnung für mich eine Aufforderung zu ungemessener Zärtlichkeit lag. Gern hätte ich wenigstens einigen die Hand gedrückt, da ich's nicht allen konnte, wenn mein Vater mich nicht an der seinigen festgehalten und die strenge Haltung dieser wilden Krieger mir nicht einiges Bedenken eingeflößt hätte.

Inzwischen dauerte die anfängliche militärische Erstarrung des jovialen Kosakenvölkchens nicht allzulange. Was irgend Beine hatte in der Neustadt, war nach dem Tore geeilt, und von allen Seiten drängten die Bürger mit freudigem Zuruf auf ihre Befreier ein. Diese Russen waren als Feinde der Franzosen teure Freunde und Gesinnungsgenossen; sie wurden wie Brüder empfangen, und enthusiastisches Jauchzen erfüllte den Platz. Der Branntwein strömte; jeder hatte ihn mitgebracht, und jeder wollte der erste sein, den langersehnten Barbaren den Hals damit zu füllen. Halb zog man sie, halb sanken sie im Freudentaumel aus den Sätteln. Man umarmte, man küßte sich und sprach in Zungen, bis die Quartierbillets verteilt waren und die glücklichen Wirte mit ihren Mannschaften abzogen. Es war ein Funke der weltgeschichtlichen Begeisterung einer großen Zeit, der in die Herzen des Dresdener Volkes gefallen war . . .

Der Marschall Davout war zwar unmittelbar nach Sprengung der Brücke mit dem Kerne seiner Truppen abgezogen, doch standen in der Altstadt immer noch dreitausend Mann, die mit der Pudelmütze nicht wegzuschlagen waren. Da geschah es aber, daß wir etwa in der zweiten Nacht nach Brendels Ankunft durch starken Trommelwirbel und ein schwerfälliges Gerassel aus dem Schlafe aufgestört wurden. Jedermann dachte an den Einmarsch eines Armeekorps mit zahlreicher Artillerie, und man war daher nicht wenig erstaunt, am nächsten Morgen die Straßen leer und alles beim alten zu finden. Der ganze Spektakel war nichts anderes gewesen, als ein Gespenst, das Brendel heraufbeschworen hatte, um die Franzosen aus der Altstadt wegzuschrecken. Er hatte nämlich aus den benachbarten kleinen Städten und Ortschaften die sämtlichen Trommler der Schützengesellschaften zusammentreiben und durch die Straßen der Neustadt wirbeln lassen. Hinter ihnen fuhren mit Steinen schwer beladene Leiterwagen. Die Franzosen hatten aber richtig Schein mit Sein verwechselt; sie waren abgezogen und Brendel schwamm mit seinen Kosaken durch den Strom, sie zu verfolgen. Erst hinter ihnen schloß ein interimistischer Holzbau die große Bresche in der Brücke.

Jetzt brachte jeder Tag sein Neues. Auf die Kosaken folgten reguläre russische Truppen. Das Wintzingerodesche Armeekorps zog größtenteils durch Dresden, und zwar in bester Haltung mit Sang und Klang, mit fliegenden Fahnen und umgeben von dem Nimbus der gerechten Sache, für die es stritt. Solche Durchmärsche mit anzusehen, wäre an und für sich schon gut genug gewesen; wir Kinder aber hatten noch ein spezifisches Interesse. In der russischen Armee nämlich dienten viele Livländer, unter denen sich leicht Verwandte finden konnten, eine Menschenklasse, die uns Kindern bis dahin fremd geblieben war, da die Familien des Vaters wie der Mutter so weit von uns zu Hause waren. Wir sahen daher jeden russischen Offizier darauf an, ob nicht vielleicht ein Onkel in ihm stecke, suchten auch einzelnen, die uns wohlgefielen, durch vertrauliches Zunicken eine Entdeckung zu erleichtern, an der ihnen, wie wir meinten, ebensoviel gelegen sein mußte als uns selbst. Auf diese Weise erhielten wir manchen freundlichen Gruß zurück, ohne jedoch zu unserem Zweck zu kommen.

Die Befreiung

Marie Helene von Kügelgen, die Mutter des „Alten Mannes", wußte mit dem Worte kaum weniger gut umzugehen als ihr spät berühmter Sohn. Wir verdanken ihr außer schönen Familienbriefen auch Tagebuch-Aufzeichnungen aus den bewegten Tagen des Frühjahres 1813, da die Franzosen Dresden verließen und die Russen als Befreier einzogen:

Sonntag, den 8. März 1813. Welch eine Unruhe hier in der Stadt — eben ist unser letztes Militär hier eingerückt — das bedeutet, der Feind ist nah. Reynier soll heute kommen, und auf morgen ist sein Corps angesagt; man glaubt, er werde die Brücke verteidigen wollen. Viele Leute ziehen fort aus der Neustadt, und Langenau selbst hat unsern Freund Zezschwitz gebeten, seine Frau und Kinder aus dem Hause zu bringen. Auch unsere Wohnung ist der Brücke noch zu nah, doch wir bleiben unter Gottes Schutz hier. Wo sollten wir auch hin? — Welche Zeiten jetzt! — Alle die vielen Hunderte von Kranken und Blessierten mußten unsere Fenster passieren — Bayern allein dreizehnhundert. Ach, ich kann bald nicht mehr. Sah ich hinunter, wo sie oft so lange weilen mußten unter meinem Fenster, weil die Wagen zu gedrängt kamen, so hatte ich gerade alle Muße, ihr Elend zu betrachten — ihr unaussprechliches Elend, indem ich ihrer mehrere verscheiden sah, von denen man nicht sagen konnte „sie entschliefen"! Sah ich nicht hin und hörte nur das dumpfe Gerumpel der Wagen vom Morgen bis zum Abend mit an, so ersetzte meine Phantasie die vermiedene Wirklichkeit, und ich litt oft mehr noch. In Hinsicht der Kranken ist hier gar keine rechte Vorsichtsmaßregel der Ansteckung wegen getroffen worden, und sie räumten wahrlich das Gewandhaus von den Nervenfieberkranken; um die Jahrmarktsleute mit ihren Wollen- und Tuchwaren herein zu lassen. Unser Arzt prophezeite die Pest, und ihm und dem Kreishauptmann von Zezschwitz haben wir es zu verdanken, daß diese Leute jetzt anderswohin verlegt sind. Alles strömt herein in die Stadt, als wäre es Flucht. Was in Berlin geschehen ist, wissen wir. Die Franzosen hatten sich dort bis zu fünfundzwanzigtausend Mann verstärkt, und am vierten sind sie in aller Stille vor Tagesanbruch abgezogen und die Russen eingezogen. Zwei Meilen davon hierherwärts

Die Augustusbrücke nach der Sprengung am 19. März 1813 bei der Ankunft des russischen Parlamentärs

Die russische Floßbrücke bei Dresden im April 1813

wurden sie geschlagen und, wie man sagt, an siebzehntausend gefangen genommen. Nah sind jene uns jetzt von zwei Seiten, und wollen die Franzosen darauf bestehen, die Brücke hier zu verteidigen, so möchte es wohl nicht ohne Unruhe abgehen, da alle Bürger über diese bloße Idee schon empört sind. Reynier ist da und von jetzt an alles voll banger Erwartung der Brücke wegen. Gott weiß es, noch habe ich keine Furcht, obgleich auch unsere Wohnung nicht so weit davon liegt. Die pestartige Luft und die bösen Krankheiten ängstigen mich mehr als das Kanonenfeuer. Ich besprenge mein Zimmer täglich zweimal mit Weinessig — unser Gott tat aber mehr für uns, indem er einen heftigen Sturmwind sandte, der noch eben wütet und will's Gott, die Luft reinigen hilft. Diese Nacht glaubte ich, die Welt müsse untergehen — Sturm, Donner und Blitz und dabei der eilige Einzug der Franzosen.

21. März. Vorgestern am neunzehnten mußten wir früh um 6 Uhr alle Fenster des Hauses öffnen und durften nicht einheizen, weil die Brücke gesprengt werden sollte und man erwarten mußte, daß alle Fenster springen und alle Öfen einstürzen würden bei der Explosion. Wir gingen alle ins Hofzimmer neben der Küche, weil wir uns da am sichersten glaubten. Nach langem Harren kam ein zweiter Befehl, erst nach dem dritten Kanonenschuß werde es vor sich gehen. Wir hatten schon die ganze Nacht nicht ruhen können vor dem entsetzlichen Tumult und Lärmen der französischen Truppen, die unter unserm Fenster wirtschafteten, als sollte der jüngste Tag anbrechen. Brelings Haus war verschlossen, was mir nicht unlieb war, denn nun konnte von dem Gesindel auch niemand herein. Als wir endlich zwei Kanonenschüsse gezählt hatten, rief unsere kleine Adelheid beinah mit Tränen: „Ach Gott, unser Vogel ist noch vorn!" Die Puppe hielt sie fest im Arm, so lief sie fort, ohne auf unsern Zuruf zu achten — ich lief ihr nach, da begegnete sie mir schon mit dem Vogel, der auch glücklich mit uns allen vereint war, als der so entscheidende letzte Kanonenschuß losdonnerte, und um halb neun Uhr, in einem Moment, war der herrliche Kunstbau zerstört! Der Neustädter Stadtrichter hatte in der Nacht noch das Kruzifix und das eiserne Brückengeländer abnehmen und in Sicherheit bringen lassen. — Die sind gerettet. — Von meiner inneren Trauer sage ich nichts — mein Trost ist, daß der hassenswürdige Anblick jenes Volkes mir zugleich entzogen wurde, und daß ich ihr wildes Geschrei nicht mehr hören soll, denn nun scheidet uns die Elbe, sie hausen bloß noch in der Altstadt, und wir sind für jetzt ganz befreit von ihnen. Nächst Gott sind wir unsern Bergleuten den Dank dafür schuldig, daß außer der Brücke nichts zertrümmert und kein Mensch beschädigt worden ist, denn jene Unmenschen hätten uns alle mit in die Luft gesprengt samt unsern Häusern, so hatten sie die Sache angelegt — doch hatten nunmehr die guten Bergleute die Minen so gelegt, daß die Explosion weniger in die Luft, als nach unten ins Wasser ging. So lag denn auch die Elbe dort voll Schutt und Steine, die den Grund ausfüllten und oben aus dem Wasser hervorsahen. — Ach welch trauriger

Tag! An den Pallisaden des schwarzen Tores uns zunächst stand noch einige Mannschaft, um zu schießen, wenn sich etwas sehen ließe. Lebensmittel durften von dieser Seite nicht herein, und von der Altstadt aus konnten wir nichts erlangen, da die Brücke nicht mehr gangbar war und die Franzosen von unserer Seite alle Kähne und Fischerboote in Beschlag genommen hatten — und so litten wir schon an manchen Dingen Mangel, z. B. Milch, Butter, Eier usw. Mit Reis, Grütze, Mehl, Linsen und Erbsen hatten wir uns versehen, so daß wir doch nicht Hunger leiden mußten ....

12. April. Gestern gleich nach Tisch gingen wir spazieren und kehrten in Antons Garten ein. Dort an der Elbe tranken wir unseren Kaffee mit einer Anzahl von Menschen, und vom andern Ufer, vom Linkschen Bade her, erschallten die Stimmen von singenden preußischen Schützen. Die Stimmen waren eintönig und unharmonisch, doch „wir Schwarzen" hieß es — und der Refrain war immer, das Vaterland zu retten. Ich blickte gedankenvoll und andächtig hinüber, als ich eine Schwalbe, die erste in diesem Jahr, erblickte und laut aufjauchzte vor Freude. Man glaubte mir nicht, doch sie kam wieder und umkreiste uns und senkte sich so nah auf mich herab, daß sie mir beinah in die vorgestreckte Hand flog. O wie schämte ich mich jetzt, da ich bemerkte, daß mein unerwarteter Ausruf alle Gesichter der Menge zu mir gekehrt hatte, auf denen ich nun zu lesen glaubte: wie kann man sich um einer Schwalbe willen so freuen! Wir brachen auf, mein Mann und die Kinder mit mir, und gingen nach Blasewitz und fanden die ganze Ebene mit wohl dreitausend Arbeitern angefüllt, ob es gleich der Palmsonntag war. Sie machten Schanzen-Körbe und Schanzen, denn es wird dort ein Brückenkopf angelegt und auf fünfunddreißig Elbschiffen ward gearbeitet, um sie zur Schiffbrücke zuzurichten. Darauf ließen wir uns über die Elbe setzen und gingen ins Bad, wo wir die schwarzen Schützen wieder singen hörten. Es sind herrliche, junge Leute, und dieses Korps besteht aus Künstlern, Studenten und Gelehrten ...

Die Nacht zwischen dem 26. und 27. März zogen die Franzosen in aller Stille ab, und die Altstädter strömten von früh an zu uns herüber, und ein so rührend freudiges Wiedersehen hatte ich noch nie erlebt. Menschen, die sich sonst kaum beachteten, küßten und umarmten sich und lagen wie freudetrunken einer an des andern Brust .... Das damalige Zögern der russischen Truppen schien hier viele zur Ungeduld zu reizen; sie bedachten aber nicht, daß die Aufgabe hier war, die Stadt ohne Schwertschlag einzunehmen, ohne einem Sachsen wehe zu tun und ohne auch nur einen Dachziegel zu brechen und zu beschädigen. Drängten sie sich gewaltsam in die Stadt, so wurden sie mit Schuld an der Zersprengung der Brücke, die ihnen nun wenigstens nicht zur Last gelegt werden kann, denn diese Barbarei hat Deutschland nun nicht den nordischen Barbaren, sondern den feingebildeten Franzosen zu danken, und alle Dresdner müssen bezeugen, daß diese Freveltat von denen, die sich Freunde und Beschützer Sachsens nannten, gänzlich nutzlos verübt wurde.

Die Augustusbrücke nach der Sprengung am 19. März 1813

Die Sprengung der Augustusbrücke
am 19. März 1813

Ein ungenannter Augenzeuge berichtet darüber im „Morgenblatt für gebildete Stände“:

Es war den 7. März 1813, als an Dresdens Horizont die militärischen Ungewitter aufstiegen, welche sich nachher so vielfach wie fürchterlich entladen haben. Der franzözische General Reynier traf nämlich an jenem Tage mit seinem Generalstabe daselbst ein, trat im Brühlschen Palast ab und erhielt von den Bürgern eine Ehrenwache. Den folgenden Tag schon langte ein Teil seines, nämlich des siebenten Armee-Korps, nebst Artillerie-Train an und ward teils in die Neustadt, teils auf die Dörfer des rechten Elbufers verlegt. Dazu stießen in der Residenz zwei neu errichtete sächsische Bataillons, bestimmt zur Ergänzung des Regiments Prinz Clemens, welches bei Kalisch ungemein tapfer sich gehalten und also viel verloren hatte.

Den 10. rückten die Truppen von den Dörfern des rechten Elbufers vollends in die Neustadt. Die Franzosen wurden auf die rechte, die Sachsen auf die linke Seite verlegt — denn die gegenseitige Stimmung war schon damals nicht die beste. — Auch die Altstadt erhielt Franzosen und Bayern.

Durch das bisherige Demolieren der Festungswerke hatten die guten Dresdener den festen Glauben sich angeeignet, daß sie nie Belagerungs-Szenen erleben könnten. Wie erschraken sie deshalb, als aus dem festen Glauben ein düsteres Schauen des Gegenteils zu werden schien, denn — die Neustadt, bisher fast aller Befestigung entkleidet, ward wieder verschanzt und verpallisadiert, der Zwingerwall und der Brühlsche Garten, welche beide die Elbe und Brücke dominieren, mit Kanonen besetzt.

Indeß lebte man dabei immer noch der frohen Hoffnung, Reynier werde, bei Annäherung eines starken russischen Korps, die schöne Residenz nicht den harten Maßregeln der Verteidigung aussetzen. Fürchterlich aber erwachte man aus dem holden Traume, als am Abend des 13. März französische Ingenieure die Elbbrücke ausmaßen.

Verschanzen oder sprengen — das drang wie ein Blitzstrahl in Aller Herzen. — Kein Wunder, denn die Brücke war von jeher gleichsam das Schoßkind der Dresdner, das sie am häufigsten und liebsten besuchten, das sie mit Begeisterung jedem Fremden zeigten, dem aber auch gewiß kein Fremder, und wenn er alle Brücken Europas gesehen hätte, Bewunderung und Lob versagte.

Das Biblische: Unbegreiflich sind deine Gerichte, und niemand darf fragen: was machst du? findet seine Anwendung fast immer bei militärischen Maßregeln. Diesmal aber wollte es nicht verfangen in dem Herzen des Volkes, das für seinen Liebling, die Brücke, das Schlimmste befürchtete. Alles drängte sich nach dieser, zu sehen, was das Vermessen derselben bedeute — und wo nur zwei oder drei auf der Straße versammelt waren, da waren sie es im Namen der Brücke und Kummer und Verdruß mitten unter ihnen.

Der Morgen des 14. März verging ruhig. Als aber Mittags 3 Uhr ein französischer Ingenieur-Offizier im dritten Pfeiler von der Altstadt her anfangen ließ, ein Loch zu graben, da kannte die Wut des Volkes keine Grenzen mehr. Man mißhandelte den Offizier, schleuderte sein Tschako und seiner Leute Schaufeln und Hacken in die Elbe, unter dröhnendem Jubelgeschrei, und würde den Offizier selbst übers Eisengeländer geworfen haben, hätte ein patrouillierendes Kürassier-Kommando es nicht verhindert.

Der Nachmittag war und blieb unruhig; denn das Volk bedrohte jeden, der die Hand an seinen Liebling, die Brücke, legen würde. — Stürmisch wurde der Abend.

Alles drängte sich nach dem stark mit Wache besetzten Brühlschen Palast, wo Reynier wohnte. Bürger-Detachements durchzogen die Straße — auf der Brücke biwakierten Franzosen — bei der katholischen Kirche hielt sächsische Kavallerie, und doch ließ das empörte Volk sich nicht abhalten, die Augustusstraße mit seinem Geschrei zu erfüllen und Steine zu werfen in die erleuchteten Fenster des Brühlschen Palastes. Erst gegen 10 Uhr, nachdem man einige der heftigsten Brücken-Verteidiger beim Kopfe genommen hatte, schwieg der Sturm.

Den folgenden Tag wandte sich eine Deputation des Rates zuerst an die vom Könige während seiner Abwesenheit niedergesetzte Immediat-Kommission und durch

Die Letzten fliehen über die angezündete Verbindungsbrücke am 15. Mai 1813. Zeichnung von W. Sillig

Blick auf die Brücke von der Neustadt. Kolorierter Stich. Um 1820

diese an Reynier selbst mit Bitten um Schonung der Brücke, welche letzterer nur im äußersten Notfalle sprengen zu lassen versprach.

Indeß ward aber das Minieren der Brücke ernstlicher denn vorher betrieben; ja man requirierte sogar Bergleute dazu, welche bald in fünf Löchern ein- und ausfuhren, wie in Schächten des Erzgebirgs. Dies geschah auf Befehl des Prinzen von Eckmühl, welcher mit seinem Korps in Dresden eintraf und Reynier im Kommando der Stadt ablöste. Die Truppen wurden nun, weil täglich Kosaken auf dem rechten Elbufer bis nahe an die Tore sich sehen ließen, meist in die Neustadt verlegt, wo manches Haus 80 bis 100 Mann erhielt. Die Nahrungsmittel stiegen deshalb zu enormen Preisen. Brot war oft für kein Geld zu haben, und die Brotwagen, welche vom Lande herein kamen, wurden bestürmt von Käufern, die neben den Rädern herliefen, bittend ihr Geld emporhielten und so den Wagen schon leerten, ehe er auf dem Marktplatze anlangte.

Die Brücke war in diesen Tagen lebhafter als je, und man konnte sie, wegen Menschendrang, nur Schritt vor Schritt passieren; denn jeder betrachtete sie als einen alten Freund, von dem man sich vielleicht bald trennen muß, welchen man deshalb noch bis auf den letzten Augenblick genießen oder benutzen will. Und doch gab es noch immer Ungläubige genug, welche alle Anstalten zum Sprengen der Brücke nur für Maske hielten. Vorzüglich schöpfte man Hoffnung, als man den Prinzen von Eckmühl mit dem Geheimrat von Manteuffel über die Brücke gehen und letzteren im lebhaften Gespräch nach dem Turm der katholischen Kirche zeigen sah. Dies deutete man auf Vorstellungen, die gewiß fruchten würden, und so lebte man von einer Stunde zur andern in Hoffnung.

Die Hoffnung verschwand wie ein guter Geist, als man am 18. März Abends im Dunkeln noch alle Blessierte und Kranke aus Neustadt ins Zeughaus von Altstadt schaffte, alle Lohnkutscher zum Transport der kranken Offiziere in Requisition setzte und — das bekümmerte vorzüglich alle Herzen tief — die heilige Zierde der Brücke, das Kruzifix noch im Halbdunkel, mit Lebensgefahr der Arbeiter, abnehmen und in einen Schuppen vor dem Pirnaischen Tore schaffen ließ.

Bisher waren schon eine Menge Familien den Strichvögeln gleich in friedlichere Zonen gewandert. Nun aber machte vollends in Eile zur Abreise Anstalten Jeder, dem es an Geld, Freiheit und Zeit nicht gebrach, den Greueln der Zerstörung zu entfliehen. Zu allen Toren rollten, noch spät in der Nacht, hoch aufgepackte Wagen hinaus, und wohl nur wenige konnten sie sehen oder, ängstlich in ihre Zimmer verschlossen, vorbeirollen hören, ohne den Inhabern derselben im Stillen nachzuseufzen: Ihr Glücklichen!

Die Nacht war höchst unruhig, das Militär in steter Bewegung. Alles Fuhrwesen derselben blieb angespannt auf den Straßen stehen. Bürger-Patrouillen wachten für die öffentliche Sicherheit. Der Mond schien hell. Am Saume des Waldes, jenseits der Neustadt, loderten die Wachfeuer der Russen. Einzelne Flintenschüsse in der Ferne durchhallten zuweilen die nächtliche Stille.

So brach der 19. März an — der Sterbetag der herrlichen Brücke. Rein stieg die Sonne auf über der Dresdner Heide, welche die russischen Legionen verhüllte — heiter war's in der ganzen Natur — düster im Herzen ihrer Kinder am Gestade der Elbe.

Dem Sorgenlager — denn das war damals wohl das Bette jedes Patrioten — dem Sorgenlager kaum entstiegen, sah man auch schon Ratswächter von Haus zu Haus eilen mit Zetteln des Inhalts, daß Jeder auf den dritten Signalschuß zum Sprengen der Brücke in seine Behausung sich verfügen und dieselbe unter drei Stunden nicht verlassen solle. Mündlich aber ward in den nächsten Umgebungen der Brücke, im Schlosse, Finanzhause etc. angesagt, auf den ersten Kanonenschuß die Fenster zu öffnen und das Feuer in den Öfen auszugießen.

Die Bestürzung war nun ebenso groß wie allgemein. Im Geiste sah man schon mit der zusammenkrachenden Brücke auch den Turm der katholischen Kathedrale herabstürzen, die Heiligenbilder ihrer Doppelgalerien mit zerbrochenen Armen und Beinen im Staube der Zerstörung liegen — das Finanzhaus mit seinen Aktenbergen gespalten — ja selbst der alten Kurfürsten uralte Residenz in Trümmern. — Indeß ging Alles besser als man gefürchtet hatte.

Auf den ersten Kanonenschuß zog sich alles Militär, bis auf eine kleine Besatzung, aus der Neustadt in die Residenz und zum Teil auf die Dörfer des linken Elbufers. Beim zweiten Signalschusse wichen auch die Soldaten von der Mine — kein lebendes Wesen zeigte sich mehr auf der sonst so lebendigen Brücke — einsam wie das Grab schien sie, wie in einem Feenlande, zum Prunk nur gebaut zu sein, nicht zum Gebrauch. Die Sonne spiegelte sich in den Brücken-Laternen und Elbfluten; in den gesamten, sonst so geräuschvollen Umgebungen kein Mensch, kein Laut, kein Hufschlag, kein Wagengerassel. Da donnerte die dritte Kanone, und mit dumpfem Donner krachten zwei Bogen und ein Pfeiler zusammen.

Die Explosion war übrigens bei weitem nicht so heftig, wie man gefürchtet hatte. Am schrecklichsten klang das Prasseln der gegeneinander stürzenden, sich reibenden und zermalmenden Steine, welches so ganz dem Kleingewehrfeuer eines kompletten Bataillons glich, daß viele meinten, die Brücke werde nicht gesprengt, sondern von russischer Infanterie aus der Neustadt beschossen. Die Dampf- und Feuersäule, welche bei der Explosion zum Himmel stieg, hatte eine echt vulkanische Physiognomie und gewann an schrecklicher Schönheit nicht wenig durch die einfallende Morgensonne.

Der Prinz von Eckmühl, der den mildgesinnten General Reynier ablöste, ist bekannter unter dem Namen des berüchtigten Marschalls Davout, der damals in Hamburg sein Schreckensregiment errichtete. Obwohl auch König Friedrich August um Schonung der Brücke gebeten hatte, blieb es bei dem strategisch ziemlich zwecklosen Beschluß. Der Marschall erteilte, unter dem Georgentore stehend, persönlich den Befehl zum Anzünden der Mine.

Der Freiherr vom Stein über Dresdner Stimmungen

1813

Der König von Sachsen hoffte, in dem Entscheidungskampfe zwischen Napoleon und den Verbündeten neutral bleiben zu können; allenfalls wollte er sich an Österreich, nicht aber an Preußen und Rußland anschließen. Der Freiherr vom Stein traf mit den siegreich vordringenden Truppen anfangs April 1813 in Dresden ein und schrieb am 11. dem russischen Kanzler Nesselrode:

Ich befinde mich hier seit dem 9. d. M., und ich halte mich verpflichtet, Ihnen, Herr Graf, meine Bemerkungen über den Geist der Einwohner dieses Landes und der Angestellten und über die Maßregeln, die ich vorläufig nehmen zu müssen glaubte, mitzuteilen.

Die große Volksmasse ist dem König von Sachsen ergeben und verlangt seine Rückkehr, jedoch hat man nicht zu erwarten, daß diese ihrem Eigentum anhängenden, weichen Wortkrämer zu einem Aufstande oder zum Widerstand fähig sein werden. — Es ist widerwärtig zu sehen, daß der Zustand der Herabwürdigung, worin sich ihr Vaterland befindet, die Unglücksfälle, die es überwältigen, sie weniger berühren, als die Unbequemlichkeiten des Krieges, die Entfernung des Königs und die Zerstörung der Dresdner Brücke. Nach der Meinung der geringen Zahl wohldenkender Menschen, mit denen ich habe sprechen können, ist es selbst sehr wahrscheinlich, daß, falls der König auf seiner Hingebung gegen Napoleon besteht, man den ständischen Ausschuß an die Spitze der Geschäfte bringen und die Kräfte des Landes für die gute Sache nützlich machen kann. Eine solche Anordnung wäre sicherlich der Rückkehr eines stolzen, schwachen, eigensinnigen Königs vorzuziehen, der Rücksichten und Schonungen fordert, worauf die Geschäftsträger und seine Minister keinen Anspruch machen können, und welcher den Geschäftsgang in jeder Hinsicht hemmt.

Der König und seine Umgebungen fühlen, daß ihre Lage so gefährlich wie herabwürdigend ist, daß das ganze Land erwartet, daß sie Schritte tuen, um sich Rußland und Preußen zu nähern; aber sie fürchten, durch solche Schritte sich gegen Napoleon bloßzustellen und dann gänzlich von dem Willen der verbündeten Mächte abzuhängen. Sie erwarteten daher, daß des Kaisers von Rußland Majestät ihnen die ersten Eröffnungen machen lasse. Aber die Hartnäckigkeit, womit sie diesen Gang verfolgen, wird von dem größten Teile des Publikums getadelt, und Sie wissen ohne Zweifel, Herr Graf, daß der General Thielmann sein Ehrenwort gegeben hat, mit Graf Wintzingerode einen Vertrag zu unterzeichnen, im Fall sein König dem Bündnis mit Rußland beizutreten verweigert oder darum nachzusuchen zögerte.

Freiherr von Miltitz, ein wohlgesinnter Gutsbesitzer, der eine große Hingebung an die gute Sache zeigt und eine Festigkeit, die man in diesem Lande nicht häufig findet, wendet alle Mittel an, um die Unterhandlung gelingen zu machen, und glaubt, daß Thielmann aus Anhänglichkeit an sein Land, aus Haß gegen die Franzosen, in jedem Fall einen militärischen Vertrag schließen wird, der die Übergabe der Festung und die Vereinigung der von ihm befehligten Truppen unter die Fahnen der Ehre zur Folge habe.

Im Allgemeinen scheint mir, daß die Zulassung des Königs von Sachsen zu der großen Sache nicht von überwiegender Wichtigkeit ist, daß, wenn er seinen wahren Vorteil hören will, der Brief, welchen Se. Majestät der König an ihn gerichtet, ihm eine Unterhandlung erleichtert, obwohl es seiner und seines Ministers Eigenliebe etwas kosten wird, die Eröffnung dazu der Großmut eines Fürsten zu verdanken, den er so feige verraten hat.

Mit „Verrat" meint Stein offenbar den schleunigen Friedensschluß Sachsens mit Napoleon unmittelbar nach der verlorenen Schlacht bei Jena. (Vergleiche Nieritz, Sturmzeichen. Seite 126.) Der General Joh. Adolf Frhr. von Thielmann (1765—1824), zuerst ein Bewunderer Napoleons, setzte sich im Jahre 1813 sehr energisch für Sachsens Abkehr von dem Bündnisse mit dem Eroberer ein und vollzog im Mai, da der König gewissenhaft an seinem Worte festhielt, als Kommandant von Torgau auf eigene Faust den Übergang zu den Verbündeten. 1815 trat er ins preußische Heer über.

Die Kriegszeit

Als Knabe von zehn Jahren hat Ludwig Richter die Schlacht bei Dresden erlebt. Die Bilder, die sich dem scharf beobachtenden Auge des frühreifen Kindes boten, hat der greise Meister sechzig Jahre später in seinen Lebenserinnerungen mit großer Treue festgehalten:

Der Krieg gegen Rußland brach los. Am 16. Mai, dem Vorabend des Pfingstfestes, wurde der Kaiser Napoleon erwartet. Schon nachmittags ging ich mit meinem Vater aus, um das Eintreffen der Franzosen zu sehen. Wir postierten uns am Postplatz, denn sie wurden von Freiberg her erwartet. Die Straßen waren von Menschen erfüllt; die Bürgergarde hatte bis in die Stadt hinein Spalier gebildet. Endlich kamen Leute und riefen, auf den Höhen von Roßtal sei alles schwarz, da kämen sie herunter. (NB. Das alles muß in einem Ton erzählt werden, wie es ein Kind erzählt, das andere Eindrücke von den Dingen aufnimmt, als ein Altes. Märchensprache.) Nach einer Stunde endlich hörte man das Rasseln der Trommeln und die Feldmusik, und nun erschien mit Staub bedeckt die Vorhut, der ein Regiment um das andere folgte. Erst nachts elf Uhr kamen die prachtvollen Garden, die polnischen Ulanen, die Nobelgarde in Silber glänzend bei dem Schein der Kienkörbe und Fackeln, die längs der Straßen aufgestellt waren. Besonders wunderbar kam mir eine Schar Mamelucken vor. Der Kaiser war in einem Wagen mit seiner Gemahlin. Trompetenschmettern, Trommelrasseln, das

Das Pirnaische Tor vor 1812. Aquarellierte Lithographie von C. F. Sprinck

Die im Jahre 1820 abgebrochene Bastion Merkur. Gemälde von C. J. von Leypoldt

Läuten aller Glocken und Kanonendonner dazwischen, Vivatrufen der Volksmenge — das alles mußte mich wohl in so später Stunde munter erhalten.

Von dieser Zeit an gab es nun immer Neues zu sehen und zu erleben. Truppenzüge aller Art, Illuminationen und Feuerwerke, Tedeums und Monarcheneinzüge; es drängte ein Ereignis das andere, nur kannte ich deren Bedeutung nicht oder nur im allgemeinsten. Ich hatte meine Freude an den bunten Schauspielen. Die Schule konnte ich wegen der weiten Entfernung wenig und später gar nicht mehr besuchen und lag viel am Fenster, wo es immer etwas zu sehen gab.

Wir bewohnten zu jener Zeit eine Etage im „Goldenen Löwen", oben am Elbberge gelegen, und konnten somit die ganze Amalienstraße bis zum Pirnaischen Tore und rechts den Elbberg hinab bis nach Neustadt sehen. Die Promenaden existierten auch noch nicht, sondern statt dieser ein Stadtgraben und drüben die Wälle der hohen Stadtmauer, mit Schanzen versehen und mit hohen Bäumen bewachsen. Dies war unser vis à vis ....

Die Mutter war um diese Zeit mit dem jüngeren Bruder Willibald und einem Schwesterchen (Hildegard) in der am anderen Ende der Stadt gelegenen Friedrichstadt bei ihrem Vater, dessen Frau (die Stiefmutter) infolge einer Operation gestorben war. Der arme Müller-Großvater war in dieser schlimmen Zeit ganz allein und wußte sich gar nicht zu helfen; deshalb versah die Mutter das Haus, und der gute Vater, bei dem ich blieb, hoffte wohl, so leichter durchzukommen; denn an Arbeiten war selten zu denken, auch gab es nichts für ihn zu tun, und es ist mir heute noch rätselhaft, wie er arm, ohne Verdienst, ohne Hilfe von irgend einer Seite in dieser schlimmen Zeit durchkommen konnte. Die Einquartierung hörte nun gar nicht mehr auf. Wir beide hatten nur eine Stube zu unserem Gebrauch, die andere, die Kammer und das Vorhaus, lagen fast stets voll Soldaten; der Boden war mit Stroh bedeckt, worauf sie schliefen; Gewehre und Montierungsstücke, Kommißbrot und Patronen und, was weiß ich, lag alles bunt durcheinander. Eine zeitlang hatten wir dreizehn Mann auf einmal in unserem beschränkten Raum; denn der gutherzige Vater hatte auch die Mannschaft noch zu sich genommen, welche zwei über uns wohnenden Witwen zukam. Diese hatten ihre Türen verschlossen und beschworen meinen Vater, die Männer bei sich aufzunehmen; sie könnten als einzelne Witfrauen doch unmöglich in einer Stube mit den Soldaten zubringen; sie versprachen, ihm zu helfen und beizustehen in der Verpflegung derselben, so gut sie es vermöchten. Und so geschah es.

Bei all diesen Drangsalen der Zeit, dem gänzlich zerrütteten und zerrissenen Familienleben, der bitteren Geld- und Lebensmittelnot, sah es doch oft lustig genug in der Küche aus. Vater stand am Herd und rührte in einem riesengroßen Topfe, mit Reis- oder Kartoffelbrei gefüllt; die alten, freundlichen Weiblein spalteten Holz, stießen Pfeffer im Mörser, rieben harte Semmeln auf dem Reibeisen, wuschen die Teller, holten Wasser, lachten und schäkerten, während die Soldaten ihre Gewehre auseinandergenommen, putzten, ölten, ihr Riemenzeug in Glanz brachten und außerdem durch Pantomime und gegenseitiges Kauderwelschen Gespräche führten, die äußerst komisch anzuhören waren.

Einstmals wurden von der Schiffsbrücke unten an der Elbe gewaltig große Viehherden die Gasse heraufgetrieben, welche von den Truppen aus der Gegend von Bautzen zusammengeraubt waren und zur Verpflegung des Heeres dienen sollten. Das Vieh drängte sich in dichten Massen den Elbberg herauf, und die Einquartierung stand in der Haustür und sah der Sache zu. Ein verschmitzter Franzose, er war seines Handwerks Metzger gewesen, bespricht sich schnell mit seinen Kameraden, sie locken ein paar schöne Kühe ins Haus, werfen den Torweg darauf zu und bringen die Braune und Schwarze in den Hof des Hinterhauses. Ehe die Tiere sich durch Brüllen verraten können, wird ihnen durch einen Schlag vor den Kopf der Garaus gemacht, die Haut abgezogen und mit größter Behendigkeit und kunstgemäß das Fleisch zerschnitten und jedem Soldaten im Hause sein Teil geliefert. Während dieser sehr belebten Szene guckte aus jedem Fenster des Hinterhauses eine Haube oder Zipfelmütze, je nachdem Maskulinum oder Femininum da wohnte, und jedwedes freute sich des herrlichen Fleisches, welches in solchen Massen lange Zeit die Küchen nicht beglückt hatte und die ergötzlichsten Mahlzeiten in Aussicht stellte. Da wir nun dreizehn Mann hatten, worunter auch der lustige Metzger selbst war, so war unser Anteil natürlich ein sehr reichlicher. Ein ziemlich großes Waschfaß wurde benutzt, noch am späten Abend das viele Fleisch darin einzupökeln, was dann die uns alliierten Frauen eifrigst und trefflich besorgten. Ein Rest, der noch übrig war, wurde zum baldigen Kochen und Braten beiseite gelegt; auch kam ganz zuletzt noch ein gutmütiger Hesse, der ebenfalls bei uns in Quartier lag, und brachte ein großes Stück lappiges Fleisch, Haut und viel Knochen und beklagte sich, wie die Franzosen unter sich das gute Fleisch verteilt und ihm, dem Deutschen — wie immer — den schlechten Rest zugeteilt hätten.

Die anderen Frauen des Hauses hatten ihren Anteil ebenfalls aufs beste eingepökelt, und spät ging man nach dieser unverhofften Tätigkeit zwar müde, aber mit der lachenden Aussicht auf nahrhafte Tage, zu Bett.

Aber der Verräter schläft nicht, sagt das Sprichwort, und so hatte auch irgend eine mißgünstige Person, die vielleicht zu kurz bedacht worden war, nichts eiliger zu tun, als die Sache anzuzeigen. So geschah es, daß nach einem etwas längeren Schlaf als gewöhnlich und nach einem holden Traum vom „schönen Sonntagsbraten", da alles so vergnügt noch beim Kaffee saß und von den gestrigen Errungenschaften sprach, die erschreckende Meldung kam, die sämtlichen Hausbewohner haben allsogleich — bei Strafe — das Fleisch bei der Behörde abzuliefern. Es währte nicht lange, so sah man einen Trauerzug; mit wehmütiger Gebärde trugen die Weiber ihre Fäßlein mit dem

Eingepökelten über die Straße nach dem Militärbureau, um es daselbst auf den Altar des Vaterlandes niederzulegen. Wir allein kamen gut dabei weg; denn Papa hatte als erfindungsreicher Odysseus in Übereinstimmung mit unserer Mannschaft den Ausweg getroffen, den Rest des Fleisches samt der großen Haut- und Knochenmasse unseres guten Hessen abliefern zu lassen, während das gefüllte Waschfaß ruhig im Keller versteckt blieb und uns noch manche gute Mahlzeit lieferte.

Ende August (1813) näherten sich die Alliierten mit einem Heere von 200000 Mann der Stadt. Am 25. donnerten die Kanonen in der nächsten Umgebung. Des Nachts leuchteten die Wachtfeuer der Russen und Österreicher von den Anhöhen, und die Leute fürchteten einen Sturm auf die Stadt. Kanonen rollten durch die finsteren Straßen, es war ein unheimliches Treiben und Getöse in dieser schauerlichen Nacht, die allen Bewohnern den Schlaf verscheuchte. Keine Turmuhr durfte schlagen. Mit Angst und Spannung wartete man der Dinge, die da kommen sollten ....

Endlich brach der Morgen an. Ich lief schnell hinauf zum Vater, und dieser stieg mit mir und anderen Hausbewohnern auf den Dachboden, wo wir durch die kleinen

Ruhende russische Soldaten
Am 30. Mai 1813 nach der Natur gezeichnet von Johann Christian Erhard

Fenster die Gegend nach Blasewitz, den großen Garten und Räcknitz übersehen konnten. Die Kanonade hatte schon begonnen, es entwickelten sich immer mehr dunkle Linien der Infanterie, welche sich aufstellten. Endlich begann auch das Musketenfeuer, ein fortwährendes Knattern, unterbrochen von dem ferneren und näheren Donner des Geschützes. Lange Streifen Pulverdampfes stiegen über den Linien der Infanterie, dicke Wolkenmassen da auf, wo Batterien standen. Der Kampf wurde heftiger und gewaltiger; es war zuletzt ein Knattern, Krachen und Tosen grauenhafter Art, ohne die geringste Unterbrechung. Das Dorf Strehlen, das vor uns lag, ging in Feuer auf. Es war von Russen besetzt, und die Granaten der Franzosen schossen es in Brand. Da aber einzelne Kanonenkugeln auch in die Nachbardächer hineinschlugen und Ziegel- und Sparrwerk splitternd umherflog, ja eine Granate in eine Stube des Hinterhauses einschlug und zurückprallend im Hofe zerplatzte, so eilte alles, was Beine hatte, in den Keller, wo man vor Kugeln gesichert war ....

Dann und wann schlich sich einer der Hausväter kundschaftend hinauf. Die Straßen waren öd und leer, wie ausgestorben, aber ein dumpfes, fernes Donnern, vom näheren Krachen der Geschütze unterbrochen, rollte ununterbrochen um die geängstete Stadt. In dem kühlen und düsteren Kellerraum wurde es für die Länge unerträglich. Innerlich waren alle in höchster Spannung und Erregung, äußerlich aber so ganz untätig, bis endlich die kleine, alte Wittfrau ein verborgen gehaltenes Kleinod aus ihrem Keller herbeiholte, eine Flasche von ihr aufgesetztem Kirschschnaps. Dies brachte wieder Leben in den Kreis, die Vorstellungen, die fieberhaft ins Unbestimmte schweiften, wurden durch einen nahen, greif-, fühl- und schmeckbaren Gegenstand gefesselt, und der Papa, welcher stets einen guten Humor hatte, brachte wieder Leben in die Gesellschaft; ja, sie wurden sogar heiter und fingen an, über das Wunderliche ihres Zustandes zu scherzen und zu lachen.

Endlich gegen Abend wagten wir uns wieder hinauf in die Wohnung. Beim Dunkelwerden verstummte der Kampf mehr und mehr. Die Straßen füllten sich mit Truppen, man brachte Verwundete. Einen der bei uns einquartierten Franzosen, einen alten Artilleristen, sahen wir verwundet auf dem Protzkasten seines Geschützes liegend vorüberfahren; er winkte freundlich nach uns herauf. Es war nun ein Leben und Treiben in den dunklen Straßen, was mit der vorhergehenden Öde seltsam kontrastierte. Die Munitions- und Pulverkarren samt Geschütz rumpelten und rasselten wieder auf dem Straßenpflaster. Die Truppen lagen auf den Gassen und Plätzen und füllten die Häuser. Es waren ja hunderttausend Mann, welche nun die Stadt schützten. Am andern Tage, der grau und trüb anbrach und endlich sich in strömenden Regen ergoß, begann der Kampf von neuem. Doch tobte er weniger in unserer Nähe, und nur aus den Dachluken konnten wir die Höhen von Räcknitz sehen, wo die Russen standen und Moreau an diesem Tage an der Seite Alexanders so tödlich verwundet wurde.

Aus der Schlacht bei Dresden. Steinzeichnung von C. Motte nach H. Bellangé

Die Franzosen schließen am 28. August 1813 ihre Gefangenen in die Kreuzkirche ein

Schlacht bei Dresden

27. und 28. August 1813

Die verhängnisvollen Augusttage des Jahres 1813 hat die Gattin des frommen sächsischen Staatsmannes Joseph von Zezschwitz mit milden, aber vor Erregung zitternden Worten in ihrem Tagebuche festgehalten:

Den 23. August. Die Erwartung, ob nicht ein Angriff auf die Stadt geschehen würde, zumal da man wußte, daß zu gleicher Zeit, als die Russen hier, die Österreicher an allen anderen Ecken des Gebirges eingebrochen waren, dauerte den ganzen Tag fort, blieb aber unerfüllt. Ich konnte mich aus meiner großen, fast trägen Gemütsruhe selbst durch diese stete Erwartung nicht ganz losreißen und verbrachte den Vormittag sehr ruhig und sehr angenehm bei Louisen. Der Nachmittag verging ebenso unter Warten der Dinge, die da kommen würden, unter Wünschen und Hoffen. Unter unsern Fenstern wurde es sehr lebhaft, indem eine unzählige Menge Pulver- und Munitionswagen, Kanonen und Geschütze aller Art auf die Weise an der Elbe aufgefahren wurden. Das Fahren dauerte die ganze Nacht fort und alle die Pferde, die dazu gehörten, biwakierten draußen. In der Stadt war die ganze Nacht und besonders am Morgen ein ungeheurer Spektakel gewesen, alle äußeren Tore wurden geschlossen, der Markt war leer, und wer noch etwas erlangen konnte, kaufte sich Vorrat für die Tage der Sperrung, der man schon entgegen sah. Auch wir versetzten uns bestmöglichst in Belagerungszustand. Der Abend war ruhiger, doch erwartete jedermann viel von der Nacht; diese ging aber völlig ungenützt dahin. Dennoch wurde am

Diestag, den 24. August, früh wieder aufs neue überall Unruhe und Lärm verbreitet, indem plötzlich die Nachricht kam, daß der König nach Neustadt in das Schulenburgische Haus ziehe, die Truppen sich auch meist nach Neustadt ziehen würden und die Magazine zum Teil schon hinübergeschafft wären. Die Ansichten änderten sich aber nach wenig Stunden, der König zog nicht nach Neustadt, und alles beruhigte sich wieder. So viel ist gewiß, daß die Österreicher wieder vorgedrungen waren und mit den polnischen Ulanen ein Gefecht im Dorf Plauen gehabt hatten, was sich bis nahe an die Stadt herangezogen hatte. Zugleich verbreiteten sich allerhand andere nicht unerwünschte Gerüchte, und obgleich abends Viktoria geschossen wurde über den bei Löwenberg erfochtenen Sieg, von dem noch weder Bulletin noch sonst offizielle genaue Nachricht da ist, und der Kaiser morgen erwartet werden soll, verlieren sich dieselben nicht, sondern vielmehr liegt über dem Ganzen ein gewisses Dunkel, und eine gewisse unruhige Tätigkeit ist überall verbreitet, die etwas an die Vorfälle in den ersten Tagen des Mai erinnert ....

Donnerstag, den 25. August. Ich komme eben von einem sehr merkwürdigen, ängstlich interessanten Anblick, da man aus unsern Bodenfenstern sehr deutlich die Kanonen sieht, die französischerseits in den Schanzen und vor denselben aufgepflanzt sind und russischerseits zwischen den Blasewitzer Mühlen und in und vor dem Tolkewitzer Busche. Seit acht Uhr dauert der Donner der Kanonen; erst fing die Kanonade auf der Seite des Floßhofes und der Friedrichstadt an. Bald aber hörte man mehr noch von der Seite der Pirnaischen Vorstadt — es ist ein ängstlicher Ton, wenn er immer näher rückt, immer ernstlicher gemeint ist. Zwischen dem Schießen, das von beiden Ufern der Elbe hertönte, hörte man den Klang der Trommeln, und leider hatten wir richtig geahnt, es war der Kaiser Napoleon. Ob er mit vielen Truppen kommt, ob ihm die Feinde gewachsen sind, wie es hinter ihm aussieht, das alles weiß man nicht und quält sich nur mit Wünschen, Vermutungen, Zweifeln und Hoffnungen. Ein weites Feld dazu ist aufgetan, denn unter den vielen unsinnigen Prophezeiungen der letzten Jahre gibt es eine, die einem heute unwillkürlich einfallen muß: daß Napoleon zwischen Pirna und Dresden seinen Tod finden soll. Freilich ist aber dagegen der Zweifel mächtiger, ob nicht dieses Zusammentreffen des ersten ernstlichen Angriffes der Feinde auf die Stadt mit der Ankunft Napoleons einer jener unzähligen Glücksfälle ist, mit denen das Schicksal ihn bisher überhäuft hat? — ob es nicht leider ein Zeichen ist, daß wir gerade hier noch länger unter dem französischen Drucke schmachten sollen, den abzuschütteln man die Hoffnung nie ganz aufgegeben hat und eben jetzt mit erneutem Mute aufzufassen wagte. O wie peinlich ist in der allgemeinen Unruhe die Ruhe, in die man gewaltsam eingedrängt ist. Ich sitze nun hier und schreibe, während um mich her der Lärm, der auf allen Straßen und hier ganz besonders durch das Fahren der Pulverwagen ist, dann und wann wieder schrecklich unterbrochen wird durch den fortdauernden Kanonendonner auf allen Seiten ...

Freitag, den 27. August. Wie viel Schreckliches, wie viele Angst haben wir durchlebt seit gestern Mittag! Ach, es waren ängstliche Stunden und die Gefahr für die Stadt manchmal wirklich sehr groß — selbst in den erwartungsvollsten Minuten waren wir darüber einig — wenn der eine große Zweck dadurch hätte erreicht werden können! Doch es war noch nicht der Wille Gottes; auch diesmal sollten unsere mutvollen erhebenden Hoffnungen wieder tief, tief hinabgestürzt werden, und es bleibt uns heute, am Schlusse des schrecklichen Tages, nichts als das zentnerschwere Gefühl, die volle niederdrückende Überzeugung, welch ein ungeheures Unglück der Krieg und dabei, wie hassenswert der Urheber all dieses Übels ist. Ich sitze hier in Louisens kleinem Stübchen, und so klein der Raum des Himmels ist, den ich übersehen kann, so bietet doch schon das kleine Fleckchen mir ein Bild des allgemeinen Elends, indem die Wolken hellgerötet sind von dem Widerschein der Flamme, die an diesem traurigen Abende an zwei Ecken unglückliche Dörfer in Schutthaufen verwandelte. So ist es jetzt seit drei oder vier Abenden täglich gewesen, und man kann nicht ohne das tiefste Mitleiden an die armen Menschen denken, die in dieser Nacht Hab und Gut verlieren und ohne Obdach dem schrecklichen Wetter preisgegeben sind. Wo man hinblickt, malt sich das

MONUMENT
Welches dem General Moreau bei dem Dorf Recknitz ohnweit Dresden den 4.ten Nov. 1814. errichtet ward.

Elend in fürchterlichen Zügen — nicht ohne inneren Schauder kann ich an das Schlachtfeld denken, wie vielleicht jetzt noch Tausende von Unglücklichen, der Nässe, dem Sturm und Regen ausgesetzt, schmachten und vergebens nach dem letzten Labsal seufzen — und der Schauplatz dieses namenlosen Elends sind zum Teil unsere schönen Höhen, unsere freundlichen Täler von Plauen, Roßtal, Potschappel, Pesterwitz usw. Ich kann mich schon jetzt auf das Wiedersehen dieser sonst so schönen Gegenden fürchten — wie viel kann sich geändert haben? Wie lange wird es dauern, ehe die Spuren des heutigen Tages verwischt sein werden? ....

Den Abend verbrachten wir angstvoll, aber doch heimlich, und unsere Einrichtung in dem kleinen Hinterstübchen nebst Kämmerchen war uns im höchsten Grade behaglich. Joseph kam erst gegen neun Uhr, und seine Nachrichten beruhigten unsere Angst nicht. An drei Orten in der Stadt brannte es, und mehrere von den umliegenden Dörfern standen in Flammen, davon zeugte der schrecklich gerötete Himmel.

Nach der Schlacht

Die Kriegsnöte der Stadt und ihrer Bewohner nach der dreitägigen Schlacht bei Dresden schildert Gustav Nieritz in seiner Lebensbeschreibung ausführlich mit vielen Einzelheiten, denen wir die folgenden entnehmen:

Kaum daß die letzten Schüsse in Dresdens nächster Umgebung verhallt waren, so trieb mich die Neugierde, in Begleitung vieler Seminaristen das noch buchstäblich rauchende Schlachtfeld zu betreten. Die Neugierde ist in einer ereignisreichen Zeit eine Leidenschaft, welche selbst sonst ernst-besonnene Männer beherrscht. Auch unser ehrwürdiger Kantor F. machte hierin keine Ausnahme, indem er, gleich mehreren Seminaristen, während der tobenden Schlacht das kleine Türmchen auf dem Seminargebäude bestiegen und von dort aus nach den Kämpfenden ausgeschaut hatte, bis einige wohlgezielte Kugeln des Feindes, welcher in den Neugierigen Kundschafter vermutete, jene rasch wieder vertrieben. Wir wanderten aus dem Löbtauer Schlage und sahen bald weite Flächen mit Menschen- und Pferdeleichen, mit Kugeln und zerschossenen Wagen usw. bedeckt. Auch einen Russen fanden wir noch lebend, welcher mit beiden Händen sein zerschmettertes Knie umfaßt hielt und laut jammerte. Wir hatten nichts eiligeres zu tun, als solches einigen Arbeitern zu melden, welche auf dem Schlachtfelde tiefe Gruben ausschaufelten und die Gebliebenen einscharrten. Gleichmütig entgegneten sie uns, daß sie nur für das Begraben der Toten gemietet wären und bezahlt würden, aber nicht für das Unterbringen der Lebenden. In der von uns betretenen Gegend lagen lauter Österreicher und namentlich viele Ungarn, schöne, kräftige Gestalten. Daß sie Mangel an Nahrung gelitten hatten, erkannte man an den unreifen

Äpfeln, welche viele der Toten neben sich liegen hatten. Der Tod war in mancherlei Gestalten hier dargestellt, und immer mehr gewöhnte sich der erst entsetzte Blick an die reichlich gehaltene Ernte des bleichen Sensenmannes. Am dichtesten war diese vor der Redoute bei Mosczinskys Garten, die von den Österreichern bereits genommen war. Hier lagen die österreichischen Tschakos wie gesät umher, und die Erde war mit Menschenblut reich gedüngt. Die Seele von dem Gesehenen erfüllt, kehrte ich wieder heim.

Am anderen Tage darauf strömte fast die ganze Bevölkerung Dresdens hinaus auf das weite Schlachtfeld, auf welchem die indes gänzlich ausgeplünderten Toten in völliger Nacktheit die Erde bedeckten. Die Feder möchte vor Scham erröten, indem sie niederschreibt, wie die Mehrzahl dieser Besucher aus Frauen und Jungfrauen bestand, welche im Sonntagsschmuck prunkend, die nackenden Kriegergestalten mit schamlosen Blicken musterten und entweihten. Sonst für ehrbar und züchtig gehaltene Frauen und Jungfrauen, selbst aus den gebildeten Ständen, befanden sich unter den weiblichen Scharen, welche zwischen den ausgestreckten und verstümmelten Schlachtopfern, gleich wie in einem Garten zwischen Blumenbeeten, umher wandelten und eine entsetzliche Lüsternheit verrieten. Auch unsere Wirtin nebst ihren sämtlichen Töchtern nahm teil an dieser unzüchtigen Heerschau. Es erhellt aus dem Gesagten, wie sehr der Krieg alle gute Zucht und Sitte vernichtet. Sehr groß war die Zahl der Frauen und Jungfrauen, welche den Verlockungen der bei ihnen einquartierten jungen und hübschen Krieger unterlagen und ihrem sonst unbescholtenen Namen einen unaustilgbaren Makel anhängten, während noch ungleich mehr Sünden dieser Art, unter dem Deckmantel der Heimlichkeit begangen, nicht zur Öffentlichkeit gelangten. Einer unserer geachtetsten Ärzte sagte damals aus, daß man erstarren würde, erführe man, wie er, bis in welche hohe und edle Familien das ansteckende Gift der Lustseuche durch die Franzosen eingedrungen sei.

Von nun an bekamen die Mietleute ihren Anteil von der reichlichen Einquartierung. Wir hatten bald einen Offizier, bald etliche Gemeine usw. zu beherbergen und zu beköstigen. Unser Stadtrat hatte durch öffentlichen Straßenanschlag bekanntgemacht, was und wieviel Dresdens Bewohner ihrer Einquartierung an Speise und Trank zu verabreichen hätten. Eine solche Speisekarte lautete gar nicht übel für die Krieger, desto übler aber für die Geldbeutel der Gastgeber. Nach jener Vorschrift hatte ein Offizier, vom Hauptmann bis zum Leutnant herab, des Morgens eine Portion Kaffee mit Mundsemmeln, Mittags eine Suppe, Fleisch und Gemüse, Braten mit Salat oder Kompott, Brot, Butter und Käse, sowie eine ganze Flasche Wein zu erhalten; abends wieder warmes Essen oder kalte Küche mit Braten und eine halbe Flasche Wein. Die Zahl der Gerichte und der Flaschen Weins mehrten sich mit dem höheren Grade des Offiziers, so daß ein General ein Vielfraß sein oder platzen mußte, wenn er das ihm Zugebilligte alles genießen wollte. Das ordnete unser Stadtrat an, woher aber den Aufwand dafür hernehmen, sagte er nicht.

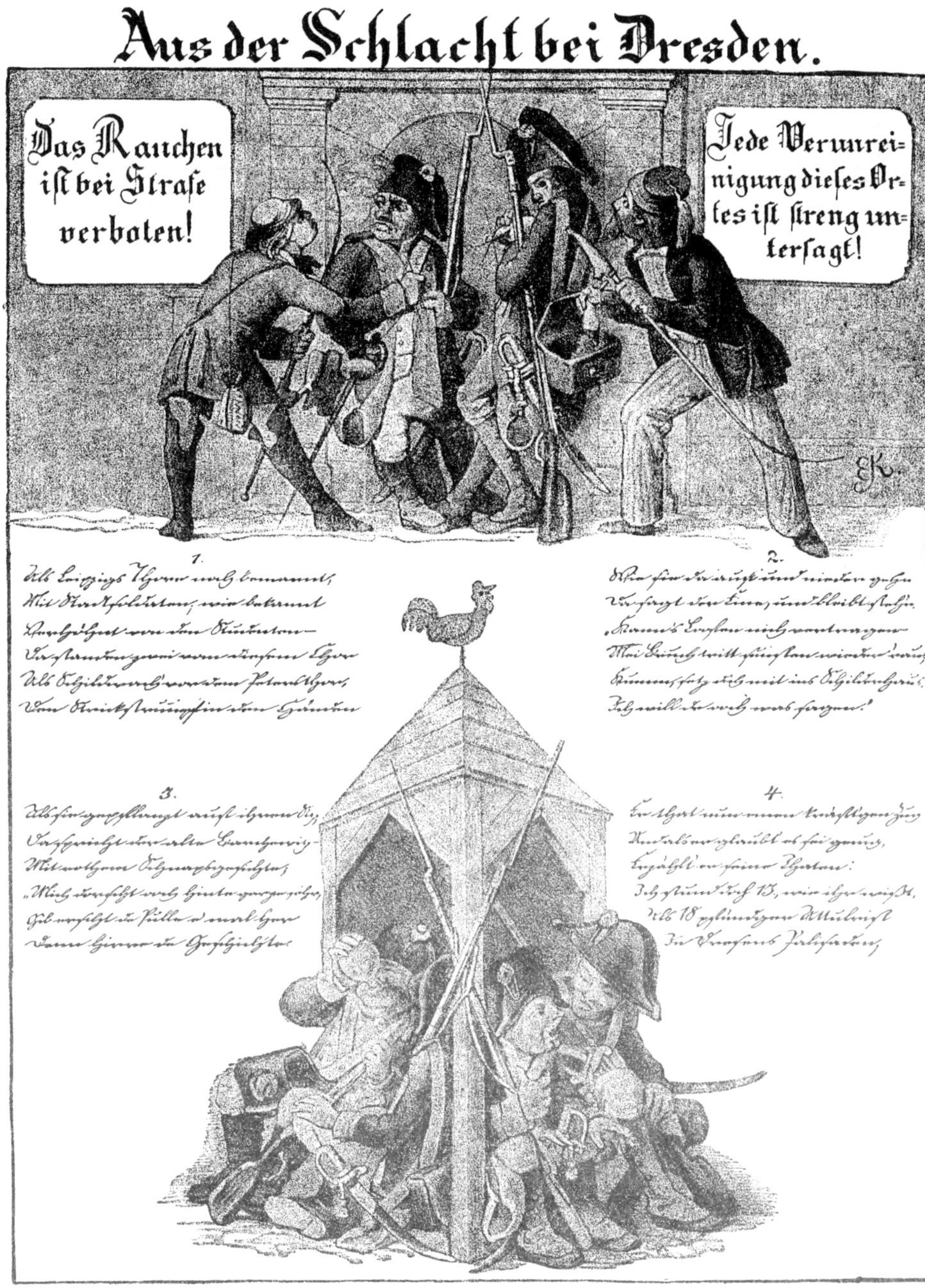

Aus der Schlacht bei Dresden
Gedicht von Julius Koch. Zeichnungen von Ernst Köhler

Aus der Schlacht bei Dresden

Gedicht von Julius Koch. Zeichnungen von Ernst Köhler

Aus der Schlacht bei Dresden

Gedicht von Julius Koch. Zeichnungen von Ernst Köhler

In der belagerten Stadt

Gustav Nieritz berichtet über die entsetzlichen Zustände in der Stadt nach dem Rückzuge des Kaisers im Oktober 1813:

Nachdem Napoleon, müde des Schachspiels, welches ihn zwischen Böhmen und Schlesien, wie in einen Zauberkreis festbannte, mit seiner Hauptarmee nach Leipzig aufgebrochen war, wobei er unsern König mitgenommen hatte, wuchs die Not in dem von einem feindlichen Heere eng eingeschlossenen Dresden, über dessen einige dreißigtausend Mann zählende Besatzung der französische Marschall Gouvion de Saint Cyr den Oberbefehl führte, immer höher. Der anstrengende Dienst, welcher die Franzosen in den Verschanzungen, hinter den Gartenmauern der Vorstädte, unter freiem Himmel und in herbstlicher Nässe und Kälte unausgesetzt auf den Beinen erhielt, erzeugte, verbunden mit dem Mangel an warmer, kräftiger Nahrung, zunächst eine fast allgemeine Ruhrkrankheit und dann ein bösartiges Nervenfieber, sodaß die zahlreichen Lazarette die Kranken kaum mehr fassen konnten. Zugleich riß unter den Franzosen eine unbeschreiliche Demoralisation ein, welche sich vom General bis auf den untersten Beamten und Krankenwärter erstreckte. Jeder von ihnen suchte, das schnell herbeinahende Ende der französischen Herrschaft erkennend, sich noch möglichst auf Unkosten seiner niederen Kameraden zu bereichern. Ohne Scheu und Scham verkauften die französischen Oberen die für den gemeinen Krieger aufgehäuften Vorräte von Lebensmitteln und Fourage an Dresdens Bewohner; ja es ging so weit, daß französische Generale die Linden des großen Geheges niedersägen ließen und an unsere Tischler verhandelten. Dasselbe taten die Militärärzte mit dem für die Kranken bestimmten Wein, Zucker und mit den anderen Erquickungen. Gewinnsüchtigen Christen und Juden vertraute man die Verpflegung und Abwartung der zahllosen Kranken in den Lazaretten an, von denen nur wenige diese Pesthöhlen lebend wieder verließen. Die Lazarett-Inspektoren, welche für jeden Kranken täglich zwanzig Kreuzer Verpflegungsgelder erhielten, bereicherten sich mit dem Blutgelde, indem sie ihre Kranken darben ließen, die bereits seit einigen Tagen Gestorbenen noch immer als lebend in ihren Listen fortführten und, um die Zwanziger länger fortbeziehen zu können, die Toten neben den Lebenden so lange liegen ließen, bis der Verwesungsgeruch zu unerträglich wurde. Bei meinem täglichen Gange nach dem Seminar erblickte ich fortwährend lange, lange Reihen ausgemergelter blutjunger Franzosen, welche den Tod bereits in dem erdfahlen, eingefallenen und mit hohlen Augen um sich stierenden Antlitz tragend, am Erdboden kauerten und, unbeirrt durch die Vorübergehenden, der Natur und Ruhr ihren Tribut zollten. Mein Weg führte mich täglich hinter den neuen, königlichen Ställen in der Nähe des Zwingers vorbei, welche ebenfalls in ein Lazarett umgewandelt worden waren. Dort an der Gartenmauer war eine hölzerne Hütte errichtet, bestimmt zur einstweiligen Aufbewahrung der täglich Gestorbenen. Hier mußte sich mein Auge an des Todes Bild in den mannigfachsten und schrecklichsten Erscheinungen gewöhnen, während die Nase sich gegen das Einatmen einer pestilenzialischen Atmosphäre sträubte. Noch entsetzlicher ging es in demjenigen Lazarett zu, welches alle Räume des großen, quer unten vor der Moritzstraße gelegenen Hauses innehatte. Dort warf man Tag für Tag die zu Hunderten gestorbenen, nackend ausgezogenen Franzosen aus den Fenstern aller drei Stockwerke herab auf die unten stehenden Leichenwagen und trat sie mit den Füßen fest zusammen, wie man mit Heu- und Strohbündeln zu tun pflegt. Man hat die Zahl der damals in Dresden gestorbenen Franzosen — gering gerechnet — auf zwölf bis vierzehn Tausend angegeben, welche in Dresdens nächster Umgebung so oberflächlich eingescharrt wurden, daß man sie nach Jahresfrist tiefer betten mußte, weil der Verwesung Geruch die Luft verpestete. Als ein Heilmittel gegen die Ruhr wendeten die gewissenlosen französischen Ärzte den Phosphor in so starken Gaben an, daß die Exkremente der unglücklichen Kranken im Dunkeln leuchteten! Wohin man sah und kam, stieß man auf junge französische Krieger, welche in beschmutzten, mit Brandlöchern ausgestatteten Mänteln, mit schwarzrußigem Gesicht und wankenden Füßen umherschlichen, kaum noch die Flinte tragen konnten oder solche als Stütze gebrauchten und mit bleichen, zitternden Lippen und flehenden Worten die Einwohner um eine Gabe baten. So weit war es mit den einst so gefürchteten übermütigen Kriegern und Weltstürmern gekommen, welche früher die deutschen Gerichte und Getränke mit sträflicher Verachtung auf die Straßen warfen und schütteten! Sie, von denen vormals ein einzelner die Bewohner eines deutschen Dorfes zittern machte, ließen sich jetzt die Schmähungen und sogar die Mißhandlungen der Hökerinnen gefallen. Die letzteren boten auf Dresdens öffentlichen Plätzen und in den besuchtesten Straßen Lebensmittel verschiedener Art feil. Ihre aufgestellten Tische waren für hungernde Mägen gar einladend und verführerisch mit Semmeln, Brötchen, Obst, vollen Branntweinflaschen und anderen Nahrungsmitteln bedeckt, für welche sie den vierfachen Kostenpreis forderten. Wenn nun ein verschmachtender Franzose dem Kram sich näherte und, mit seinem schmutzigen Finger auf einen Gegenstand tippend, stammelte: „Wieviel?" — so versetzte die Hökerin, indem sie dem zeigenden Finger samt dessen Hand einen derben Klapps versetzte: „Marsch! du kaufst doch nichts!" Und der alte, kranke Löwe, den ein Esel geschlagen hatte, wankte seufzend und traurig von dannen!

Zu jener Zeit hatten wir einen französischen Kapitän zur Einquartierung. Der vom Stadtrat vorgeschriebene Speisezettel hatte schon längst durch die Not seine Geltung verloren, und daher begnügte sich unser Kapitän gern mit derselben Kost, die wir genossen, und mit dem einfachen Biere, wie es unser Brauhaus lieferte. Eines Abends riß es heftig an unserer Klingel, und des Kapitäns Stimme rief ebenso laut als zornig: „Jeanette! Jeanette! Licht! Licht!"

Unser Kapitän war im Finstern über die ausgestreckten Beine dreier unglücklicher Franzosen gestolpert, welche in dem Treppenwinkel vor unserer Gangtüre ein stilles und gesichertes, wenngleich steinhartes Ruheplätzchen gefunden hatten. Als bei dem Scheine des von unserem Dienstmädchen herbeigebrachten Lichtes der Kapitän seine Kameraden erblickte, welche ihre Tornister zu ihrem Kopfkissen gemacht und ihre Flinten neben sich gestellt hatten, schäumte er vor Wut. Nicht hörend auf unsere und der Ärmsten flehentliche Bitte, welche hier nichts weiter zu wollen vorgaben, als ruhig zu sterben, riß der Kapitän mit starkem Arm einen Krieger nach dem anderen beim Kragen empor und warf ihn die Treppe hinab, ihnen hierauf mit den Füßen die Tornister und Flinten nachschickend. „Sterbt, ihr feigen Hunde!" schrie er ihnen zu — „an euch ist nichts verloren!" — „Anstatt —" fuhr er ruhiger zu uns fort — „mit ihren tapferen Kameraden die Stadt gegen den Feind zu verteidigen, verkriechen sich diese Elenden gleich Maulwürfen. Ha! sie hätten verdient, daß ich sie mit meinem Degen durchbohrte!" ....

Den umfangreichen Garten des polnischen Brauhauses hatten polnische Ulanen in dauernden Besitz genommen, sich häuslich darin niedergelassen und eingerichtet. Sie wurden von unserer Wirtin weder beköstigt noch durch sonst eine Darreichung unterstützt, sondern sie selbst sorgten für ihren und ihrer Pferde Unterhalt, indem sie auf Razzias in Dresdens Umgegend ausritten und fouragierten, das heißt: plünderten. Bei ihrem langen Verweilen wuchsen die Pferdedüngerhaufen zu ansehnlichen Hügeln an, die, bis an die Äste der Bäume reichend, den Polen und deren Tieren zu einer warmen Schutzmauer gegen die herbstliche Witterung dienten. Einige polnische Weiber, welche ihre Männer in den Krieg begleitet hatten, besorgten die Küche, welche im Freien aufgeschlagen war und mit ihrem weißlichen Rauche die Luft erfüllte ....

Nachdem in Dresdens Umgegend kein Stück Vieh mehr aufzutreiben und die geraubte, zahlreiche Rinderherde verzehrt worden war, schlachteten die Franzosen auf der vor unserem Garten gelegenen Elbwiese täglich ein viertel bis ein halbes Hundert Pferde, deren Fleisch an die streitfähigen Krieger verteilt wurde. Einst bot sich mir ein schauerlicher Anblick. Ein abgetriebenes und bis zum Gerippe ausgemergeltes Zugpferd war an der unserer Wohnung zunächst gelegenen Straßenecke gefallen und von seinem Führer als verloren liegen gelassen worden. Nicht genug, daß die Räder der vorüberfahrenden Wagen über die ausgestreckten Beine des armen Tieres hinwegfuhren, fand sich auch noch ein Franzose herbei, welcher dem noch lebenden und hochaufatmenden Pferde ein ansehnliches Stück Fleisch aus der einen Hüfte schnitt und mit dieser Beute davonging. Es fiel Niemandem ein, das gequälte Tier vollends zu töten, sondern man überließ dieses dem Gange der Natur.

Körners auf der Flucht

In banger Sorge um das Schicksal des (inzwischen gefallenen) Sohnes und in dauernder Gefahr, von den erbitterten Franzosen geächtet zu werden, entschloß sich Vater Körner zur Flucht aus Dresden. Frau Minna berichtet darüber eilig an Theodors Freund Wilhelm Kunze:

Großenhayn, den 3. November 1813.

Zum zweitenmal sind wir Flüchtlinge, mein teurer Wilhelm, und nachdem wir durch unendliche Schwierigkeiten hier im sichern Port angekommen sind, ergreife ich die Feder an Sie treuen Freund unseres geliebten Theodors, um Nachricht von dem teuren Sohn von Ihnen zu hören. Umsonst sind alle Versuche gewesen, die wir in Dresden nahmen, uns Nachricht von Karl zu verschaffen, selbst von Ihnen, treuer Wilhelm, erhielten wir keine Antwort auf den Brief, den der Graf durch Herrn v. W. die Güte hatte, an Sie zu schicken. Unsere Unruhe, unsere Sorge, unser trauriges Leben können Sie sich denken. O mein teurer Wilhelm, wissen Sie was, so sagen Sie schnell den armen Eltern, was Sie wissen.

Was wir seit dem Monat Mai erlitten haben, ist unbeschreiblich. Die Krankheiten nehmen so überhand, daß alle Woche 150 und 160 Bürger sterben und in den Lazareten alle Nächte 200 bis 300 Franzosen. Dresden ist ein weites Grab! Der Mangel nahm stündlich zu. Am 29. Oktober mußten wir unsere Vorräte angeben, am 30. Oktober erhielten wir den Befehl, uns auf zwei Monate zu verproviantieren oder aus der Stadt zu gehen. Den sächsischen Offizieren wurde, nachdem man sie entwaffnet hatte, die Wahl gelassen, dem Kaiser Napoleon zu schwören oder aus der Stadt zu gehen. Sie entschlossen sich sogleich, den 1. November aus der Stadt zu gehen. Dies erfuhr mein Mann, wie er aus der Session kam, und sagte uns, wir müßten den andern Tag fort, er wollte uns und sich retten. Wer so viel von seinem Vermögen schon verloren hat wie wir, der wird gleichgültig gegen den Rest. Gott wird helfen! Wir haben also unser Eigentum verlassen und sind am Sonntag früh ausgezogen. Wie wir an den Versammlungsort kamen, waren wir 21 Wagen stark und achtzehn Offiziere mit ihren Leuten und Gepäck. Ich verwundere mich noch, daß die Franzosen so viel Pferde, an der Zahl 160 aus der Stadt gelassen haben. Mitnehmen haben wir nicht viel können, weil beide Häuser voll Einquartierung sind; nur meines Mannes Sehnsucht aus der Sklaverei und Nachricht von unserm Sohn zu haben, trieb uns fort.

Welche Zeiten werden die armen Dresdner erleiden! Unser vortrefflicher Schönberg gab uns Pferde, die fürs Land gerettet werden sollten, und so kamen wir fort. Das

Kurfürst, später König Friedrich August I. von Sachsen

Nach dem Gemälde von Anton Graff gestochen von C. G. Rasp

Ehrenpforte beim Einzug des Königs Friedrich August am 7. Juni 1815

Elend, der Hunger, die pestartige Luft nahm stündlich zu. Gott schütze meine armen Leute, ob ich noch etwas von dem unsern retten werde, steht in Gottes Hand.

Chr. G. Körner (1756—1831) entschloß sich zu flüchten, weil er im Oktober 1813, als Dresden vorübergehend in russische Verwaltung übergegangen war, das Amt eines Gouvernementsrates übernommen hatte. Bei der Rückkehr der Franzosen hatte Körner seiner bekannten vaterländischen Gesinnung wegen nichts Gutes zu erwarten. Er besaß damals zwei Häuser: das jetzige Körnerhaus in der Neustadt, in dem am 23. September 1791 sein Sohn Theodor geboren wurde und Schiller in den Jahren 1786/87 wohnte; ferner das im Jahre 1883 abgebrochene Haus Moritzstraße 10, in dem er von 1801—15 dauernd wohnte. Auch zahlreiche berühmte Gäste stiegen hier ab, so Goethe, Oehlenschläger, Novalis, die Brüder Schlegel und Humboldt, Arndt, die Herzogin Anna Amalia von Weimar u. a. m.

Der Einzug des Königs

Nach der Beendigung der Kriegswirren kehrte König Friedrich August nach Dresden zurück. Sein Einzug in die Hauptstadt gestaltete sich zu einem Feste, das Julius Franz Jakob von Könneritz, ein Augenzeuge, begeistert schildert:

Der König kehrte den 7. Juni zurück, wie es schon früher bestimmt war. Schon einige Tage vorher war ein freudiges Treiben und Drängen auf allen Straßen; man vergaß das Unglück einer Trennung und überließ sich nur der Freude über das baldige Wiedersehen. Alles eilte der Hauptstadt entgegen. Alle Straßen waren mit Kutschen, Reitern und Fußgängern, die Elbe mit Gondeln bedeckt. Jung und Alt, Reiche und Arme, Vornehme und Geringe strömten herbei, um ihren König zu empfangen. In keinem Gasthof war mehr Platz. Unter anderen kamen vierhundert Studenten von Leipzig, der Rektor und einige Professoren an der Spitze. Die Studenten waren aus Gemeinsinn alle zu Fuß gegangen und in anderthalb Tagen hergelaufen. Den 6. Juni abends waren mehrere Privatgesellschaften bei dem fröhlichen Mahle vereint, und die Artillerieschule gab auf der Elbe ein schönes Feuerwerk, das sie selbst verfertigt hatte. Endlich brach der 7. Juni an, das Läuten aller Glocken verkündete den schönen Tag. Es wurde nicht gearbeitet. Die Läden waren geschlossen, und alle Einwohner wogten auf den Straßen hin und her. Man sah nur freudige Gesichter; alles begrüßte sich freundlich über das einziehende Glück, wie etwa die Russen am Christustag. Um ein Uhr versammelte sich der Zug auf dem Rathaus, um sodann hinauszuziehen vor das äußerste Pirnaische Tor und dort den König unter der Ehrenpforte zu empfangen. Erst kam eine Abteilung reitende und Fuß-Nationalgarde, dann fünfhundert junge Mädchen, weiß gekleidet mit einem grünen Band, einen Rautenzweig in den Haaren und ein Körbchen mit Blumen in der Hand, eine weiße und eine rosa Fahne, von zwei Knaben getragen, an ihrer Spitze. Dann kamen der Magistrat, die Geistlichkeit und alle Zünfte mit ihren Fahnen und eigentümlichen Abzeichnungen, Judenschaft usw. Die Ehrenpforte war grün, in einem großen Stil erbaut, an beiden Seiten gingen Treppen bis hinauf. Hier standen die jungen Mädchen en pyramide aufgestellt, die beiden, denen die Ehre ward, das Gedicht zu überreichen (ein Fräulein von Klüx), auf den untersten Stufen; oben wehten ihre beiden Fahnen, das Symbol der Liebe und Unschuld. Die Inschrift an der Ehrenpforte: Salve pater patriae! Von der Ehrenpforte stand der Zug in der Ordnung, wie ich Dir schon beschrieben habe, bis an das innere Tor; an diesem hatten sich die Studenten en haye aufgestellt (sie trugen als Auszeichnung, weil auch viele Ausländer dabei waren, die die Kokarde nicht füglich tragen konnten, die sächsischen Farben im Knopfloch) und zuletzt das wenige Militär, was hier war. Alle Häuser der Straßen, durch die der König kam, waren mit Blumen dekoriert und bis in die Kapplöcher mit Menschen gefüllt, alle begierig, ihren König zuerst zu begrüßen; selbst die Dächer waren besetzt. Um fünf Uhr kam der König angefahren und wurde mit einem unbeschreiblichen Jubel empfangen. Er hatte sich früher das Ausspannen der Pferde dringend verbeten, aber er konnte das Zurückdrängen zum Wagen nicht wehren. Es war ein rührender Anblick, wie ihm alles die Hände entgegenstreckte und sein herzliches Lebehoch mit gerührter Stimme entgegenrief. Die Jägerei, die Stände und was nur Pferde oder Wagen hatte, war ihm schon vorher weiter oder näher entgegengereist und vermehrte den festlichen Zug. Im Schlosse empfingen ihn die sämtlichen Kollegien und alles, was nur hoffähig war; von da ging der Zug auf den alten Markt, wo einige Choräle und Kantaten gesungen wurden. Abends war Illumination, die erste freiwillige und sehr reich. Die Bürgerschaft brachte dem König ein Ständchen und dann die Studenten ein Lebehoch. Sie zogen bei Fackelschein über die Brücke herüber, brachten dem König ein Vivat, sangen einige Lieder: „Heil Dir im Siegerkranz" mit veränderten Worten; Gaudeamus igitur und „Hoch vom Olymp herab", und verbrannten auf dem Schloßplatz die Fackeln. Inzwischen überreichte eine Deputation der Studenten dem König ein Gedicht und wurde von den ganzen Herrschaften sehr gnädig empfangen. Nachher fuhr die Kgl. Familie noch in der Stadt umher, um sich die Illumination zu besehen, und wurde vom lebhaftesten Zujauchzen des Volkes begleitet. Spät in der Nacht erst endigte dies Volksfest gewiß seltener Art.

Was aber dieses Fest so sehr in seinem inneren Wert erhöhte, dies war die Feier der Seelen. Der Schmerz über das erfolgte Unglück einer Trennung und die Freude des Wiedersehens brachten in jedes Sachsen Brust ein Gemisch von Gefühlen und eine Stimmung hervor, die sich nicht beschreiben läßt. Die Rührung war allgemein; aller Gefühle geheiligt; man drückte sich freundlich die Hände, in den Augen Tränen. Ich glaube, man hätte seinen Todfeind umarmt, so waren alle Herzen über die Leidenschaften der Erde erhaben. Ein russischer General, der an dem Wagen des Königs ritt, sagte mit Tränen im Auge: „Dieser Tag und dieser Empfang werden mir ewig unvergeßlich bleiben; es war kein Gepränge, sondern ein wahres Volksfest, es war nicht der Ausbruch des Enthusiasmus, sondern der reinsten heiligsten Liebe."

Das Wilsdruffer Tor vor 1811. Stich von C. F. Sprinck

Ideen zur Verschönerung der Stadt

Im Jahre 1809 gab die Niederlegung der Festungswerke dem bekannten Buchhändler Chr. Arnold — aus Ludwig Richters Lebensbeschreibung leuchtet sein Bild als das eines prachtvollen Menschen von ungewöhnlichem Reichtum an Kopf und Herz — Anlaß, mit einem Plane hervorzutreten, den er „Das neue Dresden, Ideen zur Verschönerung dieser Stadt", nannte. Der umfangreichen Denkschrift seien einige charakteristische Proben entnommen:

Bei der Umwandlung einer Festung in eine offne Stadt ist vor allem ein Plan, der das Ganze der Umänderungen in sich begreift, notwendig; bei diesem Plane muß hauptsächlich auf Zweckmäßigkeit, Bequemlichkeit, Verschönerung und Ersparnis gesehen werden.

Dies alles auf Dresden angewendet und auch vorausgesetzt, daß seiner schönen Lage wegen auf einen ausgebreiteteren Handel als jetzt und wegen der Umwandlung

Wittenbergs vorzügliche Rücksicht auf eine Universität zu nehmen wäre, so würde fürs Erste an der Elbe, beim Ausfall, ein Packhof, am Schlachthause eine neue Fleischbank, am Ende der Wilsdruffer Gasse ein Brunnen- und Badehaus, auf der Stelle der Kreuzschule ein Marktplatz anzulegen und das Neustädter Rathaus und das Kadettenhaus zu Hörsälen für die Universität einzurichten sein.

Für den zweiten Endzweck sind mehr Wege und Ausgänge und zwar: am großen Opernhause, an der Breitengasse, an der Schreiber- und Schulgasse, an der Kreuzgasse und an der Rampischen Gasse etc., für den dritten aber teils neue bürgerliche Gebäude, teils Straßen und Spaziergänge sehr wünschenswert.

Der vierte Zweck wird erreicht werden, wenn vor allen Dingen die Ausfüllung der Gräben auf gemeiner Stadt Kosten geschieht, die Wege und Spaziergänge auf eben diese Art gemacht und die abgesteckten Gebäude und Gartenplätze nachher an den Meistbietenden überlassen werden.

Was nun die mehrfache künftige Bestimmung von Dresden betrifft, so eignet es sich zur Handlung wegen seiner Größe und seiner Lage in der Mitte des Landes, wegen des schiffbaren Elbstroms und wegen des Weißeritzflusses, zur Anlegung von Fabriken in und vor Friedrichstadt, zur Universität aber wegen der vielen hohen und niederen Unterrichtsinstitute, die hier schon existieren.

Zur medizinischen Branche könnte das anatomische und chirurgische sowie das Entbindungsinstitut und die Tierarzneischule und zum Fache der Mathematik, Physik, Chemie etc. die Militärakademie, die neu zu errichtende Forstakademie, das Pageninstitut, die Artillerie- und Ingenieurschulen geschlagen werden.

Für das Kunstfach im weitesten Umfange und verbunden mit einer Kunst- und Handwerkerschule würde die Kunstakademie und mit dem theologischen Fache das Predigerkollegium und das Schulmeisterseminarium leicht zu vereinigen sein.

Der mathematische Saal könnte in eine Sternwarte, wozu sich der Neustädter unausgeführte Kirchenturm seiner hohen und freien Lage wegen vorzüglich schicken würde, verwandelt werden.

Die Gemälde-, Antiken- und Kupferstichgalerien und die Kunst- und Modellkammer für die bildenden und mechanischen Künste. Das Naturalienkabinett in einer andern Ordnung für die Physik und Chemie. Der erweiterte Palaisgarten würde in einen botanischen zu verwandeln sein etc.

Auf diese Weise würde sich Dresden am besten zur Handelsstadt, Neustadt zur Universität (weshalb auch die dortigen Jahrmärkte nach Dresden zu verlegen sein dürften) und Friedrichstadt zur Fabrikstadt eignen.

Das Ratskollegium würde erweitert und gewissermaßen auch verwandelt werden müssen; denn es ist auffallend, daß dieses ganze Korpus, gegen das Beispiel anderer Städte, lediglich und gleichsam ausschließend aus Rechtsgelehrten besteht.

Das Pirnaische Tor von 1812. Grabenseite. Stich von L. Schumann nach einer Zeichnung von Thormeyer

Die Promenade am ehemaligen Seetor. Tuschzeichnung von Franz Täubert

Wenn diese heilsame Umwandlung so leicht ausgeführt wird, wie sie wirklich leicht auszuführen ist, so bleiben mir noch einige allgemeine Wünsche zu äußern übrig, deren Erfüllung bisher übersehen worden ist. Ich stelle sie ohne weitere Ordnung hin, so wie sie sich in meinem Gedächtnisse aneinander reihen.

Das Rathaus als der Mittelpunkt der Stadtregierung, der keines Ablegers, weder in Neustadt noch in Friedrichstadt, bedarf, darf nichts in sich fassen, als was darauf Bezug hat, also keineswegs die Wage, den Packhof usw. Für diese Dinge gehört ein eigener Packhof, der an der Elbe, an der Stelle des Ausfalls am bequemsten für die Schiffahrt und Landfracht anzulegen sein dürfte und alle dahin Bezug habende Einnahmen im obern Stockwerk in sich fassen könnte. Bei einem ausgebreiteteren Handel würde späterhin in der Nähe sehr leicht auch ein Börsengebäude errichtet werden können.

Die Jahrmärkte oder Messen dürften ganz nach Dresden zu verlegen und in einen Ostermarkt, vierzehn Tage vor dem Feste, in einen Johannismarkt, einen Michaelmarkt vor Michaeli und in einen Weihnachtsmarkt zu verwandeln sein. Auch zu diesen Zeiten müssen die Gänge an den Häusern, z. B. von der Schloß- zur Seegasse, straßenbreit ganz freibleiben. Der letzte große Brand in Berlin gibt hierzu einen Fingerzeig.

Das Straßen- und Gassenwesen darf durchaus nicht länger dem einzelnen Hausbesitzer so überlassen bleiben, wie es bis jetzt leider der Fall gewesen ist, wo z. B. die Dachrinnen mitten auf die Straßen ausgießen; wo einzelne vor ihren Häusern Erhöhungen anbringen, die so unbequem wie im Winter gefährlich sind; wo der Ertrag der Düngergruben den Hausmännern statt des Lohns angewiesen wird, die alles zusammenraffen, was ihnen dafür dienlich scheint und im Einverständnis mit den Bauern jährlich volle acht Monate zum Ausräumen brauchen, wodurch die Stadt teilweise so lange mit einem unausstehlichen Dunstkreis erfüllt wird. Die ekelhaften Düngerstätten gehören ebensowenig wie seither an die Straßen vor den Schlägen, sondern an entfernte Plätze, die mit Bäumen und Gesträuche umgeben sind.

Die Wasserleitungen können unmöglich länger in hölzernen Röhren, sondern müssen in steinernen Gerinnen fortgeführt werden. Ebensowenig kann die Räumung und kunstmäßige Führung und Erhöhung der Ufer des Weißeritzflusses länger verschoben werden. Der Heger am Ausflusse in die Elbe würde sich, seiner Nähe wegen, am besten zum Ausfüllen eines Teils des Stadtgrabens eignen.

Ein Stadt-Badehaus ist für Dresden ein unumgängliches Erfordernis. — Es muß wenigstens fünfzig Bäder und darunter einige künstliche enthalten und Sommer und Winter zu billigen Preisen und zu jeder Zeit offen sein. Die jetzige Stadtbaderei ist viel zu klein und zu unbequem; ihr modriges Wasser wird aus Ziehbrunnen gepumpt, und im Winter ist es viel zu teuer, denn ein einfaches Bad kostet, was kaum zu glauben ist, nicht weniger als achtzehn Groschen. Der beste Platz dazu wäre am Brunnenhaus, beim Wilsdruffer Tore.

Ein großer Konzert- und Ballsaal mit Nebenzimmern ist ebenso notwendig, denn der jetzige auf dem Gewandhause eignet sich dazu so wenig wie die Handquele zu einem Mantel. Wenn der König das große Opernhaus nach dem Klinskischen Platz einrichten läßt, welches nach seiner weltbekannten Gerechtigkeit und Billigkeitsliebe gewiß geschehen wird, wenn er erfährt, daß die Größe des jetzigen Schauspielhauses zur Anzahl der Schauspielliebhaber in einem ebenso argen Mißverhältnisse steht wie die Größe unseres Reichtums zu den jetzigen ungeheuren Eintrittspreisen, so wäre dazu der Platz des jetzigen Theaters am gelegensten.

Die beiden letzten Unternehmungen, die Erbauung des Bade- und Ballhauses, könnten im Notfall auf Aktien zu fünf Prozent Zinsen gemacht werden, und es ist außer allem Zweifel, daß beide so lukrativ sind, daß nach zwanzig Jahren Kapital und Zinsen getilgt sein können.

Eisgang auf der Elbe

Das Naturgefühl der romantischen Zeit offenbart sich in einer Aufzeichnung aus dem Jahre 1814, die C. G. Carus, der bekannte Arzt und Maler, der Freund des Landschaftsmalers Friedrich, in seinen Lebenserinnerungen überliefert:

Einer meiner gewöhnlichen Abendspaziergänge war damals der über die dicht vor meiner Wohnung beginnende schöne Brühlsche Terrasse, und wie eigen dort, wo man damals noch meist sehr einsam sich befand, oft die Witterung und Lichteffekte mich innerlich bewegten, davon gibt vielleicht folgende Briefstelle deutlichere Kunde, indem sie zugleich den poetischen Reflex zur vollsten Anschauung bringt, welchen dergleichen größere und mir so neue Szenerien auf mein inneres Leben damals werfen konnten: Ich komme eben von einem Spaziergange im Brühlschen Garten in später Dämmerung. Der Himmel war gleichförmig grau; kleinflockigen Schnee trieb der Nordwind über die glatte Terrasse. Die Elbe verlor sich aufwärts und abwärts im Nebelgrau; die gewaltige Kuppel der Frauenkirche ragte als dunkler Schatten über die niedrigen Häuser, und die Brücke erschien mir wie ein Trauerband über den schönen Strom gelegt, als Zeichen seiner baldigen Erstarrung. Das Eigentümlichste aber war die Vorbereitung zu dieser Erstarrung selbst: es war der Fluß nämlich bedeckt mit tausend und tausend langsam forttreibenden, dünnen Eisschollen, gleichsam weißen Inseln, welche im langsamen Bewegen fortwährend zusammenstießen und seltsam aneinander klirrten. Es war höchst anziehend, zu sehen, wie aus dem Nebel die Massen hervorschwammen, näher kamen, mit dem eigenen monotonen Geräusch vorüberzogen und endlich hinter dem dunklen Bande der Brücke verschwanden. Es war mir, als blickte ich auf den Strom der Zeiten, sähe unzählige Geschlechter aus dunklen Quelle hervortreten vorüberrauschen und verschwinden. Ich dachte an vieles dabei! Das Ernste des Schauspiels wurde noch gehoben dadurch, daß alle kleinen Schiffchen und Kähnlein dem erstarrenden Strome ausgewichen waren und er so ganz sich selbst überlassen erschien, ein großes einsames Bild periodisch erlöschenden Lebens.

Zum ersten Male in Dresden

Der Bildhauer Ernst Rietschel (1804—1861), als Lehrer eine Zierde der Dresdner Kunstakademie, verlebte seine Jugend als Sohn eines armen Handschuhmachers in Pulsnitz. In seinen Jugenderinnerungen schildert er den überwältigenden Eindruck, den der Knabe beim ersten Besuche Dresdens im Jahre 1814 empfing:

Als ich das erstemal Dresden sah, war ich vielleicht zehn Jahre alt. Es war das Ziel aller meiner Sehnsucht und das Schönste, was ich mir denken konnte. Ich hatte nur von der Lichtenberger Höhe die fernen Dresdner Berge gesehen und in ihre Bläue alle Zauber gebannt, die meine Phantasie sich vorstellen mochte, genährt durch Erzählung alles dessen, was jeder dort geschaut und erlebt hatte.

Einer der schönsten Festtage war es, als mein Vater mir einst ankündigte, er wolle mich mit nach Dresden nehmen. Es war Mai oder Juni, und ich mußte, da es noch vor Sonnenaufgang fortgehen sollte und um den weiten Weg aushalten zu können, den Abend zuvor, noch ehe die Sonne untergegangen war, zu Bett. Wie konnte ich schlafen, da ich natürlich im höchsten Grade aufgeregt war vor Erwartung! Endlich siegte doch die Natur, und als ich gegen drei Uhr geweckt wurde, war ich frisch wie ein Fisch, wanderte rüstig an der Seite meines Vaters noch im Dunkeln fort und den Eierberg bei Pulsnitz hinan. Eine heilige, ahnungsvolle Morgenstille umgab mich, ich hatte das Gefühl noch nicht gekannt, weil ich noch nie vor Sonnenaufgang im Freien war, und ward ganz wunderbar davon ergriffen. Es wurde erst wenig gesprochen.

Als wir auf die Höhe des Eierberges gekommen, brach die Sonne hervor, und mein Vater begann das Lied zu singen: „Mein erst Gefühl sei Preis und Dank", in das ich mit lauter Stimme einstimmte. Von nun an war der Unterhaltung kein Ende; der Vater erzählte und suchte mich zu belehren über gar vieles, das er wußte. Ein kleines Frühstück in Radeberg, der nicht enden wollende Wald, die Dresdener Heide, die begegnenden Mitgehenden, alles war interessant, zur Freude anregend, spannend.

Endlich eröffnete sich die Dresdner Gegend, in dem reichen Lande der im Morgenlicht glänzende Strom, daran die im Dufte schimmernde Stadt mit ihren Türmen, mit der sich über den Fluß spannenden imposanten Brücke. Mich überkam das vollkommene Fühlen der Schönheit, des Zaubers der Stadt und der Herrlichkeit, welche die grauen Häusermassen und Türme bargen. Nun betraten wir Dresden selbst mit seinen hohen Häusern, manche mit Balkonen, seinen großen Plätzen. Der für meine Gewöhnung ungeheure Lärm, das Gewühl, die vielen Kutschen, Reiter und Soldaten, die geputzten Herren und Damen, all das Neue, Große und Wunderbare, vor allem die Brücke, von der ich tagelang in den Strom hätte sehen mögen, machte einen ungeheuern Eindruck. Noch erinnere ich mich, als einer besonders mir auffallenden Erscheinung, des häufigen Schlagens der Nachtigallen in Käfigen vor den Fenstern, sowie des Geschreis der Rettichjungen, eins zum andern in lächerlichem Kontrast, doch beides und vieles andere, was ich sah und hörte, neu, ungewöhnlich, großstädtisch, mir imponierend.

Der Aufenthalt bei meiner Tante in der Friedrichstadt bot nichts dar, was irgendwie ein Kind hätte anregen können; dennoch da alles neu war, war auch alles interessant, und wenn ich nur einmal meinen Vater in die Altstadt begleiten konnte, so war dies ein vollkommen reicher Ersatz für tagelanges stilles Warten und Zusehen im Hause. Einige Groschen für ein Bild oder ein altes Büchelchen fielen nebenbei auch ab. Meine älteste Schwester suchte mir von ihren Ersparnissen eine Kleinigkeit zu kaufen. und so kam ich nach meiner Meinung reich zurück, wie ich nie gewesen.

Der alte Galeriehof. Stich von C. Fleischmann. 1835

Die bretterne Saloppe. Aquarell von Johann Friedrich Nagel. Um 1810

Schloß Pillnitz. Kolorierter Stich von Franz Täubert. Um 1810

Blick auf Dresden über Plauen. Stich von Ludwig Richter

Die Romantik der Sächsischen Schweiz

erlebte Ludwig Rellstab (1799—1860), der Berliner Romantiker und Musikkritiker, als er im Jahre 1811 als Knabe zum ersten Male in die Welt hinaus kam:

Wir traten die Wanderung von Dresden aus zu Fuß an. Wie die Einteilung des ersten Tages war, weiß ich nicht mehr genau; wir besuchten Pillnitz, mir, da ich schon als fünfjähriger Knabe das seltsame Schloß in einer Abbildung in Bertuchs Modejournal mit großer Verwunderung angestaunt hatte, von höchster Merkwürdigkeit. Ich glaube, wir übernachteten dort. Der erste Punkt der Sächsischen Schweiz selbst, dessen ich mich zu erinnern weiß, war der Liebethaler Grund und die Mühle daselbst, wo wir Morgens eintrafen und mich an dem heißen Tage ein kühles Glas Milch besonders erquickte. Aber auch die romantische Lage der Mühle erfüllte meine Seele ganz und gar. Schon der Plauensche Grund hatte mich so entzückt; diese Felsen dünkten mich aber doch noch viel schöner, viel steiler, kühner und bloß darum bewunderungswürdiger. Ich ärgerte mich über unseren Führer, der beständig bei meinen staunenden Ausrufen antwortete: „Bagatelle! das alles ist nichts, es wird ganz anders kommen!"

Ob wir in Lohmen über Nacht gewesen, weiß ich nicht. Wohl aber, daß ich, als wir das Dorf verließen, beim Übergang auf einem Brett über einen Graben mit gemauerten Kalkstein-Böschungen ausglitt und einen Fall tat, bei dem ich mir das Schienbein so zerschlug, daß es eine breite Wunde hatte. Die Wanderung wurde nichtsdestoweniger fortgesetzt, und wir gelangten durch die bekannten Felsgründe, die damals genau so aussahen wie jetzt (nur die Pfade sind jetzt gebahnter), auf die Bastei. Dort aber sah es keineswegs so aus wie jetzt. Hier ließ sich wahrnehmen, daß dieses Gebirge damals nicht nur von Berlin aus, sondern selbst von Dresden her unvergleichlich weniger besucht werden mußte als jetzt. Denn schon der Weg dahin ging durch ganz öden, fast unbetretenen Wald. Der Fußsteig verschwand in den hohen Farrenkräutern oft ganz, die Steintische, an denen der Kurfürst August der Starke bei einer Jagd gefrühstückt, lagen in tiefster Wildnis und Waldeinsamkeit! Überhaupt begegnete man keiner Seele dort oben. Diese Einsamkeit erhöhte den romantischen Reiz ungemein. Auf der Bastei selbst keine Spur einer Anlage, um etwa Besucher aufzunehmen. Man betrat die kahle Felsplatte ohne Geländer, mit dem Stock des Gebirgs nur durch einen etwa anderthalb Schuh breiten, sechs Schuh langen, behauenen Sandsteinblock verbunden, auf dem man eine ziemlich tiefe Schlucht überschritt. Auf der Felsspitze selbst mußten wir uns niederlegen, da der Sturm (es war an einem Tage mit rauhem Strichregen) uns sonst leicht hätte hinabstürzen können! So einsam, so wenig besucht war im Jahre 1811 diese merkwürdige Felsspitze noch, die jetzt (1860) einem Kaffeegarten dicht vor Dresdens Toren gleicht, durch die Zaubermacht der Dampfkräfte auf Fluß und Eisenbahnen. Als ich im Jahre 1819 sie wieder besuchte, war ein kleines Bretterhäuschen etwas rückwärts im Walde erbaut, wo man Schutz vor dem heftigen Regen und eine einfache Erquickung finden konnte. Eine Verbindung der Felsspitze mit den anderen steilen Klippen, durch Brücken über die Abgründe, war damals noch nicht vorhanden. Diese, dächte ich, hätte ich im Jahre 1821 zuerst wahrgenommen. So haben sich allmählich die schönen Anlagen und behaglichen Ausstattungen hergestellt, die jetzt den Fremden dort begrüßen. Es ist heutzutage viel bequemer, es weilt sich behaglicher, übernachtet und wohnt sich reizend dort oben! Doch bei alledem, ich kann den Reiz der tiefen romantischen Einsamkeit des Gebirgs, den Zauber der Wildnis, der sich damals darbot, nicht vergessen! Wohin soll man aber jetzt, um solche Reize aufzusuchen? Zur Einsamkeit ist bald in der Welt, mindestens in der europäischen, kein Raum mehr! Und die Segnungen des Gemüts, der Seele, ja der scharfen Geisteskräfte, die sie verleiht, die nur — wie die tiefen, ahnungsvollen Träume und Anschauungen der Anachoreten — in ihrem Schutz gedeihen, sie scheinen ganz natürlich ebenso aus der Welt schwinden zu wollen!

Ansicht der Bastei. Stich von Karl Täubert. Um 1820

Die Verbindungsbrücke von Rathen (Basteibrücke). Stich von Karl Täubert. Um 1820

Goethe und Luise Seidler

In der Dresdner Galerie lernte die jugendlich anmutige Malerin Luise Seidler (1786—1866) den Dichter auf die liebenswürdigste Art kennen. Sie selbst erzählt das unerwartete Zusammentreffen in ihren „Erinnerungen":

Im Sommer des Jahres 1810 hatte sich ein ziemlich zahlreicher Kreis meiner intimeren Freunde aus Jena in Dresden zusammengefunden; sie wollten sich in Elbflorenz an Kunst und Natur einige Wochen erfreuen. Buchhändler Frommann mit Familie und Madame Schopenhauer nenne ich vor allen; Henriette Herz und Schleiermacher, die von Berlin kamen, schlossen sich diesen an. Nicht selten vereinigte man sich in der Frommannschen Wohnung, wo die geistreichen Abende von Jena fortgesetzt wurden.

Frommanns Schwägerin Betty Wesselhöft arbeitete an landschaftlichen Studien neben mir in der Galerie. Eines Morgens brachte der Buchhändler dieser die erfreuliche Nachricht, daß Goethe mit Riemer, seinem Sekretär und Freunde, von Karlsbad kommend, den Rückweg nach Weimar über Dresden nehmen und hier einige Tage verweilen wolle.

Diese Nachricht traf die versammelten Freunde wie ein Blitzstrahl. Jeder wollte ihn sehen, ihn sprechen, von ihm hören, seiner Gegenwart sich erfreuen. „Er wird kommen!" sagte in stolzem Selbstgefühle seiner Freundschaft mit dem berühmten Dichter der Buchhändler Frommann zu seiner Schwägerin, „ich werde ihn einladen und gewiß wird er, wie früher in Jena, die Abende bei mir zubringen, und meine Freunde werden das Glück haben, ihn in meinem Hause zu begrüßen, ihn kennen zu lernen!"

Eines Morgens, während ich auf der Galerie arbeitete, erscholl die Kunde: „Er ist da! Er ist auf der Galerie!" Die Schwägerin meinte: „Ich weiß nicht, ob es nötig ist, ihm entgegenzugehen; ich denke, wir warten hier ab."

Diese Meinung drang durch. Aber als die imponierende Gestalt des Dichterfürsten, der trotz seiner einundsechzig Jahre in voller männlicher Schönheit strahlte, am äußersten Ende der Galerie sichtbar wurde, da flog sie ihm doch schnell entgegen.

Ich blieb allein, überrascht, verdutzt zurück. In kindischer Verlegenheit darüber, daß mir der Moment entschlüpft war, ihn auch sogleich zu begrüßen, flüchtete ich mich in eine Fenstervertiefung. Hier hörte ich, wie Goethe näher kam und an meiner Staffelei stehen blieb. „Das ist ja eine allerliebste Arbeit, diese heilige Cäcilia nach Carlo Dolci!" hörte ich ihn sagen; „wer hat sie gemacht?"

Man nannte ihm meinen Namen; als er ihn erfahren hatte, schaute er um die Ecke und sah mich in meinem Versteck stehen. Ich fühlte das Blut in meine Wangen steigen, als er mir liebreich die Hand bot. In väterlich wohlwollendem Tone drückte er seine

Freude aus, mir hier zu begegnen und ein Talent, von welchem er früher nie etwas gewußt, an mir zu finden. „Wo wohnen Sie, mein Kind?" fragte er weiter.

„In der Ostraallee, neben dem botanischen Garten", erwiderte ich.

„Da werde ich Sie besuchen; wir wollen zusammen den botanischen Garten besehen und diese herrlichen Augustabende recht genießen. Auch kann ich Ihnen noch manches zeigen; es gibt Privatsammlungen hier, die Sie gewiß noch nicht kennen. Nur wünschte nicht, daß davon gesprochen wird", fügte er hinzu. Wie beglückt war ich durch diese Güte!

Als meine Nachbarin bemerkte, daß Goethe später oft in der Galerie auf- und niederwandelte und über Gemälde sprach, bat sie mich, ihn gelegentlich über die Bedeutung einer Schnecke zu fragen, welche im Vordergrunde einer uns gegenüber hängenden „Verkündigung" von Mantegna angebracht war. Ich benützte einen günstigen Augenblick dazu, als der Dichter am nächsten Morgen wie gewöhnlich die Galerie besuchte.

„Diese Schnecke ist ein Zierrat, meine Freundin, welche die Laune des Malers hier angebracht hat! (Ich hole Sie heute mit dem Wagen ab, wir fahren zusammen spazieren)", flüsterte er mir dazwischen in aller Schnelligkeit zu; dann fuhr er in seinem vorigen Tone fort: „Die Maler haben oft solche Phantasien, denen nicht immer eine tiefere Bedeutung zu Grunde liegt." Er beendete nun seine Belehrung, als sei jene Einschaltung gar nicht gemacht worden.

Gegen Abend kam wirklich der Wagen. Goethe und Seebeck saßen darin; wir fuhren an dem herrlichen Augustabend durch Dresdens reizende Umgegend. So geschah es mehrmals — ich erlebte köstliche Stunden. „Wo mag er nur die Abende zubringen?" hörte ich oft die Freunde fragen, „Riemer weiß auch nichts davon!" — Ich hütete mich natürlich, zu plaudern und meinem Versprechen untreu zu werden; als armes, keineswegs immer herzlich willkommen geheißenes Anhängsel so mancher gesellschaftlicher Vergnügung fand ich im Gegenteil eine Art von stolzem Behagen daran, von dem allverehrten Manne im Stillen so begünstigt zu sein.

Luise Seidler, aus Jena gebürtig, war ebenso wie dem Buchhändler Frommann auch mit dem angesehenen Jenenser Physiker Dr. Seebeck befreundet, bei dem Goethe oft zu Gaste war. Die Dresdner Bekanntschaft trug der Malerin eine Einladung nach Weimar ein, wo sie den Dichter in Trockenfarben porträtierte. Bei ihrem späteren Aufenthalt in Dresden war sie Schülerin G. von Kügelgens.

Die Anfänge der Dreyssigschen Singakademie

Kein Geringerer als der Schöpfer des „Freischütz" hat sich mit der Stiftung der Singakademie in einem anonymen Korrespondenzartikel beschäftigt, der vom 27. September 1812 datiert, also bei einem gelegentlichen Besuche Dresdens entstanden ist. Wunderlich genug schließt Weber mit der Nachricht über eine musiktechnische Spielerei, die auch sonst in den Zeitchroniken wiederholt ernsthaft gewürdigt wird. Er schreibt:

Des musikalisch Neuen gibt es wenig bei uns; fremde Künstler finden hier so wenig ihre Rechnung, daß sie stets seltener werden und uns wohl endlich ganz aufgeben mögen. Zur Freude aller wahren Verehrer der Kunst gedeiht eine Musikanstalt täglich mehr, die die schönste Ausbeute für die Folge verspricht, und deren sich außer Berlin wenige Städte zu rühmen haben mögen, ich meine die vom Hoforganisten Dreyssig errichtete Singakademie. Der zunehmende Verfall der Gesang- und vorzüglich Chor-Musik und das Beispiel jener herrlichen Anstalt in Berlin, bestimmte Dreyssig zu dem Entschluß, eine Singanstalt zu gründen, in welcher ausschließlich Kirchenmusik betrieben werden sollte. Die klassischen Meisterwerke Händels, Mozarts, Haydns usw. waren für uns neu und nie gehört. In der katholischen Hofkirche darf nach einem königlichen Befehl bloß Musik ausgeführt werden, die in Dresden oder von in Dresden angestellten Kapell- und Musikmeistern geschrieben ist. Die übrigen protestantischen Kirchen geben wenig oder gar keine Musik, und eine reiche Ausbeute stand uns bevor. Dieses sowohl als auch notwendige Berücksichtigung mancher Verhältnisse bestimmten Dreyssig, sich vorderhand bloß auf den Kirchenstil zu beschränken. Mit acht oder sieben Personen begann er im März 1807 seine Übungen. Nach und nach, sehr langsam, wuchs die Zahl der Teilnehmenden; eine ungeheure Menge von Vorurteilen erhob sich dagegen und war zu bekämpfen.

In dem hier mehr als an irgend einem andern Orte bemerkbaren scharfen Abschnitt der Stände, vorzüglich aber die Vorliebe für alles Fremde und besonders Italienische waren die Haupthindernisse des schnellen Gedeihens. Uneingedenk, daß zwei der größten Sängerinnen, Mara und Häser, Deutsche sind, hält es gewiß der größte Teil des Dresdner Publikums für unmöglich, daß ein Deutscher singen — noch weniger Singunterricht geben kann. 1809 konnte die Gesellschaft schon einen kleinen Saal mieten, und endlich gelang es der eisernen Beharrlichkeit des Unternehmers, es so weit zu bringen, daß im verflossenen Jahre der große Postsaal gemietet wurde, und daß jetzt das Singpersonal aus sechzehn Sopran-, zwölf Alt-, elf Tenor- und zwölf Baßstimmen besteht. Alle Donnerstag, abends um sechs Uhr, versammelt man sich, und die Akademie dauert gewöhnlich bis acht Uhr. Außerdem ist noch der Montag um fünf Uhr dazu bestimmt, lernbegierige Ungeübte in Herrn Dreyssigs Wohnung zu unterrichten, und das den Donnerstag Vorzunehmende mit ihnen durchzugehen. Die Solopartien werden von dem Direktor an die dazu Fähigen abwechselnd verteilt. Zur Bestreitung der Unkosten, der Beleuchtung, Heizung, Musikalien usw. gibt jedes Mitglied den geringen Beitrag von acht Thalern jährlich. Es ergibt sich hieraus von selbst, daß kaum die Kosten gedeckt sind und der Gründer der Anstalt bis jetzt noch nicht den geringsten Nutzen gezogen, noch zu erwarten hat. Dieser rühmliche, ausdauernde, durch keine kleinlichen Rücksichten aufzuhaltende Eifer des Herrn Dreyssig gereicht zur entschiedensten Ehre, und es muß jedem Musikfreund innig wohltun zu sehen, daß es auch jetzt noch Männer gibt, die mit eigener Aufopferung für das Fortschreiten und die Pflege der Kunst besorgt sind.

Auch entspricht der Erfolg den Anstrengungen des Direktors. Wer die Schwierigkeiten kannte, ein Chorpersonale von Liebhabern mit einem bloßen Fortepiano so weit zu bringen, daß sie die teils sehr schwierigen Fugen und Chöre der bekanntesten Meisterwerke rein und mit Präzision singen, wird gewiß mit einem angenehmen Gefühl die Singanstalt verlassen, mit Dank das Streben Herrn Dreyssigs erkennen und ihm Heil, Unterstützung und Anerkennung wünschen.

*

Beinah hätte ich vergessen, Ihnen noch von einer interessanten Erfindung zu sprechen. Herr Mechanikus Kaufmann hat eine Maschine, einen Trompeter verfertigt, der auf einer natürlichen Trompete vermöge der künstlichen Vorrichtung nicht nur Fanfaren und Tusch bläst, sondern auch Doppeltöne erzeugt und zwar so deutlich und gleich stark im Tone, daß man darauf schwören sollte, zwei Trompeter zu hören. Er ist auch der Erfinder des Harmonichords, und vielleicht versucht er mit beiden eine Kunstreise.

Kunstleben nach dem Kriege

Carl Gustav Carus (1789—1869), der spätere Leibarzt des Königs und selbst Landschaftsmaler aus Liebhaberei, schildert das langsam erwachende Kunstleben in Dresden nach den Unruhen der napoleonischen Kriege in seinen Lebenserinnerungen:

Ich erwähnte oben, es sei damals noch ein sehr einfacher und gemütvollerer Sinn in Dresdens Kunstrichtung gewesen, und ich kann fast sagen, daß dies von Deutschland überhaupt galt, innerhalb dessen zu jener Zeit die Kunstakademie Dresden noch eine gewisse tonangebende Stimme behauptete. In Deutschland war nun durch Frankreichs Einfluß jene letzte versunkenste Periode der Kunst am Anfang des neunzehnten Jahrhunderts bekanntlich die allein geltende geworden, eine wahre Versumpfung hatte Platz gegriffen, und man traut jetzt kaum seinen Augen, wenn man Werken begegnet, die zu jener Zeit sich wirklich eines gewissen Rufes erfreuten. Auch in Dresden teilte die Kunst dieses Schicksal. Seit dem doch schon sehr kühlen A. Rafael Mengs, welcher 1779 starb, war von Historienmalerei gar nicht mehr die Rede, kaum daß noch einige wackere Porträtmaler — so der in Kinderköpfen besonders glückliche Christ. Lebr. Vogel und der kernhafte Ant. Graff (verstorben 1813) — eine gewisse Auszeichnung verdienten. So herrschte denn auch noch, als ich nach Dresden kam, eine große Flauheit der Kunst vor, und jedermann weiß, wie namentlich im geschichtlichen Fache, erst so viel später durch den neuen, aus den Schulen von Cornelius in München und Schadow am Rhein hervorgegangenen Einfluß, eine merkbare Erfrischung und Erhebung derselben herbei-

Gerhard von Kügelgen. Selbstbildnis. Kreidezeichnung

Caspar David Friedrich. Selbstbildnis

Carl Gustav Carus. Selbstbildnis. 1822

Gerhard von Kügelgen. König Saul und David
(Caspar David Friedrich war das Modell für König Saul)

geführt wurde. Achtet man jedoch auf das Eigentümliche solcher Perioden der Erniedrigung, so wird man oft finden, es ist dann eine Art von Schwüle in der Luft, eine gewisse Stille, die auf etwas neu Kommendes und somit wieder auf eine künftige Entwicklung deutet. Brechen dann wirklich die ersten jungen Triebe der Erneuerung hervor, so ist denn zugleich eine besondere Teilnahme, ein allgemeineres Interesse daran vorhanden, ein Interesse, welches gewöhnlich sich mehr verliert, wenn nun wieder die volle Zeit des Treibens angebrochen ist und Kunstwerke bedeutender Art in ganzen Massen sich hervordrängen. Solche stille Zeit nun mit nur noch einzelnen, sich ankündigenden Trieben war also damals auch um mich her: Friedrich mit seiner etwas starren und trüben, aber hochpoetischen Weise war überhaupt und insbesondere in der Landschaftsmalerei der erste, der hier das Philistertum angriff und aufschüttelte, und es hatte viel Aufsehen gemacht, als über eines seiner Bilder, ein Kruzifix auf dem Felsen unter dunklen Tannen und vor den verglühenden Wolken der Abendröte, ein literarischer Streit sich erhob, der für ihn, von dem ihm befreundeten Gerh. von Kügelgen gegen einen banalen Dilettanten, einen gewissen Herrn von Ramdohr, zum Nachteil des letzteren durchgefochten wurde. Dabei war die Zahl der Kunstwerke, die entstanden, im ganzen gering. So eine damalige Ausstellung füllte etwa drei mäßig große Räume, eins, das Professorenzimmer genannt, für die Herren von der Akademie (um eine höhere Rangordnung zu beobachten), eins für die Fremden, die Kunstfreunde und die nicht zünftigen Künstler und eins für die akademischen Schüler. Hier war denn die Übersicht nicht schwer. Das Publikum, im ganzen gemütlich gebildet, hier und da phantastisch, durch den einige Zeit in Dresden lebenden und schreibenden Dichter Hoffmann aufgeregt, nahm überall tätigen Anteil, und der Boden fand sich somit für junge Kräfte ganz gut vorbereitet, Umstände, denen ich es mit zuschreiben darf, daß die mir eingeborene Neigung zur Kunst hier sowohl praktisch wie reflektierend mehr und mehr sich entwickelte und so doch einige Früchte tragen konnte, die manchem zugute gekommen sind. Eine der ersten, die ich wohl nennen darf, da sie auf viele anregend gewirkt hat und später auch von Goethe mit besonderer Teilnahme aufgenommen worden ist, waren meine Briefe über „Landschaftsmalerei", zu welchen um diese Zeit der Grund gelegt worden ist, und welche ich noch jetzt als spätern Werken ebenbürtig anerkennen darf. Es trat in diesen Briefen eine eigentümliche Vermählung von Wissenschaft und Kunst hervor, und dies ist es auch jedenfalls, wodurch ihnen eine bleibende Stelle in der Literatur erhalten werden wird. Das was um jene Zeit Schelling durch den Begriff Weltseele auszusprechen suchte, es war recht eigentlich der Kardinalpunkt, um welchen sich diese Gedankenzüge bewegten.

Carus kam von Leipzig, wo er sich 1811 habilitiert hatte, im Jahre 1814 als Direktor an die geburtshilfliche Klinik nach Dresden, wo er bald eine sehr rege ärztliche und wissenschaftliche Tätigkeit entwickelte. Als Mediziner außerordentlich vielseitig und schriftstellerisch fruchtbar, geriet er durch seine anatomischen Studien mit Goethe in Verkehr. Als Maler über den Durchschnitt begabt, erkannte er früh die Größe C. D. Friedrichs; seine „Briefe über Landschaftsmalerei" (s. o.), die 1831 erschienen, geben in der Hauptsache eine ästhetische Begründung der Friedrichschen Kunst. 1827 wurde Carus zum königlichen Leibarzt ernannt. Er hatte Beziehungen nach allen Richtungen, war mit Tieck und der feinsinnigen Gattin des Intendanten von Lüttichau intim befreundet und gehörte zum engeren Kreise des prinzlichen Danteforschers Philalethes, des späteren Königs Johann. — E. Th. A. Hoffmann (1766 bis 1822) kam 1813 als Musikdirektor der Secondaschen Schauspielgesellschaft nach Dresden und leitete das Orchester der Truppe, die zwischen Dresden und Leipzig wechselte, bis 1815. Dresdner Erlebnisse finden sich in manchen seiner phantastischen Erzählungen verwertet, z. B. im „Goldenen Topf".

Künstlerprofile

Caspar David Friedrich und Andere

Wilhelm von Kügelgen, der Sohn des geschätzten Porträtmalers, erzählt:

Konventionellen Umgang waren meine Eltern so glücklich nicht zu kennen, und doch waren auch sie so wenig als irgend jemand in der Lage, sich ihre Gesellschaft ganz willkürlich zu wählen; was ihnen aber davon zufiel, war meistens von der Art, daß sie Genuß daran hatten, den zum großen Teil sogar wir Kinder mitempfanden. Unter den künstlerischen Freunden unseres Hauses aber stand uns Kleinen jedenfalls der Landschaftsmaler Professor Friedrich oben an, vielleicht weil er sich am meisten mit uns einließ, was mich anbelangt, seine Eigentümlichkeit mir schon damals nichts weniger als unverständlich war und mich ganz besonders anzog.

Friedrich war ein sehr aparter Mensch. Mit seinem ungeheuren Kosakenbarte und großen düsteren Augen hatte er ein treffliches Modell zu einem Bilde meines Vaters abgegeben, das den König Saul darstellte, über den der böse Geist vom Herrn kommt. Doch wohnte in ihm vielmehr ein Geist, der keine Fliege kränken, viel weniger geneigt sein konnte, den frommen Harfenisten David zu erlegen, ein sehr zarter, kindlicher Sinn, den Kinder und kindliche Naturen leicht erkannten, mit denen er daher auch gern und zutraulich verkehrte. Im allgemeinen war er menschenscheu, zog sich auf sich selbst zurück und hatte sich der Einsamkeit ergeben, die je länger je mehr seine Vertraute ward, und deren Reize er in seinen Bildern zu verherrlichen suchte.

Dieser originelle Meister entstammte traditionell einem alten Grafengeschlecht, das evangelischen Bekenntnisses wegen vorzeiten aus seinem Stammsitz Friedrichsdorf in Schlesien ausgewiesen, sich nach Pommern gewandt und dort der Seifensiederei ergeben hatte. Auch unser Friedrich war der Sohn eines Greifswalder Seifensieders, und von den Eigenschaften seiner Ahnen hatten sich nur die inneren Werte tapferer Wahrheitsliebe, stolzen Freiheitssinnes und einer hohen moralischen Selbständigkeit auf ihn vererbt. Im übrigen war er so arm wie Kepler, von dem der Dichter singt: „Er wußte nur die Geister zu vergnügen, drum ließen ihn die Leiber ohne Brot." Auch Friedrich kam aus seiner bedrängten Lage nie heraus, weil er zu menschenscheu und unbeholfen, vielleicht zu gut für diese Welt war. Namentlich nach dem Tode meines Vaters gestaltete sich sein Leben immer trüber, aber der Adel seiner Seele blieb ungebrochen. Die Felsenkoppe, die aus Nebeln nach der Sonne schaut, das war sein Bild.

Näher noch als Friedrich, mit dem er nicht allzuviel Berührungspunkte hatte, stand meinem Vater ein anderer namhafter Maler, der geist- und kenntnisreiche Professor Hartmann, derzeit Direktor der Akademie, um die er große Verdienste hatte. Wie Friedrich und wie fast alle Menschen, stammte auch Hartmann aus einem Hause, das seine Adelstitel abgelegt hatte, nämlich von dem alten, durch Leier und Schwert berühmten schwäbischen Geschlecht der Hartmann von der Aue. Hoch und stattlich gewachsen, von freier Haltung und feinen Manieren, gewandt und liebenswürdig, ehrenhaft in allen Beziehungen und sehr wohlgeordnet in seinen Finanzen, trug er von Kopf bis auf die Füße das Gepräge eines vornehmen Mannes. Er war auf der Karlsschule zu Stuttgart erzogen, für den Staatsdienst vorgebildet und besaß einen Schatz gelehrter Kenntnisse, den er fortwährend mehrte. Als Künstler hatte er sich einen Namen gemacht, und obgleich seine Bilder mehr meditiert als erfunden waren, so hielt mein Vater ihn doch sehr hoch als gründlich durchgebildeten Historienmaler und bediente sich gern seines Rates. Ebenso schätzte er ihn als tüchtigen Menschen und liebenswürdigen Gesellschafter, kam fast täglich mit ihm zusammen und freute sich seines sprudelnden Witzes. Hartmann gehörte zu den treuesten Freunden unseres Hauses, übernahm nach meines Vaters Tode die Vormundschaft über uns Kinder und hat uns, so lange er lebte, seine Teilnahme nicht entzogen.

Außer den beiden obengenannten sprachen auch noch andere Kunstgenossen im „Gottessegen" ein und wurden wert gehalten. So der bekannte Sepiazeichner und Erfinder dieser Manier, Professor Seidelmann und seine geistvolle Frau, eine Venetianerin, die ebenfalls malte, ein schwarzes Schnurrbärtchen und sogar auch den Professorentitel hatte, den irgend eine Akademie ihr aus Courtoisie verliehen haben mochte. Denn der bekannte Schlachtenmaler Sauerweit, der namentlich des Abends auf dem Weinberge als geschickter Feuerwerker sehr geschätzt war, die talentvolle Therese aus dem Winkel, der bescheidene Bildhauer Kühne, Friedrichs Spezialfreund, und der Galerieinspektor von Demiani, ein Ungar, der sich indessen mehr durch Sachkenntnis und Gefälligkeit in seiner amtlichen Stellung, als durch eigene künstlerische Leistung hervortat. Ein größeres Bild sollte er jedoch gemalt und auch ausgestellt haben, welches im Kataloge als eine Hagar in der Wüste bezeichnet worden. Es war eine öde, mannigfach zurklüftete Berglandschaft, so wie man etwa geneigt ist, sich die Sinaitische Wüste vorzustellen; im Hintergrunde aber sonnte sich auf moosigem Felsen ein auffallend dicker Hippopotamus. Auf die Frage: wo denn die Hagar wäre, wurde man auf jenes ferne Ungeheuer verwiesen, welches sich denn auch bei näherer Besichtigung als die Gruppe einer Frau mit einem Kinde auswies.

Unter den Künstlern habe ich hier noch des berühmten Kupferstechers Professor Müller zu gedenken, der gerade damals mit Ausarbeitung seines bekanntesten Blattes, der sixtinischen Madonna, beschäftigt war. Mein Vater hatte den Umriß dazu selbst gezeichnet; er interessierte sich sehr für diese Arbeit, besuchte Müller fleißig und nahm auch mich bisweilen mit. Da konnte ich mich denn nicht satt sehen an den edlen Gestalten jenes Bildes, das ich zwar zu Hause täglich vor den Augen hatte, das mir aber hier aus hellpoliertem Kupfergrunde mit ganz neuem Reize, wie aus einem Lichtmeer entgegentrat. Der Abdruck auch des besten Stiches hat mehr oder minder etwas von dem kalten und sterilen Charakter der Federzeichnungen; auf der Platte aber ist Wärme Licht und Leben, man vermißt die Farbe nicht und empfindet einen Zauber, der wenigstens in meinen Augen die Wirkung bunter Bilder noch übertrifft oder doch nur ausnahmsweise und nur von den größten Koloristen erreicht worden ist.

Franz Gerhard von Kügelgen (1772—1820), ein geborener Balte, siedelte 1805 nach Dresden über, wurde 1811 Ehrenmitglied und drei Jahre später ordentlicher Professor der Kgl. Kunstakademie. Von Michaelis 1808 ab bewohnte Kügelgen das Haus zum „Gottessegen" in der Neustädter Hauptstraße 13, das durch die Schilderung des Sohnes bekannt geworden ist und heute noch steht. Kügelgen entfaltete besonders als Porträtist eine fruchtbare Tätigkeit und besaß einen weiten Freundeskreis. Als der liebenswürdige Künstler am 27. März 1820 auf dem Heimwege von seinem Loschwitzer Weinberge unfern vom „Waldschlößchen" durch einen Kanonier ermordet wurde, folgte ganz Dresden seiner Bahre. — Caspar David Friedrich (1774—1840), aus Greifswald gebürtig, kam 1798 nach Dresden, schloß sich an den Kreis der romantischen Jugend um Tieck, Novalis und Runge, trat aber erst 1807 mit einem größeren Gemälde hervor und weckte durch seine eigenwillige und neue Auffassung der Landschaft ebensoviel Bewunderung wie Widerspruch. Eine Zeitlang allgemein beachtet, 1824 auch durch den Professorentitel ausgezeichnet, wurde er später durch die Düsseldorfer Richtung mit ihrer virtuosen Malerei in den Hintergrund gedrängt. Menschenscheu und Schwermut lähmten ihn, wirtschaftliche Not kam hinzu. Als er 1840, kurz vor dem Eintreffen eines Stipendiums des Zaren, an den Folgen eines Schlaganfalles verschied, war er ein vergessener Mann. Erst im zwanzigsten Jahrhundert ist seine Kunst zu ihren verdienten Ehren gekommen. — Ferdinand Hartmann (1774—1842) lebte seit 1803 in Dresden, wurde 1810 Professor, später Direktor der Akademie.

Die Umwandlung der Theaterverhältnisse

Die Gründung des Hoftheaters 1814

Beim Regierungsantritt Friedrich Augusts im Jahre 1768 hatte der Kurfürst aus Sparsamkeitsgründen das französische Schauspiel und das Ballett aufgelöst. Die italienische Oper mit der Kapelle und das deutsche Schauspiel wurden als subventionierte Unternehmungen betrieben, die den Titel einer kurfürstlich sächsischen Theatergesellschaft führten. Diese Einrichtung bestand bis zum Jahre 1814. Nun hatte der Krieg die Geldquellen des Landes erschöpft, und die russische Verwaltung des Fürsten Repnin war zu sparsamer Wirtschaft gezwungen. Die Auflösung von Theater und Kapelle wurde erwogen. Eine Kommission, der auch Appellationsrat Körner angehörte, untersuchte unter dem Hofmarschall von Racknitz die Möglichkeit einer Fortführung der Institute. Auf ihren Vorschlag wurden die italienische Oper und das deutsche Schauspiel zu einer gemeinsamen Staatsanstalt umgeformt. Die Bekanntmachung vom 26. Sept. 1814 lautet:

„Ein hohes General-Gouvernement von Sachsen hat es für zweckmäßig erachtet, sowohl bei der italienischen Oper als dem deutschen Schauspiel allhier die bisherigen Unternehmungen von Privatpersonen aufzuheben und beide Theater unter Staatsadministration zu nehmen, damit auf das wirksamste die Verbesserung derselben befördert und dem Publikum auf jede Art der Genuß wahrer Kunst verschafft und erleichtert werde. Man erwartet daher auch von demselben teilnehmende Unterstützung und Anerkennung. Es werden jetzt die Preise bei der am 4. Oktober dieses Jahres anfangenden italienischen Oper sowohl, als dem am 20. Oktober beginnenden deutschen Schauspiele bekannt gemacht. Es soll zweimal in der Woche italienische Oper gegeben werden, nämlich: Dienstags und Freitags, und viermal deutsche Vorstellung sein, nämlich: Sonntags, Montags, Mittwochs und Donnerstags. (Folgen die Preise.) Vom Monat Oktober an erscheint eine Wochenschrift unter dem Titel: Theatralische Mitteilungen, wöchentlich zu einem halben Bogen in Quart, worüber das Nähere noch wird bekannt gemacht werden, und die jedesmal das Repertoire der nächsten Woche enthält."

Intendant dieses Staatstheaters wurde vorerst Hofrat Theodor Winkler. Der zurückgekehrte König Friedrich August übernahm im folgenden Jahre die Institute in höfische Verwaltung unter der Generaldirektion des Kammerherrn C. W. Grafen Vitzthum von Eckstädt. Dieser erkannte bald, daß die Berücksichtigung der deutschen Opernmusik an der Hofbühne in Dresden eine dringende Forderung der Zeit war, und setzte sich nun energisch dafür ein. Er fand in seinem Chef, dem allmächtigen Kabinettsminister Grafen Einsiedel (1773—1861, Minister 1813—1830) einen zwar stillen, aber hartnäckigen Gegner des Projekts, ließ sich dadurch aber nicht irre machen.

Im Juli 1816 hatte Graf Vitztum in Karlsbad Karl Maria von Weber kennen gelernt und in ihm sofort den rechten Mann für die neue deutsche Oper erkannt. Vitzthum schreibt darüber an seinen Bruder Alexander:

„Der Wert dieses Mannes als Kompositeur und Musikdirektor ist zu allgemein anerkannt, als daß ich hätte Bedenken tragen sollen, die sich darbietende Gelegenheit zu benützen, um mit ihm vorläufige Unterhandlungen anzuknüpfen, besonders, da die Anstellung eines deutschen Kapellmeisters von der Errichtung einer deutschen Oper beinahe unzertrennlich ist. Webern habe ich vorläufig Hoffnung zu einem Gehalt von 1500 Thaler gemacht. Er verlangte 2000 Thaler und jährlich oder doch alle zwei Jahre zwei Monate Urlaub zu einer Kunstreise. — Zur Erleichterung und Abkürzung des Geschäfts würde es sehr gereichen, wenn Du sofort mit dem Minister (Einsiedel) oder vielleicht lieber gleich mit dem Könige sprechen, die Notwendigkeit, einen ausgezeichneten Künstler dieser Art anzustellen, kräftigst auseinandersetzen und eine Autorisation für mich auswirken wolltest, mit dem Manne vom Monat September dieses Jahres an abzuschließen. — Du fühlst selbst, daß man einem solchen Manne einen solchen Anstand nur auf kurze Frist ansinnen kann; et puis il faut forger le fer, pendant qu'il est chaud. Ich läugne nicht, daß ich die Anstellung desselben sehr wünsche, da seine große Bekanntschaft mit der deutschen Musik und mit fast allen deutschen Bühnen und mit dem eigentlichen Theaterwesen mir die Organisation der deutschen Oper und die künftige Erhaltung derselben in hohem Ansehen und daher auch in großem Nutzen für die Kasse, fast in demselben Maße erleichtern wird, wie mir solches durch Polledros Anstellung für die italienische Oper und die Kirchenmusik gelungen. Über letzteres ist unter den vielen hier zusammentreffenden Musikkennern und Fremden nur ein Rühmens und zugleich allgemeine Stimme: daß Sachsen jetzt mehr als je die vielen ihm zu Gebote stehenden Hilfsmittel benutzen sollte, um sich immer mehr durch Ausbildung der Künste und Wissenschaften auszuzeichnen, da jede andere Art, sich Ruhm und Ansehen zu verschaffen, verloren für uns ist."

Unterm 21. Dezember 1816 konnte der Intendant an Weber dessen endgültige Anstellung als Kapellmeister mit sichtlichem Stolze mitteilen.

Weber, damals dreißig Jahre alt, hatte sich als Komponist von „Abu Hassan", „Sylvana" und kleineren Stücken, vor allem der Körnerschen Vaterlandslieder, dann auch als Klaviervirtuose einen großen Ruf verschafft. In Berlin war er durch seine Lieder volkstümlich geworden. In Dresden fand er eine weit kühlere Luft. Der Geschmack des Hofes wie des Publikums war durch die vorzüglichen Kräfte der italienischen Oper verwöhnt und in eine bestimmte Richtung gelenkt. Morlacchi (geboren 1786 und 1810 in Dresden angestellt), Webers Amtsgenosse, selbst ein vielseitig begabter Komponist und beim Grafen Einsiedel aufs beste angeschrieben, war trotz seiner verbindlichen Umgangsformen nicht geneigt, dem deutschen Konkurrenten gegenüber zurückzuweichen oder auch nur den kleinsten Teil seiner bevorzugten Stellung aufzugeben. Der kleine reizbare Meister sollte es also nicht leicht haben, eine „Neue Aera" zu begründen, die man weit über Dresdens Grenzen hinaus von ihm erwartete. Mit einer charakteristischen Wendung, die nicht nur bei seinen Untergebenen sondern auch bei Hofe Anstoß erregte, beendete Weber seine erste Ansprache an die Kapelle:

„.... Dagegen erwarte ich aber auch, als Ihr Vorgesetzter, Ihren unbedingten Gehorsam. Ich werde gerecht, aber auch ohne Ansehen der Person gegen jeden, am meisten gegen mich selbst, unerbittlich sein."

Neben den Vorstellungen, die am kurfürstlichen Hofe stattfanden, sind die wichtigsten die Aufführungen auf dem kleinen Sommertheater des Linckeschen Bades in der Neustadt. Es wurde im Jahre 1776 eingeweiht und mußte ohne Subvention sein Leben fristen, unter deutschen und ausländischen Unternehmern, von denen Joseph Seconda der tüchtigste war. Vom Jahre 1790 ab bis 1817 spielte er mit seiner Truppe

Prospect des Herrn Accisrath Linckens Bad bey Neustadt-Dresden, gegen denen: Loschwitzer Weinbergen ec: nebst einen Grundriss von Bade

a. Gasthof zum 3. Kronen woraus der Prospect genomen.
b. Allee nach den Bade, Radeberg und Bautzen.
c. Wirthschaffts gebäute vor Badegäste.
d. Bade Stuben.
e. Allee an der Prisnitzbach nach der Elbe.

f. Garten Lusthaus an den Elbweg nach Loschwitz.
g. Comedienhaus.
h. Graf Reders Weinberg u. schönen Gebäuten.
i. der Weisehirsch u. neue Dörfgen.
k. der sogenante Mordgrund.
l. das Antonische Landhaus.

gezeichnet und in Kupffergestochen von M. Keyl.

regelmäßig in Leipzig und Dresden und zwar je von Ostern bis November in der Residenz. Er vermittelte außer manchen Neuheiten im deutschen Schauspiel den Dresdnern die Kenntnis der deutschen und französischen Oper, die am Hofe so gut wie gar nicht gepflegt wurde. Mozart, Gluck, Boieldieu, C. M. von Weber, Beethoven wurden durch Seconda zum ersten Male in Dresden aufgeführt. E. Th. A. Hoffmann wirkte hier kurze Zeit als Dirigent. Am 21. Oktober 1816 wurden die Vorstellungen der Secondaschen Gesellschaft mit Webers „Sylvana" geschlossen. Die Auflösung beförderte das Vitzthumsche Projekt einer deutschen Oper, und die Generaldirektion der kgl. Schauspiele nahm, um jeder Konkurrenz für die Zukunft vorzubeugen, das Theater des Linckeschen Bades selbst in Pacht.

Im Hause Karl Maria von Webers

Der Meister des „Oberon", bekanntlich in Eutin geboren, blieb, trotz mancher Verlockungen, seiner Dresdner Wahlheimat und der von ihm dort begründeten deutschen Oper treu. Sein häusliches Leben und den geselligen Verkehr bei „Chiappone" schildert Webers Sohn Max Maria in der Biographie seines Vaters wie folgt:

Es konnte nicht fehlen, daß diese Häuslichkeit, bei den hohen geistigen Vorzügen der Gatten und den außerordentlichen Talenten, mit denen sie jeden geselligen Kreis zu schmücken und zu beleben verstanden, sowie bei ihrer Fähigkeit die beiderseitigen Bestrebungen zu verstehen, zu würdigen und zu unterstützen, und endlich bei ihrem Sinn für trautes, heiteres Zusammenleben, bald die anmutigste, die Geselligkeit im Weberschen Hause eine der gesuchtesten der Residenz wurde.

Da die Gatten eifrige Frühaufsteher waren, so widmete sich der lange Morgen bis zum Beginne der Proben und Konferenzen, nach einem sehr behaglichen Frühstücke, wobei Weber mit seiner Gattin Angelegenheiten des Hauses besprach, von selbst der Arbeit. Doch pflegte Weber vormittags meist nur solche Beschäftigungen vorzunehmen, die weniger schöpferische Kraft der Phantasie, als Klarheit des Geistes erfordern. Abends hingegen brachte er meist Konzeptionen zu Papier, die ihm das Leben des Tages geschenkt hatte.

Von zehn Uhr an waren viele Vormittage durch Proben in Anspruch genommen. War dies nicht der Fall, so liebte er es, mit seiner Frau vor dem Mittagessen, das man um ein Uhr einnahm, einen Gang um die „Schläge" (so hießen die Tore Dresdens) zu machen oder eilige Besuche abzustatten, worin er sehr gewissenhaft zu sein pflegte. Fast nie versäumte es Weber, den Mitgliedern des königlichen Hauses, seinen Vorgesetzten, Kollegen und Freunden, und letztere in sehr weitem Sinne genommen, persönlich seinen Glückwunsch zu ihren Festen zu bringen.

Das Theater auf dem Linckeschen Bade

Zeichnung von C. Aßmann. 1798

Das alte Hoftheater
Stich von C. Beichling

Die Hauptwache mit dem neuen Hoftheater

Das Königliche Hoftheater zu Dresden im Jahr 1837.

Vom Zwinger ist bis zum vergeßnen Bär
So manches des Veralteten verschwunden;
Und neu gestaltet hat sich ringsumher
Des Stattlichen vielfaches eingefunden

Nur ich allein, vor aller Welt entblößt,
Erhebe – als der Nester deutscher Bühnen –
Noch unerhört mein heisches „Abgelöst!“
Sprich Residenz, soll ich dir ewig dienen?

Ach, du bleibst taub, und fast zu Tode lacht
Sich halb Europa über meine Schwächen;
Bis (geb's der Himmel in der Mitternacht!)
Der alte Plunder wird zusammen brechen.

Karl Maria von Weber

Nach dem Gemälde von C. Vogel von Vogelstein auf Stein gezeichnet von C. A. Schwerdgeburth. 1823

Gegen Mittagsgastereien hatte Weber wie alle Personen, denen an ungeschwächter Tätigkeit des Geistes in den Nachmittagsstunden gelegen ist, einen Widerwillen, liebte es dagegen, mit guten Freunden, deren Gegenwart ihn an der Abhaltung einer ziemlich ausgedehnten Siesta nicht hinderte, bei Tisch zu sitzen. Nicht selten verführte ihn diese Liebhaberei dazu, der Gattin kleine Verlegenheiten zu bereiten, indem er ohne vorherige Anmeldung, oft drei — vier Gäste zur Mittagsmahlzeit nach Hause brachte und dann jederzeit verlangte, daß das Mahl, wenn auch nicht reich, so doch ansehnlich und in einem gewissen Sinne festlich zum Vorschein komme.

Karoline hatte durch diese Überraschungen nach und nach eine große Fertigkeit im Hervorzaubern improvisierter Gerichte gewonnen. Nach der Siesta ward der Kaffee eingenommen, dessen Genuß er sich häufig dadurch verdarb, daß er dabei die eingegangenen Journale las. Er hatte, selbst auf der Höhe seines Rufes, die Schwachheit, sich durch jede übelwollende Kritik, sei sie aus der unbedeutendsten Feder geflossen, tief und nachhaltig bewegen zu lassen. Und diese unangenehme Aufregung wurde sogar von Kritiken über Werke seiner Freunde und Gesinnungsgenossen hervorgerufen.

Er meditierte und konzipierte sogar dann oft sogleich Repliken, die zum Glück aber größtenteils ungedruckt blieben. Einige der erschienenen trugen nicht zur Vermehrung der Annehmlichkeit seines Lebens bei. Durch Kirchen-Nachmittagsdienst oder Leitung im Theater wurde dann der Abend in Bezug auf Arbeit abgeschlossen, die freien Abende hingegen aufs Ernsteste zur geistigen Arbeit verwandt, ja sogar nach dem Abendbrote, bei dem man Tee zu nehmen liebte, noch der oder jener Brief bis in die Nacht hinein expediert. Nach den Theaterabenden, die ihn körperlich sehr abspannten, mochte Weber sich sehr gern im Männerkreise ungezwungenster Form bewegen. Wir sehen ihn zu diesem Zwecke, selbst in den Flitterwochen seiner Ehe, ein bis zweimal wöchentlich aus dem Theater, durch Wind und Schneegestöber nach der Schloßgasse hinabschreiten und in eins der schmalen, hohen Häuser, welche diese Straße bilden, einbiegen. Hier, fast an der Ecke dieser und einer anderen, ähnlichen Straße, der Wilsdruffergasse, dämmert das Licht von zwei rötlich brennenden Astrallampen aus einem kleinen Laden, von dessen Decke Salami di Verona, Trüffelwürste, Pommersche Gänsebrüste, Bayonner Schinken in phantastischen Formen bis auf den Hut des Eintretenden herabhängen und dämonisch gestaltete Schlagschatten an die Decke werfen. Auf dem langen Verkaufstische liegen Lachse, Seefische und Haufen von Südfrüchten, stehen Terrines aux truffes du Perigord, Kaviarfäßchen und gewaltige grüne Käseglocken. An den Laden stoßen zwei kleine, ebenfalls ziemlich trüb beleuchtete Zimmerchen.

Am Stammtisch bei „Chiappone"

Es ist dies der Laden des „Italieners" Chiappone, ein mit Dresdens ganzem Literatur- und Kunstleben der ersten Dezennien dieses Jahrhunderts eng in Beziehung stehender Raum!

In das Zimmerchen hinter dem Laden tritt Weber ein und wird von einer Gesellschaft Grauköpfe und ernster Männergesichter begrüßt, die hier sokratisch heiter ihre Falten durch die verjüngende Kraft des Hochheimers und Burgunders, des Kaviars und der Austern glätten. Da sitzt im Schatten, selten seine sonore Stimme erhebend, der Schöpfer der „Ironischen Schule“ in der Poesie, Ludwig Tieck, gebeugt, hinter einem Austernberge fast verschwindend, ein Bild bewußten Lebensgenusses. Unter der Lampe spielt ein rötlicher Reflex auf der imposanten Glatze Böttigers, der behaglich schmunzelnd eine zierliche, kleine Skandalgeschichte erzählt; der freundliche „Freund“ Karl Förster, der „deutsche Petrarka“, versetzt sich durch eine Schnitte Salami di Verona in italienische Stimmung. Hinter dem Tische am Ofen lehnt sich der „jederzeit verkannte“ Friedrich Kind in seiner Dichterwürde zurück und schlürft sparsam den Rheinwein, den ihm der feine, hochgebildete Legationsrat Breuer, der „einzige Kopf im sächsischen Lager“ während des österreichischen Exils, ein klarer Denker, Frauenliebling, Hofmann und warmer Schützer der Kunst, einschenkt. Vor den beiden steht lebhaft gestikulierend, achselzuckend, ein Theatervorkommnis pikant mitteilend und doch alle handelnden Parteien vorsichtig entschuldigend, Theodor Hell. Sein unschönfaltiges, kluges Gesicht mit dem starken Haarbusche, mildert durch sein gutmütig lebhaftes Mienenspiel die bedenklichsten Pointen, geschickt umschifft er die Charybdis, ohne in die Scylla zu geraten, und der Alte „Don Juan-Bassi“, der „alles weiß“, läßt sein dröhnendes Lachen dazwischen schallen!

Hier schüttelt Weber den Schnee behaglich vom Mantel, drückt sich in den belederten Stuhl, der ihm reserviert oder ihm achtungsvoll freigemacht wird, und ist gleich mitten im Gespräch, belebt und angeregt, mag es nun Geistesfunken aus einem halben Dutzend ausgezeichneter Köpfe schlagen oder, was weit öfter der Fall und ihm lieber war, im dulce desipere in loco mit Geschichtchen, Pößchen oder Zötchen die Zwerchfelle der Herren erschüttern. Niemals aber berührte, gut Dresdnerisch vorsichtig, die ernste oder heitere Rede selbst in diesem der Strömung der Welt fernliegenden, behaglich düsteren Zimmer die öffentlichen Verhältnisse, den Dienst, die „Herrschaften“, und wenn Weber, wie er dies von Prag und Berlin her gewohnt war, nur einen Ton der leicht dahin leitenden Skala anschlug, verstummte das Wort, die Gesichter wurden lang, man sah sich an — trank verlegen. Doch verstanden damals Männer die jetzt verlorene Kunst, auch ohne Politik und höhere Staatskritik, geistreich froh beisammen zu sitzen.

Wenn Webers Geist und Humor nun aber auch in diesem Kreise mit Tiecks großem Dichterrufe und Böttigers verblüffendem Gelehrtengedächtnisse die Herrschaft völlig ebenbürtig teilte, so war er doch nicht der Ort, wo Webers gesellige Vorzüge im hellsten Lichte hervortreten konnten. Dies war nur da möglich, wo er das große Gewicht seines musikalischen Talentes mit in die Schale werfen konnte. Und in dieser Beziehung hatte er in seiner Frau einen neuen, wichtigen Alliierten erhalten.

Es gibt ältere Leute, welche Gelegenheit hatten, Weber und seine Gattin in den Zirkeln des „Liederkreises", in des Ministers Nostitz gastlichem Hause, bei Baron Gutschmid und in anderen Gesellschaftskreisen zu beobachten, wo er sich als er selbst geben durfte und bei denen ein Zeitraum von über vierzig Jahren nicht imstande gewesen ist, den bezaubernden Eindruck zu verwischen, den das Paar zu machen pflegte, wenn sie seine komischen Lieder zusammen meisterhaft sangen oder sie ein Gedicht sprach und er dazu improvisierte. Der ernsteste Staatsmann und Künstler wurde dann zum heiteren Humoristen, und es genügte meist eine solche Leistung, um die Stimmung einer Gesellschaft für den ganzen Abend zu erhöhen. Fern von aller „Großen-Mann-Spielerei" gab sich Weber dann der frohen Stimmung rückhaltlos hin.

Versammelte er aber gar Freunde bei sich selbst, zu welchem Zirkel er auch meist einige seiner talentvollsten, jungen Kapellmitglieder zuzuziehen pflegte, so war er der heiterste und anspruchsloseste Wirt, der selbst den frischen Ton bezeichnete, in dem er den Verkehr in seinem geselligen Kreise gehalten wissen wollte. Häufig genug hat er an Abenden, wo die Jugend in der Anzahl vorwog, selbst zum Tanz aufgespielt, und niemand kannte die elektrisierenden Tänze, die unter seinen Fingern melodiös, reich und froh hervorquollen, weil er sie eben improvisierte. Wenn dann die jungen Kapellmitglieder aus Bescheidenheit nicht tanzen wollten, rief er ihnen wohl zu: „Wenn der Meister aufspielt, dürfen die Gesellen tanzen!"

Näheres über die hier genannten Personen im Abschnitt „Liederkreis und Abendzeitung". S. 242.

Weber im festlichen Kreise

Die vorstehende Schilderung ergänzt Karl von Holtei (1798—1880), der im Jahre 1822 als angehender Schauspieler das Glück hatte, mit Weber im kleinen Kreise gesellig vereint zu sein, in seinen Rückblicken:

Als ich mit Freund Chiappone die Anordnung des kleinen Festmahls besprechend, meine Gäste zu empfangen bereit stand, da öffnete sich die Türe, und am Arme der Holdseligsten (Frau Seidler) hinkte herein der Meister, dessen Agathe sie so gern und glorreich ins Leben gerufen. „Ich lade mich selbst ein!" sagte er; „ich gehöre ja auch sozusagen zur Bande."

Das war ein Abend! Einunddreißig Jahre sind seitdem vergangen. Könnte man ihn noch einmal durchleben, man lebte sich, glaube ich, wieder jung. Wir waren unser sechs oder sieben. Ludwig Robert mit seiner junonischen Gattin befand sich auch dabei.

Schändlich lügen würde ich, wollte ich behaupten, das Gespräch habe sich lange auf dem Punkt gehalten, den gelehrte, verständige, sittsame und weise Personen als den Mittelpunkt vornehm geselliger Würde bezeichnen. Das war Webers Art nicht. Er konnte sehr ernsthaft sein, wo es galt. Aber wo es darauf ankam, sich gehen zu lassen, zwanglos lustig zu scherzen, da gab er sich ohne Rückhalt hin; da wurde er kindisch, und sein anmutiges Benehmen wirkte bezaubernd auf jeden Genossen, der eben nicht völlig eingestaubt und eingetrocknet neben ihm saß. Von dem humoristischen Unsinn, den er sprechen, den er die Nachbarn sprechen machen konnte, haben achselzuckende Schönredner und Phrasendrechsler und Süßholzraspler keinen Begriff, sollen, dürfen ihn auch nicht haben. Denn wäre es nicht gar zu traurig um die Künstlerwelt und, was drum und dran hängt, in dieser Welt bestellt, wenn sie nicht wenigstens ein Recht besäße oder sich nehmen dürfte, in ihren Kreisen des Horatius Worte vom „Dulce est desipere in loco“ zum Wahlspruch oder sich bis zu diesem Wahlspruch zu erheben! Unsere Jugend versteht keinen Spaß mehr. Weber verstand ihn, verstand auch, wie schon erwähnt, guten — schlechten Spaß zu komponieren, vorzutragen, bei anderen zu fördern und zu dirigieren.

Ebenso gut und mit ebenso feinem Takte, wie er sein Orchester zu dirigieren verstand, und wie er dieses ohne Verrenkungen, ohne herausfordernde Aktionen, ohne Ziererei — von welcher sogar ein Spohr, den Stab in der Rechten, sich nicht ganz frei hielt — mit sicherm, gefälligem Wesen, mit geistiger Gewalt zu leiten wußte, so hielt er auch in der Geselligkeit das schönste Maß zwischen Bewegung und Ruhe. Wer bei ihm, durch ihn nicht behaglich verkehren konnte, der war wohl überhaupt nicht geboren, mit anderen Menschen umzugehen, als nur mit solchen, deren Hauptlebenszweck es scheint, bête zu machen und à tout auszuspielen.

Weber gehörte zu jenen nicht häufigen Musikern, bei denen wissenschaftliche Ausbildung, vielseitiges Streben, überwiegender Verstand der ursprünglich schöpferischen Melodienfülle keinen Abbruch getan, dem natürliche Talente keinen gelehrten Zwang angelegt haben. Er gehörte aber auch zu jenen Menschen, welche im freundschaftlichen Umgange, im gegenseitigen Austausch der Meinungen und Ansichten eben ihr geistiges Übergewicht auf keine Weise zur Schau tragen; vielmehr in liebenswürdiger Heiterkeit und Milde dafür sorgen, daß eben ein Jeder sein kleines Lichtchen leuchten lassen dürfe. Anregend, auffordernd, aufmerksam, belebend, in streitigen Fällen und Gesprächen dem Gegner die passende Stelle andeutend, wo er ein bedrohliches Disputorium leicht und schicklich ins Gebiet des Scherzes verlegen und durch diesen zur freundschaftlichen Vereinbarung zurückgeführt werden könne.

Nur ein Gegenstand machte davon eine Ausnahme. Nur in einer Sache zeigte sich der große Mann kleinlich; nur eines Menschen Namen mochte ihn aus der edlen Haltung bringen, die er sonst immer behauptete. Das war die Sache der italienischen Oper; das war der Name Rossini. Da zeigte sich der scharfsichtige und aus klaren Augen blickende Weber blind; da wollte er blind bleiben. Da wollte er sich absichtlich verschließen gegen Schönheiten, die endlich ihm doch nicht hätten entgehen können,

Blick auf Dresden bei Mondschein. Gemälde von J. Cl. Dahl

Gezeichnet d. 3. May v. L. Richter jun. C. F. Sprinck ge.

Ruinen vom alten Königl. Schloss zu Pillniz

welches nebst dem Speise-Salon u. der Kapelle den 1. May 1818. abgebrand ist.

hätte er nicht verstockt und trotzig blos auf Mängel gelauscht — die sich freilich auch im Übermaße darboten. Es war aber sehr menschlich, sehr begreiflich. Seine Stellung als Kapellmeister einer deutschen Oper im damaligen Dresden macht alles klar. Die italienische Oper mit ihrem Führer Morlacchi war das Schoßkind des Hofes. Um ihretwillen mußte Weber manche Zurücksetzung geschehen lassen und erdulden, die er desto schmerzlicher empfand, in je schärferem Gegensatze sie erschien zu der Verehrung, die seines Namens Klang in der ganzen Welt zu erregen anfing, seitdem der „Freischütz“ und „Preziosa“ des Meisters Ruhm von allen Bühnen verkündeten .....

Ehe wir Chiappones Keller verließen, um noch einen Gang in die laue Sternennacht zu unternehmen, war schon wieder Versöhnung geschlossen, und Weber drückte dem Friedenstraktate das Siegel auf, indem er uns sämtlich für den nächsten Mittag an seinen Tisch lud.

König Johann als Dichter

Der gelehrte Dante-Übersetzer „Philalethes“, den Friedrich Wilhelm IV. stets „mein Schwager, der Professor“ nannte, zeigte sich auch in Gelegenheitsgedichten als gedankenreicher und formgewandter Poet. Davon zeugen folgende Verse:

Auf den Brand des Pillnitzer Schlosses
1. Mai 1818

Du stiller Schauplatz meiner Jugendfreuden,
Wo ich der Kindheit goldnen Traum genoß
Wo mir das Leben sorgenfrei verfloß,
So soll ich denn von deinem Anblick scheiden,

Der oft ins wunde Herz mir Balsam goß.
Mein Auge soll sich ferner nimmer weiden
An deines Tempels freundlichen Gebäuden,
An deinem wohlbekannten alten Schloß.

Zum Himmel steigt empor des Rauches Säule.
Ach, so verschwindet jedes Erdenglück
Und kehrt zum Nichts, aus dem es kam, zurück.

Selbst unsres Lebens Lauf entflieht in Eile.
Drum laßt uns wenden himmelwärts den Blick,
Daß einst dort oben jede Wunde heile.

Höfische Vergnügungen

Washington Irving, der bekannte amerikanische Schriftsteller, verlebte von bis 1822 1823 ein gutes halbes Jahr in Dresden, wo er viel in den Kreisen des Hofes verkehrte. Er schreibt über einen Hofball am 7. März 1823 an seine Schwester:

„Mein Winter in Dresden ist äußerst angenehm gewesen. Ich bin ganz heimisch geworden unter den guten Leuten und werde zu allem, was in der Welt des feinen Tons und Frohsinns vorgeht, eingeladen. Der alte Hof hat mir besonders gefallen wegen seiner steifen, altmodischen Förmlichkeiten und seiner feierlichen Zeremonien. Ich bin von allen Mitgliedern der Königlichen Familie in gleicher Weise mit der bemerkenswertesten Aufmerksamkeit behandelt worden und stehe in großer Gunst bei der alten Königin. Es herrscht bei einigen der Hoffestlichkeiten eine eigentümliche Mischung von Pracht und Gemütlichkeit. Bei den vom König gegebenen Hofbällen werden Leute aus dem Volke als Zuschauer zugelassen, und Reihen von Sitzen sind für sie an beiden Seiten des Saales, in dem die Gesellschaft tanzt, errichtet. Hier sieht man nun den Adel und die Besucher des Hofes in Staatskleidern in der Mitte des Saales tanzen, während an den Seiten lange, zusammengepreßte Reihen von dicken Gesichtern zu sehen sind, Männer, Frauen und Kinder, die staunend zusehen und sich grüßend verneigen. Da die Hoftänze nicht immer die würdevollsten sind, so könnte man meinen, daß die Gelegenheit, die Königliche Familie Luftsprünge machen zu sehen, hinreichen müßte, um den Nimbus zu zerstören, von dem sie umgeben ist. Einen wilden Tanz gibt es, der „Großvater" genannt wird, so etwas im Stil von Sir Roger de Coverley. Er beschließt gewöhnlich die Bälle, und die Prinzen und die Prinzessinnen tanzen ihn sehr gern. Bei diesem Tanze habe ich gesehen, wie Höflinge jeden Alters den Saal auf und ab hüpften zum unendlichen Vergnügen des Volkes."

Ganz besonderes Vergnügen bereitet dem Amerikaner die Königliche Jagd, zu der er mehrere Male eingeladen wurde. Er berichtet darüber am 15. März 1823 an seinen Freund, den englischen Maler Leslie:

„Wenn man mit dem König auf die Jagd geht, so glaubt man eine jener Szenen aus alten Zeiten vor sich zu haben, wie man sie in Gedichten und Romanen findet ... Der Schauplatz ist ein Wald, der nach allen Richtungen hin von Straßen, Wegen und Fußpfaden durchschnitten ist. Es ist ein kalter Wintertag; tiefer Schnee bedeckt den Boden, aber da die Jagd im dichten Fichtenwalde stattfindet und der Tag sonnig ist, so fühlen die Jäger die Kälte nicht. Der Eber, der gejagt wird, hält sich außerordentlich tapfer; die Jagd dauert ziemlich zwei Stunden, und das Tier wird erst überwältigt, nachdem es einen Hund getötet und mehrere andere gefährlich verwundet hat. Der König und die zahlreiche Jagdgesellschaft, die ihm folgt, sind in altmodische grüne Jagdgewänder gekleidet und tragen grüne Mützen auf dem Kopfe. Der Anblick des alten Monarchen und seines Gefolges, wie sie durch die Alleen des Waldes dahingaloppieren, die Jäger, die in allen Richtungen umhersprengen und die Hunde anfeuern, das Geschrei, das Schmettern der Jagdhörner, das durch den Wald schallende Gebell der Hunde, alles das bildet eine der belebtesten Szenen, die ich je gesehen habe."

Zelebritäten

Von allerhand Originalen und Berühmtheiten der Stadt erfahren wir durch Wilhelm von Kügelgen dies und jenes:

Dem „Gottessegen" gerade gegenüber wohnte eine Familie, die meinen Eltern schon von Rußland her bekannt war. Herr Schönberg, ein geborener Dresdener, hatte in Petersburg reich geheiratet und als Kaufmann glückliche Geschäfte gemacht. Dann hatte er sich nach seiner Vaterstadt zurückgezogen, um hier zu privatisieren und seine Kinder zu erziehen. Die letzteren waren mit uns im gleichen Alter. Der älteste Sohn August, ein braver Junge von robustem Körperbau und ehrlichem, geradem Wesen, war mein Spezial. Er war sogar gleich mir in Petersburg geboren, daher wir uns schon durch Landsmannschaft verbunden glaubten und treulich zueinander hielten. Ich erinnere mich nicht, daß ich mich je mit ihm veruneinigt hätte. Wir blieben Freunde bis ins Mannesalter und wären es heute noch, wenn ihn mir nicht der Tod entrissen hätte. Sein jüngerer Bruder Eduard, ein zarter, geistig sehr begabter Knabe, war wie der meinige ein Dresdener Kind. Wir nannten diese beiden Sächsers und sie uns Peters. Ein dritter Bruder endlich und ein Schwesterchen waren noch sehr klein, belebten aber unseren Kinderkreis auf ihre Weise.

In diesem reichen Hause verlebten wir sehr frohe Stunden. Es gab da alles, was das Herz sich wünscht: Schaukelpferde, sehr natürliche, mit Fell überzogen und glänzenden Geschirren, Federbälle, Brummkreisel, Kegelschub und Billard, und nicht das schlechteste war der schöne Garten mit schattigen Alleen und blühenden Gesträuchen, mit Kinderbeeten, Schaukeln und vielem Raum zum Wildern und Stelzengehen. Es war ein Kinderhimmel, der sich auch noch dadurch empfahl, daß die weiche, bis zur Schwäche gütige Hausfrau unsere Spiele zwischendurch und häufig durch ein Tellerchen mit Obst, mit Kuchen oder anderen Delikatessen zu unterbrechen wußte.

Die Mutter pflegte uns aus Grundsatz wenig Leckereien und niemals außer der Zeit zu essen zu geben, wofür ich ihr noch heute danke. Dafür freilich vertrugen wir's in fremden Häusern desto besser, und namentlich bei Schönbergs, die sehr gut lebten.

Herr Schönberg hielt persönlich was auf gute Küche. Er urteilte in Geschmackssachen weniger illusorisch als reell, und man sah Männer an seiner Tafel, die auf ein Butterbrot nicht einzuladen waren, selbst große Herren, wie den russischen Fürsten Putjatin, der seit langer Zeit in Dresden domizilierte.

Besagter Fürst war für uns Kinder im höchsten Grade bemerkenswert, da er jenen schätzbaren Originalen angehörte, über deren Aussterben neuerdings so viel geklagt wird, mit denen Dresden aber dazumal noch reichlich versehen war. Sie fanden sich in allen Klassen der Gesellschaft, und es steht wohl nichts im Wege, diese Blätter mit den Umrissen einiger der hervorragendsten Gestalten dieser Art zu illustrieren.

Peter Groll

Wer Peter Groll war, wußte jedes Kind. Daß dieser Mann aber weder Peter hieß, noch auch Groll und nur die Kinder ihn seiner grollenden Gemütsart wegen diesen Namen angelästert hatten, das wußten nur wenige. Früher war er Schirrmeister bei der Post gewesen; jetzt aber privatisierte er aus mir unbekannten Gründen, wahrscheinlich seiner Grobheit wegen.

Peter Groll war einer von denen, die Fallstaff gespaltenen Rettichen vergleicht, ein kleiner Mensch mit übergroßem Kopf und kurzen Säbelbeinen. Dazu trug er ein Paar Kanonenstiefel mit Sporen, einen ungeheueren Stürmer und einen sauerkrautfarbenen Frack, der bis an die Fersen reichte. Die Frackschöße, in denen seine Fäuste steckten, standen weit ab vom Leibe, weil sie vollgepfropft mit Steinen waren. Nicht daß er Mineralog gewesen wäre; er war nur bewaffnet und hatte dies der Kinder wegen nötig, die ihm, wie Krähen einem Käuzchen, in hellen Haufen folgten, unablässig Peter Groll schreiend. Plötzlich drehte er sich denn um, fuhr mit vollen Fäusten aus den Taschen, und die Kartätschen sausten unter die zerstiebende Brut, die ihm im nächsten Augenblicke wieder schreiend folgte. Er brauchte daher sehr viel Steine.

Man hätte denken sollen, daß solche Lebensart unangenehm gewesen wäre; doch mußte Groll es anders ansehen, denn wenn er zufällig einmal ungeschoren blieb, schien ihm doch etwas zu fehlen. Mein Bruder war einmal Zeuge, daß er, in den Taschen rasselnd, stehen blieb, sich rund umsah und wie Goliath gegen die Philister ausrief: „Will denn alleweil kener kummen? Wo sein denn hiete alle Ludersch?"

Der schon genannte Hofrat von Zezschwitz pflegte es gern zu erzählen, wie auch er die Bekanntschaft jenes Mannes gemacht hatte. Von einem Ausflug in die Oberlausitz, wo er begütert war, heimkehrend, lag Zezschwitz am heißen Nachmittag schlummernd in der Wagenecke, während der Postillon an einer Waldschenke, der Schenkhübel geheißen, die Pferde verschnaufen ließ. Da ward der Schlag aufgerissen, und ein Unbekannter schwang sich ein. Zezschwitz rieb sich die Augen. Er habe nicht das Vergnügen, sagte er, den Herrn zu kennen, und müsse bitten, ihm seinen Wagen allein zu überlassen.

Dresdener Originale: Die Eierhanne und Peter Groll

Dresdener Originale: Johann Karl Gottfried Rehhahn
Farbige Zeichnung von Nowakowsky

Der Bautzner und Pirnaische
Bote.

Dresdener Botenfuhrmann

Nur wenig Jahre sind's seit Peter Krollens Ende;
Als er wohl allbeklagt vom Publikum sich trennte,
Maisänger folgte dann, und Frosch war sein Kumpan.
— Da schwingt der harte Tod den nie erstumpften Stahl,
Und mäht in böser Lust, und fein ersuchten Wahl;
Des Bestes würdge Kron, des alten Stammes Mark,
Fort von den Schleiferbuden: Marliesen in den Sarg! —

Es hatt' die reife Braut sich mit dem Tod vermählt,
Und hatt' durch Sprödigkeit den Bräutgam lang gequält —
Denn sie trank keinen Schnaps — und dann und wann nur Wein;
Und lebt mit ihren Finken im herrlichsten Verein —

Drum gönnet diesem Blatt noch einem nassen Blick
Denn — solch ein Ehrenkreis — kommt nicht so bald zurück! — —

Das Begräbnis der Vogel-Marliese am 25. Februar 1832. Lithographisches Flugblatt

Jener aber legte seine Frackschöße auf den Knien zusammen und erwiderte: „Ich will se was sagen, heren se, das kennen se sich überlegen: Das dahier is Bostgescherre, und meine Berson is Scherrmeister bei der Bost gewest. So wäre ich wohl ooch noch dermit fahren kennen, so gut wie ener, heren se!"

„Lieber Schwager!", redete Zezschwitz jetzt den herantretenden Postillon an, „vielleichst kannst du den Herrn Schirrmeister hier überreden, daß er sich lieber auf den Bock verfügt". Aber der Schwager hatte seinen Mann schon bei den Stiefeln.

„Luder!" schrie Peter Groll. Doch damit lag er auch schon unten, und dahin rollte der Wagen, von einem Steinhagel verfolgt. Herr von Zezschwitz wunderte sich am meisten darüber, daß der Postillon über den ganzen Vorfall auch kein einziges Wort verlor. So entsinne ich mich auch, daß mein Bruder bei Gelegenheit einer Fahrt nach Loschwitz sehr entzückt aufschrie: „Schnell Mutter! da geht Peter Groll!" — Die Mutter, die von diesem wohl gehört, ihn aber nie gesehen hatte, bog sich aus dem Wagen und fuhr sogleich entsetzt zurück. Ihr Blick war in nächster Nähe einer blutroten, weit ausgestreckten Zunge begegnet — von der Größe einer Rindszunge, wie sie behauptete — welche ihr aus dem weiten Rachen eines kirschroten Nußknackergesichtes entgegenschwang. Dies kleine Erlebnis war ihr trotz ihres gerechten Schreckens so lächerlich gewesen, daß sie sich in späteren Jahren daran zu erheitern pflegte.

Die Vogel-Marliese — Der alte Helmert

Nicht minder berühmte Figuren waren die alte Marliese und der Buchhändler Helmert. Erstere, die mit Meerschweinchen, Kaninchen und Kanarienvögeln auf offenem Markte hökerte, lag ebenfalls in ewiger Fehde mit der Jugend und überdem mit jeder Art von Straßenhunden, die eine unwiderstehliche Neigung zeigten, ihre Hinterbeine an den Meerschweinbauern aufzuheben. Die Kinder dagegen machten unablässige Versuche, ohne Geld zu kaufen, bloß um sich an dem entsetzlichen Schelten der Alten zu ergötzen und bei dieser Gelegenheit manchen erquicklichen Hieb davon zu tragen, dergleichen das erboste Weib, ohne sich zu erheben, mit ihrer langen Angelrute austeilte, einerlei wo's hinkam, über Köpfe und Bäuche.

Helmert dagegen war der große Liebling aller Kinder. Die Tradition berichtete, daß er vorzeiten eine eigene Verlagshandlung besessen habe; da er aber vermöge seiner großen Gutmütigkeit den Vorteil seiner Kunden mehr als seinen eigenen im Auge hatte, so war er nachgerade so heruntergekommen, daß sein ganzes Vermögen sich endlich auf den Haufen alter Bücher beschränkte, mit denen er zu meiner Zeit am Neumarkt an einem offenen Tische marktete.

Als ich auf meinem Wege nach der Hahnschen Schule das erstemal an ihm vorüberkam, wich ich ihm seines Aussehens halber aus. Ein schwarzes Tuch turbanartig um den kleinen greisen Kopf gewunden, die übrige Mumie aber mit einem langen, feuerroten und talarartigen Schlafrock bekleidet, glich er einem Hexenmeister, der durch ein Wunder dem Brandpfahle entsprungen ist. Da ich ihn indessen bei öfterem Vorübergehen im freundlichsten Verkehr mit Kindern fand, faßte ich Zutrauen. Ich kaufte einiges bei ihm und ward Zeuge, wie er armen Knaben, die blaß und hungrig aussahen, die abgenutzten Schulbücher, um die sie handelten, ganz unentgeltlich überließ.

Fürst Putjatin

Dergleichen vorurteilslose Leute gab es außerdem noch mehrere. Unter allen aber der merkwürdigste war ohne Zweifel jener russische Fürst Putjatin, den ich zwar täglich auf der Straße sah, der mir aber im Schönbergschen Hause als im Verkehr mit anderen Menschen doppelt interessant war. Der Fürst gehörte der vornehmsten Gesellschaft an. Er war ein gebildeter, geistvoller und sehr kenntnisreicher Herr, doch aber etwas ganz Apartes und seine Erscheinung so auffällig, daß ich nicht weiß, wem es mehr zur Ehre gereichte, ihm oder der Straßenjugend, wenn diese ihn nicht nur ungehudelt ließ, sondern ihm sogar mit Achtung auswich.

Meine Dresdener Zeitgenossen werden sich erinnern, daß ihnen je zuweilen bei Regenwetter ein wandelndes Schilderhaus oder ein Pavillon von schwarzem Taffet begegnet ist. Das war der Fürst. Sich bei Exponierung des ganzen übrigen Körpers nur allein den Kopf zu schützen, hielt er nicht für zuträglich und erfand daher diese Veranstaltung, welche, mit kleinen Glasfenstern versehen, die ganze Gestalt bis an die Knöchel bedeckte.

Bei schönem Wetter war etwas mehr zu sehen. Der Fürst trug alsdann eine zweckmäßige, sehr groß-schirmige Mütze, blaue Brillen, das breite schwarze Halstuch übers Kinn gezogen und einen langen, bis an die Füße reichenden, fest zugeknöpften Überrock. Rechts von der Brust herab hing an einem silbernen Haken das ansehnliche Paket jenes kompendiösen Schirmes, links aber eine elegante Hundepeitsche und eine große Flöte oder Schalmei. Vor ihm her bewegten sich ein paar Möpse, welche taub zu sein schienen, denn sie kehrten sich ebensowenig an die starken Signale, die der Fürst ihnen von Zeit zu Zeit auf seiner Schalmei gab, als er sich an ihren Ungehorsam. Er begnügte sich, ihnen seinen Willen kund zu tun, es ihnen überlassend, ob sie sich fügen wollten oder nicht. Ohne seine Hunde aber sah man ihn nie. Er liebte und bewunderte sie wie ihr ganzes Geschlecht und pflegte zu behaupten, die Hunde seien die eigentlichen Menschen, die Menschen eigentlich Hunde.

Übrigens war es nur wenigen bekannt, daß man unter dem langen Überrocke des Fürsten vergebens nach Beinkleidern gesucht haben würde. Putjatin nannte besagtes Kleidungsstück die unlautere Ursache vielfacher Unlust. Es wäre ihm nicht unwahrscheinlich, sagte er, daß sowohl Römer, als auch Bergschotten ihre bekannte Mannhaftigkeit nur der Sansculotterie zu danken hätten, und Rücksichten, die man sich selber schulde, seien Grund sie abzulegen.

Auch ging Se. Durchlaucht hierin allen mit gutem Beispiel vor, indem er sich begnügte, beide Beine von oben bis unten gleich Wickelkindern mit Leinwandstreifen zu umwinden. Diese Art Toilette, die er sich herbeiließ, eines Abends bei Schönbergs vorzuweisen, glich einem geschienten Knochenbruche und flößte uns Kindern Entsetzen ein.

Überhaupt hatte der Fürst so seine eigenen Sanitätsmaximen. Z. B. genoß er niemals Brot im primären Zustande, wie es der Bäcker liefert, sondern nur geröstet, in welcher Form er es auch in fremde Häuser mit sich führte, sogar an den Hof. Er hatte nämlich ermittelt, daß im rohen Brote, wie er es nannte, wenn auch nicht chemisch nachzuweisen, doch ein verzweifelt scharfer Giftstoff stecke, welcher die Not der Skrofeln erzeuge und nur durch Rösten zu paralysieren sei. Auch hörte man ihn dartun, der offenbare Grund sehr vieler Übel sei der, daß man die Haut unausgesetzt durch Kleidung oder Betten den Einwirkungen der Luft entzöge. Nun sei es leider nicht tunlich, durchgehends nackt zu gehen wie die Kaffern, doch wolle er Herrn Schönberg hiermit allen Ernstes tägliche Luftbäder angeraten haben. Daß Se. Durchlaucht diese selbst brauche, war sehr bekannt. In seinem Empfangszimmer hatte er sich ein Entresol oder Zwischendeck erbaut, auf welchem er, unsichtbar für die Besucher, die er im untern Raum annahm, sich mit ihnen bestens unterhaltend, in puris naturalibus umherzuwandeln pflegte. Auf diese Weise glaubte er, die verlorene Zeit der Visiten am zweckmäßigsten auszunutzen.

Man mag aus alledem entnehmen, daß es dem Fürsten nicht an Ideen fehlte; er triefte vielmehr von Erfindung. Wenn er zur Winterszeit nach Hofe fuhr, so sah man Dampf aus seinem Wagen gehen, weil er ihn heizbar gemacht hatte. Bei schönem Sommerwetter dagegen zeigte er sich in zurückgeschlagener Kalesche — wie weiland König Richard III. zwischen den beiden Bischöfen — zwischen zwei ansehnlichen Blasbälgen, welche durch die Bewegung der Wagenräder in Tätigkeit gesetzt, ihm Kühlung spendeten und zwar so energisch, daß er sich genötigt sah, den Hut zu halten. Für seine zweckmäßigste Erfindung aber hielt der geistreiche Herr eine gewisse Zuckersägemaschine, welche er eines Abends im Schönbergschen Hause arbeiten ließ.

Wir Kinder wurden gerufen und staunten die neue Maschine bescheiden an. Auf dem Tische stand ein kleiner Sägebock von poliertem Buchsbaum, zusammengesetzt aus einer niedrigeren und einer höheren Gabel, auf denen der Zuckerhut wagrecht zu liegen kam, den zwei Livreebediente mittels einer gewöhnlichen Säge in zollstarke Scheiben zerteilten. Es war ihnen jedoch keineswegs gestattet, schlechtweg zu sägen, wie man Holz sägt, sondern es mußte dies in einem vorgeschriebenen Takt geschehen, den ich nicht anders zu bezeichnen wüßte, als mit drei Viertelnoten und einer Viertelpause. Davon hing alles ab, sagte der Fürst. Endlich wurden die abgeteilten Scheiben nach demselben Takte mit Messer und Hammer in gleichmäßige Würfel zerschlagen. Worin der Vorteil dieser Maschine läge? flüsterte mir August zu. Ich wußte es aber nicht.

Denkmal des Kurfürsten Moritz an der Promenade

Das Landhaus des Fürsten Putjatin. Aquarell von C. G. Hammer. 1811

Das Landhaus Putjatin

in Zschachwitz war seines originellen Erbauers durchaus würdig. Eine kleine Biographie über den Fürsten, nach mündlicher Überlieferung zusammengestellt, ergänzt das vorstehende Kapitel W. von Kügelgens über diesen vornehmen Dresdner Sonderling:

So kaufte denn die Fürstin nominell — da ihr Gatte nach der damaligen Landesverfassung nicht angesessen sein konnte — am 21. Dezember 1797 das frühere Petzoldsche in Klein-Zschachwitzer Flur und unter der Gerichtsbarkeit des Rittergutes Lockwitz gelegene Bauerngut und erwarb noch einige angrenzende Felder und Buschteile hinzu. Fürst Putjatin ging sofort an den Bau eines Landhauses. Es war ein ganz eigentümliches Gebäude, diese „chaumière", wie der Fürst seine Villa zu nennen liebte. Nicht weniger als sechzehn Balkone umgaben das Haus. Auf dem Dach befand sich eine große Esplanade, zur Seite des Gebäudes ein schlanker, minaretartiger Turm. Das Ganze machte einen phantastisch-originellen Eindruck. Man meinte, es sei im Stil Putjatin erbaut. Betrat man das Haus, so erblickte man zur rechten Hand einen schönen runden Speisesaal und in demselben einen eisernen Ofen in Gestalt einer mächtigen Palme, deren Zweige, von der heißen Ofenluft bewegt, leise erzitterten. Zur Linken der Hausflur befand sich ein größerer Geschäftssalon, an welchen sich ein kleinerer in Halbkreisform anschloß. An den ersteren stieß, von einer Glaswand umgeben, ein Orangeriegarten, in dessen Mitte eine Fontäne emporsprudelte. Zur Rechten des Salons schlossen sich andere Zimmer an. Das eine derselben grenzte an einen angebauten Kuhstall. Die bauliche Einrichtung verstattete den friedlichen Inhabern des letzteren, ganz gemütlich in das von der Gräfin bewohnte Zimmer hineinzuschauen. An der rechten Vorderseite der Villa lud ein kasemattenartiger, mit Rasen umkleideter Gang zu einer kühlen Promenade ein. Vor seinem Eingang befand sich ein größeres Blumenarrangement, der sogenannte Blumenkorb. Der Gang, welchen hier und da angebrachte Seitenfenster mit dem nötigen Lichte versahen, führte in dem Garten umher. Die Dichter der damaligen Zeit verglichen ihn mit dem von Dädalus erbauten Labyrinth, mit dem Bemerken, daß nur der Minotaurus fehle. Die mannigfachen Anlagen des weitläufigen, von prachtvollen Bäumen umgebenen Gartens waren geschmackvoll und wohl unterhalten. Ein vielfach überbrückter Bach, aus welchem ein großes, fortwährend in Bewegung sich befindendes Schöpfrad die nötige Bewässerung spendete, durchzog in zahlreichen Windungen eine weite Wiesenfläche, auf welcher einzelne Baumgruppen, Boskette und Ruhesitze mannigfachster Art hier und da verteilt waren. Zur Unterhaltung der Gartenbesucher diente eine eigentümliche, mächtige

Schaukel, auf welcher dreißig Personen zu gleicher Zeit den vom Fürsten sehr geliebten Schaukelgenuß haben konnten. Auch in dem Winterhause — so nannte man das schön ausgestattete, mit einem anmutigen Salon versehene Gewächshaus — fehlte eine kleine Schaukel nicht. Künstliche Ruinen, kleine Tempel und dergleichen huldigten im übrigen dem damaligen Geschmack und brachten Abwechslung in die landschaftlichen Anlagen.

Fürst Putjatin brachte den Sommer meistens auf seiner Villa in Klein-Zschachwitz zu. Bilder und Kupferstiche, Erinnerungen an seine vielfachen Reisen bedeckten allenthalben die Wände. Alles war wohnlich und bequem, oft nach des Fürsten eigener Erfindung in gänzlich originellem, nur die praktische Seite ins Auge fassenden Sinne eingerichtet. Eine sogenannte Flugmaschine sorgte für das Privatvergnügen des Fürsten, welcher luftige Promenaden ungemein liebte. Von einem Seitenfenster des oberen Geschosses der Villa führten straffgespannte Seile bis zu dem Fuße eines Baumes hinab und bildeten auf diese Weise eine Art Gleis, auf welchem mittels einer eigentümlichen Vorrichtung der in einem kleinen, mit Marli umspannten Wagen sitzende Fürst in raschem Fluge herabrollte. Fürst Putjatin liebte überhaupt eigentümliche Promenaden. So bediente er sich bei seinen Besuchen des ihm sehr befreundeten Geheimen Medizinalrates Dr. Pienitz, des Direktors der Irrenanstalt auf dem Sonnenstein, eigens konstruierter Beinkleider, um eine dortige Anhöhe schnell rutschend hinabgelangen zu können. Später, wie Dr. Pienitz oft erzählte, deponierte Fürst Putjatin diese Inexpressibles bei dem dortigen Wirt Keller mit der menschenfreundlichen Erlaubnis, für nachfolgende Besucher des Sonnensteins sich derselben zu einer gleichen anmutigen Rutschpartie bedienen zu dürfen. Ähnliches geschah in Schloß Borthen, wohin den Fürsten öfters ein nachbarlicher Besuch zu dem Vater des jetzigen Besitzers führte. Er pflegte einen Sack mitzubringen, in welchem er sich dann von einem Berge in der Nähe des Schlosses herabrollen ließ. Seine arme, ihn begleitende Haushälterin mußte nolens volens nach ihm die gleiche, für sie gewiß höchst ungemütliche Tour unternehmen.

Peter Cornelius in Dresden

Karl Förster (1784—1841) als Übersetzer Petrarcas und Dantes weit über Dresden hinaus, wo er als Lehrer am Kadettenhause wirkte, angesehen, verzeichnet in seinen Tagebüchern unterm 18. April 1820 den Besuch von Peter Cornelius, dem damals bereits anerkannten Führer der deutschen Künstler in Rom:

Ein hoch willkommener Gast traf heute ein, Cornelius aus Rom; er wohnt in unserem Hause. Seine äußere schlichte Erscheinung, sein biederer Gruß und Handschlag gewannen gleich mein Herz. Eine schöne Stirn und ein lebhaftes Auge mit klarem durchdringenden Blick zeigen den innewohnenden kräftigen Geist. Wir verstanden uns bald; dies erste Begegnen war wie ein Wiedersehen. Einige Stunden sind in der genußreichsten Unterhaltung verbracht; ich begleitete ihn über die Brücke, wir durchstreiften die Altstadt und gehen dann zuerst zu Meister Ludwig Tieck, den wir im Kreise der Seinen finden, und der unsern Cornelius, wie sich erwarten ließ, recht freudig empfängt. Geistreich und einsichtsvoll ist das lebhafte Gespräch. Bei Erwähnung der römischen Aufräumung und Lichtung zugunsten einzelner Kunstwerke, beklagt Tieck, daß dadurch manches Gute auf die Seite geschafft und unzugänglich werde, und spricht tadelnd über die Unsitte unserer Tage, alte Städte zu erneuern, zu lichten und schnurgerade Straßen zu bauen, Tore wegzureißen, wodurch die Städte das Gesellige, Häusliche, mit einem Worte, die wohltätige Beschränkung und den erfreulichen Wechsel verlieren. Nach manchen Seiten hin bewegt sich die Unterhaltung. Niebuhrs stupendes Gedächtnis wird gepriesen und beneidet. Von Humboldt, ich weiß nicht in welcher Beziehung, wird erwähnt, daß ihm aller Farbensinn abgehe. Cornelius erzählt von einem Maler in Rom, der grün und rot nicht unterscheiden kann. Dabei führt Tieck eine Äußerung Schillers an, die derselbe gegen ihn bei einem Gang durch die hiesige Galerie tat. Er sagte in Bezug auf die Bilder: „Alles recht schön, wenn sie nur nicht übermalt wären!" — „Aber wie meinen Sie das"? — „Ja, ich kann den Gedanken nicht los werden, daß diese Farben mir etwas Unwahres geben, da sie, je nachdem das Licht so oder anders fällt oder der Standpunkt, aus dem ich sie sehe, so oder anders ist, sie doch verschieden gefärbt erscheinen; der bloße Umriß würde mir ein weit treueres Bild geben."

.... Am andern Morgen gehen wir nach der Bildergalerie, die leider nicht offen ist. Nach vergeblichem Harren lenken wir unsere Schritte zu Friedrich, dem sich Cornelius nicht sogleich zu erkennen geben wollte, „wer er sei, werde sich schon finden". Als er sich endlich genannt, erklärt jener, so hoch hinaus habe er nicht hoffen können. Der liebe, treffliche Mann war in seiner einfachen kindlichen Weise gar liebenswürdig, ganz Freude und Demut. Er zeigt mehreres vor, mit einer den tüchtigen Künstler ehrenden Zaghaftigkeit. Er setzt sich zu uns auf die Erde, war nicht zu bewegen, einen andern Platz einzunehmen; „muß doch ein bissel meine Ergebenheit zeigen", sagte er in seiner treuherzigen pommerschen Mundart. Er lachte sich selbst aus, daß er lauter Mondschein male, und meinte, wenn die Menschen nach ihrem Tode in eine andere Welt versetzt würden, so käme er sicherlich in den Mond. Wir sahen erstens ein kleines Bild: Das Meer vom Monde beschienen. Die Idee des Unendlichen möchte sich in so kleinem Raum kaum vollkommener darstellen lassen; der Widerschein des Mondes auf den Wellen vortrefflich. Zweitens ein Altan mit dahinter liegendem gotischen Gebäude, oben über dem Turm ein einzelner heller Stern, ganz so, wie der Maler einen solchen in der Wirklichkeit gesehen, auf dem Altan ein Mädchen, das in den Himmel hinaussieht. Dies vorzüglich ist an Friedrich preiswürdig, daß er seine Figuren immer in

Beziehung auf die Landschaft sinnreich zu bringen weiß; hier — Beschauung des Unendlichen; diese Idee tritt sogleich recht lebendig hervor. Drittens zwei in Mäntel gehüllte Jünglinge sehen begeistert, sich umschlungen haltend hinaus in die Mondscheinlandschaft. „Die machen demagogische Umtriebe", sagte Friedrich ironisch, wie zur Erklärung. Viertens Schilf, drin zwei Schwäne, magisches Mondlicht. „Das Göttliche ist überall", sagte Friedrich, „auch im Sandkorn; da habe ich es einmal im Schilfe dargestellt." Noch sehen wir: Arkona auf der Insel Rügen, schon merkwürdig als das nördlichste Vorgebirge Deutschlands. Ein gewaltiger Kreidefelsen, der erst in roten, dann in gelben Sand in die See ausläuft. Dann zeigt er noch ein schönes Bild vor, eine Partie aus dem Riesengebirge oder vielmehr in dem Charakter desselben gemalt, eine Höhe, wo die Vegetation schon aufhört und nur dürftig Knieholz ärmlich gedeiht, höher hinan alles öde. Friedrich begleitete uns zu Maler Heinrich, dem ewig bescheidenen, demütigen Jüngling. Er fand nicht Worte, seine Freude, sein Entzücken, über die Nähe, über den Besuch des Meisters aus Rom auszusprechen. Allen seinen Bildern sieht man den unendlichen Fleiß und das treue Naturstudium an. Auch Cornelius fand ihn auf dem rechten Wege und ermunterte ihn recht liebevoll, auf dieser Bahn fortzuwandeln.

Von hier zu dem Norweger Dahl. Er war nicht zu Hause, aber zu seinen Bildern erhielten wir Zulaß. Vorher erzählte Friedrich, mit Anerkennung fremden Verdienstes, die dem Künstler ziemt, manches von ihm, von der Leichtigkeit, mit welcher er seine Bilder fast hinzaubert, von seinem prächtigen kauderwelschen Deutsch und von seinen seltsamen Träumen. So träumte er neulich, wie ein Graf ihn in eine Gegend führt und ihm aufträgt, die Berge zu übermalen. Er tut es, und es gelingt ihm vortrefflich; dann die Ebene, auch das gelingt. Endlich soll er auch dem Manne eine andere Farbe geben, da verliert er den Mut, und er gibt dem Grafen den reichen Lohn zurück ....

Wir gehen über die Brühlsche Terrasse; Cornelius freut sich an der Anmut unserer Gegend. Da ich zurück muß, meine Vorlesungen zu halten, geht der Freund allein auf die Galerie, wo ich ihn noch vorher anmelde. Er beklagte sich schwer und bitter über den Empfang daselbst und die Behandlung der beiden Inspektoren D. und Sch. Jener empfängt ihn so stolz, wie es kein Fürst ihm getan, sagte Cornelius; dieser läuft fort, verbirgt sich und läßt sich gar nicht sehen. Solche feindselige Stimmung, die an Wut grenzt, ist unter den Akademikern gegen das Haupt (denn das ist Cornelius unstreitig) der neuen Malerschule; ihr wird dennoch der Sieg werden. Strebe nur jeder beharrlich und redlich fort, durch Wort und Tat zu begeistern und zu fördern, dann wird die Kunst ein schönes Auferstehungsfest auf deutschem Boden feiern.

Der Norweger Joh. Chr. Cl. Dahl (1788—1857) lebte seit 1818 in Dresden und wurde später Akademieprofessor. — Die Öffnung der Gemäldegalerie war damals auf die Sommermonate beschränkt. Wer außer den Stunden von neun bis zwölf Uhr eintreten wollte, mußte an den Direktor einen Dukaten und an den Diener ein Trinkgeld entrichten. Erst vom Jahre 1836 ab wurde die Sammlung allgemeiner zugänglich.

Blick auf Dresden=Neustadt vom Schloßturm. Aquarell von J. C. Enslen. 1820

Das Belvedere auf der Brühlschen Terrasse. Tuschzeichnung. 1821

Die große Treppe zur Brühlschen Terrasse. Kolorierter Stich. Um 1825

Blick auf den Zwinger und seine Umgebung im Jahre 1820. Aquarell von J. C. Enslen (Ausschnitt)

Die Königliche Residenz um 1820

In seinen kulturgeschichtlichen Briefen „Vor fünfzig Jahren" gibt Gustav Klemm eine Skizze der Residenz, wie sie sich ihm in den zwanziger Jahren darbot:

Wir betreten die Residenz Dresden und zwar noch das alte Dresden zur Zeit des guten Königs Friedrich August des Gerechten im Mai des Jahres 1821. Dresden war seit vielen Jahren der Ort meiner Sehnsucht gewesen; ich hatte mir durch Bücher und Bilder einen Vorgeschmack zu verschaffen gesucht. Endlich ging's dahin und zwar zu Fuß über Öderan, Freiberg und Tharandt. Als ich nun am Abend des zweiten Reisetages zum Falkenschlage hereinpilgerte durch die enge Straße mit einem Pflaster, das ebenso nichtswürdig war wie das meiner Vaterstadt, da fragte ich mich: Ist das auch Dresden, das schöne Dresden? Nun ging's an verfallenen Kirchhofmauern vorüber, dann gar an der Stelle des jetzigen Postplatzes. Da sah man nur Trümmer und Schutt und wüstes Wesen. Darauf gelangte man in die finstere Scheffelgasse und in das kleine Rauchhaus. Nachdem der Anzug geordnet, ging es wieder fort. Die Scheffelgasse blieb finster, der Markt war allerdings sehr groß, allein die Schloßgasse war wieder recht düster. Als ich aber aus dem Georgentor trat und die katholische Kirche, die Terrasse, die Masten und Flaggen der Elbkähne erblickte und endlich die breite Elbe, da ging mir freilich das Herz auf. Im Jahre 1825 kam ich auf längere Zeit nach Dresden, das damals etwas über fünfzigtausend Einwohner zählte.

Die Stadt bot im Vergleich mit Leipzig, wo damals alles, wenn auch nichts weniger als prächtig, doch wohl gehalten war, ein wüstes Ansehen dar. Ging man vom Schloßplatz nach dem italienischen Dörfchen, so traf man zunächst eine entsetzlich armselige, barackenartige Hauptwache und das alte Hoftheater, an dessen Rückseite eine Ablagerung von großen und kleinen Leitern, Böcken, Karren zu sehen war. Das Theatergebäude glich eher einem Magazin als einem Kunsttempel. Wollte man zum Zwinger gehen, so war erst das italienische Dörfchen und die Seufzerallee zu passieren, eine Gruppe kleiner Hütten, die von den italienischen Bildhauern errichtet worden, welche die Statuen der katholischen Kirche bearbeiteten. In einigen dieser Hütten wohnten alte Hofdiener, in anderen gab es kleine Winkelkneipen, dabei viele Gärtchen und Lauben, wo der alte Dresdner in aller Stille und unbeobachtet ein gutes Kotelett, Würstchen und ein Glas reinen Landweines billig erhalten und verzehren konnte. In diesen Lokalitäten herrschte die größte Sauberkeit. In den düstern Abendstunden schwärmten hier allerlei Nachtvögelein.

Nun trat man in den Zwinger, der hier mit einer hohen kahlen, farblosen Mauer abgeschlossen war. Hier steht jetzt die neue Gemäldegalerie.

Der Zwinger selbst bot, wenn die Orangerie aus demselben entfernt war, das heißt vom Oktober bis Mai, das Bild des Verfalls. Der Fußboden war teilweise beraset, die statuen- und ornamentreichen Gebäude waren beschädigt, schmutzig, und in den offenen Bassins der ehemaligen Kaskaden lag jahrealtes Laub. Der nach dem Prinzenpalais führende Ausgang war eine halbe Ruine. Demselben nahe waren mehrere alte Häuser, nicht weit davon das 1849 abgebrannte große Opernhaus, an welches außen eine Menge kleiner budenartiger Wohnungen angeklebt waren. Am wüstesten aber sah es hinter dem Zwinger aus, wo man begonnen hatte, die alten Festungswerke abzutragen und deren Steintrümmer wild umherlagen. Diese Trümmerstätte erstreckte sich bis an die Elbe da, wo jetzt der Packhof steht, und beherbergte zahlreiche Iltisse und Marder, sowie in den Türmchen des Zwingers teils Dohlen, teils Tauben ungestört nisteten.

Vom jetzigen Post- bis auf den Pirnaischen Platz zog sich anstatt der Alleen eine gleiche Trümmerwelt rings um die innere Stadt.

Da wo gegenwärtig Lüttichaustraße und Böhmischer Bahnhof sind, war damals nur Feld und einige Gärten. Am Ende der Ostra-Allee sah es bunt und wüst aus; da stand die alte Hofpatientenburg und dabei eine ganze Reihe kleiner Häuser und Gärtchen längs der Weißeritz, die Krone des Ganzen war aber ein langer Schuppen aus Fachwerk mit der Inschrift: Seiner Königlichen Hoheit des Prinzen Maximilian, Herzogs zu Sachsen, Wagenschuppen. Die Friedrichstadt hatte damals ziemlich dasselbe Aussehen wie heute, nur daß die hübschen Anlagen längs der Weißeritz noch nicht geordnet waren.

Die Elbbrücke erhielt erst im Jahre 1832 die noch vorhandenen Trottoirs aus Granit. Vor dieser Zeit waren sie aus Sandstein und fast stets in der Ausbesserung begriffen. Die Brücke trug damals noch den Sandsteinfelsen mit dem von Johann Georg II. darauf errichteten Kruzifix aus Bronze. Bei Sprengung der Brücke im Jahre 1813 war dasselbe sorgfältig abgehoben und 1814 abermals aufgestellt worden. Am 31. März 1845 verschwand es mit einem Teile des Pfeilers in der Wasserflut und ist trotz der sorgfältigsten Nachforschung bis jetzt nicht wieder aufgefunden worden.

Die Neustadt beschränkte sich auf die innerhalb des Walles gelegenen Zivil- und Militärgebäude. Mit Ausnahme einiger Häuser am Palaisplatz und der Hauptstraße hatte sie dasselbe Aussehen. Am Palaisplatz sah man die Trümmer des alten weißen Tores. Außerhalb, wo jetzt die Bahnhöfe stehen, lag nur Feld bis an die alte Ringmauer, und an der Stelle der jetzigen Antonstadt zog sich an der Bautzner Straße eine Reihe Gärten und kleinerer Häuser hin. Alles übrige hieß der Sand, auf diesem waren vereinzelte Gehöfte. Hier stand die Alaunhütte, und da wo jetzt ein neuer Stadtteil

Auf der Zwinger-Galerie

Steinzeichnung von C. Hullmandel

und die schlesische Eisenbahn, exerzierte in losem Sande die Artillerie. Das Linckesche Bad war der Ort, wo Sonntags Konzerte gegeben wurden. In dem dortigen Theater spielten die Hofschauspieler während der Sommermonate wöchentlich mehrmals.

Die katholische Kirche, die Frauenkirche und das Japanische Palais in der Neustadt waren nebst der Elbbrücke diejenigen Gebäude, die sich am stattlichsten ausnahmen. Das Prinzenpalais war von der alten Hofapotheke und Mundbäckerei so eingeengt, daß seine schöne Fassade ungenießbar wurde; ebenso eingeengt waren das Landhaus und mehrere Palais an der Moritzstraße. Da wo jetzt das Belvedere der Terrasse steht, befanden sich viel Trümmer; die Gartenanlagen waren übel gehalten. Das Königliche Schloß imponierte nur durch seinen schönen inneren Hof, die stattliche Hauptfassade ist durch die katholische Hofkirche verdeckt.

„Liederkreis" und „Abendzeitung"

Als das Körnersche Haus im Jahre 1815 seine Pforten geschlossen hatte, weil der Appellationsgerichtsrat einem Rufe Hardenbergs nach Berlin gefolgt war, verlor die geistige und literarische Geselligkeit der Residenz eine Freistatt, die schwer zu ersetzen war. Man empfand nach den politisch bewegten Zeiten der Kriegsjahre, die Adel und Bürgertum einander nahe gebracht hatten, ein erhöhtes Bedürfnis nach geistigem Austausch. Die rasch einsetzende Reaktion der Regierungen gegen alle politisch freiheitlichen Bestrebungen fand in Dresden zwar keine Verschwörer und teutschen Feuerköpfe zu unterdrücken, aber sie wirkte doch dahin, daß man in privaten und öffentlichen Zirkeln die gefährliche Staatspolitik stillschweigend für „tabu" erklärte und sich desto behaglicher und sorgloser auf dem sanften Wiesengrunde gelehrter und künstlerischer Zeitfragen erging. Die Romantik war das große Sammelwort der Zeit. Schon mehrfach hatten sich in ihrem Namen kleinere Kreise gebildet. Die Brüder Schlegel kamen dann und wann, ihren Schwager, den Hofsekretär Ernst zu besuchen; Tieck erschien vorübergehend 1801. Der Maler Ph. Otto Runge lernte ihn damals in Dresden kennen; der Däne Steffens und seine spätere Frau, eine Nichte Tiecks, verkehrten im Ernstschen Hause, Kleist und Adam Müller gründeten ihren „Phoebus" (1808). Bei Ernst wurde viel diskutiert und vorgelesen, und daneben vereinigten sich ein paar Literaten 1801 zu einem Wochenzirkel, dem außer Laun (siehe oben) Friedrich Kind, Friedrich Kühn, Theodor Hell und andere angehörten. Man las bei Tee und Butterbrot eigene Arbeiten vor, lobte sich gegenseitig nach Kräften und ging um neun Uhr brav nach Hause. Der Zirkel löste sich aber bald auf, und erst 1814 unternahm es ein Freiherr von Seckendorf-Zingst, ihn neu zu beleben. Was ihm mißlang, führte dann der liebenswürdige Minister von Nostiz-Jänkendorf (1763—1836) durch, indem er der lockeren Vereini-

Der Marktplatz von Dresden-Neustadt. Kolorierter Stich. Um 1820

Ludwig Tieck

Nach dem Gemälde von C. Vogel von Vogelstein auf Stein gezeichnet von Franz Hanfstaengl. 1837

gung den nötigen gesellschaftlichen Rückhalt gab. Satzungen wurden aufgestellt und der furchtbare Name „Dresdner Dichtertee" erfunden, der aber bald (1815) in „Liederkreis" umgewandelt wurde.

Auch der ermordete Maler Gerhard von Kügelgen stand dem Kreise nahe; Ludwig Tieck, der 1819 nach Dresden übersiedelte, ließ sich freundlich sehen, und der junge Schopenhauer, seit 1814 ansäßig und mit den Vorarbeiten seines Werkes „Die Welt als Wille und Vorstellung" beschäftigt, machte sich ein satirisches Vergnügen daraus, die Mitglieder dieser „literarischen Clique" erbarmungslos zu verhöhnen. Sie fürchteten ihn alle und atmeten auf, als er 1818 Dresden verließ.

Dieser Zirkel nun bot gerade durch seine bunte Mischung von Adel und Bürgertum, von wenigen Talenten und vielen Dilettanten ein höchst charakteristisches Spiegelbild der damaligen Dresdner Gesellschaft. In dem zwar gelockerten, aber immer noch strengen Kastenwesen der Residenz bildete er sozusagen eine freie Enklave und erhob den Anspruch auf eine gewisse Unabhängigkeit und selbst Universalität. Kein Fremder von Bedeutung versäumte es, um eine Einführung in diesen Kreis zu bitten. In ganz Norddeutschland horchte man verwundert auf, als es ruchbar ward, daß es in Dresden einen literarischen Verein gab, dessen Leitung ein wirklicher Staatsminister in Händen hatte. Da war es nicht zu verwundern, daß die Wirkung dieses Vereins weit über Dresden hinausging, daß er so etwas wie eine leibhaftige öffentliche Meinung darstellte, und daß sein Organ, die „Abendzeitung", in kurzer Zeit zu einem führenden Unterhaltungsblatte aufrückte. Kleists hochgestimmter „Phoebus" mußte nach kurzem Kampfe sterben; die behutsame, sanfte und schönrednerische „Abendzeitung" hielt sich von 1817 ab lange am Leben.

Kind und Hell gaben 1817 die erste Nummer dieses täglich erscheinenden Blattes mit folgendem Leitgedicht an der Spitze heraus, in dem Hell selber das Programm entwirft:

Sie: Wenn ich von der Arbeit müde
Abends pflege auszuruhn,
Wünsch ich an der Dichtkunst Blüte
Mir wohl gütlich oft zu tun.
Setzte gern mich hin und läse
Unsrer Sänger neustes Buch,
Daß ich so in Blumen säße,
Atmend ihren Wohlgeruch.

Aber ach, mein Herr Gebieter
Kommt da mit ganz andrer Fracht,
Weg, ihr Sänger zarter Lieder,
Weicht der Zeitungsschreiber Macht!
Denn mit einem großen Stoße
Politik naht sich mein Mann
Und statt einer vollen Rose
Beut er mir nur Disteln an usw.

Er: Wenn ich von der Arbeit müde
Heimwärts gehe, auszuruhn,
Pflegt sich dann die Zuckerdüte
Einer Zeitung aufzutun.

Meine Frau muß dann mir lesen,
Was in Ost und West geschieht,
Ob es wahr, ob falsch gewesen,
Man aus dem Erfolg doch sieht usw.

Nach längerem Zwiegespräch weigert sich nun die Frau und schlägt verschmitzt vor:

Ist's nur dies, mein Neubekehrter,
O, da finden bald wir Rat.
Sieh, schon bring ich, Hochverehrter,
Uns die Hilfe in der Tat.

Dieses Blatt, um gern zu schenken
Unterhaltungsstoff für mich
Und auch dich fein zu bedenken,
Nennt — die „Abendzeitung" sich.

Die „Vespertina", wie das Blatt in neckischer Poetisierung genannt wurde, brachte möglichst spannende Erzählungen, wohlklingende Gedichte, diese meist nur des Reims wegen, und Theaterberichte, von denen die auswärtigen sogar oft kritisch wertvoll waren und dem Blatte seine auswärtige Resonanz verschafften. Im übrigen war ernsthafte Kritik unerwünscht und Politik völlig verpönt. Als Tieck, unbeirrt durch die Schmeicheleien des Liederkreises, mit unbestechlicher Ehrlichkeit die wahre Leistung kritisch wog, war das Entsetzen groß, und Hell komplimentierte den unbequemen Mitarbeiter schleunigst wieder hinaus. Als vollends das Tiecksche Haus mehr und mehr zum geistigen Mittelpunkt Dresdens wurde, brach offene Feindschaft aus zwischen ihm und den Vespertinapoeten. Sie wagten zwar nicht, offen gegen ihn aufzutreten, verbitterten ihm aber mit Nadelstichen das Leben, bis er sich entschloß, dem Rufe des Königs nach Potsdam zu folgen, und 1842 Dresden den Rücken kehrte.

Dresdner Poesie

Der Spötter Heinrich Heine konnte einen so dankbaren Gegenstand wie den „Liederkreis" natürlich nicht ungerupft lassen. Unter seinen nachgelassenen Gedichten findet sich unter obigem Titel das folgende, das vor dem Jahre 1830 entstanden ist.

Zu Dresden, in der schönen Stadt der Elbe,
Wo's gibt Tabak- und Stroh- und Versfabriken,
Erhebt sich, um die Köpfe zu berücken,
Ein Liederkränzlein und ein Liedgewölbe.

Ist nun mit Herrn und Frau'n besetzt dasselbe,
So lesen vor, Glut- Mut- Blut in den Blicken,
Herr Kuhn und Fräulein Nostiz — o Entzücken!
Ha! herrlich! Weg, Kritik, du fade, gelbe!

Am andern Tage steht es in der Zeitung,
Hells Hellheit schwademt, Kinds Kindheit ist kindisch.
Dazwischen kriecht das krit'sche Beiblatt hündisch.

Arnoldi sorgt fürs Geld und die Verbreitung,
Zuletzt kommt Böttiger und macht Spektakel,
Die Abendzeitung sei das Weltorakel.

Königliches deutsches Schauspiel.

Sonnabends am 26. Januar 1822.

Bey aufgehobenem Abonnement.

Zum Erstenmale:

Der Freyschütz.

Romantische Oper in drey Akten von Fr. Kind.

Die Musik vom Königl. Kapellmeister C. M: von Weber.

Personen:

Ottokar, böhmischer Fürst. — — —	Herr Wilhelmi.
Cuno, fürstlicher Erbförster. — — —	Herr Keller.
Agathe, seine Tochter — — —	Mlle. Funck.
Annchen, eine junge Verwandte. — —	Mad. Haase.
Kaspar, erster } Jägerbursche. — —	Herr Mayer.
Max, zweiter } Jägerbursche. — —	Herr Bergmann.
Samiel, der schwarze Jäger. — — —	Herr Kanow.
Ein Eremit. — — — —	Herr Micksch.
Kilian, ein reicher Bauer. — — —	Herr Unzelmann.
Fürstliche Leibjäger. — — —	Herr Heine. Herr Haas. Monsf. Burmeister, (a. d. S.Cd.;)
Brautjungfern. — — —	Mlle. Miller, (a. d. S.Cd.) rc.
Jagdgefolge des Fürsten	
Jäger. Landleute beyderley G schlechts.	
Musikanten. Erscheinungen.	

Die Zeit der Handlung ist kurz nach Beendigung des 30jährigen Krieges.

Der Text der Gesänge ist an der Casse für 2 Groschen zu haben.

Die resp. Abonnenten, welche Ihre Logen und Plätze zu dieser Vorstellung zu behalten wünschen, werden ersucht, Ihre Billets Sonnabends bis 10 Uhr in der Theaterkasse abholen zu lassen.

Einlaß-Preise.

Ein Billet in die Logen des ersten Ranges	16 Gr.
" " " " " " zweiten	16 "
" " " " gesperrten Sitze im Cercle	16 "
" " ins Parterre	12 "
" " auf die Gallerie	4 "

Die Billets sind nur am Tage der Vorstellung gültig

Einlaß-Billets sind gegen sofortige baare Bezahlung in dem Königl. Theater-Gebäude 1 Treppe hoch in der Casse, Vormittags von 10 bis 12 Uhr und Nachmittags von 3 bis halb 5 Uhr zu haben.

Freybillets, mit Ausnahme derjenigen, welche Personen vom Hofstaat, oder solchen gehören, denen bestimmte Sitze angewiesen, sind bey der heutigen Vorstellung nicht gültig.

Anfang um 6 Uhr. Ende halb 9 Uhr.

Einlaß um 5 Uhr.

Vorlesung im Liederkreise

Ein kritischer Zeitgenosse, Wilhelm von Lüdemann, gab unter dem Decknamen Ernst Scherzlieb 1830 eine Schilderung von „Dresden wie es ist“ und zeichnet darin das Treiben im „Liederkreise“ kaum sehr übertrieben, wenn er sagt:

„Hier findet Ihr versammelt“, sprach Friedrich, „was Ihr von unsern Apollosöhnen kennt und nicht kennt. Geschäftsmänner, die den Musen nur in mühselig erbeuteten Stunden huldigen, geistvolle Ärzte, an denen unser Dresden reicher ist als irgend ein andrer Ort in Deutschland, Professoren der Künste, Lehrer der Wissenschaft und solche, die dem Musendienst ihr ganzes Leben geweiht haben, Frauen von Geschmack und Kenntnis und andere ohne beides; Anfänger und Meister, Fremde und Reisende.“

Doch still, das Glöcklein erschallt, und die Stufen des Katheders schwingt sich ein kleiner Mann mit irrem Blick und eckiger Gebärde hinan. Unstreitig wird er euch irgend eine seiner endlosen Malernovellen zum Besten geben, deren Anhörung eine der härtesten Bußen ist, die diese Versammlung für ihre gesellige Lust zu bezahlen hat.

So geschah es. Mit einer unerträglich monotonen Stimme, stockend, pausierend, sich verbessernd, trug der Mann eine ziellose Geschichte vor, deren mühseliger Fortgang keine Hoffnung gab, sie in dieser Zeitlichkeit noch beendet zu sehen. Es war die trokkenste, unentsprechendste, lebenloseste Lektüre, die man hören konnte. Man ward unruhig, die Langeweile malte sich auf allen Stirnen, und jeder Mund verzog sich zum Gähnen; die Kuchenteller rasselten, die Teetassen klapperten, doch nicht eher, als bis dem Vorleser sein ohnedies schon kurzer Odem völlig ausgegangen war, setzte er seinem Eifer Ziel und Grenzen.

„Jetzt gebt acht“, sprach Friedrich zu uns. Und sofort sahen wir den ganzen Kreis, Männer und Frauen, von ihren Sitzen aufspringen, den Herabgestiegenen umringen, ihn mit Glückwünschen umdrängen und unter Bewunderung und Lobpreisung fast ersticken. „Ach, wie schön! Wie zart gedacht! Wie fein behandelt! Wie anziehend! Welche Charakteristik! Welche zarte Schilderung! Welche reiche Erfindung! Wie lehrreich verknüpft! Wie befriedigend gelöst!“ Das waren die begeisterten Ausrufungen, die man von allen Seiten her vernahm.

„Nun wißt Ihr genug,“ sprach unser Führer, „und mehr als ich euch sagen kann. Das aber ist die traurige Klippe, an der die Resultate aller ähnlichen Vereinigungen unter uns scheitern und besonders, wenn Frauen Teil daran haben. Ich frage euch, was soll der Mann von diesem Erzeugnis, vielleicht dem schwächsten und geistlosesten, das er jemals hervorgebracht, nach diesem enthusiastischen Beifall glauben? Zu Hause

Blick in die Rampesche Gasse. Lithographie von C. Hullmandel

Die katholische Kirche.

Die Elbbrücke

Pr. Anton's Gartenpalast.

Das Belvedere

Pr. Maximilian's Gartenpalast

Die Zuckersiederei

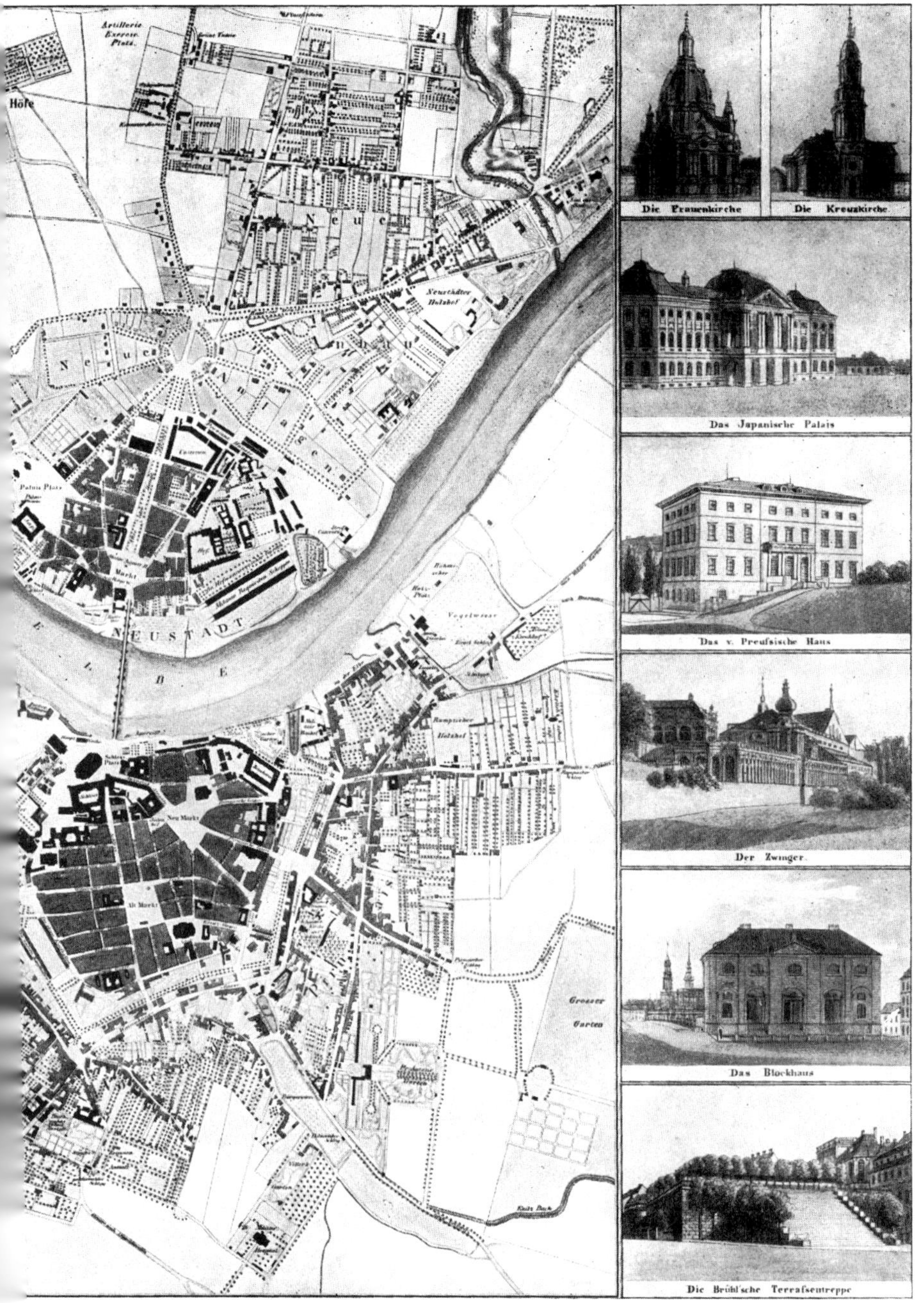

Plan von Dresden im Jahre 1828.
Kolorierter Stich von Heinrich Lesch.

Teilansicht des Zwingers. Lithographie von C. Hullmandel

fühlte er vielleicht noch, daß ihm aller und jeder Wert fehlte; er zweifelte wenigstens. Jetzt geht ihm plötzlich ein besseres Licht auf; er erkennt sein Kind; er erkennt seine Meisterschaft, denn der Beifall der Frauen, haben viele gesagt, ist der einzig zuverlässige. Wie falsch, wie irrig! Ich habe noch nichts geschrieben, was bei Frauen nicht Beifall gefunden hätte! — So verdirbt die Gesellschaft sich selbst durch Schmeichelei, die Schlange, deren giftiger Biß schon manchen tüchtigen Geist getötet hat, und der Verfasser dieser ohnmächtigsten aller Novellen muß sich, gezwungen fast, für einen reizvollen Erzähler halten. Für mich ist er der trivialsten einer, ohne schaffende Phantasie, ohne Tiefe, ohne Höhe, ohne Schärfe und nur durch die Breite in die Augen fallend. Seine Sprache ist matt und farblos, und was mir merkwürdig ist, sie wimmelt von logischen Fehlern und Denkverstößen. Dieser Mann, der im Verse kräftig, effektvoll, mannigfaltig ist, dessen Dramen, dessen Balladen mit Recht gefallen ..."

Das Geräusch der Teetassen verstummte; der glänzendste Stern dieser Versammlung bestieg die Rostra und trug eine affektvolle metrische Übersetzung aus dem Lateinischen vor. Hier war der Beifall verdient, der dieser Arbeit gespendet ward, und die bescheidene Würdigkeit des Vorlesers, der auch als solcher glänzte, gewann ihm unsere Herzen. Neue Pause — frischer Tee — neuer Kuchen! „Und so geht es fort," sprach Friedrich. „Doch laßt uns in die Nebenzimmer treten, damit das Bild dieser Gesellschaft sich bei euch abrunde und vollende."

Mehrere Kanapees waren mit halbschlummernden, halbwachenden Gestalten bedeckt, die, im einladenden Halbdunkel gemächlich hingestreckt, gähnend und teilnahmelos das Ende dieses reizvollen Abends erwarteten ... Auch an Fremden fehlte es nicht; Römer und Engländer, Franzosen und dem Vaterland entflohene Deutsche sind fast immer hier zu finden, wohin die Allumfassenheit und die Urbanität unseres Wirtes sie lockt."

„Faust" im Hoftheater

Das Jahr 1829 brachte die ersten Aufführungen des Faust: am 19. Januar in Braunschweig, am 8. Juni in Hannover. Dresden folgte am 27. August und verband mit dem Ereignis die Feier von Goethes achtzigstem Geburtstage. Ludwig Tieck, der als Dramaturg seit 1824 nachdrücklich für Goethes Dramen eingetreten war, berichtete dem Meister am 30. August von der begeisterten Aufnahme des Werkes: „Alle Freunde der Goetheschen Muse, die sich seit einigen Jahren hier in Dresden ansehnlich vermehrt haben, die Fremden und jungen Prinzen und Prinzessinnen des Kgl. Hauses waren zugegen, alle gespannt und nachher von den Wundern dieses einzigen Werkes hingerissen und begeistert." Auch aus dem Tieckschen Prologe, der den Festabend einleitete, klingt die Bewunderung des Werkes in hochgestimmten Versen:

Wer ist der Greis, des' Haupt, das sinnig blickend
Durch alle Welten strebt, Wonn' und Entzücken
Aus seel'gen Himmeln ruft, den Lust und Schöne,
Der zarten Wehmut Schmerzen
Und freundlich Lachen, Witz und kindlich Scherzen
Umspielt, rührt er der goldnen Leyer Töne? —
Des' Feuerblicke tief zum Abgrund schauen,
Und wo Verzweifeln, Grauen,
Wahnsinn und ew'ge Nacht das Todfeld decken,
Der Grimm, die wilden Schrecken,
Mit Schöpferwort die Todesflur durchklinget,
Daß sich dem Graus ein freundlich Licht entringet
Und aus dem Wahn sich Sinn, aus Tod das Leben
Mit hellem Aug' und frischen Gliedern heben? —
Ja, diese edle Stirn, die ruhmumglänzte,
Mit ew'gem Lorbeer grün bekränzte,
Das hohe Haupt, umspielt von Abendröthe,
Es ist der Musen Liebling, Deutschlands Goethe! ...
Doch wie? — Der Faust, der kühnste Traum des Mächt'gen!
Darf dies Gerüst mit Mängeln, Fehlern, Schwächen
Sich dieses starken Riesenwerks ermächt'gen?
Wird nicht der kleine Raum zusammenbrechen? ...
So nehmt es an, und unser Müh'n ist nicht verloren;
Denn heut vor achtzig Jahren ward geboren
Der Sangesfürst; des' Siegeswagen
Ihn ruhmgekrönt durch jedes Land getragen:
Und daß auch wir ihm huld'gen und ihm danken,
Drum öffnen heut zum Wag'stück sich die Schranken,
Daß Ihr, Verehrte, heut sein liebend denket,
Drum wird herein in enge Bahn gelenket,
Der Katarakt, des' Donnerstimmen sonst wohl nimmer tönten:
Wie wir so ehren möchten ihn, den Ruhmgekrönten,
So adeln wir uns Alle, auch die ungeschmückten Hallen,
(Wo wohl zuweilen schwache Lieder schallen)
Daß wir an diesem Feiertag es wagen,
Das Riesenbild herein zu tragen,
Dies mag die Tat erklären und entschuld'gen,
Daß wir durch Kühnheit diesem kühnen Meister huld'gen.

Königlich Sächsisches Hoftheater.

Deutsches Schauspiel in der Stadt.

Donnerstags, am 27. August 1829.

Prolog

zur achtzigjährigen Geburtsfeier Göthe's,

gedichtet von Ludwig Tieck,

gesprochen von Dem. Fournier.

Hierauf:

Zum Erstenmale:

Faust,

von Göthe, in fünf Abtheilungen.

Personen:

Faust.	Herr Devrient.
Wagner, sein Famulus.	Herr Burmeister Sohn.
Mephistopheles.	Herr Pauli.
Der Erdgeist.	Herr Wagener.
Ein Schüler.	Herr Heine.
Frosch, (Studenten.)	Herr Geiling.
Brander, (Studenten.)	Herr Meaubert.
Siebel, (Studenten.)	Herr Keller.
Altmayer, (Studenten.)	Herr Kapus.
Hexe.	Mad. Hartwig.
Margarethe, ein Bürgermädchen.	Dem. Gley.
Valentin, ihr Bruder, Soldat.	Herr Kriete.
Frau Marthe, ihre Nachbarin.	Mad. Werdy.
Erster Handwerksbursche.	Herr Schwarz.
Zweiter Handwerksbursche.	Herr Stein.
Dritter Handwerksbursche.	Herr Simon.
Erster Schüler.	Herr Böhme.
Zweiter Schüler.	Herr Lubeck.
Erstes Dienstmädchen.	Mad. Dittmar.
Zweites Dienstmädchen.	Dem. Ziegenhorn.
Erstes Bürgermädchen.	Dem. Castelli.
Zweites Bürgermädchen.	Dem. Grötschel.
Erster Bürger.	Herr Löbl.
Zweiter Bürger.	Herr Guth.
Dritter Bürger.	Herr Schöler.

Soldaten. Volk. Erscheinungen. Geister.

Die Preise wie gewöhnlich.

Alle zu dieser Vorstellung bereits bestellte und zugesagt erhaltene Billets sind Vormittags bis spätestens 11 Uhr abzuholen, außerdem damit andere Nachfragen befriediget werden.

Freybillets, mit Ausnahme derjenigen, welche Personen vom Hofstaate gehören, sind bei der heutigen Vorstellung nicht gültig.

Einlaß um 5 Uhr. Anfang um 6 Uhr.
Ende um halb 10 Uhr.

Therese aus dem Winckell

Die charakteristische Erscheinung dieser vielseitigen Künstlerin hat die Malerin Louise Seidler in ihren „Erinnerungen" anschaulich festgehalten:

Im Laufe des Sommers machte ich in Dresden einige neue, interessante Bekanntschaften, unter anderen diejenige der Harfenspielerin, Schriftstellerin, Malerin usw. Fräulein Therese aus dem Winckell. Sie beschäftigte sich jahraus jahrein mit Anfertigung von Kopien der besten Meisterwerke der Galerie, welche namentlich von den durchreisenden Polen gesucht waren. Auf der Rückkehr von Paris, wo sie ihre verschiedenen Begabungen weiter ausgebildet hatte, war sie durch Weimar gekommen und hatte daselbst einen Teil ihrer „zweiunddreißig Talente", wie ihre Mutter, eine alte redselige Offizierswitwe, sich ausdrückte, produziert. Sie stellte ihre Gemälde aus, spielte Harfe, deklamierte und gab mimisch-plastische Darstellungen nach Art der Hendel-Schütz. Ihr Ruf war bereits zu mir gedrungen; die persönliche Bekanntschaft der merkwürdigen Dame war mir deshalb um so erfreulicher. Therese aus dem Winckell hatte eine kleine, zierliche Gestalt, hübsches blühendes Kolorit und sanfte Züge. Sie frisierte und kleidete sich gegen die damals herrschende Mode; Locken umgaben den Kopf; ein weißer Spenzer und ein schwarzer Rock waren ihr steter Anzug. So saß sie hinter spanischen Wänden und kopierte auf der Galerie, wo damals zur Erleichterung für die Künstler die Gemälde sogar herabgenommen wurden. In ihrem Verschlage saß gewöhnlich die Kammerjungfer neben ihr, welche ihr leise vorlesen und zu bestimmter Stunde das zweite Frühstück kredenzen mußte.

Fräulein aus dem Winckell bewohnte im „italienischen Dörfchen" ein einstöckiges Häuschen, welches reizend an der Elbe gelegen und mit Kopien aller Art austapeziert war. Wenn Fremde kamen, um ihre Gemälde zu sehen, so schuf sie durch Sperrung und Öffnung von Läden im Nebenzimmer eine künstliche Beleuchtung; zugleich suchte sie durch Geschichte und Charakeristik des Originals das Interesse an der Kopie zu erhöhen.

Ziemlich oft empfing sie kleine Gesellschaften; gewöhnlich eröffnete sie den Abend mit einem Harfensolo, während dessen eine einzige Tasse Tee oder Kaffee gereicht wurde. Die Unterhaltung bestand meistens darin, daß man ihren Talenten Bewunderung zollte und dazwischen sich an der schönen Aussicht auf die Elbe erquickte. Als ich zum drittenmal nach Dresden kam, hatte Therese aus dem Winckell ihre Mutter verloren und nahm Pensionärinnen in ihr Haus; ich selbst war glücklich genug, ihr eine solche zuweisen zu können. Durch diese erfuhr ich noch mehr Details von Theresens eigentümlicher Persönlichkeit. Fräulein aus dem Winckell war eine Art von weiblichem

Bildnis der Malerin und Harfenvirtuosin Therese aus dem Winckell
Farbige Zeichnung von Al. Molinari

Erinnerung an Elisa von der Recke und Tiedge: Wohnzimmer in Elisas Hause

Steinzeichnung von H. Williard. 1841

Polyhistor; sie hatte bedeutsame Sprachkenntnisse und unterrichtete im Italienischen, Französischen und Deklamieren, die sächsischen Prinzessinnen auch im Harfenspiel. Ihr Lehreifer ging so weit, daß sie noch Abends spät beim Aufwickeln ihrer Locken den Scharfsinn ihrer Pensionärinnen durch Rätselaufgaben übte. Dabei lebte sie sehr einfach und tat im Stillen außerordentlich viel Gutes, so z. B. unterstützte sie fortdauernd eine ehemalige Dienerin, die sich bei ihr verheiratet und eine Reihe von Kindern bekommen hatte. Diese ließ Therese aus dem Winckell sämtlich kleiden und unterrichten. Als ein neues Direktorium ihr später das Kopieren auf der Galerie verleidete, arbeitete sie zu Hause nach modernen Künstlern; da indessen die Kopien von Bildern lebender Maler sich nicht so gut verkauften, so griff sie zu dem Mittel, ihre eignen Kopien der alten Meister zu kopieren. So vergingen ihr in rastloser Tätigkeit viele Jahre, bis sie das Unglück traf, ihr mühsam erworbenes Vermögen durch den Bankerott ihres Bankiers zu verlieren. Doch jetzt zeigte sich die Teilnahme und Achtung, deren sie überall genoß. Die Prinzessinnen erboten sich, ihr die Zinsen des verlorenen Kapitals zu ersetzen; Herr v. Quandt, der große Kunstkenner, kaufte sogleich eine ihrer Kopien, was sie besonders beglückte. In den fünfziger Jahren sollte ihr aus der Tiedgestiftung ein Zuschuß zuteil werden, allein sie lehnte denselben dankend ab, da ihr einfaches Leben wenig Bedürfnisse erfordere und sie jene Hilfe einem vielleicht Ärmeren nicht entziehen wolle.

Im Hause Elisens von der Recke

Seit dem Jahre 1819 bewohnte die kurländische Dichterin mit ihrem Seelenfreunde C. A. Tiedge das Biedermannsche Haus am Kohlmarkt in der Neustadt, wo sie sich ein vielbesuchtes Altersheim eingerichtet hatte. Die Art des hier herrschenden Verkehrs schildert Karl Falkenstein im zweiten Bande seiner Biographie Tiedges:

Mit edler Haltung und selbst in den Jahren eines vorgerückten Alters noch ungebeugt kam die edle hohe Gestalt dem Eintretenden entgegen, in deren imposantem und erhabenem Äußeren man eine Fürstin zu erblicken glaubte, deren angeborene Würde ebensosehr die Vertraulichkeit zu entfernen schien, als sie durch den unverkennbarsten Ausdruck wahrer Güte dazu wieder einlud. Sanft strahlte das große blaue Auge den edleren Naturen, die sich ihrem Zirkel aus reiner Absicht näherten, ein freundliches „Willkommen" zu, indem es den minder edlen, die nur Neugierde oder eigennützige Absichten über die Schwelle ihres Hauses führten, Ehrfurcht und Zurückhaltung gebot. Gedankenfülle thronte auf der Stirn, während sanfte Weiblichkeit und Milde um Mund und Wangen spielten, das ernste Kinn aber fast männliche Festigkeit verriet. Die ganze Erscheinung war das Bild der Hoheit und Würde.

Sie war — auch allein — stets umgeben von ihren Freunden; denn sie hatte von Jugend auf die Gewohnheit, in ihren Zimmern keinen andern Schmuck zu dulden, als der zur Nachfeier der Erinnerung an glückliche Tage, an ihrem Herzen teure und befreundete Wesen beizutragen imstande war. Alle Wände ihres Arbeitszimmers waren mit den Bildnissen derartiger Personen so reichlich geschmückt, daß man fast nirgends eine Spur von Tapete erblicken konnte. Selbst die Türen und die Innenseite der Fensterpfeiler waren mit kleinen Miniaturen, Kupferstichen oder Silberstiftzeichnungen interessanter Menschen behangen. Es war ein wahres Pantheon der Freundschaft, in welchem Elisa als hohe Priesterin waltete ....

In nächster Umgebung, nur durch eine Tür von diesem Musen- und Freundschaftstempel getrennt, wohnte ihr treuer Freund und Lebensgefährte Tiedge in einem kleineren Zimmer, dessen Fenster, wie die des ihrigen, die Aussicht nach der Elbe hatten und nicht nur einen überaus freundlichen Blick auf die Altstadt Dresden mit der schönen, im italienischen Stil erbauten katholischen Hofkirche, auf das königliche Schloß, die majestätische Elbbrücke, die durch ihre reizende Aussicht berühmte, mit Bäumen bepflanzte Gartenterasse des Gräflich Brühlschen Palastes und die hohe Kuppel der Frauenkirche gewährten, sondern in einiger Entfernung ein wahres Panorama der Umgegend besonders nach der Seite des Plauenschen Grundes und des Ostrageheges darboten.

Hier saß der ehrwürdige Sänger in einem mit rotem Leder beschlagenen, altmodischen Lehnstuhle am einfachen Schreibtische, den nichts als ein von Elisa von der Recke zum Andenken an das so oft gemeinschaftlich besuchte Karlsbad geschenktes Schreibzeug von Krystallglas zierte. Zur Seite links am Fensterpfeiler ein ebenso einfaches Büro, das gewöhnlich offen stand und bei halb ausgezogenen Fächern den wenig geordneten Inhalt von Papieren und Schreibmaterialien sehen ließ. Dessen alleiniger, aber um so interessanterer Schmuck war eine Stutzuhr von vergoldeter Bronze, welche dereinst auf dem Arbeitstische des Kardinals Richelieu, des allgewaltigen Ministers Ludwigs XIII., zu manchem wichtigen Staatsgeschäfte — vielleicht sogar zu manchem Todesurteile und dessen schauriger Vollstreckung die Stunden anzeigte. Die Herzogin von Kurland hatte diese merkwürdige Uhr von der Familie jenes berühmten Staatsmannes als einen Beweis ganz besonderer Auszeichnung zum Andenken erhalten und nach ihrem Tode durch Vermächtnis ihrem Biographen Tiedge hinterlassen ....

Bald war dies Haus nebst demjenigen des geistreichen Dichters, Philosophen und Kritikers, des Mitstifters der romantischen Schule Deutschlands — Ludwig Tiecks — der Mittelpunkt für ganz Dresden, wo sich täglich nicht nur ein ausgezeichneter Kreis von einheimischen Männern und Frauen um das seltene Freundespaar versammelte, sondern auch gebildete Fremde aller Nationen jederzeit die wohlwollendste Aufnahme fanden. Des Vormittags traf man die würdige Matrone stets an ihrem Schreibtisch sitzend, entweder mit Lektüre beschäftigt oder ihre weitverbreitete Korrespondenz, ihr Tagebuch und andere schriftliche Arbeiten besorgend. Die häuslichen Geschäfte und zumal die Wirtschaftsberechnungen mit ihren treuen Haushofmeister Pappermann waren bereits abgemacht. Im allgemeinen waren Morgenbesuche, die nicht auf Geschäfte Bezug hatten, oder welche nicht unaufschiebbare Dringlichkeit der Zeit und Umstände gebot, weniger willkommen. Abends nach sechs Uhr hingegen freute sie sich, ihre Freunde eintreten zu sehen, und mit liebenswürdiger Gastlichkeit öffnete sie jedem, den gute Sitten und Bildung empfahlen, ihr Gesellschaftszimmer.

War sie von der Erscheinung eines Menschen, der sie zum ersten Male besuchte, befriedigt, so öffnete sie die Seitentüre ihres Zimmers und führte ihn zu Tiedge, damit auch dieser des Genusses einer würdigen und deshalb bleibenden Bekanntschaft teilhaftig werde.

Ruhig nahm dieser das grünseidene Schirmchen, das zum Schutze der Augen ihm von der sorgsamen Freundin jedesmal zum Geburtstage neu geliefert wurde, von den Silberlocken, die sein schöngeformtes Hinterhaupt umwallten, blickte anfangs verwundert von dem Papiere, das ihn gerade beschäftigte, empor und erhob sich — je nachdem der Gegenstand des unerwarteten Besuches ihn erfreute oder unangenehm überraschte — mehr oder weniger von seinem Sitze, wozu er stets des zur Seite lehnenden Bambusstabes mit elfenbeinerner Krücke bedurfte, indem sein rechter Fuß, seit frühester Jugend durch die Blattern geschwächt, so sehr nach einwärts gebogen war, daß er mehr auf dem Rist als auf der Sohle ging, was ihm beim Auftreten Schmerzen verursachte.

War der Besuchende so recht nach seinem Sinne, das heißt: treuherzig, offen und ohne Zeremoniell, so drückte ihm Tiedge freundlich die Hand, wies ihm einen Stuhl an seiner Seite an und nahm, zumal wenn das Gespräch nicht bloße Oberflächlichkeiten des Lebens: Tagesneuigkeiten, Theater, Konzerte und dergleichen berührte, den lebhaftesten Anteil an der Unterhaltung. Brachten ein Vater oder eine Mutter Kinder mit, um sie dem heiteren Greise vorzustellen, so strahlte sein schönes, großes schwarzes Auge voll inniger Freude über diese „Blumen des Lebens", wie er sie zu nennen pflegte. Er ließ sich gar bald mit den Kleinen in lebhafte Gespräche und nicht selten in rein kindliche Scherze ein und schien sich so im Anblick der Jugend selbst zu verjüngen. „In der ganzen weiten Natur," rief er nicht selten voll Begeisterung aus, „gibt es doch nichts Schöneres als Blumen und Kinder!"

Wer eines oder das andere von diesen Beiden mitbrachte, konnte der freundlichsten Aufnahme gewiß sein. Letztere wurde überhaupt fast jedermann zuteil, wenn der Besuch, was freilich sehr häufig geschah, nicht etwa die Durchsicht und Beurteilung dichterischer Selbsterzeugnisse zum Zwecke hatte. So oft ein junger Mann ein Manuskript aus der Busentasche oder eine Dame Papiere aus dem Strickbeutel hervorzog, wurde sein Blick — selbst ehe er noch den Gegenstand kannte — unwillkürlich ernster;

auf der Stirn lagerten sich Wolken, und mit stummer, für den Zartfühlenden aber um so beredterer Mißbilligung nahm er die ihm zugedachte Pönitenz in Empfang. Bei dem nächsten Besuche gab er alsdann, wenn in den oft umfangreichen Poesien kein hervorragendes Talent wahrzunehmen war, die Manuskripte mit der lakonischen Bemerkung zurück: „Es ist recht gut gemeint, was Sie da zutage gefördert haben, — wir wissen es aber schon!" —

Elisa von der Recke (1754—1833) wurde zuerst durch ihre Aufklärungsschrift über Cagliostro, von Fr. Nicolai 1787 herausgegeben, weiteren Kreisen bekannt. Sie unternahm zahlreiche Reisen durch Deutschland, die Schweiz und Italien, veröffentlichte Tagebücher und Gedichte und führte einen ausgebreiteten schöngeistigen Briefwechsel. Christoph August Tiedge (1752—1841) der sich durch sein wohlmeinendes Lehrgedicht „Urania" 1800 einen Namen gemacht hatte, begleitete Elisa 1805—1808 auf ihren Reisen und blieb ihr dann in lebenslänglicher Freundschaft verbunden. Zu seinen Ehren erhielt eine im Jahre 1842 in Dresden begründete Stiftung zur Unterstützung von Dichtern und Künstlern den Namen Tiedge-Stiftung.

Begegnung mit Jean Paul

Der letzte Besuch, den der Dichter der „Flegeljahre" Dresden abstattete, fiel in den Frühling des Jahres 1822 und stand unter einem freundlicheren Stern als jener des Jahres 1798 (vergl. S. 98). Karl Förster hat uns in seinen Tagebüchern einige lebensvolle Momentbilder von der originellen Erscheinung des Poeten in der Dresdener Gesellschaft hinterlassen:

Ein Spazierweg, den ich am Nachmittag mit Luise und den Kindern unternommen, führte auf dem Heimweg in der Königstraße uns einen Fremden entgegen, dessen Erscheinung — durch eine unleugbare, aber wohltuende Genialität, die sich in den kräftigen, wohlwollenden, Geist kündenden Zügen ausspricht — den Blick festhält. Ich weiß nicht, welcher Seelenimpuls Luise den Ausruf auf die Lippen führte: „Es ist Jean Paul" — den sie nie, ja nicht einmal im Bilde gesehen hatte. Aber der Fremde war wirklich Jean Paul, der nach jenem raschen Ausruf sich freundlich grüßend zu uns wendete, alten Freunden zu begegnen meinte und, als dieser Irrtum schnell gelöst war, „die Art der neuen Bekanntschaft ganz nach seiner Weise" fand. Darauf erzählte er, daß er eben hier angekommen, im Gasthof abgestiegen sei und nun die Schwester seiner Gattin aufsuche, welche für ihn ein „Lenzhäuschen" gemietet habe. Er war ganz Freude und Heiterkeit und sagte: „Es fängt in Dresden gut an; kaum unter dem Wagenhimmel hervor, sehe ich über mir, was immer ein gutes Zeichen, den reinsten blauen Himmel, und bei den ersten Schritten in der schönen Frühlingsstadt fallen mir Freunde zu; denn Freunde sind wir nun und bleiben wir; das ist ein Maiensonntag! So lange ich in Dresden weile, sehen wir uns viel, ja täglich." Er begleitete uns bis

Dresdner Bilderbogen: Puppenstube aus der Biedermeierzeit. Wohnzimmer

Dresdner Bilderbogen: Puppenstube aus der Biedermeierzeit. Teesalon

an unser Haus (neben dem Japanischen Palais), reichte uns zum Abschied mit sanften lieben Worten die Hand und küßte herzlich die Kinder.

Jeder nächste Tag gibt uns die Freude des Zusammenseins mit dem neugewonnenen Freunde, welcher in rührender Herzlichkeit uns angeschlossen bleibt. Nach und nach wird er von vielen Besuchen und Einladungen bedrängt und oft von Aufmerksamkeiten heimgesucht, die in aller Wohlgemeintheit doch ihr Lästiges haben mögen. Neulich trat er aus einer großen, glänzenden Gesellschaft, wohin als Geladene zu gehen wir uns erst rüsteten, ganz erwärmt ein. „Ich komme als Flüchtling", sprach er heiter, „und bitte in dieser lieben Häuslichkeit um einen Bissen Brot und um ein gekochtes Ei. Als ich dort eintrete, in die geschmückte, vornehme Welt — es waren sogar einige mir liebe Fürstinnen darunter — richtet sich jeder Blick auf das Wundertier, und Jeder meint, mindestens einen Götterspruch von ihm zu empfangen; der arme Angestaunte, in seiner ordinären Menschennatur, wird durch sein Verstummen den Erwartungsvollen nun erst recht zum Wunder und läuft endlich dem schönen Kreise unmutig und ungerecht davon. Schon der Nachmittag", fuhr er lachend fort, „hatte seine Schicksale. Ich war in dem großen Garten, sitze ganz still unter einem der Bäume, da stürmt plötzlich eine Dame mit den Worten auf mich ein: „Nur ein Ton, ein Ton von Ihren Lippen", darauf zieht sie mich gewaltsam an einen Tisch, wo ihr Sohn sitzt, gibt mir eine Biographie ihres Hundes und eine lange Geschichte ihrer Krankheit, bis endlich der vorüberfahrende Malsburg mich in seinen Wagen rettet, dann auf der Ressource einführt, wo ich die bis jetzt in Dresden entbehrten Zeitungen lese." Er klagte, daß er hier so wenig arbeite und nichts von sich gebe und nichts in sich aufnehme.

Schon mehrere Male war ich bei dem Zusammensein der seltenen Geister (Jean Paul und Tieck) gegenwärtig und konnte eine gewisse Scheu, von welcher beide befangen waren, nur beklagen. Heute Abend war es anders; heiter und herzlich bewegte sich das Gespräch, welches zum Teil ihre eigenen Werke zum Gegenstand nahm. Auf Jean Pauls Frage, welches seiner Werke Tieck am wenigsten zusage, antwortete dieser: „Der Titan, denn in diesem vermisse ich eine lebendige Charakteristik und die Ordnung und Einheit, welche das Bedingnis eines guten Romans ist." Jean Paul erwiderte in einer fast komischen Betrübnis: „Den Titan habe ich nun just für mein bestes Buch gehalten und am meisten geliebt, obschon ich jetzt wünsche, den Schlußband nicht geschrieben zu haben." — „Auch ihr Campanertal" — fuhr Tieck fort — „möchte ich nicht so hoch stellen, als Ihre Verehrer es tun, dem vielen Schönen, ja Erhabenen, ist des Sentimentalen, Weichen, ein zu großer Teil beigegeben; aber der „Siebenkäs" ist eine herrliche Schöpfung, voll Kraft, Natur und lebensfrischer Wahrheit und für mich Ihr ausgezeichnetstes Werk." — Tieck las nun zum höchsten Ergötzen Jean Pauls dessen „Attila Schmelzle" vor, und letzterer sagte: „Heute habe ich erst mein Werk kennen lernen. Wenn ein Tieck liest, fehlt dem Gegenstand der Lebenshauch nicht, und ich würde als Zuhörer nicht ermüden, obschon ich übrigens meine Abneigung für das Vorlesen nicht verbergen will." Als ich bemerkte, daß es auch hier nicht an Originalen zu seinem Schmelzle fehle, erwiderte er: „Dasselbe ist mir fast aller Orten versichert worden, darum muß es Hauptaufgabe der Charakterzeichnung sein, denselben nicht nach wirklichen Individuen zu bilden, sondern in seiner Allgemeinheit aufzufassen, dann können wir gewiß sein, daß Viele sich wieder finden werden in den einzelnen Zügen, denn in der Gesamtheit der Menschheit begegnet uns überhaupt erst der Mensch."

Blick in die Moritzstraße. Stich von G. Täubert. Um 1830

Tiecks Vorlesungen

Ein weiteres sachkundiges Zeugnis für die Wirkung von Tiecks Vorlesungen gibt Karl Immermann, der Dichter des „Münchhausen", in seinem „Reisejournal":

Manchem Kleinlichen und Halben, woraus eigentlich der unzerstörbare Teppich des Lebens gewirkt ist, gegenüber, hält hier ein schöner, fortwirkender Eindruck in meiner Seele die Wage. Sie kennen das gastfreieste aller Häuser am alten Markt, und so lassen Sie sich sagen, daß ich in dem abendlichen hellen Zimmer stets die rechte Stimmung wiederfand, wenn sie sich im Gewirre etwas verloren hatte. Wahrlich, die

Welt gleicht den Bildern, wo im Kreise umher die zerstreuten Glieder gemalt sind, und das Auge des Dichters ist das Glas, welches sie erst zur Figur zusammenbindet. Es ist schön, wenn man einmal von nichts anderem zu hören bekommt als was einem am Herzen liegt, es ist erquickend für lange Zeit, wenn der Umgang zum Konzerte voller und reiner Silbertöne wird. Hier ist nun alles vorhanden: ein höchst eigentümliches Produktionsvermögen, was seiner Natur nach sich schon zur vielseitigen anmutigen Mitteilung bestimmt, eine Gutmütigkeit, vor der wir andern erröten müssen, die umfassendsten Kenntnisse und ein an Erinnerung reiches Leben. Zauberische Stunden sind mir durch diese Genien bereitet worden. Verlangen Sie nur kein Detail. Man bemerkt, wenn man sondern muß. Das Vollkommene genießt sich und erzählt sich nicht.

Tiecks Vorlesungen sind berühmt. Nach meiner Weise, von allem Bedeutenden in der Kunst den unbestimmten Nebel fern zu halten, habe ich mir dasjenige klar gemacht, was eigentlich daran das Wichtige und Vorzügliche ist. Es besteht darin, daß diese Vorträge für jedes Werk einen festen Gesichtspunkt nehmen, von diesem aus den Grundgedanken in größter Deutlichkeit hinstellen und so eine Vorstellung von der inneren Einheit der Dichtung erwecken, wie sie keine theatralische Leistung der gegenwärtigen Art zu geben vermag. So habe ich nun erst einen Begriff von der Intention Shakespeares bei der Peripetie und Katastrophe in „Romeo und Julie" bekommen. Tieck hebt nämlich die alles überfliegende Liebesglut des Paares auf eine Weise heraus, daß man es natürlich findet, wenn alle Personen, die in diesen flammenden Kreis gerissen werden, den Kopf verlieren und die Liebenden in der Nacht des Todes nur einen Augenblick auf Botschaft und Nachricht zu warten unfähig sind. Soll ich bei dieser Vorlesung noch etwas Einzelnes preisen, so ist es, wie er den Lorenzo nimmt. Rührender ist mir nie das Bild des milden, hilfreichen, furchtsamen Alters erschienen.

Sonst ragt besonders der Ausdruck des Gewaltigen, Erhabenen, Starken hervor. Im Naiven und Zärtlichen fand ich nicht immer die Reinheit der Natur, und das Komische hätte ich zuweilen etwas stärker koloriert gewünscht. — Darum ist aber auch die Lesung einer griechischen Tragödie das Größte, was man in dieser Sphäre vernehmen kann. Er hatte die Güte, meinen Wunsch zu erfüllen, und wählte den Oedipus in Kolonos. Die Stärke des Tons, das Getragene, die vollkommene Deutlichkeit, womit die schwierigsten Fügungen hervortraten, endlich die Musik, die er in die Rezitation der Chorstrophen zu legen wußte, alles dieses war bewundernswert. Er las nach der Solgerschen Übersetzung, und ich könnte nicht sagen, daß mir ein einziger Vers unklar geblieben wäre. Schauspielern, denen daran läge, ein dramatisches Gedicht als Ganzes, wie es der Dichter empfand, hinzustellen, würden solche Vorträge von größtem Nutzen sein, und wenn die Anschauungen, die wenigstens in mir da gekeimt sind, Wurzeln schlügen, so dürfte manches, was als unausführbar zurückgewiesen wird, den ausführbaren Tand verdrängen.

Übrigens habe ich das freundliche, geliebte und verehrte Haupt nicht ohne Wehmut betrachten können. Wer es fühlt, welche begeisternde Wirkung das Genie auszuüben imstande ist, wenn es die gebührende Stellung erhält, der muß trauern, sieht er hier wieder ein Beispiel der Unaufmerksamkeit, die viel Gutes bei uns vernichtet. Ein solcher Mann, freilich ohne klemmenden Amtszwang, der die Tätigkeit berechtigter Naturen nur paralysiert, in die Mitte einer frischen Jugend, in zusagende Verhältnisse von einem Könige ehrenvoll hingestellt, würde unendlich vieles angeregt haben. Denn die Gelehrsamkeit ist ja auch da, vor der die Deutschen doch sonst Achtung hegen. Aber achtundfünfzig Jahre hat man ihn alt werden lassen, und niemand dachte daran, sich dieses Verdienst zu erwerben.

Der Tod Friedrich Augusts I.

Der alte König, der sein Land nahezu sechzig Jahre lang regiert hatte, war im Verlauf der Jahrzehnte zu einem lebenden Wahrzeichen der guten alten Zeit geworden. Als er starb, war, wie Gustav Klemm in seinen kulturgeschichtlichen Briefen schreibt, das Bewußtsein vom Anbruch bewegterer Tage allgemein:

König Friedrich August der Gerechte war am 23. Dezember 1826 in sein 77. Lebensjahr getreten. Er erfreute sich indessen einer guten Gesundheit; er hatte stets ein überaus regelmäßiges und mäßiges Leben geführt. In den Frühlings- und Sommermonaten machte er sich Bewegung in freier Luft. In den Herbst- und Wintermonaten fuhr er an bestimmten Tagen nach Moritzburg oder Hubertusburg zur Jagd und machte dann auch Ausflüge in die Umgegend. Bei diesen Jagden war der König sehr liebenswürdig; er sprach mit den Bettmeistern der Jagdschlösser, mit den Forstbedienten und Jagdbeamten, die er allesamt persönlich kannte. Fuhr er nach Moritzburg, so hielt er stets beim Chausseehaus von Boxdorf, dessen Einnehmer er kannte, um ein paar Worte mit ihm zu wechseln. Dabei achtete er scharf auf seine Lakaien und Wagenhalter. So hatte er einst beim Einsteigen in Moritzburg bemerkt, daß die Lakaien ein Schwein heimlich auf seinen Wagen gepackt; er ließ sich nichts merken, aber am Boxdorfer Chausseehaus anhalten. Zu dem herantretenden Einnehmer aber sagte er freundlich: „Ich habe dir heute etwas mitgebracht, verzehre es gesund," und zu den Lakaien: „Tragt einmal das Schwein, das ihr hinten aufgepackt, dem Einnehmer ins Haus." Dem Befehl ward augenblicklich und schweigend nachgekommen, während der König noch ein paar Worte mit dem überraschten Einnehmer wechselte. Damit war die Sache abgetan. — So war denn auch in den ersten Monaten des Jahres 1827 der König noch mehrmals in Moritzburg auf der Jagd gewesen. Er fuhr in einer mit einem Ledervorhang vorn verdeckten Kalesche; voran ritt ein Jagdpage.

Aufstellung des Castrum doloris vom 30. Mai bis 1. Juni 1827 für König Friedrich August I. von Sachsen in der Katholischen Hofkirche

Kolorierter Stich von Grolich und Wunderlich

Die alte Sophienkirche vor dem Umbau
Kolorierte Steinzeichnung von J. Franke

Der Hof sollte Anfang Mai nach Pillnitz übersiedeln, da verbreitete sich in der Stadt die Nachricht, der König sei unwohl. Eine dumpfe, düstere Stimmung nahm von Tag zu Tag nunmehr im Volk überhand. Man drängte sich zum Schloß, wo das Hofmarschallamt Bulletins ausgab; in den Kirchen ward außerordentliche Betstunde gehalten. Am 5. Mai 1827 war Friedrich August sanft entschlafen. Noch an demselben Vormittag wurden die Tore gesperrt, bis die Garnison dem neuen König Anton Clemens Theodor den Eid der Treue geschworen. Von 11—12 Uhr ertönte von allen Türmen das Trauergeläute. Die Schloßtore waren geschlossen. Alle Welt legte Trauer an. Man las die Proklamation des neuen Königs an den Straßenecken. Sie versicherte, daß zunächst in keiner Weise eine wesentliche Veränderung bevorstehe. Jedermann aber fühlte, daß mit dem Tode Friedrich Augusts eine wichtige Periode abgelaufen war, und daß eine neue Zeit im Anzuge sei.

Die September-Revolution 1830

Auch in dem friedlichen Sachsen blieben die Pariser Julitage, die den Bürgerkönig auf den Thron der Bourbonen gesetzt hatten, nicht ohne Wirkung. In Leipzig kam es in den ersten Septembertagen zu blutigen Unruhen, und kurz darauf entlud sich auch in der Hauptstadt, wo der greise König Anton sich persönlich der größten Verehrung erfreute, die politische Spannung in bis dahin nie erlebten oder geahnten Vorgängen. Ein klar blickender und ordnungsliebender Zeitgenosse schildert in der Wochenschrift „Janus oder Dresden und Leipzig, von seinem öffentlichen Leben und literarischen Treiben, vorwärts und rückwärts beschaut", diese dramatischen Geschehnisse:

Schon seit einiger Zeit hatte sich eine auffallende Aufregung unter den Bewohnern Dresdens verraten. Manche Beschwerungen, die nicht aus örtlichen Verhältnissen hervorgegangen waren, sondern in allgemeinen Landeseinrichtungen oder in dem stockenden Gewerbebetrieb ihren Grund hatten, wurden auch hier gefühlt. Mängel und Mißbräuche, unzertrennlich von einer Gemeinverfassung, die seit undenklichen Zeiten von ihrer natürlichen Grundlage verrückt war, wurden von allen Einsichtsvollen schmerzlich gefühlt, und oft war besprochen und erörtert worden, was not tut. Die beklagenswerten Ereignisse in den Junitagen hatten ein tiefes Gefühl des Unmuts zurückgelassen und eine unglückliche Spannung zwischen Bürgern und Kriegern erweckt. Beunruhigende Gerüchte von dem Dasein einer geheimen Polizei, so grundlos sie gewesen sein mögen, erhöhten in der letzten Zeit die gereizte Stimmung, die ein lange genährtes Gefühl des Mißbehagens erzeugt hatte. Drohende Warnungen an einzelne wurden unter dem Volke verbreitet, ja freche Aufforderungen zum Aufstande in den Frühstunden mehrmals an den Straßenecken gefunden. Die Kunde von den Ereignissen in Leipzig machte die herrschende Aufregung noch lebhafter. Aufmerksame Beobachter konnten es sich nicht verhehlen, daß es nur eines Funkens bedurfte, den gesammelten Zündstoff in Flammen zu setzen.

Die Anstifter der Ruhestörung am 9. September kannten diese Stimmung und glaubten, es würde selbst ein kühner Frevel gelingen, den sie nach dem Abzuge des Schützenkorps wagten, das den größten Teil der Besatzung bildete. Aber wenn jene Aufregungen nicht vorhanden gewesen wären, so würde jene Störung gewiß nicht den furchtbaren Charakter angenommen haben, der sie in der Geschichte unserer Stadt einzig macht, noch würden die Folgen daraus hervorgegangen sein, die wir erlebt haben. Am Abend jenes Tages, nach acht Uhr, zogen mehrere Haufen, welche sich außerhalb der Vorstädte gesammelt hatten, aber wie es scheint weder ohne vorgängige Verabredung, noch ohne Führung, lärmend durch die Stadt. Eine tobende Schar, die ein Einzelner, mit einem Knittel bewaffnet, keck anführte, nahm ihre Richtung nach der Schloßgasse, zerschlug die Laternen mit Ausnahme der Privatlaternen, die genau bezeichnet wurden, während sie voranging unter dem Geschrei: Es leben die Leipziger! Es lebe die Freiheit! und anderen Ausrufen, die eine Losreißung von gewohnter Pflichttreue verrieten. Der Ton einer Pfeife schien ihre Bewegungen zu leiten. Aus den anstoßenden Straßen drangen ähnliche Scharen. Der sich fortwälzende Haufe wuchs bald zur dichten Masse, als neugierige Zuschauer oder unruhige Helfer aus den Häusern kamen. Auf dem Marktplatze, wo die Budenreihen noch standen, drängte sich die lärmende Schar vor dem Rathause zusammen, dessen Eingang man schnell verschloß; Leitern wurden herbeigeschleppt, und dreist erstiegen mehrere den Balkon des Hauses, sprengten die auf denselben öffnende Glastüre und drangen in die Zimmer des ersten Stockwerkes. Aus den zerschmetterten Fenstern flogen alsbald Papiere und Zimmergeräte in wilder Verwirrung. Plötzlich brannte nun auf dem Platze vor dem Rathause, dessen Türe von innen geöffnet ward, ein Feuer, und in hellen Flammen loderte der Haufen, in welchen immer mehr Papiere und Geräte geworfen wurden. Man sah Buben aus dem Hause kommen, die gemächlich Schriften in die Flammen trugen.

Zu gleicher Zeit war eine Abteilung der tobenden Schar in die anstoßende Scheffelgasse gezogen und unaufhaltsam in das Polizeigebäude gedrungen. Der Haufe, der das Rathaus angegriffen hatte, zog sich bald zurück, und die vereinte Wut der Frevler wandte sich gegen jenes Gebäude. Die Fenster wurden hinabgeworfen; Papiere und Geräte, Tische und Schränke, Schreibzeuge und Kleidung flogen aus allen Öffnungen, und herbeigetragene Feuerbrände zündeten auch hier die Flamme an, die ihren Schein weit hinaus verbreitete und dicke Rauchsäulen emportrieb. Die Sturmglocke gab das Feuerzeichen. Trommeln wirbelten. Aus allen Stadtteilen eilten Menschen herbei. Die Feuerwachen sammelten sich. Feuerspritzen rasselten durch die Straßen. Ein Teil des Artilleriekorps eilte aus Neustadt herbei und besetzte den Eingang des Rathauses.

In der Scheffelgasse drängte sich ein zahlloser Menschenhaufe nach der hochlodernden Flamme. Nun war das zweite Stockwerk des Hauses eingenommen; eine weiße Fahne, aus einer Fensteröffnung hervorgestreckt, schien den Fortschritt der Zerstörungswut zu verkünden, und unter gräßlichem Gebrüll wurden unaufhörlich Papiere und Geräte, Anzugstücke und Geldrollen in das Feuer hinabgeworfen. Zwei Offiziere, die zu dem Hause drangen, wurden gefährlich verwundet. Die aus ihren Gemächern erlösten Gefangenen entflohen oder vereinigten sich alsbald mit den Aufrührern, die alle Schränke erbrachen und Schriften und Gelder zerstreuten.

Das Werk der Zerstörung hatte einige Stunden gedauert, als eine Abteilung des Schützenkorps und ein Reiterhaufen herbeieilten. Das Fußvolk drang vom Markte in die Scheffelgasse, während vom Eingange und Ausgange der Gasse Reiterei nachrückte, wodurch die Volksmasse immer näher gegen das Feuer gedrängt wurde. Vergebens suchten die Soldaten in das Haus zu dringen; sie wurden mit Feuerbränden und Steinwürfen empfangen, und die herabgeworfenen Geräte machten den Nachrückenden jeden Angriff unmöglich. Eine blutige Metzelei schien unvermeidlich zu sein, aber der Volkshaufe unten in der Straße wurde kühner, als die Bewegungen der Soldaten verrieten, daß sie nicht Befehl hatten, ihre Waffen zu gebrauchen und Feuer zu geben. Kein Schuß fiel. Während das Fußvolk von der wütenden Masse gegen den Eingang der Gasse getrieben ward, eilte ein Haufen am Ausgang derselben nach der Wallstraße, auf den Ruf einiger Anführer, zu dem Verschlage bei der Baustelle des neuen Posthauses und riß die Bretter los, mit welchen man den neuen Ausgang der Straße verrammelte, um die Reiterei aufzuhalten. Als nun die Reiter hinausdrangen, wurden sie von allen Seiten mit Steinen geworfen, die hier vom Freiplatze an der Gassenmündung und aus dem Säulengange der Kaufhallen dort aus den Häusern flogen. Die Pferde stolperten aus den Verrammungen oder stürzten, wenn kräftige Arme ihnen Bretter und Steine auf die Beine warfen. Mehrere wurden von beiden Seiten verwundet. Das Fußvolk war indes aus der Scheffelgasse auf den Markt gedrängt worden, wo man Budenwände auf die Vorüberfliehenden stürzte oder hinter den Buden Steine hervorschleuderte. Jeder Widerstand war vergeblich. Die Soldaten zogen sich, von dem Steinregen des wütenden Haufens verfolgt, nach der Elbbrücke zurück, wohin auch die Reiterei, zu schwach gegen die rasende Masse, in vollem Laufe sprengte. Die Bürgergarde besetzte die Hauptwache bei der katholischen Kirche ...

Der König hatte indessen eine Kommission zur Aufrechterhaltung der Ruhe ernannt, die unter dem Vorsitze des Prinzen Friedrich aus den wirklichen Geheimräten von Zeschwitz, von Lindenau und von Könneritz, dem Generalleutnant von Gablenz, dem Regierungs-Departements-Direktor Dr. Eisenstuck und den Hof- und Justizräten von Zedtwitz und Müller bestand. Ein Ausschuß achtbarer Bürger beriet sich mit dem Stadtrate über die Mittel, dem Frevel zu steuern und die gesetzliche Ordnung herzustellen. Der erste Entwurf einer öffentlichen Bekanntmachung erlitt einige Veränderungen, und insbesondere wurde der von jener Behörde vorgeschlagene Eingang, der die vorgefallenen Ereignisse bloß als eine Nachahmung der bekannten auswärtigen Vorfälle bezeichnen wollte, auf wohlbegründete Gegenbemerkungen weggelassen. Am 10. gegen Mittag erschien folgende, vom Prinzen Friedrich unterzeichnete Bekanntmachung: „Die öffentliche Ruhe ist auf eine betrübende Art gestört worden. Vertrauensvoll blicken Se. Majestät auf die bewährte Treue und Liebe der hiesigen Bürger und Einwohner und wollen ihnen die Herstellung der Ruhe, den Schutz des bedrohten öffentlichen und Privateigentums anvertrauen. Se. Königl. Hoheit der Prinz Friedrich wird sich von dieser Gesinnung selbst überzeugen. Die Bürger und Einwohner Dresdens, welche diesem Aufrufe folgen wollen, werden, insofern sie nicht mit eigenen Waffen versehen sind, solche auf Anweisung erhalten und werden aufgefordert, sich mit einer weißen Binde um den linken Arm zu versehen." Eine Bekanntmachung des Stadtrats bestimmte die Sammelplätze, wo die aus der Gesamtheit der Bürger und Einwohner Dresdens zu bildende Sicherheits- und Kommunal-Garde sich in den verschiedenen Stadtteilen um zwei Uhr einfinden sollte. Es wurde angeordnet, daß die Bewaffneten auf den Sammelplätzen Kompagnien bilden und ihre Offiziere und Unteroffiziere selbst wählen sollten, um vereint mit den Behörden zur Herstellung der Ruhe zu wirken.

Diese Maßregel hatte einen schnellen Erfolg. Von allen Seiten eilten Männer und Jünglinge in das Zeughaus, wo jedem Waffen gereicht wurden. In wenigen Stunden waren zweitausend Menschen bewaffnet, und man sah in den zahlreichen Reihen, die sich in den Nachmittagstunden auf dem Altmarkt aufgestellt hatten und Kompagnien bildeten, Männer aus allen Ständen. Der Prinz Friedrich wurde, wo er erschien, mit einem Jubelrufe begrüßt, der ihm das Vertrauen aller Bewohner verbürgte. Der Generalleutnant von Gablenz wurde zum kommandierenden General der National- und Kommunal-Garde der Residenzstadt Dresden ernannt.

Sobald die Kommunalgarde sich gebildet hatte, war eine der ersten Maßregeln, das Polizeihaus von dem Haufen zu reinigen, der es seit den Frühstunden besetzt hatte, was eine Abteilung derselben mit Entschlossenheit ausführte. Sie wurden sämtlich verhaftet, und am folgenden Morgen auf die Festung Königstein gebracht.

Die Kompagnien der Kommunal-Garde bezogen darauf, in Verbindung mit der Bürgergarde, die Wachen in verschiedenen Stadtteilen und besetzten alle äußeren Zugänge der Vorstädte, um besorgte Angriffe von außen abzuwehren. Die Schüler der obersten Klassen der Kreuzschule, von dem Konrektor Baumgarten-Crusius angeführt, bildeten eine besondere Abteilung der Kommunal-Garde und wetteiferten in Tätigkeit mit den kräftigen Männern und Jünglingen in den Reihen der übrigen Bewaffneten. Ein lebensvolles Schauspiel zeigte sich in allen Straßen. Überall, wo in der vorigen Nacht die Laternen waren zerschlagen worden, hatte man die Häuser erleuchtet. Alle

Vor dem Rathaus am Abend des 9. September 1830
Steinzeichnung von J. H. G. Rau

Die neue Hauptwache, erbaut von K. F. Schinkel 1833. Steinzeichnung von C. W. Arldt

Straßenmündungen sind besetzt. Überall begegnen sich Streifwachen. Hier lagert ein munterer Wachtposten auf dem Straßenpflaster, dort in einer Hausflur, dort steht oder wandelt er um die aufgestellten Gewehrpyramiden. Überall ein Eifer, eine Willigkeit und eine Wachsamkeit, die selbst auf des Kriegers Lippen das Lächeln unterdrücken, wenn man sich hier und da in den kriegerischen Formen ungelenk bewegt.

Am Morgen des 12. September erließ die Kommission zur Aufrechterhaltung der öffentlichen Ruhe eine Bekanntmachung, die mit den Worten beginnt: „Die Bürger und Einwohner Dresden haben die in sie gesetzten Erwartungen auf das vollständigste erfüllt! Durch ihre rege Tätigkeit, durch ihre musterhafte Dienstleistung ist die Ordnung während der verflossenen Nacht ohne die geringste Unterbrechung aufrecht erhalten und die sichere Hoffnung begründet worden, daß sie nicht wieder gestört werden wird. Se. Königl. Majestät haben der unterzeichneten Kommission befohlen, ihnen dafür die Zusicherung des vollen Vertrauens zu erteilen."

Prinz Friedrich August wurde im Verfolg dieser Ereignisse am 13. September 1830 zum Mitregenten ernannt; er folgte seinem greisen Oheim am 6. Juni 1836 als Friedrich August II. auf dem Throne.

Wachtposten der Dresdener Kommunalgarde an der Wallstraße im September 1830

Pillnitz und Dresden

In seinem Reisejournal von 1831 wirft Karl Immermann auch einen kurzen Blick auf die Vereinsamung der Königsfamilie, die er bei seinem Besuche in Pillnitz antraf:

Der König betete in der Kapelle, und ich war deshalb in der Anschauung der dortigen Vogelschen Sachen gehemmt. Pillnitz berührte mich noch durch andere Dinge als durch Gemälde. Diese zwerghaften japanischen Pavillons mit den unbedeutenden Kommunikationsgalerien, die steifen Taxuswände und die Totenstille des Ortes machten mir den halb mumienhaften Zustand der Königsfamilie recht klar, deren Dasein sich in der ödesten Regelmäßigkeit wie der Schlag des Perpendikels von hier nach Dresden und von dort zurückbewegt. Aus dieser Abgestorbenheit mag manch ein unglückseliger Entschluß, welcher dem Lande zum beständigen Schaden ausschlagen mußte, sich psychologisch herleiten lassen. Es dürfte in solcher Isolierung auch der Grund zu finden sein, weshalb in den letzten Zeiten keine Kraft des Widerstandes aufzutreiben war, als die ersten Volksbewegungen sich zeigten.

In Dresden geht es übrigens so still und zivilisiert her, daß, wenn man es nicht aus den Zeitungen wüßte, man kaum glauben würde, daß hier vor fünfzehn Monaten eine große religiöse Aufregung bestanden habe, vor zwölf Monden aber die höchste Gewalt und die Verfassung im stürmischen Drang geändert worden sei. Die wohlbekannten gelben Träger, die letzten Überbleibsel der Zeiten Rabeners, Gellerts und Weißes, laufen mit den Portechaisen ihren zuversichtlichen Trab; die rote Garde zieht gemessenen Schrittes auf; eine ruhige Bevölkerung wallt still und höflich durch die Straßen.

Gesellschaftlicher Naturgenuß um 1830

Von der Art, wie der Dresdner im Jahre der Junirevolution dem gesellschaftlichen Naturgenuß nachging, plaudert ein Pseudonymus, hinter dem sich wieder einer jener literarisch entzündeten Aristokraten verbirgt, wie sie damals scharenweis die Salons durchstreiften:

Nachmittags waren wir im Großen Garten. Das Volksgewühl, von der festlich strahlenden Frühlingssonne und der Feier des Tages hervorgelockt, gab uns Stoff zu vielen und anziehenden Bemerkungen. „Hier lernt Ihr den Dresdner kennen", sprach Friedrich, „wie ich ihn Euch geschildert habe, höflich, gutmütig, froh bei frugalen Genüssen. Dieser schöne Park, dem ich ohne weiteres den Vorzug vor dem vielbelobten

Sitzung der Ersten Kammer im Jahre 1831

Im Großen Garten. Stich von Ludwig Richter

Tiergarten der Spreeathener zuerkenne, versammelt an jedem schönen Tage die Mehrzahl aller Spaziergänger der Residenz. Wäre der Weg dahin nur schattiger! Um die Mittagsstunde findet hier eine Art von Corso statt, eine italienische Lustbarkeit von solchem Reiz, daß ich nicht begreife, warum nicht jede große Stadt sie nachahmt. Hier seid Ihr gesichert vor dem Staube, der die Wiener und die Berliner aufzehrt. Die Schönheit dieser Baumgruppen, die Frische dieser Allee und den Reiz dieser Schattengänge sehen jene Großstädter mit neidischen Augen an. Hier sind Studien für den Landschaftsmaler, die Lieblichkeit der Hintergründe ganz ungerechnet. Ein ahnender Einblick eröffnet sich hier in unsere schöne Sächsische Schweiz; die wunderlichen Felskolosse von Königstein und Lilienstein bilden die Pforten dieses Paradieses, das Euch seine Freuden noch aufbewahrt. Das flüssige Band der Elbe umgürtet jene Hügelzüge voll Weinbergen, Villen und Dörfern. Hier zieht die blühende Berglandschaft von Dohna Eure Blicke an, dorthin verbirgt das Felstal von Plauen seine Reize in romantischen Schluchten. Ihr werdet sie schon besuchen, es ist der schönste Punkt in Norddeutschland. Rückwärts glänzt aus Laubwerk die Stadt hervor, schon von außen her in ihrem Charakter der Ruhe und des Gemächlichen erkennbar. Doch jetzt verweilen wir hier. In der Nähe jenes Palastes, eines Bruderwerks des Zwingers, impo-

Palais im Großen Garten. Stahlstich von L. Rohbock. Um 1850

Die Brühlsche Terrasse. Aquarellierte Lithographie. Um 1840

sant von außen, leer und unbewohnbar im Innern, ein wahrer Scheinbau, ladet Euch eine Restauration zum Sitzen. Ein schönes Wasserstück begrenzt den verödeten Palast, den große Kosten kaum aufrecht erhalten, und der nur als Dekoration des Parkes gut ist. Hier findet im Winter die närrische Lustbarkeit der Eisfahrten statt. Aus großen Quadern Eises baut sich ein Berg auf, den das Volk mit großer Lust auf Schlitten herabrutscht; der Stoß schleudert das Fahrzeug weit hinab bis ans Ende des Sees. Diese russische Lust ist bei uns charakteristisch und gibt zu Szenen voll Lachstoff Anlaß genug. Hier im Umkreis der Restauration empfängt Euch Musik. Es ist eine Eigentümlichkeit von Dresden, daß Ihr in den Sommermonaten jeden Abend hindurch an fünf oder sechs Orten für ein unbedeutendes Entree Konzerte hören könnt, die man in Berlin und Paris mit Talern bezahlt; treffliche, präzise und völlig befriedigende Leistungen, wie ich sie in dieser Art weder in dem an Bauernfiedlern reichen Berlin noch an sonst einem anderen Orte in und außer Deutschland kenne. Vielleicht liegt es darin, daß unsere Konzerte in der Stadt standhaft leer sind; Ihr kennt die Ökonomie meiner Landsleute, und hier zahlt der Familienvater mit sechs Töchtern und Nichten — einen Groschen! Was Wunder, daß diese Orte sich füllen? Naturreiz, Musik, billige Bewirtung — mehr braucht der Dresdner nicht, um seine Genüsse zu vollenden. Ich sagte Euch schon, daß die besten Stände diese Orte nicht verschmähen; Ihr seht sogar Diplomaten hier. Man ist in guter Gesellschaft, und diese schließt, wie von selbst, ohne Gendarmen oder Barriere den Pöbel aus. In Berlin würde ein solcher Ort nicht einen Sommer hindurch von ihm unbestürmt bleiben; doch hier tritt der Geringere von selbst aus einem vorwaltenden Gefühl der Schicklichkeit zurück.

So wie diese Gesellschaft ist die im Linckeschen Bade. Dieselbe Musik, dieselbe Gemächlichkeit und Frugalität der Genüsse und ein zauberischer Anblick des Flusses und der Stadt mit ihrem grünen Berghintergrunde. Weiter hinauf, von der Höhe von Loschwitz herab, ist die schönste Ansicht unseres Elbtales. Die malerische Brücke und der Mordgrund haben Landschafter genug begeistert. Unfern von hier fiel unser Kügelgen unter dem Hammer des Mörders, ein seltenes Beispiel frechen Verbrechens bei uns. Die Brühlsche Terrasse ist der dritte Ort, derselben Gesellschaft gewidmet. Ein anderer Reiz der Aussicht empfängt Euch hier; hier verschmähen selbst unsere Minister und Gesandten nicht zu sitzen, und die Abendpromenade, welche sich auf diesem reizenden Wall entlang zieht, hat ihresgleichen kaum irgendwo. Sie drängt die Schönheit der Frauen in einen kleinen Raum zusammen; man kennt sich, wird begrüßt, fortgerissen und hat zu schauen und zu fühlen bei jedem Schritt. Der kleine Park zur Seite ist reizend; es sind unsere Tuilerien, unser Pincio, unsere Puerta del Sol, die Ruhebank und das Belvedere jedes Fremden und Reisenden.

Das Volk hat sich andere Lustorte ausgesucht und weicht bescheiden von diesem zurück, wie es in den seinigen ungestört bleibt. Die Dörfer auf der Räcknitzer Höhe,

Plauen, Ostra sind seine Rendezvous. An reizvollen Gärten im Innern der Stadt fehlt es uns nicht; der königliche Garten am Dohnaschen Schlage, noch oft die stille Zuflucht unseres Königs, erinnert mich stets, ich weiß nicht genau warum, an Villa Pamfili; der des Prinzen Max in Ostra und der Marcolinische Park sind durch tiefe Schatten erquicklich; im japanischen Garten ergötzt die Nähe des Flusses, und der botanische Garten reizt schon im Entstehen. Weiter hinaus ist Findlaters schöne Villa als das Rendezvous des Geschlechts der Hofräte berühmt, das bei uns freilich überaus fruchtbar ist; und der Weinberg des Prinzen Friedrich ist ein gern besuchter Vergnügungsort. Er wird eine reizende Anlage werden, dem Florentiner Boboli nicht unähnlich."

Blick auf Dresden aus dem Ostra-Gehege
Stich von Ludwig Richter

Der Sieg des Bieres

Als einen Tag erster Ordnung verzeichnen die Chronisten einmütig die Eröffnung des Waldschlößchen-Ausschankes. In den „Jugenderinnerungen eines alten Sachsen" lesen wir:

Ein wichtiger Tag in der Entwicklungsgeschichte der Dresdner Bierverhältnisse war der 26. März 1838, an welchem Tage die Sozietätsbrauerei auf dem Waldschlößchen für den öffentlichen Ausschank eröffnet wurde. Man vertilgte 5675 Krügel trotz der noch ziemlich rauhen Witterung. Es muß bei dem Gedränge nach dem edlen Naß schon etwas stürmisch hergegangen sein, denn es fanden sich am anderen Tage in dem Schanklokal verschiedene Hutkrempen, Kravattenschleifen, zerrissene Manschetten, Hutfutter, ein halbes Vorhemdchen, eine Mützenblende, mehrere Stückchen Tuch usw. vor. Zahlreiche Spottgedichte und Bilder entstanden nach diesem großen Ereignis.

Sehr gut erinnerlich sind mir noch die ersten schüchternen Versuche, welche die vornehmeren Kreise, namentlich auch die Damenwelt, mit diesem neuen Gebräu machten.

Eine halbe Kanne Waldschlößchen wurde in Weingläser verteilt, mit Vorsicht geschlürft, und erwartungsvoll harrte man der Folgen dieser Ausschweifung. Nach und nach kam der Geschmack und das Vertrauen.

Mit der Eröffnung der Dampfschiffahrt und der Eisenbahn setzte zu Ende der dreißiger Jahre eine rege gewerbliche und industrielle Unternehmungslust ein. Rasch nacheinander wurden ins Leben gerufen eine Zuckersiederei, ein Maschinenbau-Verein, die Dampfschiffahrtsgesellschaft, Kohlenbergwerke in Gittersee und Potschappel, eine Champagnerfabrik in der Niederlößnitz und endlich Bierbrauereien nach bayerischem Muster, von denen die „Sozietätsbrauerei zum Waldschlößchen" an der Bautznerstraße, mit 400,000 Talern Aktienkapital begründet, alsbald einen beträchtlichen Aufschwung nahm. Mit der Güte des Stoffes steigerte sich der Verbrauch zu einer für die damalige Zeit erstaunlichen Höhe.

Der Struvesche Gesundheitsgarten

den der Apotheker F. A. August Struve im Jahre 1820 in einem Garten der Seevorstadt errichtet hatte, diente als Trinkanstalt für künstliche Mineralwässer, deren Erfinder und Erzeuger Struve war. Das Unternehmen erfreute sich steigender Beliebtheit und wird von Ernst Scherzlieb um 1830 in der ersten Reihe der hygienischen Einrichtungen Dresdens genannt:

Ihr kennt dem Rufe nach den ersten; bewährt sie sich, so ist diese Anstalt eine der schönsten und schwierigsten Erfindungen, deren der menschliche Geist sich rühmen mag. Der Stifter derselben hat in der Tat mit kühner Hand und scharfem Auge den Schleier der Natur gelüftet, sie bei den Prozessen belauscht, die sie zur Erzeugung der Mineralquellen vornimmt, und ihr in ihrem Wirken nachgeahmt. Noch beruht die Art und Weise, wie er die Heilquellen hervorbringt, meist auf Geheimnissen, die ihm angehören, allein diese Anstalt, welche zahlreiche Besucher anzieht, hat schon in Berlin und Petersburg Commanditen gegründet, für deren Einrichtung ansehnliche Summen hierher geflossen sind. Ihre wohltuende Wirkung kann nur vom Vorurteil geleugnet werden, und es ist gewiß, daß der Gründer dieser Anstalt das Verdienst hat, unsere Stadt mit einem schönen Industriezweige, einem edlen Erwerbsquell mehr bereichert zu haben. Der schöne Garten, den er angelegt hat, füllt sich die Sommermonate hindurch mit 4—500 Besuchern, und man sieht hier den armen Gichtleidenden wie den ärmeren Hypochondristen, wie er bald hinkend, bald geschwinden Schrittes, wie unser Archäolog kürzlich sang: — — — bis terque perambulat hortos,

Permeat ut subito, quam modo sorpsit, aqua.

Mit dem Archäologen ist offenbar der vielgeschäftige Hofrat Böttiger gemeint. Sein Hexameter lautet auf deutsch: .... zwei- und dreimal durchwandelt die Gärten,

Daß, wie er's schlürfte, auch ihn schleunig das Wasser durcheil'.

Struve war zugleich Besitzer der Salomonis-Apotheke am Neumarkt, wo Theodor Fontane von 1842 bis 1843 ein glückliches Arbeitsjahr verbrachte. Sein Eintritt in das berühmte Haus wurde von ihm wie der Gewinn des großen Loses angesehen, denn, so erzählt er in „Zwischen Zwanzig und Dreißig": „Struve galt für absolute Nummer eins in Deutschland, ich möchte fast sagen in der Welt, und verdiente diesen Ruf auch."

Dr. Struves Trinkhalle. Gemälde von Traugott Faber. 1822

Das Neumünchner Bier.

1.)
Nahe an der Bautzner Straße,
In dem Walde leicht versteckt,
Steht ein mächtiges Gebäude,
Wo das Bier jetzt Manchen neckt.

2.)
Denn die Gäste, die darinnen
Täglich gehen ein und aus,
Taumeln, wenigstens zur Hälfte
Molum und fidel nach Haus.

3.)
Hätte man auch einen Engel
Gleich als Wirth dort angestellt,
Könnt er es doch nicht verhüten
Daß mitunter einer fällt.

4.)
Gleich am ersten Oeffnungstage
Hauste dort der Teufel gar,
Denn da ging es d'runter; drüber
Daß es eine Freude war.

5.)
Themis Meister küßten freundlich
Mit des Mars Scholaren sich;
Jud und Christ, Außkehrer, Müller
Lebten heut' recht brüderlich

6.)
Lampenputzer und Doctoren,
Schaarwerksmaurer, Zimmermann
Offiziere, Kutscher, Schneider,
Drängen aneinander an

7.)
Heute läßt sich keiner lenken,
Heute ist sich Alles gleich.
Selbst der Bettler will verschenken
Heut ein ganzes Königreich.

8.)
Schmulchen ißt heut Leberwürste.
Jakob Schinken zu dem Bier;
Heute ist vergnügt und fröhlich
Grenadier und Kanonier.

9.)
Auch der Teufel macht sein Stückchen,
Denn er war auch mit dabei,
Schafft durch seine Zauberkünste
Eine nette Prügelei.

10.)
In des Rausches Fieberhitze
Ward zerbrochen manches Glas,
Mochte auch der Wirth erzürnen;
Heute ist ja Alles Spaß.

11.)
Einen Fremden, der mit Lachen
Sich darüber lustig macht,
Wollte man den Rücken schmieren,
Doch bald wurde stark gelacht

12.)
Als er sich in tausend Aengsten
Auf ein Bierfaß retirirt,
Und aus voller Brust und Kehle
Zum Vergnügen declamirt.

13.)
In dem Walde geht spatzieren
Ein betrunkner Ehemann,
Und sieht eine alte Weide
Für sein liebes Weibchen an.

14.)
Nimmt sie zärtlich in die Arme
„Komm wir wolln nach Hause gehn,
Ich kann von dem Zeterbiere
Bald auf keinen Beine stehn

15.)
Drin im Saale drängt nach Biere
Jung und Alt sich fürchterlich;
Ein recht großer Musenjünger
Hilft mit Rippenstößen sich.

16.)
Bauern nennt man heut Professor,
Schusterjungen gnäd'ge Herrn,
Heut nimmt keiner etwas übel
Heut verzeiht man Alles gern

17.)
Molum liegt dort an der Erde
Mancher armer Ehrenmann
Der sich sonst des Rausches schämte,
Heute ist's ihm angethan.

18.)
Bier! ist heute die Parole;
Neumünchner! das Feldgeschrei,
Trügen nur dienstbare Geister
Es gleich eimerweis herbei.

19.)
Heute ruhen die Geschäfte,
Dampfschiffahrt und Eisenbahn,
Nichts ist heut den Leuten richtig;
Nur das Bierglas muß heut dran.

20.)
Schöne Lieder aus den Opern
(und noch sonst woher) man singt,
Das wie Brüllen einer Heerde
Löwen durch die Wälder klingt.

21.)
Nur der Brauer finst're Mienen
Sieht man in dem Saale dort;
Alle Andre sind so fröhlich,
Nur sie gehen knurrend fort.

22.)
In der Nähe steht ein Krittler,
Fängt zu kritisiren an,
Und ich geb es treulich wieder
Was er sprach, der alte Mann.

23.)
Ach Gott vom Himmel sieh darein
Und laß es dich erbarmen,
Geht das so fort in Tag hinein,
Muß Alles noch verarmen.

24.)
Hier dünkt sich Mancher ohne Noth,
Der doch zu Hause hat kein Brod,
Doch thut's nichts wenn der Actienmann
Nur gut dabei bestehen kann.

25.)
Doch als er nun mit Neumünchner
Vollgegossen seinen Bauch,
Liegt er Abends um halb 10 Uhr
In den Straßengraben auch.

26.)
Und nun ist das Lied zu Ende,
Was ich euch gesungen hier,
Komme ich zurück nach Dresden,
Trink ich auch Neumünchner Bier.

Zuckerfabrik von H. W. Calberla (jetzt Hotel Bellevue). Stich von C. G. Hammer

Konditoreien und Kaffeehäuser

„Ich habe mich schon oft gewundert" — so beginnt Heinrich Meynert, der unter dem gewaltig beziehungsreichen Pseudonym Janus im Jahre 1833 ein „Charaktergemälde von Dresden grau in grau" zu schaffen sich bemüht, das Kapitel über diejenigen Gaststätten, die auch heute noch durch Zahl und Güte den Fremden fesseln, — „und kann es noch in diesem Augenblicke nicht begreifen, wie in Dresden sich eine solche Unzahl von Konditoreien zu erhalten vermag. Diese bestehen hier wirklich in einem fabelhaften Überflusse, und selbst in den ersten Lebe- und Luxusstädten habe ich, im Verhältnisse, kaum die Hälfte derselben vorgefunden. In Dresden, einer Stadt, welche wegen ihrer notorischen Hungerleiderei oft genug ein Gegenstand fremder Spottsucht geworden ist, muß man sich umsomehr wundern, wie dergleichen zuckergebackene Institute, welche in der Regel doch nur auf Kosten eines schon raffinierten Luxus zu bestehen vermögen und mit prosaischer Philisterei, woran es doch in Dresden nicht fehlt, im entschiedensten Streite leben, hier ihre Rechnung finden, ja auch nur dürftig ihr Dasein fristen können. Nach meinen Begriffen läßt sich dies nicht anders erklären, als daß jenes Konditoreiwesen doch nur eine, freilich verfeinerte, vergeistigte Ausgeburt der Dresden tyrannisierenden Kneipensucht ist. Dieses Übel ist epidemisch; allein nach Verschiedenheit der Stände und der geistigen Beschaffenheit macht es sich auf verschiedene Weise bemerkbar, verlangt es eine mannigfache Art der Befriedigung. Die niederen Stände verdunsten diese krankhafte Begierde auf den Schenken und in den Bierkneipen; die Honoratioren verspülen den Drang in Limonade und Rossoli in den Konditoreien und bei den Schweizerbäckern. An den ersterwähnten Orten macht sich die Dresdner Weisheit in politischen Kannegießereien und sonstigem erbaulichen Unsinne Luft, in jenen ästhetischen Zuckerläden vertieft sie sich in Zeitungen und Tagesblätter, deren Geist, neben der Quintessenz der Spritzkuchen und Windbeutel, just noch nebenbei mit hinabzuschlüpfen Platz gewinnt. Im ganzen ist in diesen Konditoreien ziemlich viel Unterhaltung; man trifft daselbst zu allen Stunden des Tages eine kleine, meist gewählte Gesellschaft, größtenteils aus Offizieren und jungen Gelehrten bestehend.

Die berühmteste und eleganteste Konditorei in Dresden ist die von dem Italiener Baldini am Altmarkt errichtete, „Cafe de l'Europe" genannt. Sie ist so ziemlich nach der Weise der Pariser und Wiener Institute dieser Art eingerichtet; Zimmer, Mobilien, Geschirr und alles Übrige zeugen von Eleganz und Geschmack, und eine Sammlung der besten englischen, französischen, deutschen und italienischen Journale, welche dort stets in den neuesten Nummern zu finden sind, macht den Aufenthalt daselbst um so unterhaltender. Wie jedoch in Dresden nur das Mittelmäßige gedeiht und man — es möge dies nun Personen oder Sachen betreffen — alles verschmäht oder gewissermaßen mit Scheu und Mißtrauen betrachtet, was den Stempel des Außergewöhnlichen trägt, so genießt auch diese Konditorei, welche doch die einladendste und geschmackvollste ist und dabei im Preise völlig gleichen Schritt mit den übrigen hält, just einen kärglichen Zuspruch, und die dort noch Stammgäste ausmachen, tun dies nur um der Journale willen, die sie dort antreffen, und füllen die ganze Zeit, die sie dabei zubringen, mit einer Schale Kaffee oder einem Glase Zuckerwasser aus. Der unternehmende Geist des Gründers, dessen Plan freilich zu großstädtisch für unser winkelsüchtiges Dresden angelegt war, hätte bessere Unterstützung verdient; ich kann kaum glauben, daß die kostspielige Einrichtung und der beträchtliche Mietzins sich wieder herausbringen lassen. Während der Sommermonate hat derselbe Baldini auch auf der Brühlschen Terrasse einen kleinen Salon zu einer Konditorei-Niederlage eingerichtet, und man hat nunmehr das Vergnügen, dort im Freien, im Angesichte der reichsten Naturschönheiten, seinen Kaffee oder bei schwüler Witterung, Gefrorenes (von seltener Güte) oder Limonade und sonstige Erfrischungen einzunehmen. Ein ähnliches Institut ist die sogenannte „Grüne Bude" in der Neustädter Allee, vom Konditor Wazau arrangiert. Sie wird in Sommerszeiten besonders von denen, welche das Lincksche Bad oder das Badetheater besuchen, entweder auf dem Hin- oder Herwege benutzt, um daselbst eine beiläufige Erholung sich zu gönnen und sich zu dem bevorstehenden oder nach dem bestandenen weitläufigen Wege Kräfte zu sammeln. Zu den übrigen besuchtesten Konditoreien gehören die am Eingange der Seegasse gelassene von Valentin & Co., desgleichen die von Jouvenal und „Au bon gout" in der Schloßgasse, die von D'hame in der Frauengasse, die von Engelhard in der Pirnaischen Gasse und die Orlandische am Jüdenhofe. Nebenher aber existieren noch eine Anzahl von Kuchenbäckern, die zum großen Teile einen sehr bedeutenden Absatz haben, und unter denen besonders Schmidt in der Frauengasse und Kaiser an der Frauenkirche sich des meisten Absatzes zu erfreuen haben dürfen.

Auch an Kaffeehäusern und Billardstuben leidet Dresden keinen Mangel, obschon jede Konditorei nebenher auch die Stelle eines Kaffeehauses versieht. Die eleganteste und am angenehmsten gelegene Restauration dieser Art ist wohl die von Wazau gegründete, jetzt aber von dem Franzosen Villeneuve geleitete, welche sich in den sogenannten Kolonaden oder Verkaufshallen am Wilsdruffer Tore befindet und namentlich im Sommer eine angenehme Aussicht auf die unmittelbar daran stoßenden Promenaden gewährt. Dieselbe wird fast ausschließlich von jungen Leuten aus der gebildeten Klasse besucht, welche das dort befindliche gute Billard lockt. — Nicht gar zu zahlreich, aber von einer sehr ausgewählten Gesellschaft frequentiert ist das Erler'sche Kaffeehaus im Eckhause des Altmarkts und der Seegasse; hier spielen die fleißig besetzten Whisttische eine beinahe noch bedeutsamere Rolle als das Billard. Das meiste Leben war noch vor kurzer Zeit auf dem Fiettaschen Kaffeehause im Eckhause der Schloßgasse und des Altmarktes. Hier fanden sich an jedem Nachmittage die lebensfrohesten jungen Weltleute zusammen; man kannte und verstand sich gegenseitig, auch gab es dort einen humoristischen Marqueur, der harmlos eine Menge von Witzen über sich ergehen ließ, um bei gelegener Zeit dieselben mit Zinsen zurückzuzahlen, denn der Kerl hatte den Kopf voll närrischer Einfälle. Besonders wurden die Boulepartien immer mit vieler Laune zu Ende gespielt, während in den anderen Zimmern die Whisttische in vollster Blüte standen. Kurz, man durfte behaupten, daß dies eigentlich der einzige Ort in ganz Dresden sei, wo noch einige Frische und eine launige Geselligkeit anzutreffen war. Die einfache, nirgends stolzierende Ausstattung des so zuspruchsreichen Lokals und der über alle Begriffe billige Preis der Speisen und Getränke — der Wirt suchte und fand nur im Ertrage des Billards und der Spieltische seinen Gewinn — erhöhte den Wert der Wirtschaft. Gegenwärtig scheint sich, wenn auch nicht die Wirtschaft, doch die Gesellschaft etwas verändert zu haben und der frühere, heitere Ton etwas verblichen zu sein. — Von den übrigen Kaffeehäusern nenne ich noch das Kämpfesche im Rathause, das Vogelsche an der Rosmaringassenecke und das Kreutzsche, früher am Altmarkte, jetzt in der Frauengasse, welches letztere auch insofern Erwähnung verdient, als daselbst der später in der Unglücksgeschichte Dresdens und durch sein eigenes tragisches Schicksal so berühmt gewordene liberale „Bürgerverein" seine Sitzungen hielt, ein Umstand, welcher dem Wirte für einige Zeit den Verlust der Gastnahrung zuzog, die jedoch in neuester Zeit demselben wieder zugestanden ward. Fast alle größeren Schenkwirtschaften und Gasthäuser halten zugleich ein Billard, um sich dadurch, besonders für die Winterabende, einen Kreis von Stammgästen zu bilden, denn Billard ist ein Spiel, welches in Dresden mit bedeutend mehr Liebhaberei als Virtuosität — letztere scheint in Leipzig mehr zu Hause zu sein — betrieben wird.

Chaisenträger

Ein lebendiges Stück der guten alten Zeit, der Gegenwart mehr als antiquarische Figuren denn als Verkehrsmittel bekannt, bildeten die Chaisenträger, noch vor kurzem Erscheinungen von Spitzwegischer Eigenart im Alltagsgetriebe der Großstadt. Herr Janus — vulgo Heinrich Meynert — schildert sie folgendermaßen:

Als einen der wenigen, allenfalls noch charakteristischen Stände Dresdens möchte ich den der Chaisenträger bezeichnen. Schon das wunderliche grelle Farbenspiel, der veraltete perückenhafte Zuschnitt ihrer Kleider gibt ihnen etwas Eigentümliches, welches von der sonstigen Monotonie Dresdens ziemlich pikant, wenn auch nicht eben vorteilhaft absticht. Diesen Chaisenträgern ist fast durchgängig ein gewisses rohpfiffiges Bediententalent eigen, das sich gleichwohl mit einer Kernhaftigkeit und ehrlichen Derbheit verträgt. Zur Besorgung kleiner verliebter Intriguen, zur sicheren Bestellung verpönter Liebesbriefe ist niemand besser zu gebrauchen als diese Leute; sie führen ihren Auftrag mit ebensoviel Gewissenhaftigkeit als natürlichem Scharfsinne aus. Auf ihre Verschwiegenheit und Diskretion kann man sich verlassen, und in gefährlichen oder skrupulösen Fällen steht ihnen sogar eine gewisse ehrliche Gewandtheit und List zu Gebote, die man den derben Leuten kaum zutrauen möchte. Zugleich muß man ihnen das Lob lassen, daß sie in ihren Forderungen bescheiden und billig sind und somit jedem Stande zu Postillons d'amour dienen können. Daß solch ein pfiffiger, lustspielartiger Beruf dieser Leute mit ihrem altväterischen Kostüm und ihren ziemlich ernsthaften Gesichtern um so lustiger kontrastiert, darauf brauche ich wohl kaum erst aufmerksam zu machen. Bei so vielen moralischen Vorzügen und Anlagen sind diese Chaisenträger auch noch mechanische Tausendkünstler, und sie lassen sich auch in diesem Berufe zu den verschiedenartigsten Kommissionen verwenden. Für ein Pfund Tabak rauchen sie neue Meerschaumköpfe an, die bekanntlich anfangs dem Rauche einen unangenehmen Beigeschmack geben. Zugleich haben sie eine große Fertigkeit, allerhand nutzbare Apparate zu schnitzen, als da sind: Mäusefallen, Stiefelknechte, Vogelkäfige u. a. m. Ebenso verschmähen sie nicht, Strümpfe und Socken zu stricken, eine Arbeit, die den ernsthaften, zitronengelben Männern komisch genug steht. Keineswegs pflegen sie aus so vielen preiswürdigen Künsten Arcana zu machen, vielmehr üben sie selbige an schönen Sommertagen auf offener Straße, und gewiß ist unter ihnen ein Prinzip der Öffentlichkeit waltend, welches unseren Vaterlandsberatungen und sonstigen, das Allgemeine betreffenden Verhandlungen in mannigfacher Hinsicht anzuempfehlen wäre.

Das Rats=Chaisenhaus auf dem Altmarkt

Aquarellierte Zeichnung von Heinrich Matthaey

Der Packhof im Jahre 1832. Aquarell

Die ersten Dampfschiffe

verewigt ein ungenannter alter Dresdner in seinen Erinnerungen mit einigen charakteristischen Einzelheiten des Ausflugverkehrs um das Jahr 1840 herum:

Das war ein Ereignis für Dresden, ... als die ersten Dampfschiffe auf unserer Elbe fuhren. Hatte doch der bei weitem größte Teil der Bewohnerschaft überhaupt noch kein Dampfschiff gesehen und kaum einen Begriff von der treibenden Kraft des Dampfes. Erst zwei Jahre später, im Sommer 1838, wurde von der im Bau begriffenen Leipzig-Dresdner Eisenbahn die erste Strecke, von Dresden bis auf die Weintraube in der Hoflößnitz befahren. Freilich hatten die ersten Dampfschiffe mit viel Schwierigkeiten zu kämpfen: die Maschinen waren nicht praktisch genug konstruiert; die Schiffe waren zu schwer für niederen Wasserstand, und das Strombett war zu ungleichmäßig (die Baggermaschinen sind erst späteren Ursprungs). Als nun aber die regelmäßigen Fahrten auf der Oberelbe eingerichtet wurden, kam zunächst Pillnitz sehr in Aufnahme. Nicht bloß Sonntags, sondern auch an den Wochentagen wurden Partien dahin unternommen; doch zogen die meisten es vor, hinaus zu Fuße zu gehen und nur heimwärts auf dem Dampfboote zu fahren, was pro Person sechs Groschen (75 Pfennige) kostete. Tagesbillets gab es in der ersten Zeit nicht. Man ging über Loschwitz, besuchte „Prinz Friedrichs Weinberg" bei Wachwitz (bis 1848 war der Zutritt jedermann gestattet), kehrte in dem nahen Gasthause „Zur Presse" ein und ging dann zur Keppmühle und auf den Porsberg, zum wenigsten aber doch auf die „Ruine" und blieb in der letzten halben Stunde vor der Abfahrt in der Schloßrestauration. Die jetzt viel besuchte Dampfschiffahrts-Restauration wurde erst später gebaut. In der ersten Zeit gab es auf jedem Dampfboote auch einen Böller, der an gewissen Fahrstellen gelöst wurde. — Aber auch andere Orte an der Oberelbe kamen in Aufnahme durch die Dampfschiffahrt, keiner jedoch mehr als „Wehlstädtel", jetzt Stadt Wehlen, welches, ringum von Bergen umgeben und von allem Wagenverkehr abgeschlossen, bis dahin ganz unbekannt war und nur neunundneunzig Wohnhäuser hatte. Jetzt freilich ist es die Hauptstation der Schweizführer und der Ponnybesitzer, und der Aufstieg zur Bastei von Wehlen aus ist weltbekannt. — Als 1842 die große Trockenheit den Wasserstand der Elbe so weit herunterbrachte, wie er seit vielen Jahrzehnten nicht gewesen war, da stand es schlimm um die Dampfschiffe, aber auch manchmal um die Sonntagsausflügler, welche per Dampfboot rechtzeitig heimzukommen gedachten. Es blieb zuweilen das Dampfschiff mitten in der Fahrt sitzen, und nun war guter Rat teuer, nicht bloß wegen des ans Ufer-, sondern auch wegen des Nachhausekommens. Ja, wenn der unfreiwillige Halt bei „Antons“ war, wo es eine sehr gefährliche, weil seichte Stelle gab, da war der Trost leicht; aber wenn es z. B. in der Nähe von Pirna war und schon spät Abend, da gab es nur die Hilfe der Pirnaischen Wurstwagen, welche Montags früh zeitig nach Dresden fuhren. 1845, als plötzlich am Sonnabend des Neustädter Jahrmarktes die Augustusbrücke gesperrt wurde, weil man den Einsturz eines Pfeilers befürchtete, wäre die Verwirrung groß gewesen (denn es gab weiter keine Brücke), wenn nicht die Dampfschiffe ununterbrochen das Überfahren (die Person fünf Pfennige) besorgt hätten.

Die Leipzig-Dresdner Eisenbahn

Aus der politischen Spannung der dreißiger Jahre hebt sich als ein Ereignis von friedlich-revolutionärer Bedeutung die Eröffnung der ersten Bahnstrecke auf der projektierten Eisenbahn zwischen den beiden Hauptstädten des volk- und gewerbereichen Landes. Die freudige Erregung aller, die den großen Zeitpunkt miterlebten, zittert auch durch den folgenden gefühlvollen Bericht eines Augenzeugen:

Es war am 19. Juli 1838, als von Dresden aus die erste Dampfwagenfahrt bis zu dem noch heute existierenden Anhaltepunkt, unweit dem Gasthofe zur Weintraube vor Kötzschenbroda ausgeführt wurde. Ganz Dresden war über das sensationelle Ereignis in Bewegung.

Der Bahnhof und die zum Betriebe errichteten Gebäude waren klein und einfach, ebenso die Personenhalle und vor allem das Restaurationslokal. Es gab nur fünf Hallen für fünf Lokomotiven. Aus jeder Halle führte eine Bahn auf die Drehscheibe und sodann zur Hauptbahn. Man sah ferner noch einen Wasserbehälter, eine stehende Dampfmaschine, eine Schmiede, eine Werkstatt für Holzarbeiter und eine solche für Schlosser, endlich auch eine Wächterwohnung.

Schon wochenlang vorher beschäftigte sich die Bevölkerung von Dresden mit der Eröffnung der Bahn, und in Leipzig war es nicht anders. Dort fuhr man die ersten Male bis nach dem Dorfe Althen, wo der Wirt des Hotels de Pologne in Leipzig eine Restauration errichtet hatte. Von Dresden aus sollte, wie schon erwähnt, bis zur Weintraube gefahren werden, und der höchste Wunsch in den der ersten Fahrt vorausgehenden Tagen bestand darin, ein Billett zu erhalten. Sechshundert sollten zur Ausgabe gelangen. Alles war darüber starr vor Staunen.

Sechshundert Billetts zu einer Fahrt! Dazu hätte der soviel gerühmte Eilwagen zwischen Leipzig und Dresden, die gelbe Kutsche, nicht weniger als 217 Beichaisen gebraucht. Der Weg von Dresden nach der Weintraube beträgt etwa eine Meile, und dieser sollte in nicht mehr als zehn Minuten zurückgelegt werden. Diese verheißene

Die Leipzig-Dresdener Eisenbahn

eröffnet den 8. April 1839.

1.

Auf! Sachsen, zum Liede! mit heiterem Klang
Ertönet ihr goldenen Saiten!
Wir wollen mit fröhlichem Lied und Gesang
Die lustige Dampffahrt begleiten.
Der Bau ist vollendet, der Sieg ist errungen,
Und Deutschlands Riesenwerk herrlich gelungen.

2

Der Wagenzug eilet in glänzender Pracht
Durch Sachsenlands blumige Auen,
Wird schnellen Schwunges nach Leipzig gebracht,
Wo Freud' und Entzücken zu schauen.
Und viele Nationen und vielerlei Stände
Reichen sich herzlich und freundlich die Hände.

3.

Es schwinden die herrlichsten Gruppen dahin,
Die lieblichsten Mädchen und Frauen
In Schleier und Masken, mit heiterem Sinn,
Sind hier nur im Fluge zu schauen,
Und mancher Herr, dem seine Holde entschwunden,
Er findet sie wieder in wenig Sekunden.

4.

Deutsch-Florenz wird Leipzig näher verwandt,
Klein-Paris mit Dresden verbunden,
Auf der Eilbahn durchs glückliche Sachsenland
Fliegt man nun in wenigen Stunden.
O, möchte dies Wunderwerk tausend Jahr' stehen!
Die lustige Dampffahrt nimmer vergehen.

5.

Drum eilet zur Schnellbahn, was säumet ihr lang?
Schon sprühen die glühenden Funken,
Ruft heut den Erbauern den feurigsten Dank,
So fliegen, heißt Freude getrunken.
Und wie wird die herrliche Lustfahrt entzücken!
Wenn Wälder und Fluren im Lenze sich schmücken.

6.

Schon läutet das Glöcklein, schnell eilet hinzu,
Beflügelt die langsamen Schritte,
Es brausen die Dampfpyramiden im Nu,
Bei ihnen ist zaudern nicht Sitte.
Schon lodert der Rauch der eisernen Säulen,
Mit Zauberkraft hin nach Leipzig zu eilen.

7.

Auf! unsre Saxonia rauscht durch die Bahn,
Musik und Kanonen ertönen,
Mit Grüßen die Städte und Dörfer sich nah'n,
Das Vaterlandsfest zu bekrönen.
Von Bergen durch Thäler die Jubel erhallen,
Der Sachsen Ruhm wird in die Ferne hin schallen.

8.

Die kühlenden Lüftchen, wie wehn sie so schön,
Durchfliegt man den Tunnel, die Brücken,
Und wird erst die Reis' an den Ocean gehn
Im schnellen Wind, welch' ein Entzücken!
Heut ist man in Dresden noch auf der Promenade,
Und sieht bald mit Staunen der Themse Gestade.

9.

Viel tausend Erzeugnisse ziehen hinfort,
Vom sächsischen Kunstfleiß bereitet,
Im Triumph gehn die Waaren von Ort zu Ort,
Von fröhlichen Leuten begleitet,
Und jubeln noch werden die Enkel in Schaaren,
Wenn sie dereinst auf der Eisenbahn fahren.

10.

Ein froh Nationalfest feiern wir heut'
In Sachsens anmuthigen Gauen,
O herrlicher Festtag! wo Alles sich freut,
Fahrt glücklich durch Fluren und Auen!
Dies Jubelfest feiert mit Liedern und Kränzen!
In spätester Nachwelt wird Sachsen noch glänzen.

11.

Der König voran und sein glückliches Haus
Giebt heute der Dampfpfahrt die Weihe,
Ihm bringet sein Volk ein Lebehoch aus.
Heil Ihm! ruft die sächsische Treue
So füllet die Becher mit dem Geiste der Reben,
Hoch mögen König und Vaterland leben!

Lith: von C. Hofmann, Zahng. 97, 3,

Flugblatt zur Eröffnung der Leipzig-Dresdener Eisenbahn. 1839

Schnelligkeit erregte sogar bei vielen Besorgnis, wenn nicht gar Furcht und Angst, denn ein sonst hochgeachteter alter Mediziner in Dresden hatte laut in einer Gesellschaft erklärt, eine so schnelle Fahrt halte niemand aus, der Luftdruck müsse ganz entsetzlich sein.

Am 19. Juli früh um 8 Uhr nahte der große weltgeschichtliche Augenblick, wo Tausende Schaulustiger auf den Beinen waren, um das neue Wunder der Welt anzustaunen. Es erschienen die von den Direktoren des Unternehmens eingeladenen Minister und anderen hohen Staatsbeamten des Zivil- und Militärstandes, die Väter der Stadt, Räte und Stadtverordnete, allerhand andere Beamte und Würdenträger, sowie endlich auch eine große Anzahl Damen. Die heute bei solchen Gelegenheiten unvermeidlichen Vertreter der Tagespresse gab es damals in Dresden noch nicht, denn die sächsische Residenz hatte nur ein belletristisches Blatt, die „Abendzeitung" und ein Anzeigeblatt, den „Anzeiger".

Im Bahnhofe war ein hohes Zelt aufgeschlagen und ein Pavillon errichtet worden, der von blühenden Bäumen umgeben war. Ein breiter, mit Blumenschmuck und Heckenwänden versehener Gang führte bis an die Stufen der Eisenbahn, wo sich das Musikkorps des Leibinfanterieregiments aufgestellt hatte. Alle die eingeladenen Herren und Damen wurden von den Direktoren des Unternehmens hier empfangen, und es nahte nun der mit Spannung erwartete Augenblick, wo die erste Wagenreihe an die zum Einsteigen bestimmten Stufen geschoben wurde.

Die reich bekränzte Lokomotive, die den Namen „Edward Bury" trug, rollte heran und erregte die allgemeine Aufmerksamkeit; sie wurde gleichsam als Vorspann an sieben Wagen gefesselt. Als es in ihrem weiten Metallbauche so zischte, brauste und brodelte, als der weiße Gischt auffauchte und als das erste Glockenzeichen ertönte zum Fertigmachen, da klopfte doch mancher und manchem der Geladenen das Herz, und das Gefühl der Bangigkeit beklemmte vielen die Brust. Der geheizte Kessel erschien ihnen wie ein Hexenkessel, der Lokomotivführer und seine beiden Heizer aber kamen ihnen vor wie die drei Männer im feurigen Ofen.

Als nach dem zweiten Glockensignal alle ihre Plätze eingenommen hatten und rauschende Musik die Abfahrt verkündete, setzte sich die Lokomotive mit grellem Pfiff in Bewegung. Alle Wagenräder drehten sich und kamen mit jeder Umdrehung immer mehr in Schwung. So klirrte der Zug hinaus, angestaunt und begrüßt von Tausenden, die sich längs der Bahnlinie aufgestellt hatten. Allgemeines Hurra ertönte unter dem Schwenken der Hüte und Tücher. Väter hoben ihre Kinder empor, damit sie noch in späterer Zeit sich des Tages erinnern sollten, wo in Sachsen der erste Dampfwagen gegangen. Alte Leute, die weit aus den Dörfern der Niederlößnitz, der Gegend auf dem rechten Elbufer unterhalb Dresdens, herbeigekommen waren, standen in Verwunderung da und konnten die Sache, von der so lange die Rede gewesen war, schlechterdings nicht begreifen und nicht enträtseln.

Die Neustädter Kirche

Kolorierte Lithographie von C. Schmidt. Um 1830

Das Königliche Residenzschloß. Tuschzeichnung von Franz Täubert

Nun rückte auch die zweite Lokomotive, der „Komet", heran, an die acht Wagen angehängt waren. Mit Sausen und Brausen dampfte auch dieser Zug mit seinen Insassen hinaus der Weintraube zu. In die helle Glut der Julisonne sprühten die Funken, während die Dampfwolke gleichsam wie ein grauer, langgedehnter Schleier dahinzog oder sich wie lichte Schneewehen auftürmte.

Die an der Bahn zunächst gelegenen Punkte hatte man vorsichtshalber mit Militär- und Polizeiposten besetzt. Tschakos und Bajonette sah man in Menge, die ganze Gendarmerie war auf den Beinen. Als die Züge an der Weintraube anlangten, erschallten dortselbst die fröhlichen Weisen des dort aufgestellten Musikkorps, und die Weinbergsböller wurden gelöst. Die Geladenen stiegen aus und begaben sich unter Führung der Direktoren in die Restauration, wo eine halbe Stunde verweilt wurde.

Sodann ertönte die Glocke wieder zum Einsteigen, die Musik fing von neuem an zu spielen, und die Böller krachten. Die Lokomotive begann zu pusten und zu fauchen, und die Fahrt ging nach der Residenz zurück, wo die beiden Züge nach zehn Minuten glücklich wieder anlangten. Die ohne jeden Unfall abgelaufenen Probefahrten flößten manchem Zaghaften Mut ein, und so kam es, daß an demselben Tage noch sieben Fahrten mit zwei Wagenkondukten ausgeführt wurden. Der Andrang zur Teilnahme steigerte sich von Tag zu Tag, denn ein Jeder wollte doch einmal probieren, wie sich's mit dem Dampfwagen fährt. Selbst am 22. Juli, an welchem Tage es wie mit Kannen goß, ließen es sich gegen 2000 Personen nicht nehmen, hinaus nach der Weintraube zu dampfen.

Von Tag zu Tag stieg bei den Dresdnern das Begehren nach dieser Eisenbahnfahrt. Es gehörte in jenen Tagen schlechterdings zum guten Ton, die Fahrt wenigstens einmal mitzumachen, wenn man als gebildeter Mensch erscheinen wollte. Wohlhabende Leute aus den kleinen Städten der Umgegend kamen herbei, um nach der Weintraube zu fahren, und wer dies hinter sich hatte und abends im Ratskeller seines Wohnortes davon erzählen konnte, der wurde angestaunt wie ein Wundermann und nicht selten als Wagehals gepriesen.

So wurde denn die kleine Probebahnstrecke vom 30. Juli bis zum 5. August von 13686 Personen befahren, für die damalige Zeit eine unerhörte Zahl, die unendliches Staunen hervorrief.

Die Eröffnung der Vollstrecke bis Leipzig erfolgte, wie das vorstehende Flugblatt zeigt, erst am 8. April 1839. Die erste Anregung zum Bau war bereits 1833 von dem weitblickenden Verkehrspolitiker Friedrich List ausgegangen. Als zweite Bahn wurde, ebenfalls mit Hilfe von Privatkapital, von 1844—1846 die schlesische Strecke bis Bautzen hergestellt. Erst am 7. April 1851 folgte die Eröffnung der Sächsisch-Böhmischen Staatsbahn mit dem Bahnhof auf der Altstädter Seite. Um eine Verbindung zu den beiden Bahnhöfen in der Neustadt zu schaffen, wurde 1846 mit dem Bau der Marienbrücke begonnen, deren Viadukte große Bewunderung erregten; am 19. April 1852 fand die feierliche Einweihung statt.

Die Tieckbüste von David d'Angers

Kunstleben um 1836

Karl Förster, einer der Mitbegründer des Dresdener Kunstvereins, berichtet in seinen Aufzeichnungen über den Besuch des Pariser Bildhauers David d'Angers, der auf seiner deutschen Reise auch Dresden besuchte und hier wie anderwärts die gastlichste Aufnahme fand. Er modellierte Tiecks Büste und sandte sie, wie Förster nachstehend erzählt, dem Dichter als Geschenk:

Dresden, den 12. Juli 1836. Unser hiesiges Kunstleben erfreut sich neben dem, was von Seite der akademischen Behörde — freilich mit beschränkten Mitteln — dafür geschieht oder mit Umsicht vorbereitet wird, seit Kurzem auch von außen mannigfaltiger Anregung. Seitdem der hiesige Kunstverein sich bei seinen Ankäufen nicht mehr nur auf einheimische Arbeiten beschränkt, ist in den nach und nach aus anderen Gegenden Deutschlands eingehenden Werken Vielen zum ersten Male die Gelegenheit zu einer für die fortschreitende Kunstbildung gewiß nicht unersprießlichen Vergleichung des Heimischen und Fremden, dem jüngeren Teile unserer Künstlerwelt aber die Anregung zu einem Wetteifer gegeben worden, der hoffentlich bald seine Früchte tragen wird. Auch beabsichtigt das Komitee des Kunstvereins, in Übereinkunft mit Direktor Schadow in Düsseldorf, eine besondere Ausstellung von Gemälden der Düsseldorfer Schule. So ist ein Verkehr eröffnet, wie ihn die Zeit zu fordern scheint, dessen vollständige Wirkung aber freilich erst dann zu erwarten steht, wenn er mit vollkommener Gegenseitigkeit seine weiteste Ausdehnung erhalten haben wird. Indessen liegt es in dem Zwecke eines deutschen Kunstvereins, daß er nur, was innerhalb des gemeinsamen Vaterlandes sich hervortut, zur Mitbewerbung einladen kann, und so muß es dem Zufall überlassen bleiben, ob dann und wann ein bedeutendes Werk des eigentlichen Auslandes zur unmittelbaren Kenntnis hiesiger Künstler und Kunstfreunde gelangen soll. Darum kann es nicht genug gepriesen werden, daß in der letzten Zeit einer der ausgezeichnetsten und tätigsten französischen Künstler aus freiem Entschlusse, ohne den entferntesten Gedanken an Geldgewinn, ja mit Nichtachtung eines bedeutenden Kostenaufwandes, ein künstlerisches Band mit unserem Vaterlande anzuknüpfen versucht hat. Den Besuchern unserer letzten Kunstausstellung ist ein treffliches Genrebild Vogels von Vogelstein noch in frischem Andenken, das vorzugweise die Beschauer um sich versammelte, die Werkstätte des Malers darstellend, in welcher der Bildhauer David aus Paris eben beschäftigt ist, die kolossale Büste Tiecks in Ton zu modellieren, und auswärtige Leser erinnern sich aus einer frühen Nachricht, wie Herr David, der früher

Blick von der großen Treppe der Brühlschen Terrasse auf die Hofkirche. Stich von C. Täubert. Um 1850

schon durch Goethes Büste seine Hochachtung für die geistigen Größen des Auslandes betätigt hatte, zunächst um jener Tieckschen Büste willen damals eine längere Zeit unter uns weilte. Die nach diesem Modell zu Paris ausgeführte Kolossalbüste in Marmor ist nun als ein wertvolles, für den Dichter zu dessen Geburtstage bestimmtes Geschenk des Meisters hier angelangt und steht bereits an der Stelle, wo sie während der nächstens beginnenden Kunstausstellung als eine Hauptzierde derselben bleiben wird. Alle, die sie gesehen haben, bewundern neben der Meisterschaft in Führung des Meißels die Großartigkeit der Auffassung und kommen darin überein, daß die edelschönen Züge des verehrten Dichters in solchem Maßstabe, der einen Grad von Idealisierung nicht bloß verträgt, sondern fast zur Bedingung macht, kaum mit mehr Wahrheit wiedergegeben werden konnten. Die Anerkennung, die dem Kunstwerke gebührt, wird somit nicht fehlen; möge auch zugleich die Gesinnung, die hochherzige, über jede nationale Beschränkung und Eifersucht erhabene Würdigung aus heimischem Verdienste, nicht unbeachtet bleiben, der wir es verdanken, daß wir um ein schönes Kunstwerk reicher sind.

Die Ausstellung der Düsseldorfer Schule, die Förster hier ankündigt, fand im Winter 1836/37 statt und erregte außerordentliches Aufsehen. Es waren die berühmten Bilder von Lessing (Hussitenpredigt) und Bendemann (Jeremias), die von Künstlern und Kennern ungemein bewundert wurden. „Der König" — schreibt L. Richter an W. von Kügelgen — „war fast täglich vor den Bildern zu treffen, überhaupt der Saal ein Sammelplatz der vornehmen Welt ..." Die Folge waren neue Ansprüche an die einheimischen Künstler, eine Zumutung, die Richter mit gutem Humor und richtigem Instinkt für sich und seine Freunde ablehnte. Er berichtet: „Nun ist den Leuten eingefallen, hier — weil kein Düsseldorfer herkommen will — selbst eine Art Düsseldorfer zu fabrizieren, wie man etwa den Düsseldorfer Senf auch hier nach dem Rezepte machen kann. Nämlich: Das Zusammenarbeiten der Künstler soll alles getan haben, und man will uns jüngeren, selbständigen Künstlern ein Lokal geben, wo wir uns gegenseitig in die Höhe bugsieren sollen. Ein Pavillon des Zwingers war in Vorschlag, sie sollen aber jetzt ein anderes Lokal, ich weiß nicht welches, in Vorschlag haben. Mir und Peschel ist nicht wohl dabei zumute, denn wir werden es nicht abschlagen können, wenn an uns eine Aufforderung ergeht, sehen aber dabei sehr viel Unbequemes und Störendes und sehr wenig Förderung."

Allerhand Ritter vom Geiste

Zu wiederholten Malen hat der Münchner Schriftsteller und Maler Friedrich Pecht (1814—1903) in Dresden sein Zelt aufgeschlagen — zum ersten Male im Jahre 1836, wo er zusammen mit seinem Freunde Franz Hanfstaengl an die Elbe zog, um in dessen lithographischer Anstalt mitzuarbeiten. Die jungen Leute sahen sich als Fremde wohl aufgenommen; wären sie Einheimische gewesen, meint Pecht, dann hätte man sich weniger um sie gekümmert. Er schreibt in seinen Erinnerungen „Aus meiner Zeit":

So aber wurden wir als „Münchner" bald mit der ganzen Künstlerschaft, ja selbst mit Semper und Rietschel, ihren kaum angestellten jungen Führern bekannt. Beider

David d'Angers modelliert die Büste Tiecks
Ölgemälde von Carl Christian Vogel von Vogelstein. 1836

Ernst Rietschel. Jugendliches Selbstbildnis

Tätigkeit sollte ich sofort kennen lernen, da sie eben zu irgendeinem Jubiläum den Alt- und Neumarkt mit zwei riesigen Monumenten in Gips und Pappe geziert hatten, die noch standen, als ich kam, und mir einen gewaltigen Eindruck machten. Sonst war von künstlerischer Tätigkeit freilich fast nichts zu bemerken; der Abstand von München war ein ungeheuerer nach dieser Seite hin, in der damals noch unendlich verzopften und überdies unleidlich sentimentalen Stadt. Die Grenadiere der Garde strickten da auf der Wache und hängten dabei ihre langen Beine zu den Fenstern der Residenz in der Schloßgasse heraus. Der Posten, der im Hoftore der Galerie stand, hatte immer einen Roman aus der Leihbibliothek in der Hand und das Gewehr gemütlich an die Wand gelehnt, wenn wir da herauskamen. Alle Männer überhaupt lasen, wie die Frauen sogar in den Konzerten strickten. Die sächsische Residenz war eine reine Beamten- und Fremdenstadt; Industrie oder ein freies, auf sie gestütztes Bürgertum gab es noch gar nicht. Die lange Kriegsnot, von der Sachsen ja mehr mitgenommen war als irgendein anderer Staat, hatte ihre Spuren besonders in der allgemeinen Armut hinterlassen, welche die natürliche Genügsamkeit der Sachsen ins Unglaubliche gesteigert hatte. Aß und trank man schon in den Restaurationen sehr schlecht, so war das in den Familien noch viel mehr der Fall. Dadurch war denn der Menschenschlag auffallend herabgekommen, und alle um die innere Stadt herumlaufenden Spaziergänger schienen bei schönem Wetter eine förmliche Ausstellung von verkrüppelten Kindern, Buckligen und Lahmen aller Art. Als ich später nach langen Jahren, wo sich der Wohlstand und mit ihm die Ernährung der Menschen dort so gehoben hatten, die Bevölkerung wieder sah, da wunderte ich mich über nichts so sehr, als wie sich die Rasse gegen früher verbessert hatte. Dagegen war man auch damals in Kleidung und Wohnung viel eleganter als in München, wo man so viel mehr auf gut essen und trinken als auf schön wohnen hielt. Die Beamtenswitwe, bei der ich mich eingemietet hatte, besaß, wie ich nach und nach herausbrachte, fünf seidene Kleider, lebte aber mit ihrer Tochter mittags gewöhnlich von einem Häring und Kartoffeln. Das alles, wie die allgemeine Höflichkeit, zeugte von einer Bevölkerung, die ehedem reich und gebildet, nur durch die Not der Zeiten so herabgekommen war, die aber in ihrer Genügsamkeit wie in Fleiß und Bildung und ihrem treuen Familiensinn alle Eigenschaften besaß, um sich unter günstigeren Umständen wieder rasch zu heben, wie sie es ja auch getan hat. Hatte König Ludwig nun durch seine Kunstbegeisterung einen großen Zug und idealen Gehalt ins Münchner Leben gebracht, so konnte man hier, wo derselbe ja ganz fehlte, so recht die Wirkungen der deutschen Kleinstaaterei auf den Charakter der Bevölkerung studieren, durch die unendliche Philisterhaftigkeit, Kleinlichkeit und Engherzigkeit, die eine Existenz, der alle Würde eines großen nationalen Lebens abgeht, notwendig im Einzelnen hervorbringen muß. Klatschig und neugierig, hatte sie einen ungemessenen Respekt vor allem Fremden, und ein Engländer, Franzose oder Russe konnte sich da alles erlauben. Der singende sächsische Dialekt trug dann noch das seinige dazu bei, diese ganze Welt, die in ihrem Gebaren so auffallend an die zierlichen Zopffiguren der alten Meißener Porzellanfabrik erinnerte, höchst lächerlich erscheinen zu lassen. — Daß die Sachsen bereits 1830 eine Art Revolution gemacht hatten, bei welcher der Thronerbe zum Mitregenten ernannt wurde, eine Konstitution eingeführt und in lächerlicher Nachahmung der Pariser Nationalgarde eine „Kommunalgarde" errichtet worden war, kurz, daß sich ein tiefgehender Umschwung hier wie überall in Deutschland vorbereitete, das konnte ich Fremder natürlich zunächst am wenigsten bemerken.

Literarische Profile

Bald nach meiner Ankunft machte eine Ausstellung von Düsseldorfer Bildern, die Bendemanns „Jeremias", Lessings „Hussiten" und einiges andere enthielt, ungeheures Aufsehen in Dresden. Offenbar, weil sie so ganz anders aussahen als die Bilder, die man in der Galerie zu sehen gewohnt gewesen. Während nun „Jeremias" mir immerhin dadurch imponierte, daß seine Figuren in dieser wilden Zerstörungsszene noch so elegant frisiert erschienen, so konnte ich mich mit der etwas kleinlichen und stimmungslosen Malerei des Hussitenbildes gar nicht befreunden. Beide Kunstwerke ernteten indes einen ungeheueren Beifall und führten zur Berufung Bendemanns und Hübners an die Dresdner Akademie, wo sie im ganzen auch wohltätig gewirkt haben. Indem ich, vor den Bildern stehend, nun darüber nachdachte, kam ein von der Gicht ganz gebeugter alter Herr mit zwei Damen am Stock hereingehinkt. Der mächtige Kopf mit der hohen Stirne fesselte aber durch zwei so funkelnde Augen, daß ich den Blick gar nicht mehr von ihm abzuwenden vermochte und mir gleich dachte, das könnte nur der damals auf der Höhe seines Ruhmes befindliche Ludwig Tieck sein. Er war es denn auch, der mit seiner Tochter Dorothea und der Gräfin Finkenstein gekommen war, um sich diese neuesten Zeugen des Aufschwungs der deutschen Malerei anzusehen. In Dresden war er mehr gefürchtet als geliebt, weil er eben den faunischen Phrasenmacher Böttiger und, das Urbild aller Häßlichkeit, den Redakteur der damals vielgelesenen Dresdener Abendzeitung, Herrn Hofrat Winkler alias Theodor Hell in seinen Novellen wohlverdientermaßen fast vernichtend geschildert hatte. Denn an beißendem Berliner Witz fehlte es ihm ja gar nicht, wenn auch vielleicht an echter Gestaltungskraft. Damals galt er indessen wenigstens als Abgott aller alten Jungfern, wie der ihm vorausgegangene Tiedge, den ich als gebückten, weißhaarigen Herrn mit Fräulein von Tettenborn noch öfters gehen sah, die sich nach dem Tode der alten Frau von der Recke des greisen Mannes hilfreich annahm. Mit einem andern dieser damaligen Dresdener Dichter sollte ich gar bald persönlich bekannt werden: mit dem alten Obersten von Witzleben, der als Gustav von Tromlitz sehr sentimentale „Historische Novellen" schrieb; er las sie uns auch selber vor, und bei den rührenden Stellen fing er regelmäßig an zu

Der Stallhof. Stich. Um 1840

schluchzen, was bei dem riesigen Mann, der als tapferer Kürassier-Oberst einst die hanseatische Legion geführt hatte, gar komisch aussah. Ich habe sein Bildnis damals lithographiert und war so mit ihm und seinen zwei sehr schönen Töchtern bekannt geworden. Eine andere Dresdener Berühmtheit lernte ich dagegen nur bei einem der in Dresden und Berlin eine große Rolle spielenden Schweizer Zuckerbäckern kennen. Denn Dresden war die eigentliche Kuchenstadt, und keine Hausfrau oder Köchin konnte auf den Markt gehen, ohne sich unterwegs durch ein Stück Kuchen zu stärken. Die Herren aber lasen da die Journale bei einer Tasse Tee oder Kakao. Dort fiel mir denn eines Tages ein kleiner, buckliger, alter Herr auf, der mit tönender Stimme und großem Pathos bald sittliche Entrüstung, bald Schnurren zum Besten gab. Es war der „Pfefferkörner" Maltitz, von seinen Freunden der tausendjährige Baron genannt, weil er sich auf seinen alten Adel nicht wenig zugute tat, trotz allen Freisinns. Von solchen Schöngeistern stak Dresden ganz voll, und man lernte sie bald wohl oder übel kennen. So traf ich bei Tische auch den wahrhaft liebenswürdigen Julius Mosen, damals ein junger Advokat, dessen tragisches Schicksal in seinem mulattenartigen Gesicht mit den großen schwermütigen Augen vorausverkündet war. Am interessantesten erschienen mir indes die Größen des Theaters, vor allem die unvergleichliche Schröder-Devrient, deren Genie noch mehr bezauberte als ihre Schönheit, welche doch, als die einer üppigen Blondine, kaum zu überbieten war. Weniger sympathisch mutete mich dagegen der Abgott aller Damen, der herrliche Emil Devrient an, der gerade seine glänzendsten Triumphe feierte. Dies tat auch, zu meiner zeitweisen Beunruhigung, die unserem Atelier in der Galerie gerade gegenüber wohnende Karoline Bauer, ein verführerisch reizendes Weib, dem ich nachher auch noch auf Bällen oft begegnete. Mein bischen Porträtkunst führte mich in dieser Zeit, wo uns Steinzeichner die Photographie noch nicht überflüssig gemacht hatte, bald in allerhand Kreise, wo man dem jungen Menschen selbst seine burschikosen Sitten verzieh, weil er ja ein Fremder war. Denn das mußte man sein, wenn man irgendwelche Beachtung finden wollte im damaligen Dresden, wo dieser schlechte Charakterzug der Deutschen bis zur Karikatur ausgebildet war.

Die Künstler

In Dresden dehnte ich den Kreis meiner Bekanntschaften unter den Künstlern allmählich doch immer mehr aus, wenn auch mit dem drückenden Gefühl, gar nicht ebenbürtig zu sein. So lernte ich eines Abends in der sich allwöchentlich versammelnden Künstlergesellschaft auch den berühmten norwegischen Landschafter Dahl kennen, einen kleinen, feingebauten Mann mit nervösem, blassem Gesicht, der mich einmal einlud, ihn in seinem Atelier zu besuchen. Er war der früheste entschlossene Naturalist unter den Dresdener Landschaftern, die alle noch Klengel oder vielmehr Claude Lorrain talentlos nachahmten, während er, unzweifelhaft ein sehr begabter Mann, der einzige

Johann Christian Clausen Dahl. Selbstbildnis

Ernst Rietschel

Zeichnung von Eduard Bendemann. 1838

war, welcher einige Freiheit und einen großen Zug in seinem Schaffen zeigte. Als Vorläufer hatte er den romantischen Landschaftsmaler Friedrich gehabt, der vielleicht noch genialer war als er, und von dem ein großes Bild, ein Mondschein am Meer, im Atelier unter seinen eigenen Werken hing. Als ich nun zu Dahl kam, empfing er mich im Vorzimmer, während eine vornehme Dame sich noch im Atelier umsah. Bald kam sie aber heraus, stürzte auf den kleinen Mann mit gemachtem Entzücken zu und sagte ihm: „Ach, lieber Professor, welche Genüsse verdanke ich Ihren Werken! Aber von all dem Schönen hat mir doch weitaus am besten Ihr wundervoller Mondschein am Meer gefallen!" ... und zeigte auf Friedrichs Bild. Der Professor, zu artig, um sie in Verlegenheit zu bringen, protestierte nicht gleich gegen seine Autorschaft, sodaß sie nichts ahnend fortfuhr: „Ja, dieses herrliche Bild ist doch von allen weitaus das beste" ...

Überdies wünschte ich nur immer mehr, von dem mir gründlich zuwider gewordenen Dresden wegzukommen, dessen Kunst damals an unheilbarem Siechtum krankte. Hatten mir doch in den zwei Jahren, die ich da schon bald zugebracht, nur zwei neuere Kunstwerke einen Eindruck gemacht. Das erste zeigte eine Überfahrtsszene bei Sonnenuntergang über die Elbe am Fuße des Schreckensteins. Es war von einem ganz jungen Manne, der eben aus Italien zurückgekehrt war und Ludwig Richter hieß. Ein Brautpaar, sowie noch einige Jünglinge und Mädchen im Kahn lauschten einem böhmischen Harfenspieler, während der greise Fährmann sie übersetzte. Trotz mühseligen Machwerks ergriff das Bild durch die gesunde Romantik seiner Auffassung mächtig jeden, der sich hinein vertiefte. Man dachte unwillkürlich an den Strom des Lebens, dessen Übergang auch uns durch Kunst und Liebe allein beglückend gemacht wird. Bald lernte ich auch den eben nach Dresden an die Akademie berufenen, ebenso stillen und bescheidenen, wie durch sein leuchtendes Auge poetisch anmutenden Künstler selber kennen, der nun bald so großen Ruf erlangen sollte. Das zweite dieser Kunstwerke stellte eine ins Bad gehende Nymphe dar, in weißem Marmor mit schüchterner Zierlichkeit ausgeführt, ohne jedoch irgend die Canovasche Süßigkeit zu atmen, sondern ganz deutsch, gesund und keusch. Es war von Rietschel, der mir auch schon bekannt geworden, und gehörte dem berühmten Kunstkenner und Tabakshändler Herrn von Quandt, einem dicken, hinkenden Bonvivant, dessen kaustischer Witz mir viel sympathischer war als Richters oder Rietschels demütige Sentimentalität, die ihnen Zeit und harte Jugend anerzogen, obwohl sie im Grunde weder dem Charakter des einen noch des anderen entsprach. Denn Richter hatte einen selten unabhängigen Geist, wie man das aus seinen nachgelassenen Tagebüchern ersehen kann, wo er die römisch-deutschen Romantiker schon viel richtiger beurteilt, als es zu jener Zeit irgend jemand getan hat. Seinen köstlichen Humor zeigte er aber nur flüsternd im engsten Kreise, wenn er mit Öhme und Peschel, seinen intimsten Jugendfreunden, im Café so still beisammen saß, daß man dieses Kleeblatt bald „die heiligen drei Könige" taufte. Rietschel aber, der zwischen einem Vulkan und einem armen Dorfschulmeister in Aussehen wie Charakter die seltsamste Mitte hielt, besaß bei aller anerzogenen Demut doch die ganze Glut, ja Unersättlichkeit des Genies und hatte nicht umsonst vier Frauen nacheinander geheiratet. Mit diesen beiden Männern und dem erst kürzlich angestellten Semper war ein vollständig neues Kunstleben für Dresden angebahnt, sie trugen jeder eine neue Welt im Busen, wie sich das nun bald erweisen sollte. Davon hatte ich nun freilich keine Ahnung!

Richard Wagners Anstellung 1843

Der Sempersche Theaterbau

Die Dresdner Oper hatte durch ein glückliches Zusammenwirken erlesener Kräfte ihren alten Ruf ganz wesentlich gesteigert. An Webers Stelle war seit 1827 Carl Gottlob Reissiger (1798—1859) getreten, ein vielseitig begabter Musiker, der sich anfangs mit dem Italiener Morlacchi in die Leitung teilte. Den steigenden Anforderungen der Zeit erwies sich das alte Morettische Theatergebäude nicht mehr gewachsen, die Pläne zur Erweiterung verdichteten sich 1835 zum Projekt eines Neubaus, das der junge Architekt Gottfried Semper (1803—1879) auf eigene Faust im größten Stile entwarf.

Semper, ein geborener Hamburger, hatte durch seine bedeutsamen Studien über antike Baukunst und Plastik die Aufmerksamkeit der Kunstwelt erregt. Schinkel erkannte seine Bedeutung und verschaffte ihm eine Berufung als Leiter der staatlichen Bauschule nach Dresden. Hier eröffnete sich für den jugendlichen Neuerer ein weites Feld schöpferischer Arbeit. Er erbaute auf dem östlichen Ende der Brühlschen Terrasse von 1838—1840 die Synagoge, und gleichzeitig begann nach seinen Entwürfen die Errichtung des neuen Theatergebäudes. Der Sempersche Vorschlag umfaßte den ganzen Raum des italienischen Dörfchens, der Platz sollte zu einem Forum umgestaltet und mit Prunkbauten umrahmt werden. Schinkel befürwortete den Plan, doch wurde im April 1838 vorerst nur der Theaterbau in Angriff genommen. Die Stände bewilligten hierzu 370000 Taler. Dresdner Künstler wie Rietschel, Hähnel, Hübner, Bendemann, Richter wurden in weitem Maße zur Ausschmückung des prächtigen Gebäudes herangezogen, das in seiner sinngemäßen Raumgliederung wie in der dekorativen Gestaltung einen völlig neuen Typus darstellte. Die feierliche Eröffnung am 12. April 1841 mit Webers „Jubelouvertüre" und Goethes „Tasso" war ein Ereignis.

Am 20. Oktober 1842 wurde im neuen Hause Richard Wagners „Rienzi" unter des Komponisten eigener Leitung mit ungewöhnlich großem Erfolge zum ersten Male aufgeführt. Am 2. Januar des nächsten Jahres folgte der „Fliegende Holländer", und

Königlich Sächsisches Hoftheater.

Sonntag, den 20. November 1842.

Rienzi, der Letzte der Tribunen.

Große tragische Oper in 5 Aufzügen von Richard Wagner.

Personen:

Cola Rienzi, päpstlicher Notar.	— —	Herr Tichatscheck.
Irene, seine Schwester.	— — —	Dem. Wüst.
Steffano Colonna, Haupt der Familie Colonna.	—	Herr Dettmer.
Adriano, sein Sohn.	— — —	Mad. Schröder-Devrient.
Paolo Orsini, Haupt der Familie Orsini.	—	Herr Wächter.
Raimondo, Abgesandter, des Papstes in Avignon.	—	Herr Vestri.
Baroncelli, römische Bürger.	— —	Herr Reinhold.
Cecco del Vecchio, römische Bürger.	— —	Herr Risse.
Ein Friedensbote.	— — — —	Dem. Thiele.

Gesandte der lombardischen Städte, Neapels, Baierns, Böhmens 2c. Römische Nobili, Bürger und Bürgerinnen Rom's, Friedensboten. Barmherzige Brüder. Römische Trabanten.
Rom um die Mitte des vierzehnten Jahrhunderts.

Die im zweiten Akt vorkommenden Tänze und Gruppirungen sind arrangirt von Herrn Balletmeister Lepitre und die Solotänze werden ausgeführt von den Damen: Pecci-Ambrogio, Benoni und den Herren Ambrogio und Balletmeister Lepitre.

Textbücher sind an der Casse das Exemplar für 3 Neugroschen zu haben.

Einlaß-Preise:

Ein Billet in die Logen des ersten Ranges und das Amphitheater . .	1 Thlr	10 Ngr.
" " " Fremdenlogen des zweiten Ranges Nr. 1. 14. und 29.	1 "	10 "
" " " übrigen Logen des zweiten Ranges	— "	25 "
" " " Sperr-Sitze der Mittel- u. Seiten-Gallerie des dritten Ranges	— "	15 "
" " " Mittel- und Seiten-Logen des dritten Ranges . . .	— "	$12\frac{1}{2}$ "
" " " Sperr-Sitze der Gallerie des vierten Ranges . . .	— "	10 "
" " " Mittel-Gallerie des vierten Ranges	— "	8 "
" " " Seiten-Gallerie-Logen daselbst	— "	6 "
" " " Sperr-Sitze im Cercle	— "	25 "
" " " Parterre-Logen	— "	25 "
" " das Parterre	— "	15 "

Die Billets sind nur am Tage der Vorstellung gültig, und zurückgebrachte Billets werden nur bis Mittag 12 Uhr an demselben Tage angenommen.

Der Verkauf der Billets gegen sofortige baare Bezahlung findet in der, in dem untern Theile des Rundbaues befindlichen Expedition, auf der rechten Seite, nach der Elbe zu, früh von 9 Uhr bis Mittags 12 Uhr, und Nachmittags von 3 bis 4 Uhr statt.

Alle zur heutigen Vorstellung bestellte und zugesagte Billets sind Vormittags von 9 Uhr bis längstens 11 Uhr abzuholen, außerdem darüber anders verfüget wird.

Der freie Einlaß beschränkt sich bei der heutigen Vorstellung blos auf die zum Hofstaate gehörigen Personen und die Mitglieder des Königl. Hoftheaters.

Einlaß um 5 Uhr. Anfang um 6 Uhr.
Ende nach 10 Uhr.

Julius Hübner. Entwurf für den Vorhang im neuen Theater. Zeichnung

am gleichen Tage trat Wagner als Kapellmeister in den Verband des Hoftheaters; ungefähr gleichzeitig mit ihm wurde auch August Röckel, Wagners späterer Schicksalsgenosse während der Maitage, als Musikdirektor angestellt.

Trotz seiner mißlichen Lebenslage scheute Wagner anfangs vor einer festen Anstellung bei der Dresdener Oper zurück. Wie es dann doch dazu kam, schildert er in seiner Selbstbiographie:

Die Aussicht auf Sicherung meiner Lebenslage durch eine dauernde Versorgung bei festem Gehalte machte sich zunächst mit tyrannischer Anziehungskraft geltend. Ich bekämpfte die Versuchung durch Hinweis auf meine Erfolge als Opernkomponist, die mir, so hoffte ich, wenigstens genug einbringen würden, um in zwei Stuben, bei geringen Lebensansprüchen, ungestört neue Arbeiten fördern zu können. Gerade im Betreff meiner Arbeitsmuße, wendete man mir aber ein, würde ich bei einer festen Anstellung mit nicht übermäßiger Beschäftigung mich besser gefördert sehen, als bisher, wo ich seit der Vollendung des „Fliegenden Holländers" über ein volles Jahr ohne Ruhe zur Arbeit mich befunden hatte. Ich blieb dabei, daß ich die dem Kapellmeister untergeordnete Musikdirektorstelle des verstorbenen Rastrelli in jeder Hinsicht für

Das Hoftheater im Jahre 1841. Erbaut von Gottfried Semper. Aquarellierter Stich von W. Bäßler

Richard Wagner. Steinzeichnung 1845

meiner unwürdig hielte, erklärte mit Bestimmtheit, auf dieselbe nicht zu reflektieren, und veranlaßte dadurch auch die Generaldirektion, sich anderweitig wegen Besetzung derselben umzusehen. Während somit von dieser Stelle nun nicht mehr die Rede war, wurde mir aber eröffnet, daß durch den vor einiger Zeit bereits erfolgten Tod des Kapellmeisters Morlacchi eigentlich ja noch eine königliche Kapellmeisterstelle unbesetzt geblieben sei, und es stünde zu erwarten, daß der König sich geneigt fühlen dürfte, diese Stelle von neuem durch mich zu besetzen. Die große Wichtigkeit, welche in Deutschland, namentlich in königlichen Residenzen, solchen Angelegenheiten beigelegt wird, und die glänzende „Solidität", welche solch eine lebenslängliche königliche Anstellung namentlich deutschen Musikern als das höchste erreichbare irdische Glück vorschweben läßt, fing nun an, meine gute Frau in große Aufregung zu versetzen. Von manchen Seiten eröffneten sich mir freundlich behagliche Anknüpfungen für einen bürgerlichen Verkehr, wie wir ihn bisher noch nicht gekannt hatten; das Gefühl des Wohlgelitten-, ja Angesehenseins breitete sich mit wohltätiger Wärme über die Heimatlosen aus, denen mit einer dauernden Niederlassung unter ehrenvollstem königlichen Schutze das in trostlosen Zeiten oft schmerzlich ersehnte Behagen einer wohlanständigen Sicherheit sich gewonnen zeigte. Einen wichtigen Einfluß auf die Erweichung meiner Stimmung übte endlich die Witwe Karl Maria von Webers, die lebhafte und liebenswürdige Karoline, in deren Hause ich mich jetzt öfter befand, und deren Umgang durch unmittelbar auflebende Erinnerungen an den von mir noch immer so innig geliebten Meister für mich besonders anziehend war. Diese beschwor mich nun mit wahrhaft rührender Innigkeit, doch ja dem bedeutungsvollen Zuge des Schicksals nicht widerstreben zu wollen. Sie habe ein Recht, mich zur Einkehr in Dresden aufzufordern, um dort die Stelle einzunehmen, die seit dem Tode ihres Mannes so traurig leer geblieben sei: „Denken Sie sich", sagte sie mir, „wie ich einst Weber wiedersehen soll, wenn ich ihm davon zu berichten habe, wie bisher das von ihm so aufopferungsvoll gepflegte Werk da, wo er es wirkte, verwahrlost worden; denken Sie sich, wie mir zu Mute ist, wenn ich dort, wo einst der seelenvolle Weber stand, jetzt nur noch den faulen Reissiger sehen soll, — wie mir zu Mute ist, wenn ich seine Opern mit jedem Jahre geistloser heruntergespielt höre. Lieben Sie Weber, so sind Sie es seinem Andenken schuldig, in seine Stelle zu treten, um sein Werk fortzusetzen." Aber auch die praktische Seite dieser Angelegenheit wies die lebenserfahrene Frau mit energischer Fürsorge nach, indem sie es mir ans Herz legte, namentlich auch an die Sicherheit meiner Frau zu denken, welcher, wenn ich plötzlich stürbe, durch Annahme der mir gebotenen Stelle genügende Versorgung geboten sei.

Mehr als alles dies Herzliche, Bedeutende und Vernünftige wirkte in mir selbst der zu keiner Zeit meines Lebens gänzlich vertilgte, enthusiastische Glaube an die Möglichkeit, da, wohin mich das Schicksal geführt, also auch jetzt hier in Dresden, doch wohl den Punkt gefunden zu haben, von welchem aus einmal eine Umkehr des Gewohnten in Bewegung zu setzen und das Unerhörte in das Leben zu rufen wäre. Am Ende bedurfte es ja doch nur einmal des Aufkommens eines feurig strebenden Menschen, um, wenn das Glück ihn wirklich begünstigte, das Verwahrloste zu regenerieren, wahrhaftig veredelnden Einfluß zu gewinnen und die Erlösung der in schmachvollen Banden liegenden Kunst herbeizuführen. Die wunderbar schnelle Wendung, welche mein Schicksal genommen, mußte einen solchen Glauben nur nähren, und wirklich verführerisch wirkte auf mich mein Innewerden der merkwürdigen Veränderung, welche in der ganzen Haltung des Generaldirektors Herrn von Lüttichau gegen mich eingetreten war. Der sonderbare Mensch zeigte mir eine Wärme, deren ihn niemand zuvor für fähig gehalten hätte, und von seinem persönlichen, wahrhaften Wohlwollen habe ich mich, selbst während meiner späteren unaufhörlichen Zerwürfnisse mit ihm, unverkennbar überzeugt halten müssen. Nichtsdestoweniger wurde die Entscheidung doch aber nur durch eine Art von Überrumpelung herbeigeführt: ich wurde am 2. Februar 1843 auf das freundlichste in das Büro des Intendanten eingeladen und traf dort den Generalstab der königlichen Kapelle an, in dessen Mitte Herr von Lüttichau durch den Theatersekretär, meinen unvergeßlichen Freund Winkler, mir feierlichst ein königliches Reskript vorlesen ließ, durch welches ich sofort zum Kapellmeister Seiner Majestät mit 1500 Talern lebenslänglichem Gehalt ernannt wurde. Herr von Lüttichau ließ dieser Lektüre eine ziemlich feierliche Rede folgen, in welcher er seine Annahme ausdrückte, daß ich mit Dank die Gnade des Monarchen erkennen würde. Es entging mir bei dieser freundlichen Solennität nicht, daß hiermit zugleich allen weiteren Verhandlungen über die Höhe des Gehaltes die Möglichkeit abgeschnitten war, wogegen allerdings der Hinwegfall der selbst Weber auferlegten Bedingung, zuerst unter dem bloßen Titel eines königlichen Musikdirektors ein Probejahr zu bestehen, als sehr beschwichtigende Ausnahme mich zum Schweigen zu bringen berechnet war. Meine neuen Kollegen beglückwünschten mich sofort, und Herr von Lüttichau begleitete mich unter den angenehmsten Gesprächen bis an die Tür meines Hauses, wo ich denn wiederum meiner vor Freude taumelnden, armen Frau in die Arme fiel, sodaß ich nun wohl merkte, daß ich gute Miene zu machen hatte und, ohne unerhörtes Ärgernis zu geben, mich jetzt wohl selbst als königlichen Kapellmeister zu bekomplimentieren hatte.

Wagner hatte die Partitur zu „Rienzi" im Dezember 1840 von Paris aus in Dresden eingereicht und sich gleichzeitig mit einer Bittschrift an den König gewandt. „Von dem jedem Sachsen angeborenen, innigen und unbedingten Vertrauen zu seinem angebeteten Landesvater beseelt", bittet Wagner um die Aufführung der Oper. „Würde mir" — so fährt er überschwänglich fort — „mit der huldreichen Genehmigung dieses Gesuches noch das unaussprechliche Glück zu Teil, daß Ew. Majestät geruhen wollte, mir zu gestatten, Allerhöchstderselben mein Werk in tiefster Ehrfurcht widmen zu dürfen, so würden die glänzendsten Erfolge vor dem Publikum mir matt und nichtig erscheinen gegen das erhebende Gefühl, mein erstes größeres Produkt unter der besonderen huldreichen Protektion meines Allergnädigsten Herrn und Königs auf dem Boden meines Vaterlandes ins Leben treten zu sehen."

Karl Maria von Webers Asche

Der Meister des „Oberon" war nach seinem Tode 1826 in London beigesetzt worden. Die Überführung seiner Asche in die Heimat konnte endlich nach manchen Hindernissen ins Werk gesetzt werden. Richard Wagner berichtet darüber:

Ein schönes und ernstes Ereignis wirkte auf die Stimmung, in welcher ich die Komposition des „Tannhäuser" beendigte, in der Art ein, daß es die aus dem äußeren Verkehr mir erwachsenden Zerstreuungen vorteilhaft neutralisierte. Es war die im Dezember 1844 glücklich ausgeführte Übersiedelung der sterblichen Überreste Karl Maria von Webers aus London nach Dresden. Seit Jahren hatte sich ein Komitee gebildet, welches für diese Übersiedelung agitierte. Durch einen Reisenden war es bekannt geworden, daß der unscheinbare Sarg, welcher Webers Asche verwahrte, in einem entlegenen Raum der Londoner Paulskirche so rücksichtslos untergebracht worden sei, daß zu fürchten stünde, in nicht langer Zeit werde er gar nicht mehr zu finden sein. Mein genannter energischer Freund, Professor Löwe, hatte diese Kunde benützt, um die Liedertafel, sein Steckenpferd, zum Angriff der Unternehmung der Übersiedelung der Weberschen Überreste zu treiben. Das Männergesangskonzert, zum Zweck der Aufbringung der Kosten veranstaltet, hatte einen verhältnismäßig bedeutenden Erfolg gehabt; man wollte nun die Theaterintendanz auffordern, in gleichem Sinne sich zu bewähren, als man hiergegen an Ort und Stelle auf einen ersten zähen Widerstand stieß. Von Seiten der Dresdener Generaldirektion war dem Komitee bedeutet worden, der König fände religiöse Bedenken gegen die beabsichtigte Störung der Ruhe eines Toten. Man mochte diesem angegebenen Motive nicht recht trauen, konnte aber doch nichts ausrichten, und nun ward meine neue, hoffnungsreiche Stellung benutzt, um mich für das Vorhaben eintreten zu lassen. Mit großer Wärme ging ich hierauf ein; ich ließ mich zum Vorstand wählen; man zog eine künstlerische Autorität, den Direktor des Antiken-Kabinetts, Herrn Hofrat Schulz, außerdem noch einen christlichen Bankier hinzu; die Agitation ward von neuem lebhaft betrieben; Aufforderungen gingen nach allen Seiten; ausführliche Pläne wurden entworfen, und vor allem fanden zahllose Sitzungen statt. Hier trat ich abermals in einen Antagonismus mit meinem Chef, Herrn von Lüttichau ... Da es mit dem königlichen Widerwillen gegen die Unternehmung jedenfalls nicht so bestimmt gemeint war, er auch einsehen mußte, daß dieser Wille die Ausführung des Unternehmens auf dem Privatwege nicht hätte verhindern können, dagegen es dem Hofe Gehässigkeit zuziehen mußte, wenn das Hoftheater, dem einst Weber angehört hatte, sich davon ausschloß, so suchte mich Herr von Lüttichau mehr durch gemütliche Vorstellungen von meiner Teilnahme, ohne welche, wie er meinte, die Sache doch nicht zustande kommen würde, abzubringen. Er stellte mir nämlich vor, wie er doch unmöglich zugeben könnte, daß gerade dem Andenken Webers eine solche übertriebene Ehre erwiesen würde, während doch der verstorbene Morlacchi viel längere Zeit um die kgl. Kapelle sich verdient gemacht habe und niemand daran denke, dessen Asche aus Italien herzuholen. Zu welchen Konsequenzen sollte das führen? Er setze den Fall, Reissiger stürbe nächstens auf einer Badereise; seine Frau könne mit Recht dann ebensogut, wie jetzt Frau von Weber (welche ihm außerdem Ärger genug gemacht habe) verlangen, daß man die Leiche ihres Mannes mit Sang und Klang kommen ließe. Ich suchte ihn hierüber zu beruhigen; gelang es mir nicht, ihm die Unterschiede klar zu machen, über welche er in Verwirrung geriet, so vermochte ich ihn doch davon zu überzeugen, daß jetzt die Sache ihren Lauf nehmen müsse, namentlich da schon das Berliner Hoftheater zur Unterstützung unseres Zweckes eine Benefiz-Vorstellung angekündigt habe. Diese, durch Meyerbeer, an welchen mein Komitee sich gewandt hatte, veranlaßt, fand mit einer Vorstellung der „Euryanthe" wirklich statt und lieferte das schöne Ergebnis eines Beitrags von vollen 2000 Talern. Einige geringere Theater folgten; so konnte nun auch das Dresdener Hoftheater nicht länger zurückstehen, und es fand sich, daß wir unserm Bankier für jetzt ein genügendes Kapital aufweisen konnten, um dadurch die Übersiedelungskosten, sowie die Bestellung einer geeigneten Gruft mit entsprechendem Grabmal zu bestreiten, und auch noch einen Grundstock übrig behielten für die dereinst zu erschwingende Statue Webers. Der ältere der beiden hinterlassenen Söhne des verewigten Meisters reiste selbst nach London, um die Asche seines Vaters zurückzuführen. Dies geschah zu Schiff auf der Elbe, wo sie schließlich am Dresdener Landungsplatz anlangte, um hier zuerst auf deutsche Erde übergeführt zu werden. Diese Überführung sollte am Abend bei Fackelschein in feierlichem Zuge vor sich gehen; ich hatte es übernommen, für die dabei auszuführende Trauermusik zu sorgen. Ich stellte diese aus zwei Motiven der „Euryanthe" zusammen...

Nachdem wir den Sarg in der kleinen Totenkapelle des katholischen Friedhofs in Friedrichstadt, in welcher er still und bescheiden von Frau Devrient mit einem Kranz bewillkommt war, beigesetzt hatten, ward nun am anderen Vormittage die feierliche Versenkung desselben in die von uns bereitgehaltene Gruft ausgeführt. Mir nebst dem anderen Vorsitzenden des Komitees, Herrn Hofrat Schulz, war die Ehre zugeteilt worden, eine Grabrede zu halten. Was mir zu ihrer Abfassung einen besonders rührenden Stoff ganz frisch zugeführt hatte, war der kurz vor dieser Übersiedelung erfolgte Tod des zweiten Sohnes des seligen Meisters, Alexander von Weber. Seine Mutter war durch diesen unerwarteten Todesfall des blühenden Jünglings so furchtbar erschüttert, daß wir, wäre unser Unternehmen nicht bereits zu weit gediehen gewesen, uns beinahe veranlaßt gesehen hätten, es aufzugeben, da die Witwe in diesem so schrecklichen neuen Verluste ein Urteil des Himmels zu erkennen geneigt schien, welches

Sokrates und sein Kreis. Entwurf zu einem Wandbild im Ballsaal des Residenzschlosses. Zeichnung von Eduard Bendemann

Teilentwurf zu dem Bacchuszug im Hoftheater. Zeichnung von Ernst Julius Hähnel. 1855

Hofkapellmeister Carl Gottlob Reissiger

Steinzeichnung von E. B. Kietz. 1837

Gottfried Semper

Kreidezeichnung von E. B. Kietz. 1850

Die neue Synagoge. Erbaut von Gottfried Semper 1838—1840. Stich von L. Thümling

hiermit den Wunsch der Übersiedelung der Asche des längst Dahingeschiedenen als einen Frevel der Eitelkeit bezeichne. Da das Publikum, in seiner besonderen Gemütlichkeit, ähnliche Vorstellungen ebenfalls unter sich aufkommen ließ, hielt ich mir die Aufgabe zuerteilt, auch hiergegen unser Unternehmen in das rechte Licht zu stellen, und es gelang mir so, daß von allen Seiten mir bezeugt wurde, daß gegen meine gelungene Rechtfertigung nicht das mindeste mehr aufkäme. —

Die erwähnte Grabrede Richard Wagners auf dem Friedhofe am 16. Dezember 1844 gipfelte in folgendem Nachruf:

Hier ruhe denn! Hier sei die prunklose Stätte, die uns Deine teure Hülle bewahre! Und hätte sie dort in Fürstengrüften geprangt, im stolzesten Münster einer stolzen Nation, wir wagten doch zu hoffen, daß Du ein bescheidenes Grab in deutschem Boden Dir lieber zur letzten Ruhestatt erwählt! — Du gehörtest ja nicht jenen kalten Ruhmsüchtigen an, die kein Vaterland haben, denen das Land der Erde das liebste ist, in welchem ihr Ehrgeiz den üppigsten Boden für sein Gedeihen findet. — Zog Dich nicht ein verhängnisvoller Drang dorthin, wo selbst das Genie sich zu Markte bringen muß, um zu gelten, so wandtest Du zeitig genug sehnsuchtsvoll Deine Blicke nach dem heimatlichen Herde, nach dem bescheidenen ländlichen Sitze, wo Dir an der Seite Deines trauten Weibes Lied auf Lied aus dem Herzen quoll. „Ach! Wäre ich wieder bei Euch, Ihr Lieben!“ Das war wohl Dein letzter Seufzer, mit dem Du dort dahinschiedest! — Warst nun Du ein so gemütvoller Schwärmer, wer will uns tadeln, wenn wir gerade Dir mit gleicher Neigung begegnen, wenn wir auch diese Schwärmerei recht innig teilten und gern dem stillen Wunsche nachhingen, Dich wieder bei uns in der lieben Heimat zu haben? O, diese Schwärmerei, sie hat Dich mit sympathetischer Gewalt zum Liebling Deines Volkes gemacht! Nie hat ein deutscherer Musiker gelebt als Du! Wohin Dich auch Dein Genius trug, in welches ferne, bodenlose Reich der Phantasie, immer doch blieb er mit jenen tausend zarten Fasern an dieses deutsche Volkesherz gekettet, mit dem er weinte und lachte wie ein gläubiges Kind, wenn es den Sagen und Märchen der Heimat lauscht. Ja, diese Kindlichkeit war es, die Deinen männlichen Geist wie sein guter Engel geleitete, ihn stets rein und keusch bewahrte: und in dieser Keuschheit lag Deine Eigentümlichkeit: wie Du diese herrliche Tugend stets ungetrübt erhieltest, brauchtest Du nichts zu erdenken, nichts zu erfinden — Du brauchtest nur zu empfinden, so hattest Du auch das Ursprünglichste erfunden. Du bewahrtest sie bis an den Tod, die höchste Tugend. Du konntest sie nie opfern, dieses schönen Erbmals Deiner deutschen Abkunft Dich nie entäußern. Du konntest uns nie verraten! — Sieh, nun läßt der Brite Dir Gerechtigkeit widerfahren, es bewundert Dich der Franzose, aber lieben kann Dich nur der Deutsche; Du bist sein, ein schöner Tag aus seinem Leben, ein warmer Tropfen seines Blutes, ein Stück von seinem Herzen — wer will uns tadeln, wenn wir wollten, daß Deine Asche auch ein Teil seiner Erde sein sollte?

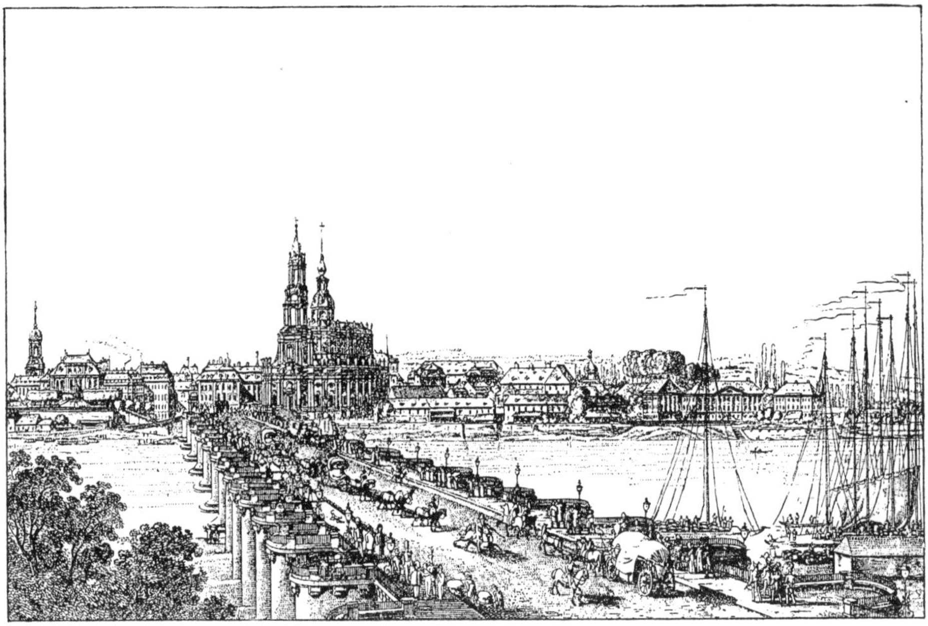

Blick über die Elbbrücke auf die Altstadt. Radierung von Ludwig Richter

Im Vormärz

Der deutschböhmische Dichter Alfred Meißner (1822—85) besuchte Dresden im Jahre 1846. Durch seinen Oheim, den bekannten Kunstfreund J. G. von Quandt wie durch seine literarischen Beziehungen gewann der junge Poet einen guten Einblick in das geistige Leben der damals literarisch überaus regen Stadt. In seinem Rückblick auf jene Tage erzählt Meißner:

Es ist von jeher der Fall gewesen, daß eine Stadt zeitweise die geistige Führerschaft in Deutschland übernahm. Einst war Weimar ein Hauptpunkt in der Entwicklung gewesen, dann Berlin; jetzt war es Dresden mehr als Berlin geworden. Es war entschieden ein geistiger Vorort. Bedeutende Männer der Literatur und Kunst waren beisammen, und bedeutsame Schöpfungen tauchten fast gleichzeitig auf. Gutzkow, Auerbach, Richard Wagner, Robert Schumann, Rietschel, Semper — waren diese Namen nicht glänzend genug, um den Blick auf diese Stadt zu lenken?

Es war eine literarische Stadt. Alles las dort. Selbst die Portechaisenträger in der Schloßgasse und die Soldaten auf der Hauptwache hielten, so lange sie nicht Dienst hatten, ein Buch in der Hand. Auch ein literarischer König war da, aber damit der Schillersche Vers von „des Medicäers Güte" nicht Lügen gestraft werde, kümmerte er sich gar nicht um seine literarischen Kollegen. Philalethes übersetzte den Dante, und alle Danteforscher sind furchtbar ernsthafte Geschöpfe. Das Theater besuchte er nur, wenn ein Stück seiner Verwandten, der Prinzessin Amalie, gegeben wurde.

Mir war im Hause meiner Tante, der Schwester meines Vaters, ein bescheidenes Quartier angewiesen worden. Ihr Gatte, J.G. von Quandt, ein reicher Mann, der als Kunstkenner und als Kunstschriftsteller in großem Ansehen stand, hatte sich sein Haus auf der Neustadt mit prachtvoller Aussicht auf die Elbufer nach Art eines italienischen Palazzos eingerichtet und eine Enfilade von neun Zimmern im ersten Stockwerke ganz mit Gemälden ausgefüllt. Es waren teils Werke alter Meister, die Herr von Quandt auf seinen Kunstreisen erstanden, teils moderne Bilder, die er bei lebenden Künstlern bestellt hatte. Neben seltenen Fiesoles, Filippo Lippis und Francesco Francias sah man prachtvolle Landschaften von Koch, Rohden, Schick, Friedrich, einen gewaltigen Seesturm von Catel, schöne Architekturbilder von Domenico Quaglia u. s. w. Alle diese Zimmer der Beletage standen unbewohnt, nur die nach Dresden kommenden Fremden durchzogen sie mit der Lorgnette in der Hand. Mein Onkel, etwa 60 Jahre alt, hauste rückwärts in einem großen Bibliothekzimmer, seinem Sanktuar, vor dessen Türe die Originalbüste Goethes, von Rauchs Meisterhand in carrarischem Marmor ausgeführt, symbolisch aufgestellt war. Herr von Quandt war mit Schopenhauer befreundet, stand mit diesem in Korrespondenz, belächelte aber mit Überlegenheit dessen schwermütige Philosophie. Er war ein philosophischer Lebenskünstler und Epikuräer, im höchsten Grade gelehrt, geistreich, witzig, ein Goetheaner, wie es ihrer nur wenige gibt, der jeden unangenehmen Eindruck von sich fernzuhalten liebte. Hatte er auch bereits mit den Fatalitäten des Lebens Bekanntschaft gemacht, — so hatte er bei einem Sturze von einem Baugerüste beide Beine gebrochen und hinkte — das focht seine Philosophie nicht an. Allerdings half ihm der Besitz von Wagen und Pferden seine Lahmheit leichter als andere tragen. Er ahnte noch nicht, daß ihm die furchtbarsten Heimsuchungen des Schicksals noch für die letzten Lebensjahre aufgespart seien.

Allwöchentlich einmal sah mein Onkel die Maler und Bildhauer Dresdens bei sich im großen Bibliothekzimmer, das mit Kartons und Gipsabgüssen reich geschmückt war. Es wurde in diesen Reunionen, die Nachmittags begannen und erst spät endigten, sehr viel guter Bordeaux getrunken und viele feine Havannas geraucht. Ich durfte als bescheidener Gast diesen Symposien beiwohnen. Da lernte ich die Maler Hübner und Julius Schnorr, die Bildhauer Rietschel und Julius Hähnel, den Architekten Semper kennen. Letzterer, der Erbauer des Dresdener Theaters, Professor der Baukunst an der Dresdener Akademie, war eben epochemachend aufgetreten. Er hatte bereits seine Schrift über die Polychromie der Alten veröffentlicht. Durch ihn entschied sich, daß weder die Wiederaufnahme des griechischen Stils noch die Wiederaufnahme der Gotik möglich sei, sondern die Bauformen der Renaissance unseren Kulturformen entsprächen. Er hatte zuerst beim Bau der Dresdener Synagoge koloristische Wirkungen angewendet und hatte durch den Theaterbau gezeigt, was er vermöge. Nun war ihm der Bau des Museums übertragen worden, zunächst um die Schätze der alten Bildergalerie aufzunehmen. Es war bestimmt, es dem Zwingerpalast direkt vorzulegen und so die beiden Flügel desselben zu einem Ganzen zu verbinden. Die Debatte über diesen Bau und was damit zusammenhing, füllte den ganzen Abend aus. Ich hörte von nichts als Einkehlungen und Lisenen, von selbständig und organisch gegliederten Bogen, von Friesen, Pilastern, Füllungen und Gurtbändern, bis mir der Kopf zu wirbeln anfing. Im Stillen beschloß ich, von der Erlaubnis, diesen Sitzungen beizuwohnen, nur den mäßigsten Gebrauch zu machen. Doch bewahre ich eine dankbare Erinnerung an Professor Rietschel, der freundlich und liebenswürdig an mich herankam und das Gespräch auf mir näherliegende Dinge lenkte.

Da war es doch unterhaltender bei Ferdinand Hiller! Dieser, ein feiner, weltkluger, behaglicher Mann, ein ausgezeichneter Pianist, als Musiker in Mendelssohnschem Geiste in allen Formen tätig, hatte sich seit ein paar Jahren in Dresden angesiedelt und sah jeden Mittwoch alles, was Kunst betrieb oder sonst einen Namen hatte, in seinem Salon. Dort eingeführt zu sein, war eine Auszeichnung und bot eine Gelegenheit, alles kennen zu lernen, was Dresden an einheimischen und durchreisenden Notabilitäten aufwies. An manchen Abenden waren alle Räume gedrängt voll, und fast jeder der Anwesenden hatte, auf irgendeinem Felde, einen bekannten Namen. Es war kein ausschließlich deutscher Salon, man hörte auch viel französisch reden. Die Hausfrau, eine ausgezeichnete Sängerin, die unlängst erst, um ihrem Gatten zu folgen, der Bühne Lebewohl gesagt hatte, war eine Polin, schön, jung, von halbslavischem Reize. Sie hatte die wunderbarsten Augen. Drei oder vier glänzende Schönheiten gruppierten sich um sie, Verwandte, die längere oder kürzere Zeit in Dresden zubrachten. Seit Mazarin hatte vielleicht niemand so schöne Nichten gehabt wie Ferdinand Hiller. Sie sind auch alle durch ihre Schönheit zu Heiraten in ungewöhnliche Sphären gelangt: die eine wurde eine Gräfin Kolowrat, die andere die Frau des französischen Schriftstellers Ernst Feydeau u. s. w.

Bei Hiller als Gast wohnte Berthold Auerbach. Er hatte eben, nachdem seine früheren Romane fast unbeachtet vorübergegangen, mit der ersten Sammlung seiner Schwarzwälder Dorfgeschichten einen großen Erfolg erlebt. Man verdankte ihm die Mahnung, daß in der einfachen Heimatswelt, in dem anspruchslosen Menschentume eine sittlich erhebende Kraft ruhe. Nun hatte er seine Novellen „Die Sträflinge" und „Die Frau Professorin" geschrieben und arbeitete damals an einer Schrift „Schrift und Volk". Seine Kompositionsweise war eine auffallend musivische. Auf den weiten Spaziergängen, die wir in die Umgebung Dresdens unternahmen, trug er beständig ein Büch-

Bildnis der Klaviervirtuosin Klara Wieck
Steinzeichnung von L. Staub

Karl Gutzkow

Steinzeichnung von J. G. Weinhold. 1844

lein mit sich, in welchem er sofort jeden sich ihm aus der Debatte ergebenden Gedanken fixierte. Aus feinen und empfundenen Bemerkungen wurde allmählich ein Buch.

Wieder einmal hieß es, Robert Schumann sei aus Leipzig zu Besuch in Dresden angekommen. „Nun das ist schön, daß du da bist", hatte Hiller beim Wiedersehen lachend zu ihm gesagt, „da werden wir uns tüchtig ausschweigen können." Mir, der seit den Knabenjahren die tiefste Bewunderung und Verehrung für Schumann im Herzen trug, schien der Scherz pietätlos. Indes lernte ich bald das merkwürdige Insichgekehrtsein des Meisters kennen. Er war der größte Schweiger, sei es, daß der Gegenstand der meisten Reden und Gespräche ihm zu unbedeutend erschien, oder daß ihm, der doch auch so glänzend zu schreiben verstand, der hergebrachte Ausdruck nicht genügte. In Hillers Salon, im Schwarme der Besuchenden versteckte er sich wohl einen ganzen Abend, ohne zehn Worte zu sprechen. Ich erinnere mich auch einer Kahnfahrt auf der Elbe, bei der die Frauen Lieder von ihm sangen, er aber schweigend, dann und wann mit zugespitzten Lippen vor sich hinsummend, stumm am Steuer saß und in das Abendrot hinausstarrte. Er lebte nur in sich und in der wunderbar tönenden Welt, die er in sich trug.

Auch Gutzkow war eine ganz meditative, in sich gekehrte Natur, aber wie verschieden geartet, wie ganz anders als Schumann! Sein Schweigen barg ein ununterbrochenes Verarbeiten der Fragen, die ihm von außen zukamen. Und alle Fragen der Zeit gingen ihm nahe. Wie er mit gewohnheitsmäßig halbgeschlossenen Augen alles aufnahm, alles bemerkte, so beschäftigten ihn alle Probleme, wofern sie sein Jahrhundert in Anspruch nahmen. Alles wurde zum Stoffe, aus dem er seine Fäden spann: während seines literarischen Wirkens waren ihm seine Stoffe durch die Ereignisse diktiert worden. Sein Verfallen in Selbstversenkung alternierte mit plötzlichem Erwachen, in welchem er das Wort scharf wie eine Stahlklinge führte und die Dinge wie mit einem fremdartigen elektrischen Lichte zu beleuchten verstand. Eine große Weichheit des Gemütes war in ihm mit durchdringender Schärfe des Verstandes beisammen.

Gutzkow war seit 1845 als Dramaturg der Dresdener Bühne angestellt; er war mit Leib und Seele dabei und glaubte an eine Wiederbelebung der deutschen Dramatik. Es ließ sich aber nicht ersehen, daß seine Oberleitung viel geändert habe. Das war begreiflich, denn Emil Devrient war der heimliche oberste Leiter der Bühne. An allen bedeutenden Männern, die es besaß, hatte Dresden zu mäkeln, einzig Emils Größe stand unbestritten da. Er war der Abgott der Frauen, der „göttliche Emil". Er galt für den ersten deutschen Schauspieler. Ein Heldenspieler war er gewiß schon damals nicht mehr, schon darum, weil meist schon im dritten Akte Kraft und Stimme zu Ende waren. Dann forcierte er nur noch und stieß die Worte zwischen den halbgeschlossenen Zähnen hervor. Seine Affektation und Effekthascherei waren ohne Grenzen. Hatte er sich wieder einmal den Dresdenern in einer neuen Rolle gezeigt, so ging er auf Gastrollen aus; kein Theater war ihm zu gering. Trotz allem laut proklamierten Kultus des Ideals spielte er am liebsten in Stücken der Frau Birchpfeiffer, Holteis und Raupachs, die ihm vergönnten, in Paraderollen beliebig aus dem dramatischen Raume herauszutreten. Unendlich viel hat Gutzkow von der Eitelkeit dieses Mimen zu leiden gehabt, die unersättlich war und nach immer neuem Lob in den Zeitungen verlangte.

Schon in den ersten Wochen meines Dresdener Aufenthaltes hatte ich Richard Wagner kennen gelernt, ich hatte mit ihm und zahlreicher Gesellschaft, zu der auch Gutzkow gehörte, einen Spaziergang nach dem Waldschlößchen gemacht. Fast unter Mittelgröße, eher klein, mit stechenden Augen, zusammengekniffenen Lippen, scharf gebogener Nase, auffallend breiter, stark ausgearbeiteter Stirn und vorstehendem Kinn, hatte er viel von einem Professor an sich, wie er denn auch in einer Zeit der Bärte sich ganz rasiert zeigte. Aber frühe Kämpfe hatten ihm schon eine ungewöhnliche Reizbarkeit gegeben; er hatte bereits etwas ewig Aufgeregtes, Gereiztes, Giftkochendes in sich. „Tannhäuser" hatte unlängst das Licht der Bretter gesehn; aber es war kein rechter Erfolg gewesen. Man hatte das Textbuch gelobt — die Ausstattung war eine ungewöhnlich brillante gewesen — den musikalischen Teil fand man „ungenügend". Man vermißte eigentliche Charakteristik und geniale Naturkraft; man meinte, das Ganze sei mehr künstlich zurechtgelegt und leide an Langweiligkeit.

Auf diesem ersten Spaziergange hatten wir viel miteinander gesprochen, doch ausschließlich über Politik. Richard Wagner hielt die politischen Zustände für reif zur gründlichsten Änderung, und er sah einer in nächster Zeit stattzuhabenden Umwälzung als etwas Unausbleiblichem entgegen. Die Umwandlung werde leicht und mit wenig Schlägen vor sich gehen, denn die staatlichen und gesellschaftlichen Formen hielten nur noch ganz äußerlich fest. Ich erinnere mich noch ganz genau der Worte: Eine Revolution sei bereits in allen Köpfen vollzogen, das neue Deutschland sei fertig wie ein Erzguß, es bedürfe nur eines Hammerschlages auf die tönerne Hülle, daß es hervortrete. Inzwischen hatte sich Gutzkow uns genähert. Er opponierte, betonte die Kraft der Trägheit, die Macht des Alten und Furcht vor Neuem, die Gewohnheit der Massen, zu dienen und zu folgen, den Mangel an Charakter in der unendlichen Mehrzahl. Er äußerte in seiner vorsichtigen Weise hunderterlei Bedenken. Wagner verlor die Selbstbeherrschung und brach die Debatte mit starken, unmutig gesprochenen Worten ab.

J. G. von Quandt (1787—1859) war einer der Gründer und führenden Männer des sächsischen Kunstvereins — als einer der ersten erkannte und förderte er die Begabung Ludwig Richters. Durch seine Vorträge, Kritiken und Schriften wie durch sein Mäzenatentum übte er einen nicht geringen Einfluß auf die Kunstpflege in Dresden wie im übrigen Sachsen. So verdankt ihm das Museum in Leipzig einen großen Teil seiner altdeutschen Bilder. Er besaß das Gut Dittersbach bei Stolpen, wo er auch starb. — Ferdinand Hiller (1811—1885), als vielseitiger Komponist wie als Klavierspieler sehr bekannt, hielt in Dresden nur vorübergehend Haus; er übernahm 1850 die Leitung der Gürzenichkonzerte in Köln.

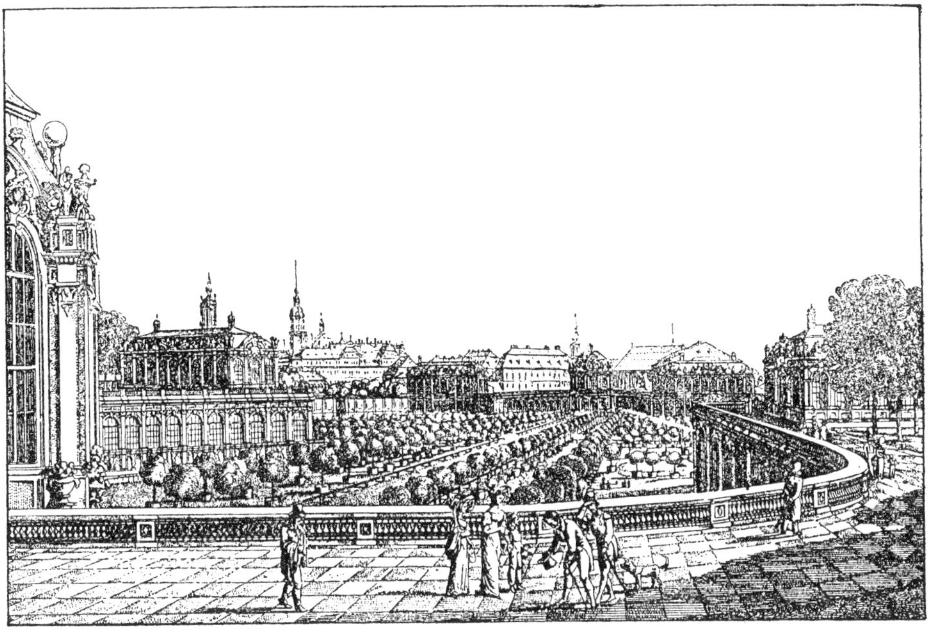

Blick in den Zwinger. Stich von Ludwig Richter

Die Geselligkeit der Fremdenstadt

Der zweite Aufenthalt Fr. Pechts in Dresden, vom Frühjahr 1846 bis März 1848, bot dem zugewanderten Münchner ein wesentlich erweitertes Bild gesellschaftlicher und künstlerischer Zustände und Beziehungen. Seinen Aufzeichnungen entnehmen wir:

Das gesellige Leben Dresdens, soweit es literarisch-künstlerischer Art war, konzentrierte sich damals in einigen Salons, von denen der interessanteste der Ferdinand Hillers war. Selber ein sehr weltgewandter und dabei reicher Mann von den behaglichsten Umgangsformen, ward er als Wirt durch seine schöne, polnische Frau, eine ehemalige Sängerin, sehr unterstützt. Dort lernte ich zuerst den jungen Baron Ramberg, Sohn des österreichischen Feldmarschalleutnants, kennen, damals noch Schüler Hübners, ein junger Künstler voll Weltgewandtheit und wie gemacht, in den Salons alle Frauen zu bezaubern durch seinen mehr treffenden als gutartigen Witz, verwöhnt von den Damen, launenhaft und unzuverlässig, aber um so interessanter, als seine echte Künstlernatur ewig mit dem Baron im Streite lag, so daß jede Stunde ein anderer obenauf war. Dem Ritter Kurt seines Ideals Schwind glich er in allem und jedem, nur daß er es wenigstens mit der Kunst sehr ernst nahm. Bei Hiller sah ich auch Robert Schumann öfters; gehört habe ich allerdings diesen hartnäckigsten Schweiger, der mir je vorgekommen, nur äußerst selten. Dabei war er aber seelenvergnügt, wenn er so einen ganzen Abend dagesessen hatte, ohne den Mund zu öffnen. Das überließ er seiner Frau, der als Klara Wieck schon weltberühmt gewordenen Klaviervirtuosin und einer ebenso liebenswürdigen wie anspruchlosen Künstlerin. Beide waren aber ein so offenbar glückliches Paar, daß sie schon dadurch eigenartig anzogen. Wie alle durchreisenden Berühmtheiten zog auch die Garcia Viardot einst wie ein Stern durch diesen Kreis, in welchem die keineswegs schöne, sondern eher an eine Mohrin erinnernde Frau doch durch ihre Grazie und Weltgewandtheit den bezauberndsten Eindruck machte. Das tat nun freilich mehr als alle andern die durch ihre sinnlich-üppige Schönheit wie ihr Genie gleich bestrickende Schröder-Devrient, die ich hier auch wieder sah, nachdem sie mich erst kürzlich in Leipzig bei Laube einen Abend lang zur Bewunderung hingerissen hatte. Nicht am wenigsten durch ihr riesiges Gedächtnis, da sie, als mich Laube ihr vorstellte, gleich erwiderte, das sei nicht nötig, da wir ja alte Bekannte wären, indem ich vor acht Jahren ihr Tischnachbar bei Brockhaus gewesen sei. Zum Beweis erinnerte sie mich gleich an einiges, was ich damals über ihr Spiel gesagt. Wenn man sich nun vorstellt, welche Unsumme von Menschen diese überall vergötterte Frau bei ihrem rastlosen Leben inzwischen gesehen haben mußte, so war das einem Menschen gegenüber, der ihr jedenfalls so gleichgültig war wie König Cophetua, schon eine Probe von unglaublicher Gedächtnisstärke. Sie gab uns an diesem Abend aber deren noch ganz andere, wie von ihrem mimischen Talent ...

Otto Ludwig

Die Montagsgesellschaft. Rethel

Ich lernte ihn (Otto Ludwig) bald darauf persönlich kennen, als er, noch nicht durch unheilbares Nervenleiden zerstört und gelähmt, allen den allerbedeutendsten Eindruck machte. Schon durch den auf hoher, mächtiger Gestalt sitzenden prächtigen Dichterkopf, dessen Totenmaske lange Jahre mein Atelier schmückte, wo man sich denn recht gut den Sänger der Nibelungen (?) vorstellen konnte. Ist man als Hörer und allzeit williger, wenn auch nichts weniger als kritikloser Bewunderer mitten unter produktiven Künstlern eigentlich immer in einer besonders glücklichen Stellung, so konnte ich das schon in Leipzig, hier in Dresden aber noch viel mehr erfahren, da der Schaffende eigentlich immer Anteil und eifriges Eingehen so notwendig braucht, daß er dankbar ist, wo er sie findet. So besuchte ich jetzt einmal Otto Ludwig an einem köstlichen

Wilhelmine Schröder-Devrient
Steinzeichnung von Franz Hanfstaengl. 1840

Emil Devrient
Steinzeichnung von Franz Hanfstaengl. 1842

Sommermorgen im Buschbad bei Meißen, wohin er sich zur Stärkung seiner Nerven zurückgezogen hatte. Da gingen wir nun in dem lieblichen Waldtal spazieren, und er erzählte mir, unter welchen Kämpfen er sich als blutarmer thüringischer Junge allmählich zum Bewußtsein seines Dichterberufs emporgerungen. Ich habe eigentlich nie mehr eine solche Plastik des Ausdrucks gefunden, wie er sie besaß und nun vor mir entwickelte, als er mir später das allmähliche Auftauchen seines Nervenleidens schilderte, welches ihn damals schon monatelang zu jeder Arbeit unfähig machte und seinem Leben ja auch ein so frühes Ziel gesetzt hat. Die Proteus-Natur solches Übels verstand er aber in einer Anschaulichkeit wiederzugeben, die eigentlich hochpoetisch war, da sie den Hörer all das mitfühlen ließ, ja ihn aufs tiefste erschütterte, wenn er sah, wie sich dem Manne Körperschmerzen in tiefsinnige Gedanken und poesievolle Phantasien umsetzten. Daß man eine lange Krankheitsgeschichte so spannend machen könnte wie einen Roman, das war mir ebenso neu wie die natürliche Beredsamkeit, welche eigentlich alles in das lautere Gold der Poesie zu verwandeln verstand. Daß alle großen Künstler die Gesetze ihrer Kunst in sich tragen und unbewußt darnach handeln, als wäre das selbstverständlich, das habe ich oft, aber nie überwältigender als hier bemerkt.

Im nächsten Winter nun brachte die Menge Künstler und Schriftsteller aller Art, sowie der Wunsch, sich öfter zu sehen, den Gedanken an die Bildung einer Gesellschaft hervor, wo man Gelegenheit zu regelmäßigem Zusammentreffen finden wollte. Sie ward die „Montagsgesellschaft" getauft, weil sie an diesem Tage zusammenkam, und zählte bald alles zu ihren Mitgliedern, was Dresden damals an irgend hervorragenden Künstlern und Schriftstellern besaß. Ich darf ihr denn auch nachrühmen, daß sie die interessanteste Mischung dieser Art bot, die mir in meinem ganzen Leben vorgekommen ist, wie sich uns bald auch hohe Staatsbeamte, reiche Kunstliebhaber etc. anschlossen, sodaß kein Stand einseitig vorherrschte. Da wurden denn auch alle möglichen Kunst- und Zeitfragen durchgesprochen und die Probleme theoretisch erörtert, die gar bald auf der Straße in blutige Praxis sich umwandeln sollten ... Semper, der übrigens selten erschien, war ein entschiedener Republikaner, Richard Wagner auch, doch wollte er das Haus Wettin mit der erblichen Präsidentschaft der Republik betraut sehen, und so gab es bald keine Staatsform, bis auf die reine Anarchie, die nicht ihre Vertreter gefunden hätte. Am angenehmsten war bei solchen Diskussionen Freytags Art, der, alle Fragen mit Humor behandelnd, zu schroffe Konsequenzen dadurch bald ad absurdum führte, sodaß sich der drohende Konflikt in allgemeine Heiterkeit auflöste. Auch Gutzkow habe ich hier zum erstenmal persönlich kennen gelernt, wenn stark abgestoßenwerden kennenlernen heißt. Das Lauernde, Hinterhältige dieser vom glühendsten Ehrgeiz verzehrten Natur war im hohen Grade antipathisch, obwohl er sehr unterhaltend sein konnte, wenn er gerade für sich einnehmen wollte. Er hatte ein Spitzmausprofil, das Ramberg köstlich zu karikieren verstand, und seine zugekniffenen Augen harmonierten nur zu sehr mit seinem keinerlei Hingebung kennenden, schnüffelnden Wesen.

Um diese Zeit hatte Semper dem Bankier Oppenheim einen prächtigen Palast in venetianischem Renaissancestil an der Bürgerwiese gebaut, nachdem er ihm erst oben an der Elbe eine reizende Villa errichtet hatte. Beide bewohnte der Krösus mit seinem Schwiegersohne, dem Maler Grahl, dessen reizende Mädchen eben herangewachsen waren, als er das Palais durch ein Fest einweihte, zu dem halb Dresden gezogen ward. Dann ging der Museumsbau an, der Freund Hähnel, welcher gemeinsam mit Rietschel die überaus reiche plastische Verzierung übernommen hatte, gar sehr in Atem setzte, da ihm allein die Erfindung der darzustellenden Gegenstände oblag. Überhaupt war um diese Zeit ein rasches Wachsen in die Stadt gekommen, deren Industrie sich mächtig gehoben hatte, sodaß allmählich ein reicher Bürgerstand heraufkam, der es verlernte, immer nach dem Hofe zu blicken. Ebenso hatte sich eine liberale Presse gebildet, die weit entfernt war von der früheren Servilität, ja, die sehr oft im Radikalismus und der Hetzerei nur viel zu weit ging. Im Jahre 1847 ward dann Schnorr von München nach Dresden berufen und zum Galeriedirektor gemacht, ein Amt, wozu dem halbblinden Manne freilich so ziemlich alles fehlte, außer dem guten Willen. Als Akademieprofessor hat er dagegen immerhin weit besser gewirkt, ja in Wislicenus, Große, Gleichauf u. a. eine Reihe trefflicher Schüler erzogen, wie er sich als Mensch bald überaus großer Achtung und Beliebtheit mit Recht erfreute. Eigentlich war als Künstler seine Zeit vorbei, obwohl er jetzt noch, seine diesfallsigen Jugendarbeiten sammelnd, sein bestes Werk, die Bilderbibel, publizierte. Zu einem rechten Verhältnis zu ihm zu kommen, der doch schon vor fünfzehn Jahren in München mein Lehrer gewesen, war indes nicht möglich. Dazu blieb der Altersunterschied, wie der der Anschauungen viel zu groß um so mehr, als er etwas Ungleiches und Launenhaftes in seinem Benehmen hatte, das einmal in liebenswürdiger Bescheidenheit und echt sächsischer Höflichkeit fast zu viel tat, um sich im nächsten Moment plötzlich daran zu erinnern, daß er ein weltberühmter Mann sei, der turmhoch über uns allen stehe und sich zu uns nur herablasse, was dann immer wieder abschreckte. Aber die im Grunde fast kindliche Harmlosigkeit und ideale Reinheit dieser Natur war doch so unverkennbar, daß sie immer aufs neue anzog.

Unter den Künstlern aber fiel mir zuerst in der Montagsgesellschaft ein überaus fein aussehender junger Mann durch seine etwa an einen französischen Marquis vom ältesten Adel erinnernden Gesichtszüge und das gelassene, nie heftige oder leidenschaftliche Benehmen, die langsame und fast monumental zu nennende, streng gewählte Sprechweise auf, was alles zusammen höchst harmonisch wirkend, einen Eindruck größter innerlicher Vornehmheit machte, die um so mehr imponierte, als sie offenbar Natur und keineswegs Absicht war. Alfred Rethel war nach Dresden gekommen, um da den Winter über Kartons für die Geschichte Karls des Großen vorzubereiten, die er dann im Sommer im Aachener Rathaus ausführte. Als ich ihn in seinem Atelier im Sommer 1849/50 zum erstenmal besuchte, arbeitete er gerade an einem Karl dem Großen, welcher in der Schlacht von Cordoba das auf einem Ochsenwagen aufgepflanzte Banner der Sarazenen herabreißt. Die Vereinigung von großartigem Stilgefühl und Dürerisch schlichtem Wesen, das wohl den tiefsten Ernst, aber kein pathetisches Gebahren kennt, imponierten außerordentlich an diesen mit der größten Ökonomie der Mittel gezeichneten Kompositionen, die jedenfalls das Bedeutsamste geblieben sind, was unsere Kunst im Fache der Profangeschichtsmalerei bis heute geleistet hat.

Gleichzeitig erschien auch jener berühmte Totentanz, der, das Dämonische in der damaligen politischen Wühlerei schildernd, eine so ungeheure Wirkung in Deutschland hervorbrachte. Ich selber sah ihn dann noch an einigen weiteren Bildern dieser Art zeichnen, so an der im Ballsaal erscheinenden Cholera und dem im Turm das Sterbeglöckchen für den eben verschiedenen alten Glöckner ziehenden Tod. Obwohl kurz vorher Bräutigam eines ebenso schönen wie reichen Mädchens geworden, blieb Rethel doch immer ernst, ja ich erinnere mich nicht, ihn jemals lachen gesehen zu haben. Wie ihn die Ahnung seines tragischen Geschicks nie verließ, kann man ja am besten daraus ersehen, daß er eben jetzt als Bräutigam sich in diese schauerliche Totenpoesie vertiefte. Obwohl weit entfernt, seine ganze Bedeutung so zu würdigen, wie es Alter und Erfahrung mich jetzt gelehrt haben, hatte ich doch wenigstens eine Ahnung davon und fühlte mich seltsam angezogen von der Erscheinung dieses so mächtigen Geistes. Offenbar war aber die körperliche Hülle, die ihn barg, zu schwach, als daß er sie nicht bald hätte sprengen sollen.

Julius Schnorr von Carolsfeld (1794—1872), dem frommen deutschrömischen Malerkreise der Nazarener zugehörig, folgte im Herbst 1846 einem Rufe nach Dresden und übernahm hier neben seinem akademischen Lehramt die Leitung der Gemäldegalerie. Im Jahre 1847 wurde nach Gottfried Sempers Plänen mit dem Neubau für die Sammlung begonnen; Schnorr leitete die Überführung und Aufstellung, und am 25. September 1855 fand die Eröffnung des Prachtbaues am Zwinger statt. — Ernst Rietschel (1804—1861), der Schüler Rauchs und damals nach ihm der bedeutendste deutsche Bildhauer, wirkte vom Jahre 1832 bis zu seinem Tode an der Kunstakademie. Er wurde zum Begründer der Dresdner Bildhauerschule, die jahrzehntelang in Deutschland führend war. Sein bekanntestes Werk ist das Goethe-Schiller-Denkmal in Weimar. — Ernst Julius Hähnel (1811—1891) ursprünglich Architekt, wurde im Jahre 1848 Lehrer an der Kunstakademie und war neben Rietschels realistischer Richtung der Vertreter eines klassizistischen Idealismus. Sein berühmtestes Werk, das Relief eines Bacchantenzuges für das Sempersche Hoftheater, ging beim Brande des Hauses 1869 zugrunde. — Robert Schumann (1810—1856) kam mit seiner Gattin, der berühmten Klavierkünstlerin Klara Wieck, im Jahre 1847 nach Dresden, um die Leitung der Liedertafel zu übernehmen, doch verließ er die Stadt bereits im Jahre 1850. — Findlaters Weinberg, ein beliebtes Ausflugsziel auf der Neustädter Elbseite, wurde 1849 vom Prinzen Albrecht von Preußen angekauft, der dort durch den preußischen Landbaumeister Lohse das erste der drei sogenannten „Albrechtschlösser" errichten ließ.

Otto Ludwigs Einführung in Dresden

Die warme Teilnahme des Regisseurs Eduard Devrient für das Schaffen des Dramatikers veranlaßte den ersteren, durch eine Vorlesung im kleinen Kreise für Otto Ludwig zu werben. In einem Briefe an Armbrunn vom Januar 1847 berichtet der Dichter über diesen Abend, der für seine Übersiedlung nach Dresden entscheidend wurde:

Vorgestern fuhr ich nach Dresden, weil Devrient berichtete, er werde mein Polenstück „Die Rechte des Herzens" vorlesen. Er liest nämlich vor einem wirklich ausgesuchten Publikum ältere, anerkannte Dramen vor und zwar nach der seit Tieck beliebten Manier, ohne die Namen zu lesen, die Handlung nur leise andeutend, wo es nicht anders geht. Eine solche Vorlesung ist mir, wenn sie gut, weit lieber als eine Aufführung. Ich machte mich per Dampf auf, wurde von Devrient und seiner beweglichen, aber sehr angenehmen und gescheuten Frau und von seiner Tochter aufs freundlichste empfangen. Der Anteil, den sie alle an dem Stücke nehmen, ist für mich rührend. — Nun versammelten sich die Herren und Damen — da sah man Toiletten, aber auch Gestalten, die sie nicht gebraucht hätten: die Crême des Dresdner Publikums, zur Hälfte den höheren Ständen angehörig, darunter einige polnische Grafen, einige hohe Militärs. Der Oberintendant von Lüttichau war nicht zugegen, wohl aber sein Fräulein Tochter, wollte ich sagen Baronesse, und dann die Exzellenzen von der Natur Gnaden, z. B. die Akademieprofessoren Bendemann, Hübner, Ehrhardt etc., der berühmte Komponist Hiller und einige Literaten, darunter Uffo Horn etc. Wie nun alles, über fünfzig Mann und Männinnen schätz ich, sich im Salon niedergelassen, begann Devrient, an seinem Tischchen sitzend, wie er, den Gegenstand betreffend, heute eine Ausnahme mache, die er aber zu machen sich getraue, und überzeugt sei, daß sein Publikum sie genehmigen werde, daß er nämlich statt eines als klassisch anerkannten Stückes ein modernes Trauerspiel eines noch unbekannten Dichters vortragen werde. — Nun habe ich vergessen zu erwähnen, wie Devrients Frau und Tochter sich schon vorher auf die Neugier und Fragen nach dem Dichter gefreut hatten; denn ich war inkognito zugegen. — Es las die letzten Auftritte des ersten Aufzugs, wo der eine Pole den anderen zwingt, ihm zu sekundieren, so ausgezeichnet, daß zwei Schauspieler unmöglich so ineinander hätten spielen können; der erste Aufzug war beendet, und ich hörte aus leisen Zuflüsterungen und sah aus Zuwinken, daß er Glück gemacht. Frau Devrient sagte mir, so aufgeregt habe sie ihren Mann noch nicht lesen hören; seine Stimme zitterte zuweilen hörbar, er wußte nur zu gut, wie schwer es ist, einem neuen Poeten zur Anerkennung zu verhelfen. Kurz, mein braver Devrient machte seine Sachen so gut, daß die Aufnahme des Stückes im ganzen

Otto Ludwig-Eisfeld.

Generaldirektor Wolf Adolph von Lüttichau
Steinzeichnung von Karl Bohlau

eine sehr günstige war. Nach dem Schlusse trat nun das ganze Publikum in einem Kreise zusammen, der immer enger wurde, und hielt ein Totengericht, das meine Situation nun erst recht interessant machte. Uffo Horn und Hiller fochten an, Devrient verfocht seinen Autor mit Feuereifer; die beiden, die auch bei den andern keinen Beifall zu finden schienen, erklärten nach langer Debatte, und nachdem auch eine hohe und gewaltig gewachsene Dame des Poeten Partei genommen, der eine: daß er mit seinen Ausstellungen keineswegs sagen wolle, der Poet habe nicht ein großes, ja sogar sehr großes Talent — was über alle meine Erwartungen ging — der andere, daß er nicht so eifrig Widerpart gehalten haben würde, wenn nicht die eifrige Verteidigung Devrients ihn dazu entzündet hätte. — Dagegen zeigte sich Professor Hübner eifrig für den Autor. General Lützerode und andere Hochgestellte konnten sich nicht genug wundern, daß das Stück politischer Ursachen wegen zurückgewiesen werden sollte, und zeigten ebenfalls ihr unumwundenes Behagen an dem Stücke. Die Bestürmung um den Namen des Autors begann von neuem. Einer vermaß sich, er wolle es herausbekommen; einer wollte gleich anderen Tages nach Meißen erkundigungsweise schreiben, wo der Poet sich aufhalten sollte. — So ist denn der erste Schritt zu meinem Bekanntwerden auf günstige Weise geschehen. Anfang Februar soll und werde ich nach Dresden ziehen.

Eduard Devrient (1801—1877), ein Neffe des Berliner Charakterdarstellers Ludwig Devrient und Bruder des berühmten Dresdner Heldenspielers Emil Devrient, übernahm 1844 die Oberregie des Schauspiels, legte sie aber infolge von Kabalen, die ihm sein Bruder Emil bereitete, schon nach zwei Jahren nieder. Im Jahre 1852 schied Eduard Devrient von Dresden; von 1848 an begann das Erscheinen seiner grundlegenden „Geschichte der deutschen Schauspielkunst".

Bewegte Zeiten am Hoftheater

Durch die Berufung Tiecks nach Berlin war die Dramaturgie am Hoftheater literarisch verwaist. Im Jahre 1847 unternahm der Intendant von Lüttichau einen Versuch, durch die Anstellung des Dichters Karl Gutzkow (1811—1878) das Amt des Dramaturgen aufs neue zu besetzen. Die Kämpfe, die der temperamentvolle Verfasser des „Uriel Acosta" am Hoftheater zu bestehen hatte, schildert Gutzkow in seinen sehr persönlich gefärbten „Rückblicken" nicht ohne Ironie gegen seine einstigen Widersacher wie gegen die vielfältigen Hemmungen der bewegten Vormärztage:

Mein „Uriel Acosta" war kurz vor Weihnachten 1846 gegeben worden und hatte einen stürmischen Erfolg gehabt, der vollends nach dem vierten Akte einer Demonstration gleichzukommen schien. Wenigstens faßte es so König Friedrich August auf, jener Unglückliche, der in Tirol aus dem Wagen stürzte. Er erließ ein Schreiben an den Intendanten, worin er diesem anzeigte, daß er ihm künftig einen Zensor setzen würde, wenn Stücke so aufregender Art wie die „Karlsschüler" und dies neue gegeben werden würden. „Acosta“ durfte nicht wiederholt werden. Als ich hiervon Mitteilung erhielt, forderte ich meine Entlassung als Dramaturg, noch ehe ich mein Amt angetreten hatte. „Bei Beginn meiner Tätigkeit so von oben her begrüßt“, schrieb ich, „würde ich beim Personal kein Vertrauen finden.“ Die Gattin des Intendanten, eine geborene von Knobelsdorf, eine geistvolle, scharfblickende, ungemein wohlwollende Frau, die mich drei Jahre lang betrachtete, als befände ich mich im Wirkungskreise ihres Mannes in prosaischer, meiner nicht würdiger Gesellschaft, mahnte mich durch ein vertrauliches Billet, ja die persönliche Begegnung mit ihrem Manne fürs erste zu vermeiden. Das königliche Billet hätte ihn außer sich gebracht. Übrigens wäre mein Entlassungsgesuch das richtige gewesen und hätte an hoher Stelle „imponiert“. Prinz Johann bekäme die Mission, das Stück im Texte durchzusehen und daran den Zensor zu machen. Es konnte immerhin einige Zeit verstreichen, bis es an den Intendanten von dem noch in Weesenstein wohnenden Prinzen zurückgelangte. Nach einigen Tagen verlangte Philalethes nur, daß statt des Wortes „Priester“ durchweg „Rabbiner“ gesagt werden sollte. Das Stück wurde freigegeben.

Die schon bei Beginn meiner Tätigkeit durch das Billet des Königs gereizte Empfindlichkeit des Intendanten zeigte sich gleich in den ersten Tagen meines Wirkens bei einem Stück, das ich gerne in erster Reihe befördert hätte. Gustav Freytag war nach Dresden gekommen und wollte das Schicksal seiner „Valentine“ erfahren. Der gewandte, weltmännische Dialog des Stückes, die geschickte Gipfelung der Spannung, der vorherrschende Salonton, dem die Nachahmung einer gewissen englischen Sitte sogar einen romantischen Hauch gab, ließen vergessen, daß sich hier ein junger Freiheitsheld zum Maître de Plaisir eines fürstlichen Hofes machte und sich die letzten Szenen zu sehr in Auseinandersetzungen verlieren. Man konnte sich einen glänzenden Erfolg versprechen. Die Rollen sind ausgeschrieben und nach Teplitz zum Signieren geschickt worden! durfte ich dem siegesgewiß auftretenden Autor sagen. Der Intendant hatte mitten im Winter, gichtischer Schmerzen wegen, die ihn über den Acosta-Ärger befallen hatten, eine Badekur in Teplitz begonnen. Das eigenhändige, sogenannte „Signieren“ der Rollen war bei ihm wie der Vollzug eines Gesetzes durch königlichen Namenszug. Ich selbst sprach dem Dichter nur einige Bedenklichkeiten über das Fenstereinsteigen bei einer Hofdame aus und schlug vor, für den jungen Fürsten lieber den Erbprinzen zu wählen. Wie verdroß mich da die Nachricht, die plötzlich aus Teplitz kam! In einem langen Brief protestierte der Intendant aufs entschiedenste gegen die Aufführung dieses Stückes. Es sei eines, das wieder den Hof beleidigen und geradezu meine Stellung untergraben würde. „So lange ich Intendant bin, wird dies unmoralische Stück nicht auf dem königlichen Theater aufgeführt werden“ — waren seine eigenen Worte. Stärke Audrücke lasse ich weg. Ob nun Fürst oder Erbprinz, schrieb er, wie soll ich es vor dem Könsg verantworten, daß Prinz Johann, der seine Söhne ins Theater schickt, dergleichen leichtfertige Sitten, Hofdamen dieser Art vorgeführt bekommt? „So lange ich Intendant bin —!“ Als ein Jahr darauf die ersten Nachrichten von Louis Philipps Flucht, vom Zusammenbruch des Bundestags erschollen und ich selbst einen mir dringend notwendig gewordenen Erholungsurlaub angetreten hatte, war der erste Schreck des Intendanten so groß, daß derselbe zur Konzession an den gefürchteten Zeitgeist der für mich stellvertretenden Regie ohne weiteres gestattete, jenes Stück einzustudieren und zu geben. Der Hof besuchte in dieser Zeit nicht mehr das Theater.

... Man hatte wirklich dem Charakter des Intendanten nachzurühmen, daß er ein sozusagen religiöses Gewissen hatte und sich für jede Lage sagte: Sei gerecht! Höre auf jede Partei! Überstürze nichts! Erkenne deine eigene Unwissenheit an und erst nach dem Hören anderer Meinungen entscheide! Darum quälte es ihn, von jemandes Rat allein abzuhängen. Wenn der ältere Kapellmeister gesprochen hatte, wollte er auch die jüngeren hören. Richard Wagner lebte in der Vorstadt wie ein Exilierter. Er hatte mit dem Chef, vielleicht mit dem Hofe Differenzen gehabt. Sein Wiedererscheinen am Kapellmeistersitz und bei den Beratungen im Büro schien von beiden Seiten an Bedingungen geknüpft, die ich nicht kannte. Der ältere Kapellmeister, C. G. Reissiger, hatte die ständige Miene des zärtlichen Vaters, des liebevollen Freundes, der für jeden nur das ihm Wohlgefällige bedachte und auch für Richard Wagner alles getan haben würde, wenn nur gerade dieses oder jenes, z. B. für den noch nicht gegebenen „Lohengrin“ der Besitz von drei ersten Altistinnen oder von acht Klappenhörnern oder sechs Bässen „in seiner Macht gelegen“ hätte. Die sächsische Kunst der Verstellung war es nicht allein, die sich in dem etwas pietistisch gezeichneten Manne mit Virtuosität offenbarte. Auch war es nicht ganz der Typus des „deutschen Kapellmeisters“, der einige Opern von sich selbst hatte aufführen lassen, die keinen Erfolg erzielten und die ihn dann zum geschworenen Feinde aller anderen Opern außer „klassischen“ machte. Wenn von Marschners Bitten die Rede war, endlich doch eine seit Jahren angenommene Oper herauszubringen, rief Reissiger im gemütlichsten Tone und wie mit Tränen: „Aber, Exzellenz, da fehlt uns ja der hohe Alt!“ Oder: „Aber, Exzellenz, ohne die Veltheim ist die Oper nicht möglich und die will doch keiner mehr hören!“ So lagen die Opern seit Jahren angenommen und kamen nicht heraus. Und am wenigsten dann noch durch Wagner!

Wolf Adolph von Lüttichau wurde im Jahre 1824 mit der Leitung des Hoftheaters betraut und führte sie durch 37 Jahre, fast bis zu seinem Tode (1863). Als Oberforstmeister nicht gerade sachverständiger als die früheren Intendanten, gelang es ihm doch, in gewissenhafter Beständigkeit sich auf dem schwankenden Theaterboden zu behaupten und der Dresdner Bühne, Oper wie Schauspiel, zu einer schönen Blütezeit besonders in den 30er und 40er Jahren zu verhelfen. Ihm war die Berufung von Tieck, Wagner, Gutzkow und nicht zuletzt der zahlreichen Bühnensterne zu verdanken, die ihm dann das Leben sauer machten. Auch in den Bemerkungen Wagners und Gutzkows kommt das wirkliche Verdienst Lüttichaus zu kurz. Seine rechte Hand war Karl Theodor Winkler (1775—1856) als Theodor Hell dem „Liederkreise“ angehörig (s. S. 242 f.), ein fleißiger Bearbeiter von gangbaren Theaterstücken, ein geschmeidiger Mann, der seine Zeit um Jahrzehnte überlebte. Von 1841 ab war er Vizedirektor am Hoftheater.

Die Gründung des Handwerkervereins

Gustav Freytag (1816—1895), der in den Jahren 1847/48 sein Zelt in Dresden aufgeschlagen hatte, erzählt in seinen Erinnerungen, wie er als zugereister preußischer Ausländer zum Anreger und Organisator der „Fremden", der Nichtsachsen wurde:

Unter den zahlreichen Versammlungen, welche zusammenliefen, waren auch die der „Fremden", der in Dresden lebenden Nichtsachsen, welche für sich die Wahl eines besonderen Abgeordneten zu der Nationalversammlung zu Frankfurt begehrten, ein Verlangen, dessen Erfolglosigkeit selbstverständlich war. Da diese Versammlungen aber meist aus Arbeitern, Gesellen und Gehilfen der Dresdener Geschäfte bestanden, so kam dabei alles Mögliche, was den Mitgliedern in ihrem bescheidenen Leben beschwerlich war, zur Sprache; zahlreiche Redner schilderten den Druck und das Unleidliche ihrer eignen Verhältnisse, die Härte der Arbeitgeber, das elende Hausen in Schlafstellen ohne ein Daheim, den Mangel an Gelegenheit sich weiter zu bilden und anderes Traurige. Endlich gab einer von ihnen aufgeregt und wirksam den bitteren Gefühlen Ausdruck, die ein fremder Arbeiter haben müsse, wenn er ohne jeden Familienhalt allein und müde in der großen Stadt am Feierabend durch die Straßen gehe, vorüber an großen Sälen mit schönen Tapeten, wo die Kronleuchter brennen, vergoldete Spiegel hängen und die reichen Leute sich gesellig vergnügen, immer vorüber, um selbst eine schlechte Spelunke aufzusuchen oder seine kalte Dachkammer. Als er geendigt hatte und die Versammelten gerade ihr Schicksal düster empfanden, da lag es nahe ihnen zu sagen, daß sie selbst das Behagliche, was ihrem Leben fehlte, ebensogut haben könnten wie die Reichen, wenn nicht einer allein, doch im Bunde mit anderen. Dazu gerade seien die Vereine gut, und ich rechnete ihnen vor, wenn jeder der Anwesenden von seinem Verdienste monatlich nur wenige Groschen abgebe, so könnten sie sich auch einen Saal mieten mit Kronleuchter und Tapeten, mit einem erwählten Kastellan, der ihnen zu billigem Preise Speise und Getränk verkaufe, mit Zeitungen zum Lesen, vielleicht später mit einer kleinen Bibliothek, einem Gesangverein usw. Wenn sie wirklich dazu den guten Willen hätten, so werde sich wohl jemand finden, der die nötige Bürgschaft gegen den Besitzer des Lokals übernehme, und wenn 5—600 Mann zusammenkämen, so wollte ich ihnen das besorgen. Die Hauptsache freilich müßten sie selbst tun. Und ich erzählte ihnen von dem Berliner Handwerkerverein, den ja manche von ihnen bereits kannten. Der Gedanke gefiel. Es wurde sogleich ein Komitee niedergesetzt, darauf Statuten entworfen, vierundzwanzig Ordner, mit Schärpen, gewählt, ein passendes großes Lokal wurde gemietet mit

Karl Theodor Winkler (Theodor Hell)
Nach dem Gemälde von Fr. Gonne auf Stein gezeichnet von F. C. Gille

Das Venetianische Haus des Hofmarschalls Freiherrn C. von Gutschmid
Um 1840 von Architekt Erhard erbaut

schönem großem Kronleuchter, vergoldetem Spiegel und blauer Tapete, — es war damals dergleichen in Dresden billig zu haben — und der Fremdenverein, der sich bald Handwerkerverein nannte, trat zusammen. Es gelang auch, was weniger leicht war, ihn zusammenzuhalten und zu wirklichem Nutzen für die Mitglieder zu verwerten. An mehreren Abenden der Woche wurden Vorträge gehalten, bald wurde ein Gesangverein eingerichtet, ein Fragekasten aufgestellt und die zahlreichen hineingeworfenen Zettel am Abend von dem Vorsitzenden besprochen. Es erwies sich, daß dieser Kasten ein gutes Mittel abgab, die Bedürfnisse und Stimmungen der Mitglieder kennenzulernen und unberechtigten Wünschen entgegenzutreten.

Für die Leitung des Vereins war vom ersten Anfange Karl Banck, der Musiker, ein zuverlässiger und treuer Gehilfe, der in dieser Zeit der Prüfungen die Tüchtigkeit seines festen Wesens und großes Geschick für Verwaltung bewährte; er war es auch, der das Quartett einrichtete, und der nach meinem Abgang im nächsten Winter die beste Stütze des Vereins blieb.

Der Verein hatte in seinen Statuten erklärt, daß er keiner politischen Partei angehöre, doch war natürlich die Politik von den Erörterungen nicht fernzuhalten, und es galt hier zunächst den Unsinn abzuwehren und zu verhindern, daß die Gesellschaft nicht von dem werbelustigen Vaterlandsverein als Jagdgebiet benutzt wurde. Dies war keine bequeme Aufgabe, und die wackeren Knaben, welche sich bald mit deutschem Zutrauen den Führern anschlossen, hatten manchen Abend große Aufregung durchzumachen. Vor allem damals, wo von ihnen verlangt wurde, den Mord Lichnowskys und Auerswalds als eine schwere Missetat zu verurteilen. Da war eiserne Festigkeit notwendig und Aufgebot aller Kraft, um die Verwirrung des Urteils zu bändigen, welche mehr als einmal die Gesellschaft zu sprengen drohte. Doch diese und ähnliche Gefahren wurden überwunden. Die Mitglieder gewöhnten sich, die Abende unter den Glaskristallen ihres Saales zuzubringen; einzelne verloren sich, dafür traten andere zu. An den Vorträgen, für welche die Hilfe guter Freunde geworben wurde, fanden sie Behagen, noch mehr an den Gesprächen darüber, die nachher eingeleitet wurden. Wir hielten darauf, daß jeden Abend einer von uns, Banck oder ich, anwesend war.

Auch die vierundzwanzig Ordner erwiesen sich in der großen Mehrzahl als treue Gehilfen. Sie waren von den Mitgliedern gewählt und die Wahl im ganzen vortrefflich; unter ihnen wurde eine gute Stütze der junge Maler Plockhorst. Einige lebten verheiratet und in leidlich gesicherter Stellung. Natürlich durfte auch die leichte Unterhaltung nicht fehlen; an Sonntagen machte der Verein unter seiner Fahne, zuweilen mit Gästen, mit Frauen und Mädchen bei leidlichem Wetter Ausflüge in die Umgegend. Auch hier übten die Ordner gute Polizei, was namentlich gegenüber den weiblichen Gästen wünschenswert war, deren Angemessenheit nach einem besondern Gesetzbuch der Ethik beurteilt wurde. Soweit dies dem Vorstand deutlich wurde, bestanden Rangstufen: die verheirateten Frauen und ihre Töchter, die Bräute und als dritte die Mädchen, welche mit schärferer Kritik betrachtet wurden. Bei Gesellschaften, die zuweilen weit über tausend Personen umfaßten, ist nie ein Fall von Trunkenheit und Ungebühr vorgekommen; die Mitglieder waren darin gegeneinander selbst sehr streng und ängstlich bemüht, dem Vorstand keinen Grund zum Einschreiten zu geben.

Es waren die Monate des Frühlings und Sommers bis zu meinem Abgange nach Leipzig, in welchen ich für den Verein lebte und die meisten Abende in ihm zubrachte. Sie boten in Vielem eine gute Ergänzung zu den Erfahrungen, welche ich bei den Webern und Spinnern in Schlesien gemacht. Die Vereinsgenossen gehörten in der großen Mehrzahl dem Arbeiterstande an, und ihre sozialen Forderungen liefen zwar damals noch in Kinderschuhen, aber sie waren fast sämtlich vorhanden und beschäftigten die Seelen darum nicht weniger, weil sie noch als gemütliche Klage der Einzelnen zutage traten.

Die „Vaterlandsvereine" waren eine Errungenschaft der Märzrevolution 1848 und verbreiteten sich rasch über das ganze Land. Sie ruhten auf „breitester demokratischer Grundlage", wie man damals zu sagen pflegte, begannen aber bereits auf der Generalversammlung in Dresden am 3. September 1848 sich in „deutsche" und „demokratische" Vereine zu spalten. Die letzteren (mit dem Advokaten Zschirner als Führer) waren die Träger der revolutionären Idee. — Fürst Lichnowsky und General Auerswald waren Mitglieder der Nationalversammlung in Frankfurt, sie wurden am 18. September 1848 im Straßenkampf durch Aufständische angefallen und getötet.

Dresdner Bäckereiverhältnisse

Wie es um die wirtschaftliche Versorgung der Dresdner in den Jahren vor dem politischen Umschwung stand, hören wir aus den „Erinnerungen aus meinem Leben", die Gottlieb Traugott Bienert, der Begründer der bekanntesten und größten Dresdner Mühle und Brotbäckerei, hinterlassen hat:

Im Übrigen erinnerten, als ich nach Dresden kam, die Zustände im Bäckereigewerbe noch sehr an die Zeit der Zünfte. Außer den Bäckern, die das Meisterrecht erworben hatten, gab es sogenannte Platz- oder Brotbäcker und Landbäcker. Zu den Platzbäckern gehörte auch ich. Sie waren, wie die Landbäcker, in ihrem Gewerbebetriebe mannigfachen Beschränkungen unterworfen. So war nur eine bestimmte Anzahl Platz- und Landbäcker zugelassen. Dieselben durften nur Schwarzbrot backen und zwar in der durch die Brottaxe vorgeschriebenen Weise. Eine Ausnahme hiervon bildeten die Lockwitzer Bäcker, denen das Backen und der Verkauf eines besseren Brotes gestattet, aber das Backen von Schwarzbrot untersagt war. Das Brot, welches die Landbäcker in die Stadt brachten, durfte nicht in geschlossenen Räumen oder vom Wagen herab verkauft, sondern mußte, ähnlich wie Kartoffeln oder Kraut, auf dem freien Markte ausgebreitet werden, gleichviel ob es regnete oder schneite, und ohne Rücksicht darauf, ob das Brot bestaubt oder sonstwie verunreinigt wurde. Da die Landbäcker keine Läden haben durften,

„Ach Herr Jee! Gevatter, wie ich da beim Bäcker„
laden vorbei ging is mir was ins Oge geflogen, sich
doch ä mal ob Du nischt siehst. – –
„Nee ich säh nischt! – Doch halt da habe ichs! wees
Gutt sis ä 4 Groschenbrod nach der neusten Taxe.

Flugblatt gegen die Verteuerung des Brotes

mußten sie, wenn ihnen z. B. bei Regenwetter Brot übrig blieb, dasselbe wieder einpacken und bis zum nächsten Markttage aufheben. Hierdurch verlor es an Ansehen und büßte nicht unbedeutend an Gewicht ein. Durch diese Gewichtseinbußen entstanden dem Bäcker mancherlei Unannehmlichkeiten. Wenn Polizeibeamte kamen, nachwogen und nicht vollwichtige Brote wegnahmen, so entstand sofort ein Menschenauflauf, und es fielen Redensarten, die anzuhören kein Vergnügen war. Ich glaube, am Pranger stehen kann nicht viel schlimmer gewesen sein als eine solche Situation. Dieses Brotwiegen war für die Bäcker ein großer Übelstand, denn die Bestimmungen darüber waren damals noch viel strenger als heutzutage. Außer dem Verluste, welchen der Bäcker durch die Wegnahme seiner Ware erlitt, wurde ihm eine Geldstrafe auferlegt, die in Wiederholungsfällen eine Steigerung erfuhr. Nicht genug, daß die Polizeibehörde öfters nachwog, es war auch jedem Käufer gestattet, bei der Behörde nachwiegen zu lassen. Dadurch wurde der Denunziation Tür und Tor geöffnet. Wer einem Bäcker nicht wohlgesinnt war, brauchte ihm nur ein Brot abzukaufen, es einige Tage an einem trockenen Orte aufzubewahren und dann der Behörde zum Nachwiegen zu übergeben. Das ausgetrocknete Brot hatte natürlich nicht mehr das volle Gewicht; der Bäcker fiel in Strafe und war an seinem Rufe geschädigt. Um stets ermitteln zu können, von wem ein Brot hergestellt war, mußte jeder Bäcker seine Ware mit der ihm zugeteilten Nummer stempeln.

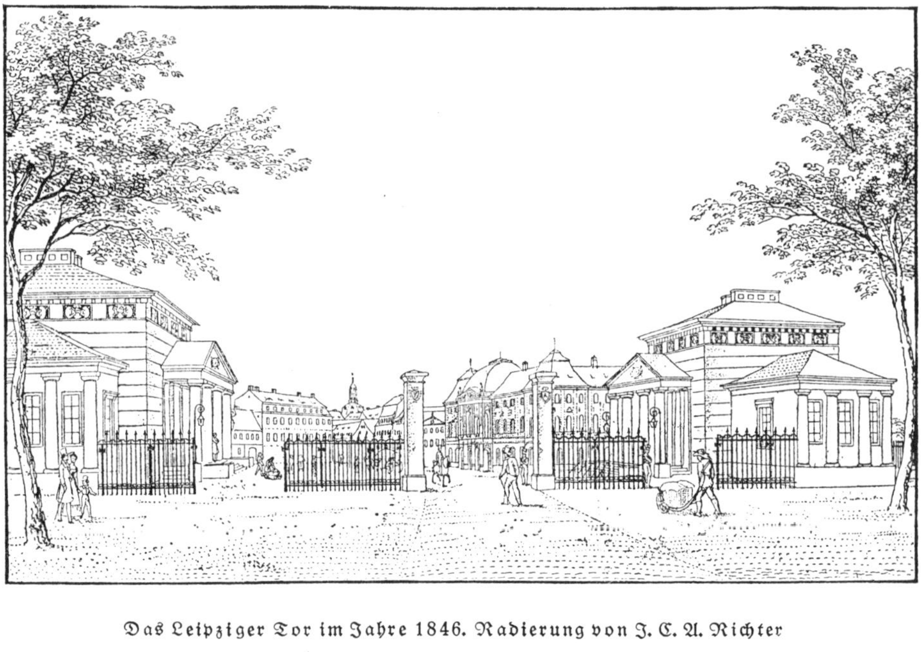

Das Leipziger Tor im Jahre 1846. Radierung von J. C. A. Richter

König Friedrich August II.

Nach dem Gemälde von Vogel von Vogelstein auf Stein gezeichnet von Grunewald. 1840

Gustav Nieritz

Lithographie von C. Fischer

Der Maiaufstand 1849

Der Dresdner Maiaufstand ist eines der letzten und blutigsten Kapitel in der Geschichte der deutschen Revolutionsbewegung. Wenn es zu Anfang den Anschein hatte, daß die liberalen Zugeständnisse der Krone im März 1848 Dresden vor einer Wiederholung der Berliner Märztage bewahren würden, so hielten doch die Wiener Ereignisse im Oktober, verstärkt durch die Ankunft zahlreicher Wiener Flüchtlinge und sonstiger dunklerer Zuzügler wie Bakunin, die Gemüter in steter Erregung. Trotzdem konnte der König am 17. November den außerordentlichen Landtag mit der Anerkennung schließen, daß das sächsische Volk „im Ganzen den in ihm wohnenden Sinn für Gesetz und Ordnung bekundet und darin einen Beweis politischer Reife gegeben" habe. Inzwischen aber war die Erschießung Robert Blums vom 9. November bekannt geworden, und am 19. fand für ihn in der Frauenkirche eine Totenfeier statt, an der sogar zwei Minister in Person teilnahmen. Der Wahlkampf für den Landtag nach dem neuen Wahlgesetz verlief sehr leidenschaftlich und erbrachte eine republikanische Mehrheit von ziemlich radikaler Färbung. Bald nach der Eröffnung (17. Januar 1849) sah sich das gemäßigt liberale Märzministerium Braun zum Rücktritt genötigt (24. Februar). Der Ausmarsch der halben sächsischen Armee zur Beteiligung an der Reichsexekution gegen Dänemark förderte die Entwicklung der demokratischen Bürgerwehr, eines bewaffneten

Selbstschutz-Vereines, für den Dresden den leitenden Ausschuß stellte. Gleichzeitig wurde die Atmosphäre in den Kammern des Landtags immer schwüler, der, von einem Antrage der Vaterlandsvereine gestützt, dem Ministerium Held ein Mißtrauensvotum durch zögernde Behandlung der Steuerbewilligung erteilte. Die Kammern wurden darauf am 28. April 1849 unter dem Widerspruch der Mehrheit aufgelöst, zugleich trat das Ministerium mit Ausnahme der Minister Beust und Rabenhorst zurück. Ein weiterer Grund für die wachsende Unruhe war die standhafte Weigerung des Königs, die Reichsverfassung des Frankfurter Parlamentes anzuerkennen; er werde, erklärte er den zahlreichen Deputationen, in dieser Sache mit Preußen gehen. Die Nationalversammlung sei von keiner Regierung als souverän anerkannt worden; man habe vom Anfang bis jetzt auch in Sachsen den Grundsatz der Vereinbarung zwischen Nationalversammlung und Regierungen festgehalten. — Diese abschlägige Antwort zusammen mit den Gerüchten über den bevorstehenden Einmarsch preußischer Truppen steigerte die Erregung in den Massen aufs äußerste. Die Ereignisse waren nun nicht mehr aufzuhalten.

Als ersten Augenzeugen lassen wir Gustav Nieritz, den Volkserzähler sprechen, der mit seinen Sympathien auf Seiten der gefährdeten Obrigkeit stand:

Drei Kriege hatte ich erlebt und deren Schrecknisse, namentlich in dem letzten, kennengelernt. Doch waren sie nichts gegen den Aufruhr und Bürgerkrieg in den wenigen Maitagen des Jahres 1849, an deren blutigen Opfern die Regierung einen großen, ja den allergrößten Teil der Schuld trug. Denn sie rührte keine Hand, keinen Finger, um die Empörung im ersten Keime zu ersticken. Entsprang diese strafbare Untätigkeit aus Schuldbewußtsein, aus Feigheit oder aus der Absicht, die demokratische Partei mit einem Schlage niederzuschmettern?

Gegen den Grundsatz: principiis obsta, ließ man es ruhig geschehen, daß einige Männer aus der Volkshefe die Pflastersteine herauswühlten und Barrikaden zu errichten begannen. Wenige Soldaten hätten hingereicht, diese Leute zu verjagen, indem man ihnen hinter die Ohren schlug. Rat-, plan- und tatlos durchritten lange Reihen von Kavalleristen die Straßen oder hielten unbeweglich auf den Marktplätzen. Auch nicht ein Versuch wurde gemacht, dem Aufbauen von Barrikaden Einhalt zu tun. Hierdurch irregeführt, betrachtete das Volk dieses Aufbauen als einen Spaß, der zur allgemeinen Zufriedenheit endigen würde. Darum arbeiteten Männer, Frauen, Kinder, Pöbel und Bürger, ja selbst höhere Staatsbeamte an diesen Straßenverschanzungen. Tausende der Einwohner aus allen Ständen sahen diesem neuen Schauspiele zu und überkletterten lachend die bunt durcheinander aufgetürmten Hindernisse. Man gab sich der gewissen Hoffnung hin, daß der ganze Spuk in eben der friedlichen Weise sich auflösen würde, wie in der Stadt Altenburg, wo der Herzog nach dem Errichten von Barrikaden nachgegeben hatte. Als Vorwand dieser offenen Empörung gaben die Demokraten die Ablehnung des Königs an, die von dem Parlament in Frankfurt entworfene

Wilhelmine Schröder-Devrient fordert am 3. Mai 1849 die Volksmenge auf, vor das Königliche Schloß zu ziehen

Reichsverfassung mit ihren Grundrechten anzuerkennen. Daß dieser Vorwand ein erdichteter war und die Demokratie viel weitergehende Pläne verfolgte, ersah man später an dem Aufstand in Baden, wo der Großherzog die Reichsverfassung angenommen hatte.

Bevor noch der Aufruhr seine blutige Fahne erhob, stockten schon, aus banger Furcht vor demselben, Handel und Gewerbe. Der Kredit war gesunken, und kein Mensch traute dem andern, weil niemand seine wahre Gesinnung zu äußern wagte. Ein unberechenbarer Schaden entsprang aus diesem peinvollen Zustande, in welchem furchtsame Gemüter bereits den Anfang zu den schrecklichen Szenen erblickten, wie sie die erste französische Revolution geboren hatte.

Das Trauerspiel begann durch einen Angriff des Volks auf das Zeughaus. Ein einziger Kartätschenschuß reichte hin, die anstürmende Volksmenge in alle Winde zu zerstreuen. Der König entwich mit seiner Familie auf die Festung Königstein, und die Oberleiter der Regierung gaben auch nicht das kleinste Zeichen des Lebens von sich. Und so geschah das Unerhörte, daß selbst unter den Augen der Behörden in der von dem Militär besetzten Neu- und Antonstadt eine rebellische, provisorische Regierung ihre Befehle gedruckt an alle Straßenecken anschlagen lassen durfte. Bekanntlich hatte die Demokratie den Zeitpunkt zum blutigen Aufstande erwählt, wo der größere Teil der sächsischen Armee in Schleswig-Holstein sich befand. Daher waren nur gegen 2000 Soldaten in Dresden vorhanden, die zum Teil ebenfalls von der Demokratie unterwühlt worden waren, so daß schon eine Reiterschwadron ihrem Rittmeister den Gehorsam versagt hatte. Dennoch hatten sich die Empörer verrechnet, indem sie nicht die soldatische Disziplin, diesen festen Kitt der kriegerischen Massen, in Anschlag gebracht hatten. Sobald die in ihrer Kaserne konsigniert gewesenen Soldaten, wo sie durch Lärmen, Singen republikanischer Lieder, durch ausgebrachte Lebehochs auf demokratische Persönlichkeiten ihre Gesinnung offenbart hatten, in Reih' und Glied rückten, das Kommando ihrer Offiziere ertönte, gehorchten sie einmütig deren Befehlen, wiederholten, hierzu aufgefordert, kompagnieweise und mit donnernden Lauten den Treueschwur und zogen unter Hurrageschrei über die Elbbrücke in den blutigen Kampf gegen die sogenannten Freischärler, die auf Befehl der provisorischen Regierung aus allen Teilen des Landes nach Dresden geströmt waren. Selbst die stets als Muster von Treue gerühmten Bergleute hatten ihr Kontingent gestellt und einen Stollen unter das königliche Schloß zu graben begonnen, um das Wohnhaus ihres gütigen Landesherrn mit Pulver in die Luft zu sprengen. Richard Wagner, ein bisher obskurer Name, war von dem König zum Hofkapellmeister ernannt worden und durch die hier zuerst erfolgte Aufführung seiner Oper „Rienzi“ zu hohen Ehren gelangt. Der König hatte ferner Wagners Schulden bezahlt und dieser dafür eine Lobhymne komponiert, mit welcher der König bei seiner Rückkehr aus England feierlich begrüßt wurde. Wagner vergalt

Barrikadenkampf in Dresden. Gemälde von Julius Scholtz. 1849

Barrikadenkämpfer im Jahre 1849. Aquarell von Carlus

seinem Wohltäter damit, daß er dessen ärgster Gegner und ein Haupt der Demokraten wurde, welche die Einführung der Republik bezweckten. Der königliche Musikdirektor Röckel, welcher mit seinem Gehalt von 800 Talern nicht auskam und darum die Henne schlachtete, die ihm alle Tage ein goldenes Ei legte, fertigte die Pechkränze, welche des Königs Schloß in Brand stecken sollten, und durchschlug mit einer rohen Arbeiterbande die Zwischenmauern der Bürgerhäuser, um in denselben den Freischärlern eine Verbindung zu eröffnen. Der Hofbaumeister Semper, welcher früher gegen mich ganz unverhohlen seine Unzufriedenheit ausgesprochen hatte, daß er von dem Könige nicht reich genug belohnt worden sei, hatte bei dem Aufbau der Barrikaden mit seinen baumeisterlichen Erfahrungen geholfen. Semper war für den gefertigten Riß zum neuen Schauspielhause vom König mit 2000 Talern, mit dem Ritterkreuz und zwei alltäglich gültigen Freibillets fürs Parkett belohnt worden, und solches war dem Baumeister nicht genug. Der Erbauer der sächsisch-schlesischen Eisenbahn half ebenfalls bei dem Barrikadenbau, weil er nicht, wie der Erbauer der Leipzig-Dresdener Eisenbahn, den Ritterorden bekommen hatte. Richard Wagner und Semper sind in ihrer Kunst berühmte Männer, allein in den Augen der Rechtschaffenen schwärzt der Undank selbst den hellsten Glanz. Die Sängerin Schröder-Devrient, welche nach ihrem Abgange von der Bühne ein Gnadengehalt von 1000 Talern vom Könige bezog, forderte schreiend aus einem Fenster eines am Altmarkt gelegenen Hauses das Volk zur blutigen Rache gegen den König und die Regierung auf, weil durch den Kartätschenschuß gegen die Zeughausstürmer mehrere derselben getötet und verwundet worden waren. Der großmütige Monarch zahlte demohnerachtet die Pension fort und schlug auch den gegen die Sängerin von der Polizei erhobenen Prozeß nieder. Ich könnte noch mehrere Persönlichkeiten nennen, welche sich damals unter den Aufständischen besonders bemerkbar machten, gedenke aber nur noch des Russen Bakunin, welcher gleichsam den Reisenden in Sachen der Volksempörung machte. Bakunin warf sich zum Diktator Dresdens auf, der selbst der provisorischen Regierung Befehle erteilte. Mit zwei geladenen Pistolen im Gürtel hielt er sich in den Räumen des Rathauses auf, ordnete an und drohte, jeden zu erschießen, der sich ihm ungehorsam erweisen würde. In einem Raume des rathäuslichen Erdgeschosses lagerten mehrere Zentner erbeuteten Schießpulvers, aus welchem einige gefangen genommene Soldaten scharfe Patronen anfertigen mußten. Dabei gingen die Freiheitskämpfer mit brennenden Zigarren ab und zu!

Fünf Tage und Nächte währte der blutige Kampf in den Straßen und Häusern. Er war eine traurige Wiederholung des Bauernkrieges und der Schlacht bei Heldrungen, wo der An- und Verführer, Thomas Münzer, beizeiten auskniff und die armen, irregeleiteten Bauern mit ihrem Leben die Zeche bezahlten. Dort blieben zu jener Zeit über 5000 Bauern auf der Wahlstatt, hier nur über 300 Verführte. Nach jenen fünf Schreckenstagen, wo das Kanonen- und Flintenfeuer, das Sturmläuten und das Wutgeschrei aus dem Innern der Stadt bis in unsere Vorstadt drangen und wir die Feuersäule der von den Empörern in Brand gesteckten Häuser gen Himmel aufflammen sahen, füllten sich Dresdens Straßen und Plätze mit vielen Tausenden Neugieriger, welche aus dem ganzen Lande herbeigeströmt waren, um den Greuel der Verwüstung und die Spuren des vergossenen Blutes anzusehen.

Gustav Nieritz, im Jahre 1795 zu Dresden geboren, arbeitete sich aus ärmlichen Verhältnissen zu einem geachteten Pädagogen und einem der beliebtesten deutschen Volkserzähler empor. Er lebte bis zu seinem Tode (1876) in seiner Vaterstadt, wo er fünfzig Jahre lang als Lehrer tätig war.

In militärischer Beleuchtung

entwirft der nachmalige sächsische Generalleutnant August von Schubert Bilder des Mai-Aufstandes, den er als junger Offizier in vorderster Linie mitmachte. Schuberts Standort war die Neustädter Hauptwache oder das „Blockhaus", wo die Truppen die Augustusbrücke beherrschten. Von hier aus ging später, nach Ankunft der vom König erbetenen preußischen Truppen, die Eroberung der Altstadt vor sich. Schubert erzählt:

Meine Nachtruhe war nicht besonders schön gewesen. Schon früh vier Uhr am 4. Mai war ich auf den Beinen und sah zu dieser Stunde zu meinem höchsten Erstaunen unsern edlen König, seine Gemahlin am Arm, begleitet von einem kleinen Gefolge und den Ministern Zschinsky, Beust und Rabenhorst, über die Brücke kommen und in die große Klostergasse einbiegen. Am Kadettengarten lag ein Dampfschiff, auf welchem sich die hohen Herrschaften unter Bedeckung einer Kompagnie Infanterie nach Königstein einschifften. Die Gefahren, welche dem Schlosse und der Person des Herrschers drohten, hatten die Minister bewogen, vor allem auf Seiner Majestät Sicherung bedacht zu sein.

Man erfuhr nun auch Wichtiges über die Ereignisse des vorigen Abends bei den Aufständischen. Um sieben Uhr hatte Advokat Tschirner vom Balkon des Rathauses aus die versammelte Menge angeredet, den Stadtrat für abgesetzt und sich zum Präsidenten eines Verteidigungsausschusses erklärt. Der Bau von Barrikaden war die Nacht hindurch fortgesetzt worden, zahlreicher Zuzug aus der Provinz eingetroffen, ein eigentlicher Angriff auf die Truppen aber nicht erfolgt. Nur gelegentlich waren am Schlosse und Zeughause einzelne Schüsse gefallen.

Der Verlauf des 4. Mai gestaltete sich überaus kritisch. Die Abreise des Königs und die Abwesenheit der Minister erregte und ermutigte die Führer des Aufstandes, ihre Zwecke energisch weiter zu verfolgen, wozu vor allem die Lahmlegung des militärischen Widerstandes gehörte. Sie begaben sich deshalb am Vormittage in Begleitung einer Deputation des Rats und des Oberstleutnants Heinze zu dem Stadtkommandanten, Generalmajor von Schulz, der den Oberbefehl führte, um mit ihm über den Abschluß eines Waffenstillstandes Verhandlungen anzuknüpfen. Jedenfalls übersah General von Schulz nicht die Tragweite seines Entschlusses, als er dazu seine Einwilligung gab, denn es wurde hierdurch nicht allein der moralische Halt der Truppen und ihr Selbstvertrauen erschüttert, sondern auch die strategische Lage noch schlechter, da der Schloßplatz für neutral erklärt und so unsere Verbindung mit dem Zeughause unterbrochen wurde. Die Offiziere betrachteten es geradezu als schimpflich, daß durch die Gewährung eines Waffenstillstandes die Aufrührer gewissermaßen als gleichberechtigte feindliche Macht anerkannt wurden. Zur Entschuldigung des energielosen und kurzsichtigen Verhaltens des Generals von Schulz mag dienen, daß die Instruktionen des Kriegsministers Rabenhorst, als er Dresden mit dem Könige verließ, versehentlich im Schlosse liegen geblieben waren, sodaß sie nicht an ihre Adresse gelangten.

Für uns Offiziere, die wir in großer Anzahl vor dem Blockhause verweilten, gestalteten sich die Eindrücke des Tages höchst wechselvoll. Früh 1/25 Uhr, gleich nach der Abreise des Königs, begann auf der Schloßstraße ein heftiges Feuern gegen das königliche Schloß, der Generalmarsch der Kommunalgarde ertönte in der Altstadt, und der Kreuzturm ließ von neuem sein nervenerschütterndes Sturmläuten erschallen. Nach einiger Zeit trat Ruhe ein. In den Frühstunden erschien im Blockhause die obenerwähnte Deputation der Aufständischen, und bald nachher ward den Truppen der Abschluß des Waffenstillstandes bekannt gegeben. Die nachteiligen Folgen dieser Maßregel zeigten sich sofort. Zu allem anderen kam noch, daß ein jetzt nicht mehr zu hindernder Verkehr mit den Bürgern eintrat, welche nicht unterließen, auf die Truppen einzuwirken, sie mit Lebensmitteln zu beschenken und zu sich herüberzuziehen. Die Schwierigkeiten der Verpflegung brachten es mit sich, daß die in der Nähe des Blockhauses gelegenen Gasthöfe und Schenkstätten und die Hauswirte der Nachbarschaft aufgefordert wurden, für die Truppen, die auf den Straßen lagerten, zu kochen. Das gab Anlaß zu allerhand Unordnung und Bestechungsversuchen ....

Gegen 1/24 Uhr kam die erschütternde, glücklicherweise übertriebene Kunde, daß die Besatzung des Zeughauses kapituliert und der Kommunalgarde seine Besetzung eingeräumt habe. Einige ihrer Offiziere erschienen im Blockhause und meldeten, daß auf ihre Truppen allerdings kein Verlaß mehr sei. Die Sache schien nicht ganz unglaublich, zumal auch in der Neustadt die Soldaten vom Volke unverhohlen aufgefordert wurden, mit ihm gemeinsame Sache zu machen und „überzugehen". Wir Offiziere waren der Meinung, daß wir am besten täten, die Stadt mit den Truppen zu verlassen, um sie in der Hand zu behalten, dann die Verstärkungen heranzuziehen und Dresden zu stürmen.

Als wir abends sechs Uhr, ich möchte sagen, auf dem Gipfel banger Sorge und Erwartung angelangt waren, fuhr von der Hauptstraße her eine Extrapost am Blockhause vor, der die Minister Rabenhorst und Beust entstiegen. Finstere Entschlossenheit spiegelte sich in den Zügen des ersteren. Die Ankunft dieses von uns Offizieren bewunderten und hochverehrten Mannes, in dessen Energie wir das vollste Vertrauen setzten, nahm mit einem Male den Alp von unserer Brust. Vom Königstein, wohin er den König gebracht hatte, sofort zurückgeeilt, erschien er uns als der rettende Engel, der die gesunkene Zuversicht neu belebte. Zum Glück traf in der Nacht und am nächsten Morgen auch das Leibregiment in Dresden ein, womit alle verfügbaren Kräfte, etwa 4000 Mann, beisammen waren. Das zweite Reiterregiment war mit einem Gewaltmarsch von Grimma ebenfalls herbeigekommen, blieb aber auf dem linken Elbufer außerhalb der Stadt, um etwaige Zuzüge abzuhalten.

Ein weiteres günstiges Ereignis war, daß sich die Besatzung des Zeughauses nach einem Augenblick der Schwäche wieder ermannt hatte, so daß sein Kommandant, der Artillerieoberst Dietrich, in der Nacht melden konnte, seine Truppen seien wieder ganz zuverlässig und harrten nur noch auf Entsatz. Die Vorgänge am letzten kritischen Nachmittage hatten sich dort in folgender Weise abgespielt: Der Oberst war so unvorsichtig gewesen, eine Deputation der Kommunalgarde unter dem Schutze des Waffenstillstandes in das Innere des Zeughauses einzulassen. Ihr Führer, der Advokat Marschall von Bieberstein, hatte durch seine Beredsamkeit die Besatzung wirklich zu einem Hoch auf die Reichsverfassung hingerissen, worauf ein gewisser Akt der Verbrüderung stattgefunden hatte. Der Zufall wollte es, daß sich unter den im Zeughause befehligenden Offizieren kein besonders entschlossener Mann befand, der sich solchen außergewöhnlichen Vorkommnissen gewachsen gezeigt hätte; außerdem war die Besatzung den Tag über ohne Nachrichten, selbst ohne ausreichende Verpflegung gelassen worden und dadurch demoralisiert. Ein schwerer Mißgriff des Obersten Dietrich war es endlich, daß er zwei Schützenkompagnien, die ihm nachmittags drei Uhr über die Brühlsche Terrasse zur Verstärkung zugeschickt wurden, auf Grund des Waffenstillstands nicht eintreten ließ, sondern zurückschickte. Einzelne Soldaten der Zeughausbesatzung hatten sich am Abend verleiten lassen, mit den Bürgern in der Stadt umherzuziehen, selbst zwei Offiziere hatten sich so weit vergessen, ein Gleiches zu tun und die weiße Binde anzulegen. Erst als die gedruckte Proklamation verteilt wurde, welche die Einsetzung einer provisorischen Regierung verkündigte, erkannten die Befehlshaber und die Mehrzahl ihrer Untergebenen, worauf die Aufständischen zielten. Man ließ deshalb keinen Unberufenen mehr ins Zeughaus, erlaubte der Kommunalgarde einzig und allein, daß sie die im Zeughofe gelegene Wache besetze, und verweigerte die immer wieder verlangte Herausgabe von Geschützen und Gewehren. Auch hatten sich die Ausgelaufenen sämtlich wieder eingefunden. Als die Truppen am andern Mittag wirklich entsetzt wurden, begrüßten sie mit Jubel ihre Erlösung. Sie bezeugten durch ihre wackere Teilnahme am späteren Kampfe, daß sie im Herzen ihrem Könige und ihrem Eide treu geblieben waren.

Das Zeughaus lag am östlichen Ausgange des Brühlschen Gartens; es wurde in den Jahren 1884—1887 umgebaut und dient seither als „Albertinum" den Zwecken der Skulpturensammlung.

Wache der Kommunalgarde am Dresdner Stadthause. Steinzeichnung von C. Lutherer=Resch

Uniformen der Kommunalgarde Dresdens. 1849

Zwei Aufrufe

I.

An unsere Mitbürger!

Der König von Sachsen hat preußisches Militär herbeikommen lassen, um seinen Eigenwillen dem Willen des Volkes gegenüber durchzusetzen. Das sächsische Volk, welches seine besten Söhne auf die Barrikaden gesandt hat, um für die Einheit und Freiheit Deutschlands zu kämpfen und Sachsen insbesondere vor den unwürdigen Fesseln eines verräterischen Sonderbündnisses zu bewahren, wird diese Kunde mit einem Schrei der Entrüstung aufnehmen. Es ist heute mit seltenem Mute gekämpft worden. Gegen die von außen herbeigeführten Streitkräfte wird der Kampf mit verdoppeltem Mute fortgesetzt werden. Dank Euch, Ihr Helden der Freiheit! Der Tod für die Freiheit ist schön, und der Sieg ist Euer im Leben und Sterben.

Kämpft fort, wie Ihr gekämpft habt. Du aber, sächsisches Volk, stehe wie bisher fest zur Sache, die wir führen. Wir wollen die Reichsverfassung und durch die Reichsverfassung die Einheit und Freiheit des deutschen Vaterlandes, das Heil Sachsens, und für das, was wir wollen, kämpfen wir bis zum Tode.

Dresden, den 5. Mai 1849, abends 8 Uhr

Die provisorische Regierung

Tschirner Todt Heubner

II.

Die Regierung des Königs besteht. Lasset Euch, Sachsen, nicht irreleiten durch die, welche nach Art. 81 u. f. des Kriminalgesetzbuches sich eines Hochverrates schuldig machten.

Nochmals ermahnt Euch die Regierung Seiner Majestät des Königs. Lasset ab von Eurem ungesetzlichen Beginnen! Kehret zurück zu Eurer Pflicht. Es handelt sich jetzt um Abwendung des fürchterlichsten Unglückes. Bedenkt Euer und Eurer Kinder Wohl! Bedenkt die Ehre des Vaterlandes.

Fest entschlossen ist des Königs Regierung, sich gegen das Beginnen der ihm feindlichen Kräfte zu behaupten und alle Mittel anzuwenden, die Gesetz und Umstände erheischen zur Sicherung des Thrones, der Personen und des Eigentumes.

Dresden, den 6. Mai 1849

Gesamtministerium

v. Beust Rabenhorst

Richard Wagner als Revolutionär

Über seine Teilnahme am Mai-Aufstand gibt Richard Wagner in seiner Selbstbiographie ausführlichen Aufschluß. Danach will er sich im wesentlichen als Beobachter beteiligt haben, wiewohl er aus seiner Sympathie mit den Aufständischen keinen Hehl macht. Daß er das Sturmgeläut der Kirchenglocken geleitet habe, scheint danach eine Legende. Im übrigen bedarf die subjektive Bedingtheit des Wagnerschen Selbstzeugnisses wohl keiner besonderen Hervorhebung. Er erzählt:

Am Sonnabend, den 6. Mai früh, sah man nun ein, daß die Sache ernster werde; die preußischen Truppen waren in der Neustadt eingerückt, und das sächsische Militär, mit welchem man den Angriff zu wagen doch nicht für rätlich gehalten hatte, ward so in strenger Fahnenpflicht erhalten. Am Mittag ging der Waffenstillstand zu Ende, und sogleich eröffneten die Truppen, von mehreren Geschützen unterstützt, den Angriff auf eine der Hauptpositionen der Volkskämpfer, am Neumarkt. Noch hatte ich keinen anderen Glauben, als daß, sobald es zum wirklichen Kampfe käme, die Sache in kürzester Frist entschieden sein würde, da weder in meiner Stimmung, noch in dem, was ich sonst wahrnahm, jener leidenschaftliche Ernst sich zeigte, ohne welchen so harte Proben nie überstanden worden sind. Mir war es nun peinlich, während ich das starke Schießen vernahm, nichts von dem Vorgange selbst wahrnehmen zu können, und ich geriet auf den Gedanken, hierzu den Kreuzturm zu besteigen. Ohne auch von dieser Höhe herab einen klaren Einblick gewinnen zu können, vernahm ich doch genug, um nach einer Stunde heftigen Feuers die bis dahin immer vorgerückten Geschütze der preußischen Truppen wieder zurückgehen und endlich ganz verstummen zu hören, was mit einem ungeheueren Jubelgeschrei von der Volksseite her begleitet wurde. Somit schien der erste Angriff abgeschlagen, und nun begann in mir die Teilnahme an den Vorgängen eine immer leidenschaftlichere Farbe anzunehmen. Um nähere Erkundigung einzuziehen, eilte ich auf das Rathaus zurück, konnte aber zunächst aus der ungeheueren Verwirrung, welche ich vorfand, mir nichts entnehmen, bis ich endlich mitten unter der Hauptgruppe Bakunin antraf, welcher mit ungemeiner Präzision mir folgendes berichtete: es sei von dem bedrohtesten Punkte einer Barrikade am Neumarkt der Bericht nach dem Hauptquartier gelangt, daß dort vor dem Angriff der Truppen alles in Auflösung begriffen sei; hierauf hatte mein Freund Marschall von Bieberstein mit Leo von Zichlinsky, einem gleich beteiligten Chargierten der Bürgerwehr, Freiwillige aufgerufen und diese nach dem bedrohten Punkte hingeführt. Ohne alle Waffen und mit entblößtem Haupte hatte der Freiberger Kreisamtmann Heubner als einziges auf dem Flecke gebliebenes Mitglied der provisorischen Regierung, deren beide andere Häupter Todt und Tschirner im ersten Schreck verschwunden waren, sich zuerst auf die bereits von allen Verteidigern verlassene Barrikade gestellt, um, rückwärts gewandt, die Freiwilligen mit erhabenen Worten zur Nachfolge anzufeuern. Der Erfolg war vollständig. Die Barrikade ward wieder genommen und von da heraus ein ebenso unerwartetes wie energisches Feuer auf die Truppen gerichtet, wodurch der von mir wahrgenommene Rückzug veranlaßt worden war....

(Vom Turme der Kreuzkirche aus, auf dem Wagner die Nacht verbracht hatte, ist das Folgende gesehen:) Der Sonntag (7. Mai) war einer der schönsten Tage dieses Jahres. Ich wurde durch den Gesang einer Nachtigall geweckt, welcher aus dem unweiten Schützeschen Garten zu uns heraufdrang; eine selige Ruhe und Stille lag über der Stadt und der von meinem Standpunkt aus übersehenen, weiten Umgebung Dresdens. Nur gegen Sonnenaufgang senkte sich ein Nebel auf diese herab: durch ihn vernahmen wir plötzlich, von der Gegend der Tharandter Straße her, die Musik der Marseillaise klar und deutlich zu uns herdringen. Wie sie immer mehr sich näherte, zerstreuten sich die Nebel, und hell beschien die glutrot aufgehende Sonne die blitzenden Gewehre einer langen Kolonne, welche von dort her der Stadt zuzog. Es war unmöglich, dem Eindrucke dieser andauernden Erscheinung zu wehren; dasjenige Element, welches ich so lange im deutschen Volke vermißt und auf dessen Kundgebung verzichten zu müssen, nicht wenig zu den bisher mich beherrschenden Stimmungen beigetragen hatte, trat plötzlich sinnfällig in lebensfrischester Farbe an mich heran; es waren dies nicht weniger als einige Tausend gut bewaffneter und organisierter Erzgebirger, meist Bergleute, welche zur Verteidigung Dresdens herangekommen waren. Bald sahen wir sie auf dem Altmarkte, dem Rathause gegenüber, aufmarschieren und nach jubelnder Bewillkommung dort zur Erholung vom Marsche sich lagern. Gleiche Zuzüge setzten sich fast den ganzen Tag über fort, und der Lohn der tapferen Tat des vorigen Tages schien sich jetzt in erhebender Weise einstellen zu wollen. Im Angriffsplane der Truppen schien eine Veränderung eingetreten zu sein, was aus den mehrseitigen, aber nicht mehr so konzentrierten Attacken auf verschiedene Punkte zugleich sich erkennen ließ. Die Zugezogenen hatten vier kleine Kanonen mitgebracht, das Eigentum eines Herrn Thade von Burgk, welcher mir früher durch eine sehr wohlwollende, aber bis zur Lächerlichkeit langweilige Rede beim Stiftungsfest der Dresdener Liedertafel bekannt geworden war; woran es mich, da nun sein Geschütz von den Barrikaden gegen die Truppen abgefeuert wurde, sonderbar ironisch gemahnte. Einen ungleich bedeutungsvolleren Eindruck erhielt ich aber, als ich gegen elf Uhr das alte Opernhaus, in welchem ich vor wenigen Wochen noch die letzte Aufführung der Neunten Symphonie dirigiert hatte, in hellem Brande aufgehen sah. Von je, wie ich gelegentlich schon erwähnte, war die Feuergefährlichkeit dieses mit Holz und Leinwand angefüllten, seinerzeit nur provisorisch errichteten Gebäudes der schreckende Gegenstand der Befürchtung der Besucher gewesen. Man sagte mir, es sei, um einem gefährlichen Angriffe der Truppen von dieser bloßgelegten Seite zu begegnen und zugleich die berühmte Sempersche Barrikade vor einer übermächtigen Überrumpelung zu schützen, aus strategischen Gründen in Brand gesteckt worden: woraus ich mir entnahm, daß derlei Gründe in der Welt ein für allemal mächtiger als ästhetische Motive blieben, aus welchen seit langer Zeit vergeblich nach Abtragen dieses häßlichen, den eleganten Zwinger so arg entstellenden Gebäudes verlangt war. Von so ungemein leicht brennbarem Stoff angefüllt, brach dieses in seinen Dimensionen sehr imposante Haus in kürzester Zeit in ein ungeheures Flammenmeer aus. Als dieses auch die Metalldächer der anliegenden Galerien des Zwingers erreichte und diese in wunderbar bläulichen Flammenwellen zu wogen begannen, äußerte sich unter uns Zuschauenden das erste Bedauern über den Vorgang. Man glaubte, das Naturalienkabinett sei bedroht; andere dagegen bewiesen, es sei die Rüstkammer, wogegen ein Bürger-Schütze äußerte: in dem Fall sei es nicht schade, wenn dort die „ausgestopften Adeligen" verbrennen. Es schien aber, daß man aus Kunsteifer dem Weitergreifen des Brandes zu wehren wußte, welcher in Wahrheit dort nur geringen Schaden angerichtet hatte. Endlich füllte sich unser bis dahin verhältnismäßig ziemlich ruhiges Observations-Asyl mit immer größeren Scharen von Bewaffneten, welche hierher kommandiert waren, um von der Kirche aus den Zugang nach dem alten Markt, dessen Angriff von der Seite der schlecht verwahrten Kreuzgasse her man befürchtete, zu verteidigen. Unbewaffnete hatten hier nun nichts mehr zu suchen; außerdem war mir eine Botschaft meiner Frau zugekommen, welche nach ausgestandener schrecklicher Beängstigung mich nach Hause rief. Nur mit großer Mühe und unter den zeitraubendsten Schwierigkeiten gelang es mir auf allerhand Umwegen in meine abgelegene Vorstadt, von welcher ich durch die kampferfüllten Teile der Stadt und namentlich durch eine Kanonade vom Zwinger aus abgeschnitten war, zurückzugelangen.

Wagner berichtet dann vom nächsten Tage, dem 8. Mai, seine kurze Begegnung mit dem Kapellmeister Röckel und fährt fort:

Ich ließ ihn seines Weges ziehen, um als einzelner auf kürzerem Pfade zum Rathause zu gelangen, und habe ihn seitdem erst nach dreizehn Jahren wiedergesehen. Dort erfuhr ich nun von Bakunin, daß die provisorische Regierung auf seinen Rat sich entschlossen habe, die von Anfang an gänzlich verwahrloste und somit auf die Länge unhaltbare Position in Dresden aufzugeben und einen bewaffneten Rückzug nach dem Erzgebirge anzutreten, wo die von allen Seiten, namentlich auch von Thüringen herbeiströmenden Zuzüge sich in solcher Stärke zu sammeln anließen, daß dort wohl die vorteilhafte Position zu einem, ohne Zweifel beginnenden deutschen Volkskriege einzunehmen sein würde, während das längere Festhalten der einzelnen verbarrikadierten

Albert, Herzog von Sachsen

Nach dem Gemälde von G. Krüger auf Stein gezeichnet von F. Jentzen. 1850

Carola, Herzogin von Sachsen

Steinzeichnung von G. Weinhold. 1853

Straßen Dresdens dem so mutig geführten Kampfe doch nur den Charakter einer städtischen Emeute belassen würden. Ich muß gestehen, daß dieser Gedanke mir großartig und bedeutend schien: war bis hierher durchaus nur die Teilnahme für einen, anfangs mit fast ironischer Ungläubigkeit, dann mit Überraschungen aufgenommenen Vorgang angeregt gewesen, so dehnte sich jetzt bald vor meinen Blicken das bisher Unbegreifliche zu einer großen und hoffnungsvollen Bedeutung aus. Ohne in mir den Drang und namentlich den Beruf zu fühlen, in irgendwelcher Weise mir eine Rolle oder Funktion hierbei zugeteilt zu sehen, ließ ich nun doch mit vollem Bewußtsein jede Rücksicht auf meine persönliche Lage fahren und beschloß, mich dem Strome der Ereignisse nach der Richtung zu überlassen, in welche meine Lebensbestimmung mit verzweiflungsvollem Behagen mich hingetrieben hatte.

Der Intendant von Lüttichau wollte anfangs die gerichtliche Verfolgung Wagners zur Lösung des Kontraktes benutzen. Man beschränkte sich aber auf Anwendung eines Paragraphen der Theatergesetze, der die unerlaubte Entfernung aus dem Weichbilde der Stadt als Kontraktbruch behandelte. — Der Russe Michael Bakunin (1814—1876) hatte an der Vorbereitung der revolutionären Unruhen in Deutschland den tätigsten Anteil. Er wurde am 10. Mai in Chemnitz verhaftet, zum Tode verurteilt, aber nach seiner Begnadigung an Österreich ausgeliefert, von wo er nach abermaligem Todesurteil an Rußland ausgeliefert und nach Sibirien geschickt wurde.

Alfred Rethel über den Aufstand

Der Künstler, der zur Zeit des Aufstandes in Dresden weilte, um nach der Beendigung des „Totentanzes“ an seinen großen Kartons für Aachen weiterzuarbeiten, war ebenfalls Zeuge des Kampfes, in dem er, ganz im Gegensatze zu seinen Freunden, aufs entschiedenste für die Aufrührer Partei nahm. Er schreibt am 8. Mai an die Mutter:

(Dresden, 8. Mai 1849) Dienstag Morgen.

Vor ein paar Stunden hat sich die entsetzliche Katastrophe in hiesiger Stadt zugunsten des Militärs, also des Königs entschieden — ein großes herrliches Werk zur Ehre Deutschlands ist unter der kaltblütigen, berechnenden Militärgewalt, unter dem Säbel gesunken! Ich sah der Entstehung dieser Bewegung mit Mißtrauen zu und erwartete rote Repubik, Kommunismus mit allen seinen Konsequenzen. Allein es war wahrhaftige, allgemeine Volksbegeisterung im edelsten Sinne zur Herstellung eines großen edlen Deutschlands, eine Mission, die ihnen Gott in die Brust gelegt und nicht durch das radikale Geschwätz schlechter Zeitungen und Volksredner hervorgerufen worden. Aus allen Ständen, mit geduldiger Ertragung der größten Strapazen, kämpften sie auf den Barrikaden. Aus allen Gauen des Landes zog die kräftige Jugend wohlbewaffnet der bedrängten Stadt zu Hilfe — wie das prächtige Korps der Freiburger Studenten einzog, einer stattlicher und schöner als der andere, da wurden mir die Augen naß. Der Eindruck war zu siegend, denn eine edle, gute Sache erhob diese Schar! Wie es nun hier zugegangen hat, wird aus den Zeitungen Dir bekannt sein. Fast ununterbrochen drei Tage, mit geringen Stunden Unterbrechung nachts, währte der Kampf im Innern der Stadt — viele Opfer deutscher Brüder sanken — die prächtige Stadt soll im Innern fürchterlich aussehen. Am Sonntag Morgen war eine starke Feuersbrunst; die Flammen schlugen höher als die höchsten Kirchtürme, glückliche Windstille brachte nicht größeres Unglück über die Stadt. Jetzt, indem ich schreibe, brennt es wieder stark in derselben Richtung — schon seit gestern Abend wird aber, nun da der Kampf vorbei ist, mit Überlegung gelöscht werden. Die Galerie soll sehr gelitten haben, ein unersetzlicher Verlust. Über das Detail werde ich mündlich näheres mitteilen. Wenigstens 15000 Menschen mit Betten und den notwendigsten Kleidungsstücken entflohen, es war ein jämmerlicher Anblick. Ich und ein Gärtner waren die einzigen im großen leeren Hause — ich bin gar nicht während der vier Tage im Innern der Stadt gewesen, überhaupt war wohl kein Punkt derselben sicherer, als wo ich mich befand. Ich erwartete im äußersten Falle die Ankunft und Unterbringung von den Familien v. Schnorr und Plüdemann. Selbst meine Arbeit suchte ich zu fördern, so gewohnt war mir zuletzt das ununterbrochene Feuern, Kanonieren und Stürmen aus den Glocken, und da ich zum Garten hinaus ins Freie konnte, so speiste ich in einer Wirtschaft vor den Toren. Meine Sachen waren gepackt und wanderten verschiedene Male in den Keller. Jetzt werde ich wenigstens meinen Karton (Kordovaschlacht für Aachen) suchen zu vollenden und dann über Berlin als der sicherste Weg wieder zu Euch suchen zu gelangen, um die übrigen notwendigen Arbeiten alsdann in Düsseldorf oder in Aachen anzufertigen, es ist mir natürlich hier nicht mehr geheuer. Gott im Himmel weiß, was aus unserm schönen deutschen Vaterland wird! Einen tiefen, unvergeßlichen Eindruck haben diese Trauer- und Schreckenstage auf mich gemacht, — so unnatürlich, so fürchterlich, wenn Brüder, Landsleute sich untereinander morden.

Einzelbilder aus den Maitagen

Der frühere Komiker am Wiener Burgtheater, Hermann Schöne (1836—1902), ein geborener Dresdener, erlebte den Maiaufstand als Dreizehnjähriger. Was er darüber in seinen „Lehr- und Flegeljahren eines alten Schauspielers" erzählt, gehört zum Besten, was wir über jene Tage besitzen. Er gibt die Revolution mit dem „Blick von unten", aus der Welt der kleinen Leute, und die unverfälschte Treue seiner Einzelbilder wird durch den goldenen Humor, der auch die Tragik überglänzt, menschlich verklärt:

Wie sah es auf den sonst so stillen Straßen aus! In Gruppen standen die Leute beisammen, fuchtelten mit den Händen in der Luft herum und schrieen: „Vor drei Tagen den Landtag aufgelöst — nu schieben sie die Grundrechte und die Reichsverfassung auf die Seite, das lassen wir uns nicht gefallen! Wart't nur! Sie sollen uns kennen lernen!" Das hatte ich deutlich gehört, denn ich drängelte immer näher heran und stand auf einmal im Mittelpunkt der Gruppe. Eine schwere Hand legte sich da auf meine Schulter, und ein freundlicher Vollbart sagte zu mir: „Mach', daß du zum Essen kommst, deine Mutter wart't schon auf dich. Heute gibt's Lämmerschwänzel und Quarkspitzen." So wurde ein Führer der Bewegungspartei unter Gelächter aus einer Volksversammlung hinauskomplimentiert. Ich merkte auf dem Heimweg, daß erregte Leute aus der Friedrichvorstadt in lockeren Haufen, wie von unsichtbarer Gewalt getrieben, der inneren Stadt zueilten. Das hatte etwas zu bedeuten, Vorstädtler kommen nicht umsonst herein. Auch zu Hause gab es eine geheimnisvolle Unruhe, wie vor dem Ausbruch eines gefahrdrohenden Gewitters. Ich erhielt strengen Befehl, mich nicht vom Hause zu entfernen; nur auf mein Bitten wurde mir gestattet, den freien Nachmittag im Nachbargarten mit den Kameraden zu verbringen. Wir spielten die Befreiung Schleswig-Holsteins vom dänischen Joch und bombardierten eben bei Eckernförde das dänische Kriegsschiff „Christian VIII." mit glühenden Kugeln, das zum Schluß, unter Entzündung eines Sprühteufels, in die Luft fliegen sollte, als wir einen dumpfen Donner dröhnen hörten — das war ein Kanonenschuß! Wir und alle, die nicht zur Stadt gezogen waren, stürzten auf die Straße. Man steckte die Köpfe zusammen; man debattierte, die Weiber am meisten, was der Schuß zu bedeuten habe. „Was wird's sein?" sagte der Schmied, „'s is losgegangen! Das war ein Schuß aus dem Zeughaus" — und der Chorus, wie vom Blitz erleuchtet, schrie: „Ja, ja! das Zeughaus wird gestürmt!" Was von den Männern nun noch laufen konnte, wandte sich der Stadt zu und lief. Die Jungen, die natürlich mitrennen wollten, wurden von den Müttern am Schlafittchen festgehalten, und wenn eine ihren Bengel vermißte, schrie sie gottserbärmlich nach „Deedor" oder „Heinel". Die Häuser standen verlassen wie bei einem Erdbeben, alles Leben pulsierte auf den Gassen. Jetzt kamen die ersten atemlosen Boten aus der Stadt zurück: Das Zeughaus ist gestürmt und geplündert! Ein schwerbeladener Wagen sei mit Macht gegen das geschlossene Tor geschoben worden, es sei aufgekracht, aber im selben Augenblick habe eine Kanone ihre Kartätschenladung in die dichte Menschenmasse geschmettert. Unter Schmerz- und Wutgeheul sei das Arsenal vom Volke genommen worden. Die Toten habe man auf Karren geladen, die unter dem Rachegeschrei durch die Straßen gefahren würden. Bald kamen auch einzelne Stürmer mit abenteuerlichen, verrosteten Waffen, mit Morgensternen, Hellebarden, geflammten Schwertern und Zweihändern; die brauchbaren Schießgewehre waren an waffenfähige Männer verteilt worden. Gegen Abend kam mein großer Bruder, ein Neunzehnjähriger, aus der Stadt zurück, er hinkte merklich und stützte sich auf eine Flinte, die er im Zeughaus erobert hatte. Ich war sehr stolz auf diese Flinte, nur schade, daß das Schloß daran fehlte. Mein Bruder mußte erzählen. Er erzählte viel und gut, daß man ihm mit offenem Munde zuhörte; er sprach auch obenhin von einem Kolbenschlag, den er in der Hitze des Gefechts am Bein erhalten habe. Ich wurde immer stolzer auf meinen großen Bruder. Er mußte übrigens gleich wieder hinein, das war selbstverständlich. Als wir ins Haus gingen, sagte der Schmied zu mir: „Ich will dir mal was sagen, Hermann. Einer von den Erschten im Zeughaus is dein Bruder nich gewesen, sonst hätt'r sich enne bessere Flinte ausgesucht; na, und das mit'm Kolbenschlag — ja, ja — es is ja möglich — es kann ihm aber auch eener auf die Zehen getreten haben." Da gefiel mir mein Freund, der Schmied, aber gar nicht. — Es folgten stürmische Tage, die immer wilder wurden; haarsträubende Nachrichten waren im Umlauf, die sich selber Lügen straften, manche aber bewahrheiteten sich und schürten die Aufregung. Der König hatte mit den Ministern die Residenz verlassen; die bewaffnete Macht wurde in der Neustadt zusammengezogen, um von da planmäßig gegen das revoltierende Alt-Dresden vorzugehen, und was die Aufständischen in helle Wut versetzte, preußisches Militär sollte zu Hilfe gerufen werden. Das stieß dem Faß den Boden aus. Barrikaden wuchsen aus der Erde empor, die die Stadt in eine Festung verwandelten; eine provisorische Regierung wurde gebildet. Die Sturmglocken heulten den ganzen Tag und machten die Nerven beben; Zuzüge vom Land, aus Städten und Städtchen strebten Dresden zu und stauten sich mit den Proviantkolonnen an den Schlägen. Das Flintengeknatter wurde stärker, je näher man sich auf den Leib rückte, und als die königliche Artillerie den Zwingerwall besetzt hatte, sprachen die Kanonen ein lautes Wort mit darein. Als der Ruf: baut Barrikaden! bis in unsere stille Gegend gedrungen war, gab es kein Zögern. Alle Hände rührten sich. Wen nicht die Gesinnung trieb, den spornte die Furcht.

Mein Vater, einen alten Sorgenstuhl schleppend, dem ein Bein und ein Ohr fehlten, stieß mit einem Regisseur des Hoftheaters zusammen, der einen Hackklotz zum Barrikadenbau herbeiwälzte. Der Regisseur, Hofmann durch und durch, Milchbruder einer hochgestellten Persönlichkeit, und mein Vater stutzten, als sie sich hier bei der Arbeit trafen. Der Herr Regisseur suchte sich geschwind populär zu machen, indem er für die braven Barrikadenbauer Bier anfahren ließ, dann verschwand er auf Nimmerwiedersehen in sein Haus, das dem unseren gegenüber lag. Wie auf einen Zauberschlag standen unsere Barrikaden plötzlich da, recht ruppige Barrikaden, wie Sperlingsnester anzusehen, denn die Begeisterung hatte umsichtig die Rumpelkammern geleert, auch alles, was für das Haus unbrauchbar geworden und im Wege herumstand, auf die Straße geworfen; zuletzt kam dran, was für den Kehricht reif war, zerschlissene Fußmatten, alte eiserne Kochtöpfe, durchgelegene Strohsäcke — alles fort mit Schaden!

Die große Barrikade am Eingang der Wilsdruffer Gasse. Steinzeichnung von C. W. Arldt

Abmarsch preußischer Truppen auf dem Postplatz nach den Straßenkämpfen im Jahre 1849
Gemälde von Robert Wehle

Verschwendungssucht konnte man an unseren Barrikaden nicht wahrnehmen, mit Mahagoniemöbeln war keine ausgestattet. Bei dem nun folgenden Aufreißen des Straßenpflasters trat ich mit einem Beil, das ich der Küche entführte, in kräftige Aktion; ich arbeitete, daß die Funken flogen. Als kein Stein mehr neben dem anderen stand, prüfte ich die Schneide meines Beiles — kugelrund; ich vergrub ganz still das Revolutionsbeil unter einen Haufen kleingehackten Holzes. Kenner schüttelten über unsere Barrikaden die Köpfe, sie wären auf Rutschterrain erbaut, es fehle die feste Basis. In den Hauptstraßen der Stadt hatten auf Befehl internationaler Barrikadenbaumeister die Barrikaden, die auf Pflaster erbaut waren, wieder weggeräumt und auf haltbaren Erdgrund gestellt werden müssen. Wir ließen die unseren bestehen wie sie waren, weil sie aber in der Tat ein wirksames Verkehrshindernis bildeten, das nur der Jugend Annehmlichkeiten bereitete, kam man überein, an einer Gassenseite Durchlässe zu eröffnen, die bei herannahender Gefahr schnell geschlossen werden könnten. So war es bei uns am Rande der Stadt, drinnen ging es weltstädtischer zu, wie man erzählte. Der Verkehr in den Straßen war ganz aufgehoben. Die Gehwege waren in die Häuser verlegt, die Feuermauern, welche die Gebäude voneinander trennten, durchgeschlagen worden, so daß man ganze Straßenlängen durch Wohnzimmer gehen konnte. Das verlangte die wirksame Verteidigung der Stadt. Hätte ich nur die große Engel-Barrikade am Eingang der Wilsdruffer Gasse sehen können, die bis zur ersten Etage hinaufreichen sollte, und Pauline, das heldenmütige Barrikadenmädchen, von der man sich Wunderdinge erzählte, die in meiner Phantasie als eine Mischung der Jungfrau von Orleans und Regimentstochter lebte, ausgerüstet mit Fahne und Schwert, Trommel und Marketenderfäßchen. Nur einmal die Herrliche sehen, wenn auch aus weiter Ferne! Ich konnte meine Neubegier nicht länger meistern und drang, bei einer Ruhepause, als man nur mäßiges Schießen vernahm, alle Gebote und Barrikaden überschreitend, bis zum Postplatz vor. Ah! da stand die imposante Engel-Barrikade stockhoch, ein mächtiges Verteidigungswerk! Das war freilich etwas anderes als unsere Sperlingsnester. Die Granitwürfel des Straßenpflasters, die breiten Trottoirplatten waren wie ein Panzergürtel der Barrikade um den Leib gelegt, die Häuser, die sie flankierten, in Festungen umgewandelt, die Fenster, durch Steine und Matratzen verstellt, zu gedeckten, sicheren Schießluken geworden. Scharf genug ist es später dort noch zugegangen, Beweis dafür ein kleines Fahnenschild am Engel-Hause, das nach dem Kampfe sechsunddreißig Schußlöcher zeigte. Über den Barrikadenrand ragten die Köpfe der Besatzung hervor — aber keine Pauline war sichtbar. Ein Geschrei: „Die Sensenmänner kommen — hurra! die Sensenmänner!" lenkte meine Aufmerksamkeit auf die entgegengesetzte Seite. Nach Erzählungen aus der polnischen Revolution galten sie mir als Helden, die zu siegen und zu sterben wußten, und auch die Dresdner Ausgabe der Sensenmänner wurde von meiner Umgebung hoch gepriesen.

„Du, das sein dir Kerle! Die sein gut, besondersch gegen die Reiderei. Wenn die mit ihren Sensen den Ferden die Beene wegbalbieren und dann den Reidern eens aufs Dach geben, dann is es Rest! dann kommt nich eener davon." Sie kamen herangezogen mit aufrechtgestellten Sensen — lieber Himmel, wie schrumpften meine Helden in der Nähe zusammen. Es waren die armseligsten Gestalten, die ich je gesehen; sie taten mir furchtbar leid. Da erscholl ein „Halt-la!" Nach und nach kamen die Sensenmänner zum Stillstand. Jetzt sprang ihr Kommandant vor. „Front!" Ach! ach, du liebes Gottchen! das war ja mein Sprachlehrer, Monsieur Senin! Im Schlapphut mit roter Feder, in der Faust einen wirklichen Säbel! Mich überfiel die Angst, er könne mich sehen und erkennen, dann, so bildete ich mir ein, war ich verloren, er würde mich bei der Brust packen, mir eine Sense in die Hand drücken und brüllen: „Da, du 'Immel' und! Stellen du dik ein und marschieren du. Rekten, Linken, le bär, die bär!" Die Angst drehte mich um und jagte mich heimwärts. Wie wohl ward mir, als ich mich wieder zwischen unseren gemütlichen Familienbarrikaden befand. Freilich hörte die Gemütlichkeit auf, als uns die Ereignisse auf den Leib rückten. Das Turmhaus in unserer Nähe war von den Scheibenschützen mit ihren gefürchteten Standbüchsen und von der Turnerwaffenschar besetzt worden, die die Artillerie auf dem Zwingerwall unter Feuer nahm und die Bedienungsmannschaft arg belästigte. Da wurden die Kanonen auf den Turm gerichtet, und es gab ein Hinüber- und Herüberschießen, daß die Ohren gellten, auch hörten wir nicht selten eine verirrte Kugel singen. Abends, wenn die Dunkelheit zur Einstellung des Feuers nötigte, kamen bei mattem Kerzenlicht die Bewohner unseres Hauses auf den rückwärtigen Gängen zusammen, um die Erlebnisse des Tages zu besprechen, das Abendbrot aus der Hand zu verspeisen und Katzen und Hunde auf dem Schoß zu liebkosen, die am Tage so vernachlässigt worden. In diese Idylle schlug plötzlich eine Kugel, die eine Fensterscheibe splitterte und in der Wand stecken blieb. Ein Entsetzensschrei und die ganze Versammlung, samt Katzen und Hunden, prallte auseinander. „Das Licht ausblasen!" kommandierte eine Stimme, und wir saßen im Finstern. Erst war es mäuschenstill, dann hörte man den Herrn Registrator keuchen, bevor er, tiefbeleidigt aus empörtem Herzen anhub: „Das nehme mir kein Mensch iebel, aber das is eine Hundsgemeinheit, den Leuten in die Fenster zu schießen, da kann ja das größte Unglück angerichtet werden. Gleich schießen! Mir ham ja gar nischt getan — das is eine Verräderei — so was muß der Behörde angezeigt werden." Eine andere Stimme aus der Finsternis, wir kannten sie genau, sie gehörte dem „Gescheiten", der im Gewitterregen das Gras wachsen hörte, wußte sofort den Täter zu nennen. „Das is der Hofbeamte gewesen, wißt ihr, da drüben aus der anderen Gasse, er geht immer zum Scheibenschießen, der hat aus dem Bodenfenster 'rübergeschossen." Jetzt war die Sache klar, es konnte nicht anders sein, so eine Niederträchtigkeit! Die Anzeige von dem Vorfall mußte in aller Frühe gemacht worden sein, denn gegen elf Uhr wurde der beschuldigte Hofbeamte von einer starken Eskorte nach dem Rathaus gebracht. „Der is ins Fettnäbbchen getreten", meinte der Schmied, „der wird's kriechen." — „Der wird ganz eenfach erschossen oder an die nächste Laterne gehängt. Punktum. Streusand drüber" — erklärte der Gescheite. Aber nach zwei Stunden kam, zum allgemeinen Erstaunen, der Gehenkte frank und frei zurück. „Nu, sagen Sie mal, sind Sie denn nich oben behalten worden?" — „So ein Unsinn", sagte der Beamte, „ich bin vom 8. April bis jetzt in Karlsbad gewesen, weil's um die Zeit da billig is, bin erscht heute früh heimgekommen und soll gestern Abend den Leuten in die Fenster geschossen haben! Ich hab's mit meinem Reisepaß beweisen können, daß das gar nicht möglich war, und da haben sie mich sehr höflich wieder fortgeschickt." Der Mann ging, und der Gescheite machte ein dummes Gesicht. „Na ja", sagte er zu den Umstehenden, „dann es jemand andersch gewesen, aber gewesen is einer." — Am 7. Mai rückten die Preußen ein und zeigten den Insurgenten die Wunder des jungen Zündnadelgewehrs. Der Kampf wurde immer erbitterter, das Schießen nahm kein Ende, dazu die furchtbaren Sturmglocken, die von allen Türmen der Stadt herunterheulten! Die wirkten höchst ungünstig auf meine Magennerven und nahmen mir den Appetit; bei meiner sonstigen guten Veranlagung in dieser Richtung ein bedenkliches Symptom. Auf mich fand das umlaufende Wort Anwendung: „Hunger hab'n mir nich, edler Volksfreind, aber Dorscht." Um diese Zeit ging das alte Opernhaus, in nächster Nähe des Zwingers, in Flammen auf. Wieder schlich ich mich fort, das imposante Schauspiel zu sehen. Ein Riesenbrand, der das hundertjährige ausgedörrte Gebälk prasselnd auflohen ließ, das Kupferdach ergriff und schmelzen machte, die Flammen färbend, daß sie mit grünen und blauen Zungen den Himmel leckten. Der südöstliche Pavillon des Zwingers, sowie der Flügel, in dem das Naturalienkabinett untergebracht war, mußten das Schicksal des Opernhauses teilen. Nach Wochen wurde uns der Schutthaufen der Mineraliensammlung zum ergiebigen Bergwerk, aus dem wir viel schönes Gestein zutage förderten. Der Aufstand neigte dem Ende zu; das Militär gewann immer mehr Terrain, obwohl es verzweifelt verteidigt wurde. Das Orangeriegebäude in den Gärten der Herzogin, einige hundert Schritte von unserer Gasse entfernt, wurde von einem preußischen Regiment besetzt. Nun hatten wir das Flintengeknatter in beängstigender Nähe, die verirrten Kugeln brachten ihren pfeifenden Sang uns jetzt öfters zu Gehör. Das Straßenleben verlor seine Reize, die früher gemiedenen Häuser wurden wieder aufgesucht, spärlicher kamen die Nachrichten aus der Stadt, die immer trauriger lauteten. Man hockte apathisch in den Zimmern, ich verstopfte mir die Ohren mit den Fingern, um das Sturmläuten nicht zu hören, vergebens, ich hörte es, ich hörte es noch tagelang, als Dresden weit hinter mir lag.

Die Leiter des Aufstandes

Der sächsische Staatsminister Graf Beust, während des Mai-Aufstandes 1849 Minister des Auswärtigen, erzählt in seinen Erinnerungen „Aus drei Vierteljahrhunderten“:

Von den drei Mitgliedern der sogenannten provisorischen, richtiger derisorischen Regierung entkamen zwei, Tschirner und Todt; der dritte, Heubner, welcher mehr Verführter als Verführer gewesen war, wurde, jedoch nicht in der Nähe Dresdens, sondern in Chemnitz zugleich mit dem Russen Bakunin gefangen genommen. Heubner war Kreisamtmann, Todt Geheimer Regierungsrat — man sieht, der Staatsdienst war bei dem Aufstande nicht unvertreten, — aber auch der Hofdienst hatte sein Kontingent gestellt. Der Hof-Baumeister, ein berühmter Name, hatte den Bau der Barrikaden geleitet, und zu den werktätigen Helfern der provisorischen Regierung gehörten der Hof-Kapellmeister, ein nicht minder glänzender Name, und der Hof-Konzertmeister Die beiden ersten entkamen, der dritte wurde verhaftet. Daß die Gebilde überreizter Phantasie es waren, welche dem Komponisten des „Rienzi“ den Gedanken eingaben, einmal in eigener Person den Volkstribun spielen zu wollen, meinten seine Dresdener Freunde, und ich will es ihnen zur Ehre seines Namens glauben, denn damit wird am ehesten ein milderes Urteil über seinen schnöden Undank gegen den König ermöglicht …

Der Zwinger nach dem Brande vom 6. Mai 1849. Gemälde von F. Castell. 1852

Machen Sie — Adieu!

Spottbild auf Beusts Abreise nach London

Steinzeichnung von G. A. Kügler

Wagner, welcher in contumaciam zum Tode verurteilt war, hatte sich in den ersten Jahren nach seiner Flucht in der Schweiz und dann in Frankreich aufgehalten und erhielt eine Einladung nach Weimar. Die Auslieferung zu verlangen war die sächsische Regierung ebenso berechtigt, wie die anderen deutschen Regierungen dazu verpflichtet gewesen wären. Ich zögerte nicht, zu vermitteln, daß eine beruhigende Zusage erteilt wurde. Einige Jahre später vermittelte ich, infolge der Verwendung der Familie Tichatscheck, — der berühmte Dresdener Tenor Tichatscheck war der erste Begründer Wagnerschen Ruhms — die befreundet war mit der ersten Gattin Wagners, einer vortrefflichen Frau, daß der König ihn begnadigte, was ihm gestattete, nach Dresden zu kommen. Ich muß es anerkennen, daß er sich entschloß, mir einen Dankesbesuch abzustatten, das einzige Mal, daß ich mit ihm zusammen kam. Ich begrüßte ihn mit den Worten: „Es freut mich, wenn ich etwas Ihnen Angenehmes tun konnte, Herr Wagner; Sie werden mir aber gewiß darum nicht etwas mir Unangenehmes zufügen wollen, daher bitte ich: keine Demonstrationen." — „Ich verstehe Sie nicht", war die Antwort. — „Nun", fuhr ich fort, „Sie erinnern sich doch, was 1849 vorging?" — „Ach, das war ja ein unglückliches Mißverständnis!" — „Ein Mißverständnis? Sollten Sie nicht wissen, daß sich bei den Akten ein von Ihnen geschriebenes Blatt befindet, wo Sie sich der glücklicherweise ohne ernste Folgen gebliebenen Brandlegung im Prinzenpalais rühmen?" Ob er vielleicht dazu gesungen: „Frisch, Feuer, Flamme, fröhlich und furchtbar", weiß ich nicht. Für einen zweiten, gleichfalls zum Tod verurteilten Vertreter der Hofmusik, den Hof-Konzertmeister Röckel, konnte ich noch mehr tun, indem ich ihm nach langer Gefangenschaft die Freiheit verschaffte. König Johann hielt beharrlich daran fest, daß ohne Begnadigungsgesuch keine Begnadigung erfolgen dürfe. Röckel, welcher zu lebenslänglicher Zuchthausstrafe begnadigt war, war der einzige, der sich nicht unterwarf, und sein Widerstand wurde zuletzt eine wahre Verlegenheit. Eines Tages gelang es mir, vom König die Freilassung ohne Begnadigungsgesuch zu erwirken. Es läßt sich nicht verkennen, erlaubte ich mir zu sagen, daß in diesem Ausharren etwas Antikes liege, und, fügte ich hinzu, „wo ist der Reaktionär, der zwölf Jahre aushalten würde, ohne zuletzt gute Worte zu geben?" Der König mußte lachen und gab nach.

Friedrich Ferdinand Graf von Beust (1809—1886) leitete von 1849 ab die innere und äußere Politik Sachsens im Geiste der Reaktion sowohl gegen die liberalen Forderungen des Bürgertums wie gegen den nationalen Zusammenschluß unter der Führung Preußens. Als die Bewegung unaufhaltsam weiterschritt, versuchte Beust, selbst mit einem Reformprojekt des Deutschen Bundes an ihre Spitze zu treten. Im Jahre 1864 ging er als Vertreter des Bundes nach London, um an den dortigen Konferenzen über die Schleswig-Holsteinischen Herzogtümer mitzuwirken. Anscheinend bezieht sich der fromme Wunsch seines Abschiedes von Deutschland auf dem hier mitgeteilten satirischen Flugblatte auf diese Reise.

Der gefährliche Kalabreser

Johann Friedrich Hoff (1822—1914) kam im Jahre 1853 aus Frankfurt nach Dresden, um bei Ludwig Richter zu studieren. Die Wogen des Aufruhrs hatten sich längst geglättet, aber die obrigkeitliche Sorge vor einer Widerkehr der stürmischen Maitage war keineswegs erloschen; — schon ein Kalabreser, im Verein mit einem wallenden schwarzen Barte konnte sie wecken, wie das nachstehende Erlebnis des harmlosen Kunstschülers beweist:

Der Morgen meiner Künstler-Wallfahrt sollte nicht ganz ungestört bleiben. Um in keine Unannehmlichkeiten zu kommen, war es die höchste Zeit, meinen Paß auf der Polizei vorzuzeigen und mir eine Aufenthaltskarte zu lösen. Dies war ohne jegliche Schwierigkeiten rasch erledigt, und froh, auch mit dieser Angelegenheit in Ordnung zu sein, verließ ich das dunkle Polizeigebäude. Eben durch das Portal auf die Scheffelgasse tretend, wurde ich aufs unangenehmste berührt; denn anständig in Auftreten und Kleidung, schien es mir geradezu empörend, von einem mir gänzlich fremden Herrn, der mich am Arm faßte und anschrie: „Wer sind Sie?" zum Stehen gebracht zu werden. Ich erkannte in dem mir ohne alle Würde Entgegentretenden einen höheren königlichen sächsischen Polizeibeamten und sagte ihm, was vonnöten war. Bald merkte ich jedoch, daß er es auf meinen Kalabreser Hut abgesehen hatte. Der erregte Mann hatte seinen Zorn noch nicht überwunden, denn er fragte in barschem Ton weiter: „Wissen Sie nicht, daß solche Hüte nicht getragen werden dürfen?" Ich sagte ihm, daß mir dieses Verbot völlig neu sei; doch auch damit war der Wächter der öffentlichen Ordnung nicht zufrieden und herrschte mich weiter an: „Wenn Sie wieder in diesem Hute gesehen werden, verlassen Sie in vierundzwanzig Stunden die Residenz!" Immer noch hielt er mich am Arme, und aus seinem Stehenbleiben ersah ich, daß er noch auf eine Antwort wartete, und sagte: „Obschon ich gestern im Großen Garten vor Sr. Majestät dem König diesen meinen Hut gezogen und einen freundlichen Dank empfangen habe, werde ich, da ich beabsichtige, längere Zeit auf der Akademie zu studieren, das Tragen des Hutes sofort unterlassen." Jetzt endlich ließ er mich los und ging als Sieger aus diesem für ihn leichten Kampfe von dannen. Der Auftritt war noch eine Nachwirkung der Dresdener Maitage von 1849.

Die Szene hatte einen großen Menschenauflauf veranlaßt. Sehr verletzt schlug ich barhäuptig den Weg nach meinem Quartier ein, da begegneten mir die beiden Richterschen Schüler Porst und Zeh. Diesen erzählte ich mein Erlebnis und nahm ihren Rat an, mir einen „Monatshut", wie sie oft zu sehr billigem Preise zu haben seien, zu kaufen. In einem Hutladen frug ich nach einem solchen, und man brachte mir auch gleich das Verlangte. Aber welch ein Anblick: es war ein Zylinder! Eine solche Kopfbedeckung war mir immer entsetzlich; doch entschloß ich mich, um unangefochten fürder meine Straße ziehen zu können, ihn zu nehmen, und setzte ihn auch gleich auf. Zu Hause angekommen, brachte ich recht betrübt meinen schönen Kalabreser zu Grabe und suchte mich mit meiner erhandelten Angströhre in dem Spiegel so vorteilhaft wie möglich zu zeigen; aber es wollte mir nicht nach Wunsch gelingen, und zu meinem Schrecken merkte ich jetzt auch noch, daß es ein getragener Hut war. Ganz aufgebracht ging ich in das Geschäft zurück und erfuhr nun zu nicht geringer Heiterkeit, daß ich ja einen Monatshut verlangt hätte und wohl nicht wisse, daß ein solcher einen Monat lang getragen sei. Jetzt war mir der billige Kauf erklärlich, und ich mußte herzlich lachen über die für mich so ergötzlich ausgegangene Hutkalamität. Ich wurde ihn wieder los und trug nun meinen alten, nicht polizeiwidrigen Filzhut.

Spottbild auf die Krinoline

Steinzeichnung von J. Wendler. Um 1850

Die Dresdner Konferenzen (1851)

Nachdem am 2. Dezember 1850 auf Grund des Vertrages von Olmütz unter Führung Österreichs der alte Bundestag von neuem proklamiert worden war, folgten die vorbereitenden Minister-Konferenzen in Dresden, die ohne Ergebnis blieben. Von ihnen weiß Graf Beust in seinen Erinnerungen folgende Episode zu berichten:

Was nun weniger auf geschichtliches Interesse Anspruch machen konnte, war folgendes: Ein Dresdener Professor der Maler-Akademie (Vogel von Vogelstein), der bereits hochbetagt, in früherer Zeit sehr Tüchtiges geleistet, seitdem aber nachgelassen hatte und jetzt kein Feld der Tätigkeit mehr finden konnte, hatte sich in den Kopf gesetzt, ein großes historisches Bild aus der Konferenz zu machen, wobei er zwei Schwierigkeiten begegnete. Einesteils fand der gesicherte Ankauf des Bildes durch den König Anstand, anderseits aber wollte Fürst Schwarzenberg, welcher, weil es ihn langweilte, nie einem Maler gesessen hatte, von dieser Verewigung nichts wissen. Was tut unser Professor? Er überzeugt den König davon, daß der Fürst Schwarzenberg sich für das Bild interessiert, und überzeugt den Fürsten Schwarzenberg davon, daß der König das Bild wünsche, und zur Milderung des Urteils über dieses Vorgehen füge ich hinzu, daß er selbst von beiden überzeugt war, weil er das Gegenteil für unmöglich hielt. Fürst Schwarzenberg sagte zu uns: „Mich braucht er als Wouwermanns'schen Schimmel", nämlich der weißen Uniform wegen. Auf dem Bilde stand auf der einen Seite Fürst Schwarzenberg im Gespräch mit Pfordten, auf der anderen Seite sah man Freiherrn von Manteuffel an einem Tisch sitzend, auf dem ich ihm eine Schrift vorlegte. Eines Tages komme ich zu dem Maler, um ihm zu sitzen, und da erblickte ich mich von einer großen Gestalt an den Tisch gedrückt und kaum zur Hälfte sichtbar. „Was soll das sein?" sagte ich. „Ach, das ist der Minister von Mecklenburg, er ist hier absolut notwendig." — „So? Und warum?" — „Weil er eine rote Uniform hat und das am besten koupiert." — „Aber, ich bitte, sehen Sie doch, wenn ich mich aufrichte, stoße ich Mecklenburg vor den Kopf, und das will ich nicht; das Ganze sieht auch aus, als ob man mich an der Vorlage verhindern wollte." Mein Professor aber wäre trostlos ohne den roten Rock gewesen. „Nun meinetwegen" sagte ich: „Lassen Sie die gedrückte Stellung, sie paßt zu gedrückter Stimmung!"

Die Mitglieder der Dresdener Konferenzen im Brühlschen Palais am 23. Dezember 1850

Nach dem Gemälde von C. Vogel von Vogelstein auf Stein gezeichnet von L. Zöllner

König Johann von Sachsen

Steinzeichnung von G. Schlick. Um 1855

Von Dresdner Kapellmeistern und Virtuosen

plaudert Wilhelm Joseph von Wasiliewsky, der bekannte Schumann-Biograph, der von 1855 an einige Jahre in Dresden musikalischen und literarischen Studien oblag:

Das Hofkapellmeisteramt befand sich, als ich nach Dresden kam, in den Händen Reissigers und Krebs'. Reissiger erschien häufig nachmittags in dem jetzt nicht mehr existierenden Café Torniamenti auf der Brühlschen Terrasse, wo man den besten Mokka trank. Dort habe ich so manche Stunde mit ihm verplaudert, wozu er sich bei seiner Gemütlichkeit stets aufgelegt zeigte. In seinen letzten Lebensjahren wurde er weichmütig und bei der Abnahme seiner Kräfte auch bequem. Zu dieser Zeit begegnete ich ihm einmal auf der Elbbrücke. Bei unserer Unterhaltung kam die Rede auf ein zum Besten des für Dresden projektierten Weberdenkmals beabsichtigten Konzerts der Hofkapelle. Da sagte Reissiger in wehmütigem Tone: „Man meint es doch gar zu gut mit dem Weber. Nun wollen sie ihm durchaus ein großes Monument errichten. Was hat er denn aber geschrieben? Vier Öperchen, und darum ...." — „Seien Sie ruhig, lieber Herr Kapellmeister", fiel ich ihm ins Wort, „Sie bekommen auch einmal ein Denkmal", womit ich ihm beschwichtigte. Zu einem Monument für Reissiger ist es freilich nicht gekommen, dafür hat man aber doch eine Straße in Dresden nach ihm benannt.

Sein Kollege Krebs war gleichfalls ein routinierter Operndirigent, zeigte als solcher aber gelegentlich absonderliche Geschmacksrichtungen. So setzte er zu Agathens Arie „Wie nahte mir der Schlummer" eine Baßposaune, und das nächtlich heimliche Hornsignal in der Rütliszene von Rossinis „Tell" ließ er einmal von dem grellklingenden Flügelhorn blasen. Dann auch fühlte er keine Sympathie für gewisse Dissonanzen in den hervorragenden Opernkompositionen der nachbeethovenschen Periode, weil sie ihm zu schroff erschienen. Ein sonderbares Erlebnis hatte er mit Meyerbeer. Dieser kam nach Dresden um der Einstudierung und Aufführung seiner Oper „Die Wallfahrt nach Ploërmel" beizuwohnen. Auf einer der Proben unterbrach Krebs dieselbe plötzlich in der Instrumentaleinleitung zum zweiten Akt und rief Meyerbeer zu: „Hier ist ein Takt zu viel in der Partitur." Meyerbeer, welcher an der ersten Kulisse Platz genommen hatte, kam an den Souffleurkasten und fragte ängstlich: „Wo denn?" Krebs zeigte ihm den vermeintlich überflüssigen Takt, worauf Meyerbeer sanft entgegnete: „Aber der Takt ist nicht zu viel, Herr Kapellmeister." — „Ja freilich ist er zu viel!" entgegnete Krebs mit großer Bestimmtheit. — „So" meinte Meyerbeer, dadurch eingeschüchtert, „wenn Sie das glauben, so lassen Sie doch den Takt weg." Dieses Vorkommnis ist bezeichnend für Meyerbeers diplomatisch konziliantes Wesen.

Die beiden Konzertmeister des Königlichen Kapellinstitutes waren Lipinski und Schubert. Dieser erwies sich als ein zierlicher, jener aber als ein in seiner Art bedeutender Geiger von ernster Richtung. Wie als Mensch, so war er auch eigentümlich als Violinspieler. Doch fehlten ihm zwei Eigenschaften: Staccato und ein schneller, praller Triller. Merkwürdig gefärbt waren seine Urteile mitunter. Bei der Konversation brachte er allerhand originelle Gedanken vor, die nicht nur an sich, sondern auch durch das mit polnischem Akzent fehlerhaft gesprochene Deutsch drollig wirkten. Einstmals, da wir uns über Bachsche Musik unterhielten, die er nächst der Beethovenschen am höchsten hielt, sagte er: „Das Bach ist derr Planettensystem, da gehen die Stimmen so durcheinander wie die Sterne", indem er entsprechende Bewegungen mit den Händen dazu machte. „Betthoven", fügte er hinzu, „ist ein Gasflamm', aber Mendelssohn bloß kleine Wachslicht."

Als Quartettspieler befaßte Lipinski sich nur mit den betreffenden Schöpfungen Haydns, Mozarts und Beethovens. Am besten, obwohl öfters mit stark subjektiv gefärbtem Ausdruck, trug er die Quartette des letzteren Meisters vor. König August von Sachsen liebte Lipinskis charakteristisches Spiel und ließ ihn mit seinen Quartettgenossen bisweilen zu Vorträgen ins Schloß rufen. Nach Beendigung eines derselben, so erzählte Lipinski mir, äußerte der König: „Sie wählen ja immer nur Sachen von den drei großen Quartettkomponisten. Warum nicht einmal andere?" — „Wenn Majestät befählen, werrden wir den nächsten mall andere Quartett bringen." Wir spillten also nachdem von Onslow und solche mehr. Da kam Königk, klopfte mich auf die Schulter und sagte: Libber Lipinski, spillen Sie doch nur immer von jene drei." Lipinski wollte damit betonen, daß er recht habe, sich mit anderen Quartettkomponisten nicht zu befassen. Er mußte auch einmal dem Könige Beethovens Kreutzersonate mit Liszt vorspielen. „Der wollte mich", fuhr Lipinski fort, „eine Bedienttenrolle geben, aber ich habe nicht gewollt und so aufgestrichen, daß alles vibrirrte."

Kunst und Künstler 1856

Lange bevor ihn das Schicksal in die Stadt führte, wo er viele Jahre an hervorragender Stelle seiner Kunst und ihren Schülern diente, hat Friedrich Preller der Jüngere, der Sohn des „Odysseepreller", das leise bewegte Treiben unter den Meistern und Schülern der Akademie kennen gelernt und in seiner frischen Weise geschildert:

Ich wohnte bei Donndorf und Hemken, drei Treppen hoch in der Poliergasse, wo sie für drei Räume mit Bedienung monatlich ganze sechs Taler, und nicht einmal immer bar, bezahlten. Die Straße war zu jener Zeit die äußerste der Stadt, und man

Eduard Bendemann. Selbstbildnis. Bleistiftzeichnung. 1859

Julius Hübner. Selbstbildnis. Bleistiftzeichnung. 1864

genoß von dort oben eine herrliche Aussicht bis nach dem Plauenschen Grund und nach Wilsdruff hin. Wir waren anfangs sehr fleißig. Schnorr, damals Direktor der Gemäldegalerie, gab mir Erlaubnis zum Kopieren, und in den Freistunden hielt ich mich meist in dessen Lehratelier auf, das nahebei auf dem Zwingerwalle lag. Mit den Insassen befreundete ich mich schnell. Die Schnorr-Schüler waren damals besonders geschätzt, und der Verkehr mit ihnen galt für höchst ehrenvoll. In der Tat gab es sehr talentvolle Leute unter ihnen. Für die hervorragendsten hielt man Dietrich und Kirchbach, der leider ein tragisches Ende gefunden hat; Kießling, ein Schlesier, der jüngste, hielt sich etwas reserviert; Frankl, ein echtes Wiener Kind, war der gemütlichste; Tom Dieck aus Oldenburg, der Senior der Sippe, privatisierte mehr; Zumpe und der ausgezeichnete Tiermaler Flinzer hatten damals Dresden schon verlassen. Leonhard Gey trat erst später ein. Hemken war fleißig an einem größeren Bilde. Der Meister kam selten, da er zu Hause an seiner Bilderbibel arbeitete. Zwischen den Schnorr-Schülern und den „Bendemännern", wie sie genannt wurden, herrschte eine gewisse Eifersucht, aber die meisten waren untereinander doch im Verkehr. Durch meine Stubengenossen wurde ich in die Familie Schnorrs und Rietschels eingeführt, mit denen ja auch mein Vater befreundet war.

Es bestanden damals schon Spaltungen in der Künstlerschaft. Daher kam es, daß ich weder Julius Hübner noch Bendemann besuchte, die mit Schnorr gespannt waren. Aber das hinderte doch nicht, daß ich aus der Zahl der „Bendemänner" mir den liebsten Freund, Theodor Große, gewann. Zu Ernst Julius Hähnel ging ich trotz seiner Antipathie gegen Rietschel, den Lehrer Donndorfs, denn mein Vater würde es mir nie verziehen haben, wenn ich diesen von ihm so hochverehrten Künstler vernachlässigt hätte. Im Rietschelschen Atelier wurde sehr tüchtig gearbeitet. Donndorf und Kietz halfen bei der Vollendung der Goethe-Schiller-Gruppe; Schwenk, Hultsch und Weißbach waren an eigenen Arbeiten tätig; Schilling war schon verheiratet und selbständig. Einige Jahre nachher habe ich bei meinem zweiten Aufenthalt in Dresden sehr intim mit dem hochtalentvollen, leider zu früh verstorbenen Bruno Weiske verkehrt.

So fand ich denn ein schönes, frisches Künstlerleben vor, ganz verschieden von der stillen Art, wie ich sie in Weimar gewohnt war, und ich genoß es in vollen Zügen. Die Landschafter-Schule unter Ludwig Richters Leitung trat damals ganz hinter der Historienmalerie zurück. Seine beiden bedeutendsten Schüler aus dieser Zeit, Erwin Öhme und Leonhardi, waren nach München und Düsseldorf gezogen. Der Stammhalter Woldemar Rau ergötzte uns durch seine tolle Laune. Mit ihm und mehreren der genannten jungen Maler aß ich zu Mittag, und regelmäßig fand sich dazu der zwanzig Jahre ältere Genremaler Gonne ein.

Rietschel, in dessen Familie ich manchmal Gast war, hatte in seinem Wesen oft etwas Gedrücktes und Kleinliches. Er machte überhaupt den Eindruck einer ängstlichen Natur.

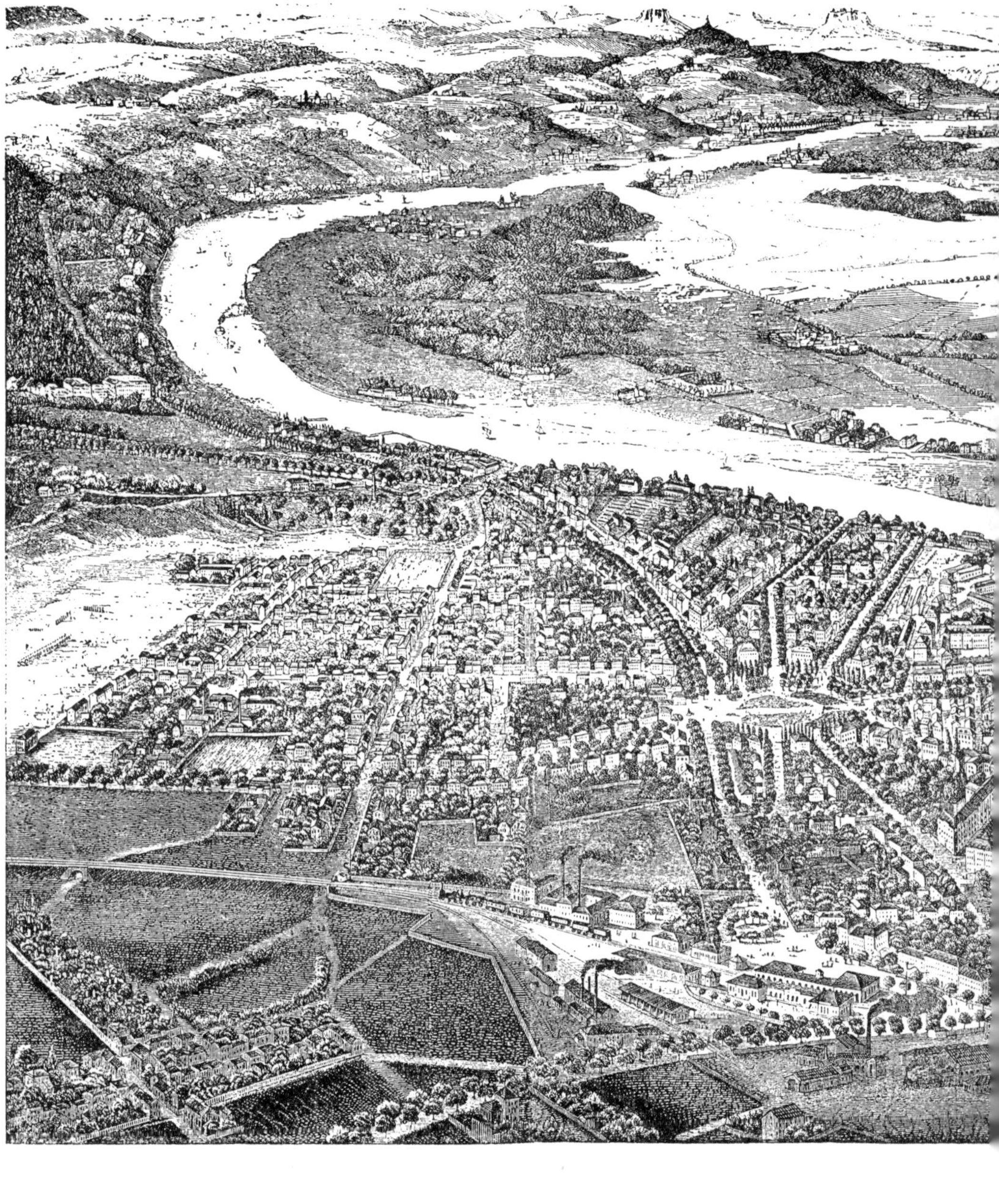

Dresden aus der Vogelschau.
Holzschnitt. Um 1855

Um so erfreulicher wirkte die Erscheinung seiner Gattin, der vierten, die schön und außerordentlich liebenswürdig war. Die Kinder gingen meist noch in die Schule, das jüngste Töchterchen, Trudchen, war unser aller Liebling. — Am häufigsten und am liebsten fanden wir uns im Schnorrschen Hause zusammen. Der Haushalt war von einer mir imponierenden Vornehmheit und dabei doch höchst behaglich. Frau von Schnorr, die Tochter des berühmten Malers Olivier, war zwar von kleiner Statur, aber eine der schönsten, die ich gekannt habe. Die Abendgesellschaften dort erinnerten mich trotz des anspruchsvolleren Zuschnittes in vieler Beziehung an die in unserem Hause. Die Freunde kamen ungeladen, waren stets willkommen, und es wurde viel musiziert. Der älteste Sohn Ludwig, der berühmte Sänger, war schon in Darmstadt engagiert, zwei jüngere, etwa in meinem Alter, besuchten noch die Schule, zwei andere waren noch Kinder. Höchst anmutig fanden wir die Töchter: Marie, eine seltene Erscheinung, Emmy, die jüngere, die sich bald darauf verheiratete, ungemein sympatisch. Schnorr, der seine Schüler wie Kinder des Hauses behandelte, war immer mitteilsam und harmonisch gestimmt, auch zeigte er gern die unerschöpflichen Schätze seiner Mappen. Mich fesselten am meisten die unvergleichlichen Landschaftszeichnungen aus Italien und Sizilien ....

An Zerstreuungen fehlte es übrigens nicht. Wenn es meine schmale Kasse irgend gestattete, besuchte ich das Theater, das auf der Höhe seines Ruhmes stand. So habe ich die besten Künstler der damaligen Aera kennengelernt: die Sänger Tichatscheck, einen phänomenalen Tenor, und Mitterwurzer und im Schauspiel die beiden Devrient, Eduard und Emil, sowie die Bayer-Bürk. Besuch aus Weimar kam auch, und so wurde mancher Tag auf Landpartien verzettelt. Wir tanzten in den Schänken, kletterten in der Sächsischen Schweiz umher und machten uns auf allerlei Weise lustig. Den Gipfel erreichte das Gaudium, wenn die ganze Rotte von dem derzeitigen Wirt auf der Brühlschen Terrasse, der mit allen meinen Freunden gut bekannt war, eingeladen wurde. Das gründlichste und opulenteste dieser Gelage fand in Rietschels kleinem Atelier statt, einem Pavillon, der genau an der Stelle stand, wo jetzt des Meisters Denkmal aufgestellt ist. Den Vorwand bildete der nahe bevorstehende Weltuntergang, den die Nicht-Astronomen auf den Monat Juni des Jahres 1857 festgesetzt hatten. Die Fidelität artete derart aus, daß wir es nicht gemerkt hätten, wenn die Welt wirklich untergegangen wäre.

Friedrich Preller d. J. (1838—1902) wurde als Lehrer an die Kunstakademie berufen und schmückte das neue Sempersche Opernhaus und später das Albertinum mit Wandgemälden aus der antiken Mythologie. Eduard Bendemann (1811—1889) lehrte seit dem Jahre 1838 an der Akademie; er arbeitete lange Jahre, bis 1855, an umfangreichen Wandmalereien im Bankett- und im Ballsaal des Königlichen Schlosses.

Bildnis des Kammersängers Joseph Tichatscheck

Steinzeichnung von Franz Hanfstaengl. 1842

Bildnis des Kammersängers Anton Mitterwurzer
Steinzeichnung von Peter Hanfstaengl. 1843

Ein Brief aus dem Jahre 1860

Als Stadt behaglichen und gebildeten Lebensgenusses erschien dem preußischen Professor Karl Stahr das schöne Elbflorenz, als er seinem Bruder, dem bekannten Literarhistoriker Adolf Stahr, von einer Reise im Herbst 1860 seine Eindrücke schilderte:

Auch meiner hatte sich jene jugendliche, alle Ermüdung von sich abweisende Aufregung bemächtigt, die ich immer fühle, wenn ich mich an einem fremden, schönen Ort befinde. Dazu kam noch, daß es wirklich kein geringer Vorteil und keine gewöhnliche Erholung ist, wenn man sich aus der Sphäre des ewig pretentiös-aufgereckten Preußentums mit seinen Leutnants, seinem Schnaps- und Lackgeruch einmal hinausbegeben konnte in die Atmosphäre ruhig-gesitteter, bescheidener Menschen, die nichts wollen als sich amüsieren, die nicht Politik reden, welche zu Tausenden und abermals Tausenden die Eisenbahnzüge füllen, die Gegend von Elbflorenz durchstreifen und dabei an dem Zusammengießen von Kaffee und Bier in ihrer lachenden Gegend die reinste Freude haben. In dieser Stadt möchte ich wohl meine Tage beschließen vorausgesetzt, daß sie den Charakter einer gewissen Lässigkeit nicht verlöre, noch durch industrielles, wissenschaftliches oder politisches Gehetze irgendwie wesentlich alteriert würde.

Wir haben im Hotel d'Angleterre in der Landhausgasse zwischen dem Neuen Markt und dem Pirnaischen Platze gewohnt. Das Haus, einst ein Palais des Fürsten Reuß, war überaus bequem, teilweise prächtig eingerichtet; Zimmer und Betten, Wein und „Tafel" ließen nichts zu wünschen übrig. Denn das ist dort so überaus vortrefflich, daß die sehenswürdigen Dinge nicht erdrücken, daß alles à la portée ist, daß Theater, Messe (die Kirche ist vortrefflich restauriert, es sind schöne Bilder hineingekommen, der Gesang und die Instrumentalmusik waren entzückend, die Predigt sehr gut, überhaupt sah man: der dortige Gott hat Geld), Sammlungen einen wundervollen Appetit hervorbringen, dem nicht etwa obenhin und unter Tabaksrauch oder à la carte, sondern durch ein elegantes Diner dans les formes und durch den trefflichsten Wein Genüge geschehen muß, wenn man sich nicht an seiner Natur und an den Forderungen seiner Jahre vergehen will. Gott des Himmels und der Erden! mit welchem Durst habe ich jeden Tag meine Bouteille schönsten Rhein- oder Burgunderwein getrunken, und wie hat sie mir geschmeckt!

Die Größe der Stadt hat gerade das richtige Maß. Die Entfernungen sind nicht unbedeutend, aber sie ermüden nicht. Der physiognomische Eindruck ist der eines offenen, hellen Wesens. Die Spuren der Revolution sind getilgt, es ist alles restauriert, die Zahl charaktervoller Gebäude ist nicht gering, und einige, wie das den Zwinger schließende neue Museum, zeigen eine überaus heitere und anmutige Pracht. Wie schade, daß dieser Semper nicht mehr ist — der Mann hat sich um die Stadt die größten Verdienste erworben. Die Hauptsache aber ist und bleibt, daß die Stadt ein Fürstensitz ist, und das wird sie voraussichtlich zu ihrem eigenen Besten und zur Freude aller ihrer Besucher noch lange bleiben.

Das Dresdner Theater ist noch eine schöne Kunstanstalt, aber es scheint mir im Sinken. Und wenn ich nicht sehr irre, so ist Dawison, dieser Modeliebling des Publikums und der Fremden, am meisten schuld daran. Ich habe ihn in Wallensteins Tod den Wallenstein spielen sehen und zwar so erbärmlich und schülerhaft, daß es mir vorkam, als müßte der diesem deklamierenden Schreier gespendete Beifall Ironie sein. Statt durch das Ganze der Dichtung einen männlichen Grund- und Hauptton festzuhalten, wie ihn jeder Mensch im gewöhnlichen Gespräch hat, (denn niemand verändert in Höhe, Tiefe oder Beschaffenheit seinen Sprechton häufig, und wenn er es tut, so muß Unruhe oder Leidenschaft ihn dazu auffordern) — sucht dieser jeden einzelnen der abermal tausend Verse durch besondere Deklamation und Stimme zu individualisieren. Hierbei konnte es nicht fehlen, daß ihn die größte Ermüdung überkommen mußte, und was noch viel schlimmer war: er machte in dem Streben nach unaufhörlichem Effekt die gröbsten Fehler in der Deklamation selbst. Es ist mit den Kunstjuden eine eigene Sache. Sie wollen sich machen, sich sehen lassen, sie drängen sich vor, sind Virtuosen und verderben den guten Geschmack. Ich habe mich über diesen Dawison gegen E. Devrient geäußert, und er war durchaus meiner Meinung. Er bedauerte nur, daß der Mann dergleichen sehr selten zu hören bekäme. Dabei ist er, wie Meyerbeer, dem Erwerb unkünstlerisch ergeben, geht des Vormittags an die Theaterkasse, und wenn er nicht Geld genug findet, dann wird er krank und spielt nicht. Wenn das mit dem Virtuosentum so fortgeht, so eignet sich dieser Mann sehr dazu, bei einem Fürsten als phonascus (Singmeister) angestellt zu werden.

Bogumil Dawison, der berühmte Charakterdarsteller, kam im Jahre 1854 an die Dresdner Hofbühne, wo er durch sein ungezügeltes Temperament und seine Rollengier dem Intendanten bald ebenso zu schaffen machte wie sein nicht minder anspruchsvoller Rivale Emil Devrient. Dieser zog sich schon nach wenigen Wochen von allen Stücken zurück, in denen Dawison auftrat. Auf diesen Kulissenkampf, der jahrelang dauerte und an dem das Publikum lebhaften Anteil nahm, bezieht sich das beigegebene satirische Flugblatt. — Der Amerikaner Sidney Whitman, der von 1859 ab das Vitzthumsche Gymnasium besuchte und so oft wie möglich ins Theater ging, hebt den festlichen Charakter der Vorstellungen hervor: „Die Leute holten sich in jenen Tagen ihre Begeisterung von der Bühne, und wo jetzt politische Parteiführer ihre Aufmerksamkeit auf sich ziehen, wirkten damals die ersten Schauspieler und Sänger für das Ideal des ‚Wahren, Schönen, Guten'. Man nahm lebhaft für die Künstler Partei. Das erstreckte sich von den Höchsten im Lande bis hinab zu den Niedrigsten. Selbst Dienstboten hatten ihre Lieblingssänger und -Schauspieler ....“

Hofschauspieler Bogumil Dawison

Steinzeichnung von Joseph Kriehuber 1850

Hofschauspielerin Marie Bayer-Bürck
Steinzeichnung von Franz Hanfstaengl

Flugblatt zu dem Kulissenstreit Dawison-Devrient
Steinzeichnung von J. König. 1863

Die Dresdner Vogelwiese der guten alten Zeit

wird in den „Jugenderinnerungen eines alten Sachsen", Karl Otto Buchers, mit allen ihren harmlosen Vergnügungen lebendig:

Von Freund Rehhan kommt jedes Dresdner Kind selbstverständlich auf die „Vogelwiese" zu sprechen, war ja dort ein Hauptfeld seiner Tätigkeit. Ach, was ist aus dir geworden, du gemütliches, harmloses Vergnügen, wie ich es im Jahre 1837 kennen lernte. Du bist gewachsen an Größe, aber leider nicht auch an Weisheit und Verstand. Die früher gesteckten Grenzen wurden dir zu eng, und seit dem Jahre 1841 verließest du die alte Wiese zwischen Elbe und Ziegelgasse und zogst nach dem Kommunalgarden-Exerzierplatz. Damals schon schüttelten kluge Leute das graue Haupt wegen bedenklicher Überhandnahme von überflüssigem Luxus; was würden sie heute sagen, wenn sie das Treiben hinter „Antons" sehen könnten!

Ich glaube, kaum den zehnten Teil des jetzigen Umfangs hatte die damalige Vogelwiese. Das eigentliche Schießfest war wohl dasselbe wie heute; es gab einen großen und zwei kleinere Vögel auf drei Stangen, ein Schießhaus, das Königliche Zelt mit Militärwache, ein Polizeizelt und andere offizielle Etablissements, aber die Zahl der Schankzelte, Würfelbuden, Schaubuden war viel geringer, auch strömten zu der Zeit, wo es weder Eisenbahnen noch Dampfschiffe gab, noch nicht solche Massen aus Nah und Fern herbei. Ich glaube, man konnte sich dabei viel besser amüsieren als jetzt, wo das ganze Treiben mehr und mehr den Charakter eines Dresdner Volksfestes verliert und das Gepräge eines internationalen Völkergewimmels annimmt. Die letzten Reste der grünen Wiese sind jetzt noch zwischen Marschallstraße, Ziegelstraße, Sachsenallee — teilweise als Wäschetrockenplatz benutzt — zu sehen. Dort gab es in meinen Knabenjahren zwei, höchstens drei Karussels, aber nur mit Holzpferden; im allerletzten Jahre tauchte ein Anfang von Dampfwagen auf, welcher begreiflicherweise nicht von der jetzigen vollkommeneren und mit allerhand Luxus ausgestatteten Konstruktion war. Außerdem gab es einige Schaubuden, in denen sich Kieselsteine und lebendige Tiere verschlingende echte Menschenfresser aus Friedrichstadt und Umgegend sehen ließen. Dem einen wurde trotz der hinter den Kulissen fleißig in Anspruch genommenen Kümmelflasche „ganz schlecht von dem vielen, rohen Fleesche". Auch Menagerien, mit einem bis zwei Löwen und sechs bis acht Affen, Riesenschlangen, deren Fütterung mit Kaninchen, Hühnern und anderen kleinen Tieren, am Schluß der Vogelwiesenwoche gegen erhöhtes Eintrittsgeld gezeigt wurde. Mein tiefstes Mitleid erregte einst ein armer Eisbär, der im engen, vergitterten Kasten bei einer Temperatur von mindestens 25 Grad Hitze sich

gez. v. L. Richter.

Franz Timmler

genannt „Mei Dachser".

I geig doch nicht schlecht,
I geig ja so schön,
Wer mir kein Dachser gibt,
Kann gleich wieder gehn.

Mei Dachser, mei Dachser
Is mei Morgengebet
Obs gleich, meine Herren,
In der Bibel nicht steht.

angstvoll hin und her bewegte. Er wurde täglich ein dutzendmal mit kaltem Wasser begossen, soll aber doch einige Wochen später an Lungenentzündung verendet sein.

Am meisten interessierten mich die von invaliden Bergleuten vorgeführten beweglichen Bergwerke, welche die verschiedenen Arbeiten zur Gewinnung des Erzes ad oculos demonstrierten, sowie die Guckkasten, in denen man, „das Loch een Sechser", die großen Schlachten von Leipzig, Waterloo, Navarin, den Brand von Moskau und andere weltgeschichtliche Ereignisse, sehen konnte. Die Schlachtenberichte des Guckkastenmannes erinnerten an die neuesten Produkte gewisser Broschürenfabrikanten, denen die sachverständige Militärkritik schon zugerufen: „Schuster, bleib' treu deinem Leisten!" — Da hieß es auch: „Jetzt kommt die Schlacht bei Waterloo! Vorne hält Napoleon auf seinem Schimmel. Da kommt von hinten der Adjutant und meldet: Majestät, die Schlacht ist verloren! Schön! sagt der Kaiser und nimmt eine Prise." Rrrrr! Ein anderes Bild! Der Brand von Moskau nach den Aufzeichnungen eines französischen Offiziers, ins Deutsche übersetzt von „Eenem, der nich derbei gewesen ist" u. s. f.

Im allgemeinen war das Vogelwiesen-Vergnügen ein sehr harmloses und bis in die ersten Abendstunden hinein auch, wie man in Dräsen zu sagen pflegt, ein „recht anständiges". Die besseren geschlossenen Gesellschaften, wie „Harmonie" u. a. hatten ihre Zelte, und dort verkehrten die Familien mit Gästen bei einem Gläschen guten Meißner (roten und blanken) und kalter Küche bis zur Mitternacht.

Auch das sogenannte „wilde Viertel", soweit ich es allerdings nur bei Tageslicht kennen lernte, war ziemlich zahm. Dort fand sich für mich auch Gelegenheit, die Künstlerfamilie Buttni in ihren Leistungen als Gesangskomiker zu bewundern. Der Charakter der Vogelwiese erhielt später eine andere Richtung und nicht nur durch den gesteigerten Verkehr, sondern auch, nach meiner unmaßgeblichen Ansicht, durch die sechste welterobernde Großmacht: das Bier! Denn nicht nur, was der Mensch ißt, ist der Mensch, sondern mehr noch das, was er trinkt.

Das große Vogelwiesengewitter

In einer kleinen Erinnerungsschrift, die Carl Reinhardt der Vogelwiese in den sechziger Jahren gewidmet hat, lesen wir den folgenden heiteren Wetterbericht:

Nun geht das Wetter los. — Der Sturm bringt als Ouverture eine Staubwolke von der Landstraße dahergetrieben, so daß sich Jeder schützend über sein Bier legt. — Dann kommt ein Platzregen mit Blitz und Donner vermischt. In der Luft erblickt man eine wilde Jagd von Herren- und Damenhüten, Sonnen- und Regenschirmen, denen die Gebeine umgeknickt sind. Verzweifelte Kalkulatoren klammern sich an ihre Regenschirme, denen der Sturm das Innerste zu Äußerst gekehrt hat. Der Hut ist lange fort

Das Dresdner Vogelschießen um 1790. Aquarellierte Zeichnung

Das Belvedere auf der Brühlschen Terrasse Kolorierter Stich von W. Bäßler. 1860

Das große Vogelwiesen-Gewitter im Jahre 1861

auf Nimmerwiedersehen. Aber der Schirm, das teure Familienkleinod, wird festgehalten, und sollte der Kalkulator mit nach dem Mond fliegen, er würde noch als Skelett am Griff hängen, falls die Reise langsamer als der Flug einer Kanonenkugel ging.

Die größte Masse wälzt sich Schutz suchend in die Bretterbuden, denn die sonst so beliebten Zelte haben jetzt alle Eigenschaften eines gut konstruierten Regenbades. Außerdem werden sie auch vom Sturm gern aufgehoben und umgeworfen, worauf die Gäste bestmöglichst darunter hervorkriechen und ein anderes Obdach suchen.

Die Straßen, welche durch die Buden führen, haben sich indessen in Kanäle verwandelt, so daß nur die Gondeliere fehlen, um ein venetianisches Bild zu bieten. Dagegen durchkreuzen andere Fahrzeuge die Gewässer. Herrenlose Angströhren segeln umher, während gestrandete Stiefeln von ihrer Mannschaft verlassen am Ufer festsitzen.

Familien, die nirgends einen Hafen finden konnten und nun einmal durchnäßt sind, segeln im Sturm weiter. — Der Vater hat die eine Tochter an Bord genommen. —

Die ergrimmte Mutter dampft voraus, während der Vetter aus Leipzig mit dem Kleinsten seitwärts treibt und der kleine Emil mit seiner Schwester mühsam den Kurs hält, kurz es geht wie im Liede:

Mütter ringen mit den Händen,	Auf dem Dache sitzt ein Greis,
Kinder krawweln an den Wänden;	Der sich nicht zu helfen weiß.

Die Dresdner Heide um 1860

als Naturpark und Wandergebiet heute den Dresdnern unentbehrlich, wurde in den sechziger Jahren allmählich erschlossen. In seinen „Erinnerungsblättern aus dem Leben einer alten Forstmannsfamilie" erzählt Heinrich Meschwitz:

In den sechziger Jahren des vorigen Jahrhunderts bildete unser Forsthaus gewissermaßen die Pforte zur Dresdner Heide. Hinter dem Hause und am Alaunplatz begann der Wald, und die Königsbrücker Straße trug von hier aus bereits den Charakter eines von Gräben eingefaßten Feldweges.

Damals dachte nur selten ein Einwohner Dresdens daran, das große Waldgebiet der Erholung halber zu durchwandern. Das Bedürfnis hierzu war noch nicht vorhanden. Dresden war noch keine solche Industriestadt wie heute, und der Arbeiter sehnte sich nach der Tätigkeit im Fabriksaal nicht in die Stille des Waldes hinaus. Dafür wanderte der schlichte Bürgersmann mit Weib und Kind des Sonntags längs der Elbe in die kleinen Ortschaften der Umgebung, wo Kuchengärten zur Einkehr einluden.

Ein Spaziergang in die Heide war damals aber auch noch wenig bequem. Der Wald war dem breiten Verkehr noch nicht erschlossen. Als das Bedürfnis hierfür mit dem Anwachsen der Stadt erwachte und in öffentlich geäußerten Wünschen zum Ausdruck kam, da stieß dieser Gedanke sogar auf lebhaften Widerspruch. Alte Waldliebhaber, wie der Tiermaler Guido Hammer, konnten es meinem Vater nicht vergeben, daß er zahlreiche Waldwege, zum Beispiel den heutigen schönen Prießnitzgrundweg, ausbaute, und hielten die Erschließung der Heide geradezu für eine Versündigung an der Natur.

Außer wenigen uralten Verkehrs- und Wirtschaftswegen gab es damals nur Schneisen und Pirschwege. Letztere wurden oft nur bei den großen Hofjagden betreten, und der alte Küchenweg, der die Prießnitz auf der Küchenbrücke überschreitet, hatte eigentlich nur den Zweck, den Hofküchenwagen aus Moritzburg oder Pillnitz einen bequemen Zugang in den Wald zu gewähren, wenn das „Halali" die Jäger zum Frühstück hier zusammenrief. Die Heide war damals noch ausgedehnter als jetzt. Dresden hatte seine Arme noch nicht so weit nach Norden ausgestreckt wie in der Gegenwart. Es gab noch keine Albertstadt, noch kein Hellerau, noch kein Königswald bei Klotzsche.

Die Ortschaften im Umkreis der Heide bildeten noch keine starkbevölkerten Villenorte. Es waren noch kleine Waldbauerndörfchen mit armer, meist als Waldarbeiter Verdienst suchender Bevölkerung.

Ein ungeheures geschlossenes Ganzes bildend, wurde die Heide von der Dresden—Görlitzer Eisenbahn in zwei ungleiche Teile zerschnitten. Der kleinere, westlich gelegene hieß — wie noch heutzutage — die „Junge Heide" und reichte über Langebrück und Klotzsche hinaus bis nach Radebeul, Boxdorf und Rähnitz. Der östliche Hauptteil des Waldes wurde von dem vielgekrümmten Prießnitzbach durchflossen und führte in seinem südlichen Teil den Namen „Prießnitzwald". Ein großer Teil des letzteren und die Junge Heide bildeten meines Vaters Revier.

Dieses war fast ausschließlich mit Nadelholz bestanden. Die Kiefer streckte hier ihre Nadelkrone empor. Der arme Sandboden, der nur von einer dünnen Humusschicht bedeckt war, begünstigte ihre Vorherrschaft über den nur in den feuchten Niederungen vorkommenden Laubwald. Das Heidekraut mit seinen rosafarbenen Blütenglocken wucherte hier und da auf der Erde, unterbrochen vom Kraute der Heidel- und Preißelbeere. Zur Zeit der Waldbeerenernte zogen Hunderte von armen Bauern und Dresdner Einwohnern in die Heide und pflückten die schwarzen und roten Früchte, deren bunte Farben den weiten Waldteppich zierten.

Die Zeitungen um 1864

In dem satirischen Reisebericht „Eiseles und Beiseles Kreuz- und Querfahrten", als dessen Verfasser der Journalist Otto Walster gilt, werden die Dresdner Zeitungen vom Anfang der sechziger Jahre ziemlich boshaft gekennzeichnet:

„Sie wünschen?" fragte der Kellner. — „Eine Zeitung." — „Eine Dresdner oder eine ausländische?" — „Geben Sie mir eine Dresdner."

„Wünschen Sie den ‚Dresdner Anzeiger', das ‚Dresdner Journal', ‚die Dorfzeitung', ‚die Heimat', die ‚Dresdner Theaterzeitung', das ‚Dresdner Communalblatt', die ‚Dresdner Nachrichten' oder die ‚Constitutionelle Zeitung?'"

„Welches ist denn die beste Dresdner Zeitung?"

Der Kellner lächelte und zuckte mit den Achseln. In diesem Augenblicke erhob sich ein Herr, der bis jetzt seinen Kopf hinter einem Haufen von Zeitungen verborgen gehalten hatte und sagte: „Die beste Zeitung? Hier in Dresden gibt es nicht einmal eine gute, geschweige denn eine beste Zeitung."

Verwundert schauten die Reisenden den Sprecher an, der ihnen so unerwartet Antwort gab. Es war ein feingekleideter Herr mit schon ergrautem, kurzgeschorenem Haar, mittlerer Größe und äußerst spirituellen Gesichtszügen. Etwas Mephistoartiges lag in seinem Gesichte, zumal wenn er das Lorgnon ins Auge kniff, wie er es in diesem Augenblicke tat. „Wollen Sie sich nicht näher aussprechen?" fragte der Doktor.

„Con piacere", erwiderte der Fremde, indem er am Tische Platz nahm. „Sehen Sie, der ‚Dresdner Anzeiger', das ist eben der Dresdner Anzeiger. Der ist des lieben Herrgotts Schoßhündchen, er arbeitet nicht, er denkt nicht, die gebratenen Tauben, id est die bezahlten Annoncen, fliegen ihm jeden Tag haufenweis in den Mund, die Annoncen speit er wieder aus, und das Geld behält er in seiner Tasche. Nicht einmal die ‚Dresdner Nachrichten' sind imstande gewesen, ihn auch nur leise zu erschüttern, obwohl dieses Blatt im Laufe weniger Jahre nach eigenen Angaben 10000 Abonnenten gewonnen hat." — „Das ist wohl viel für Dresden?"

„Viel sagen Sie? Unerhört sage ich Ihnen. Das ‚Dresdner Journal' und die ‚Constitutionelle Zeitung' haben es in fünfzehn Jahren, ersteres reichlich zu 3000, letztere kaum zu 2000 Abonnenten gebracht, während eine ganze Anzahl Versuche vollständig gescheitert sind."

„Da muß das Blatt sehr gut sein?"

„Comme vous voudrez, ich werde Ihnen den Inhalt skizzieren. Zunächst kostet das Blatt nur zwanzig Neugroschen. Sie müssen nämlich wissen, daß der Dresdner sich lieber ein Loch ins Schienbein bohren oder mit einem Ohre an den Fensterladen annageln läßt, als daß er einen Taler für seine geistige Nahrung auszugeben sich entschließen kann. Die ‚Dresdner Nachrichten' aber dürfen sich rühmen, ihm zwanzig Neugroschen vierteljährlich aus der Tasche gelockt zu haben. Das mußten sie fein anfangen, und Julius Schanz, der erste Begründer dieses Blattes, war der Mann dazu. Also zunächst Ordensverleihungen, Rangerhöhungen, Nachrichten über Befinden, Reisen, Tun und Lassen der allerhöchsten und hohen Herrschaften. Zu diesen hohen und allerhöchsten Herrschaften gehören auch die Sänger, Sängerinnen, Tänzer, Tänzerinnen, Komödianten und Komödiantinnen, sowie die roten Dienstmänner. Dann kommen die armen Sünder und Sünderinnen, wie sie auf der Anklagebank vor dem öffentlichen Richter stehen, wie sie bekleidet sind, wie sie sich benehmen, gerade als spräche man von Komödianten auf der Bühne, und womöglich wird noch ein kurzer Lebenslauf angefügt, gerade wie bei berühmten Persönlichkeiten, wenn sie ihren Ehrentag feiern oder das Zeitliche segnen. Dann folgt Lokalgeschichte ..."

„Das lesen wohl aber nur die niederen Volksschichten?"

„Wie Sie wollen, der gewöhnliche und der vornehme Plebs. Sie finden das Blatt auf der Schusterbank und finden es auf dem porzellanenen Kaffeeservice. Alle Welt schimpft darüber, aber desto mehr wird es gelesen. Und sagt einmal ein vernünftiger Mensch die Wahrheit über das Blatt, so reiben ihm die Eigentümer ihre 10000 Abonnenten unter die Nase und reden von Neidhämmeln und Mückenstichen."

„Und die politischen Journale können diesem Blatte keine Konkurrenz machen?"

Blick auf Dresden. Gemälde von Traugott Faber. 1861

Festhalle zum ersten deutschen Sängerbundesfest am 22. bis 25. Juni 1865

„Das ‚Dresdner Journal' ist ministeriell, wird also von der Opposition nicht gehalten, das versteht sich von selbst, und wenn es in Dresden auch nur eine Opposition de sa Majesté gibt, so hält sie doch auf Ordnung in diesem Punkte, liest also im Journal nur die Theaterrezensionen, welche aus der Feder Karl Blancks stammen und allerdings einen klassischen Wert besitzen. Nun kommt die ‚Constitutionelle Zeitung'."

„Das ist also das Oppositionsblatt?"

„Wie Sie wollen. Der Redakteur oder Chefredakteur, wie er sich täglich in seinem Blatte nennen läßt, Herr Advokat Siegel ist ein ebenso braver königlicher Sachse, wie nur irgendein anderer im Lande, hatte auch anfangs nichts weniger als die verwegene Idee im Sinne, Opposition zu treiben. Im Gegenteil trieb er anfangs mit Eifer Regierungspolitik und verteidigte mit löblichem Eifer das sogenannte Dreikönigsbündnis. Eines Tages aber beging Herr von Beust die Unhöflichkeit, von diesem Bündnisse abzugehen, ohne Herrn Siegel vorher davon zu benachrichtigen. So was kann der Zehnte nicht vertragen, wie Sie mir wohl zugeben werden, und seit jenem Tage ärgert Herr Siegel die Regierung. Wie du mir, so ich dir."

„Und darf ich fragen, wem wir diese interessanten Mitteilungen verdanken?" fragte Dr. Eisele. — „Mein Name ist Satanino", erwiderte der Herr mit einem maliziösen Lächeln und entfernte sich.

Das Sängerbundesfest 1865

Das erste deutsche Sängerbundesfest zu Dresden, vom 22.—25. Juni 1865, wurde mit seinen 20000 Teilnehmern zu einer gewaltigen vaterländischen Kundgebung. Der deutsche Einheitsgedanke, durch das ungelöste Schleswig-Holsteinische Problem im Vordergrunde der politischen Erörterungen und Kämpfe, lebte sich auf dem Feste in unermeßlicher Begeisterung aus. Der Schauplatz war die von den Architekten Eduard Müller und Ernst Giese am rechten Elbufer unterhalb der Waldschlößchen-Brauerei, also in schönster landschaftlicher Umgebung, errichtete Festhalle, 240:542 Fuß groß. Von den Erfordernissen der Bewirtschaftung durch den bekannten Gastwirt Oskar Renner kann man sich ein Bild machen, wenn man hört, daß allein 80000 Festpokale, d. h. Bierkrügel, angeschafft waren. Der Schmuck der Stadt, die drei Tage in einem Rausch der Entzückung und Verbrüderung lag, war bewunderswürdig. Ein riesiges Laubgewinde zog sich sogar an einem 600 Ellen langen und dreizehn Zentner schweren Drahtseil quer über den Plauenschen Grund, durch den die Sänger aus Süddeutschland ihren Einzug hielten. Der über drei Stunden lange Festzug vereinigte über tausend Sängervereine. Ein Gewitter legte, am Tage nach Schluß des Festes, einen Teil der Festhalle in Trümmer.

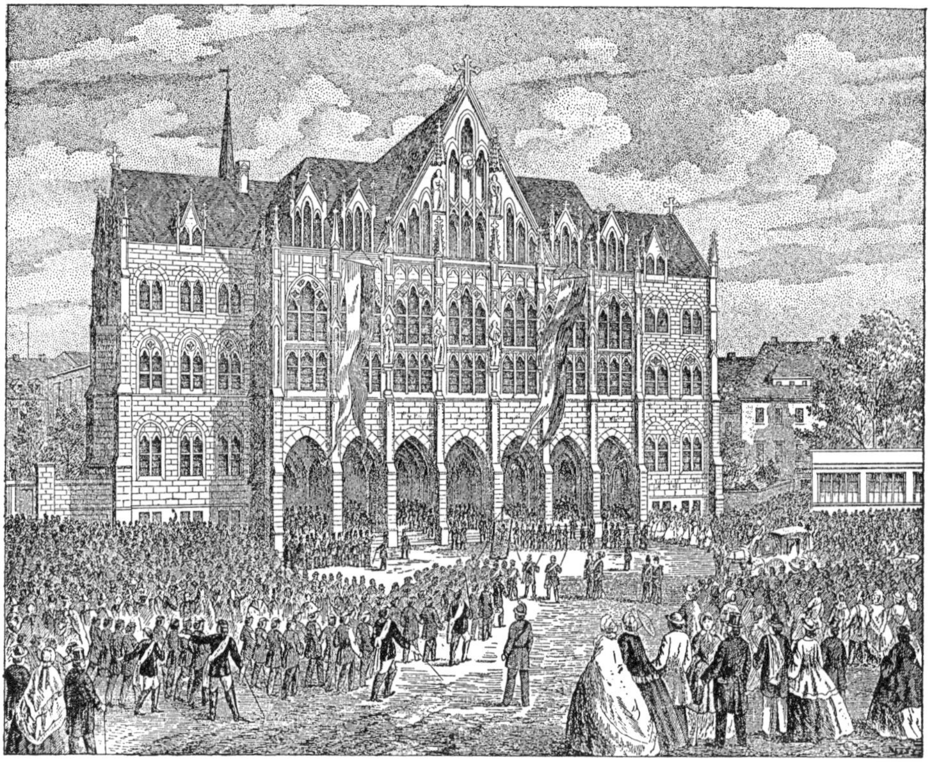

Die Einweihung des neuen Kreuzschulgebäudes in Dresden am 1. Mai 1866.

Der alte Emil Devrient

Von seinem zweiten Besuch in Dresden im Jahre 1867 überliefert Alfred Meißner ein Momentbild des gealterten Emil Devrient, das den gefeierten Heldenspieler in einer ziemlich tragikomischen Rolle sehen läßt:

Dresden hatte sich unendlich erweitert und verschönert, aber es war das alte nicht mehr, das ich so gerne gehabt. In der ganzen Stadt, in der Stadt, wo ich so gesellig gelebt, gab es für mich keine bekannte Seele mehr. Fortgezogen, gestorben! Das schien mir die allgemeine Losung. Ich begehrte aber auch nach den Erlebnissen des Morgens mit niemandem zu sprechen und blieb den ganzen Tag allein. Mir war, als ob ich fußhoch im welken, abgefallenen Laube alter Erinnerungen herumwatete.

Um mich ein wenig zu zerstreuen, ging ich in das Theater, das so starke Eindrücke in mir zurückgelassen. Es wurde „Lear" gegeben. Aber es war auch das alte Theater nicht mehr, das Gutzkow geleitet; die Art, in der tragiert wurde, erschien mir schrecklich. Ich trat in das gänzlich verödete Foyer und sah mich darin um. Ringsum an den Wänden hingen die Porträts bedeutender Mitglieder der Dresdener Bühne aus früherer Zeit. Meine Blicke schweiften von einem zum anderen, und ich erkannte das Bild Emil Devrients, das nach seinem großen Erfolge als „Uriel Acosta" gemalt worden war. Das war etwas, das mich jetzt mehr als alles andere an eine vergangene Lebensperiode erinnerte. Das Bild war aber entsetzlich nachgedunkelt und erschien mir höchst manieriert in Haltung und Auffassung. Ich warf mich abseits auf einen Divan und dachte über alte Zeiten nach.

Da erschien ein Mann an der Türe, dessen Knopfloch mit einer Fülle bunter Bändchen geziert war. Er warf einen Blick ins Foyer, wie um zu sehen, ob es leer sei, und ging quer über den Saal, ohne mich gewahr zu werden, auf das Porträt zu, das ich eben fixiert hatte. Die Haltung des Mannes konnte über seine Jahre nicht täuschen: er war sehr alt. Nun stellte er sich gegenüber dem Bilde und verlor sich in Betrachtung desselben. Wohl fünf Minuten stand er unbeweglich da. Nun warf er den Kopf zurück, streckte das rechte Bein vor, vergrub die rechte Hand in die Weste und ahmte, sich allein wähnend, die Positur der vor ihm stehenden Figur nach, als ob er sich selbst zum Spiegelbild derselben machen wolle. In dieser Stellung verharrte er lange, lange. Sein Treiben hatte wirklich etwas Gespenstiges. Ich stand auf, und kam leise näher, mir den Seltsamen anzusehen.

Welche Verwunderung! Der in Bewunderung Emil Devrients versunkene Greis war Emil Devrient selbst, jetzt ein hoher Sechziger, Ehrenmitglied des Dresdner Theaters und seit Jahren hier nicht mehr in Wirksamkeit. Ich zog mich leise zurück.

Der göttliche Emil spielte noch immer auf auswärtigen kleinen Bühnen seine jugendlichen Liebhaberrollen und befand sich, wenn man ihn hörte, noch immer auf der Höhe seiner Kraft. Wunderte man sich, daß er sich keine Ruhe gönne, so erwiderte er gekränkt, daß er es als seine Pflicht erkenne, fort und fort aufzutreten, um in einer Theaterwelt, die immer tiefer sinke, das Banner wahrer Kunst, das Banner des Idealismus emporzuheben. Merkwürdig nur, daß er dazu fast lediglich Stücke wie: „Lorbeerbaum und Bettelstab", „Rubens in Madrid" und die „Memoiren des Teufels" wählte!

Gustav Emil Devrient (1803—1872), der berühmteste der drei Brüder, wirkte am Hoftheater volle 37 Jahre als Heldendarsteller. Er trat zurück, um sich, wie er sagte, als Künstler nicht selbst überleben zu müssen. Sein Ruhm war außerordentlich, in Deutschland wie im Auslande. In Petersburg und besonders in London feierte er Triumphe. In den vierziger und fünfziger Jahren, da sein Können auf der Höhe stand, galt er als der bedeutendste Vertreter der deutschen Schauspielkunst.

Der Brand des Hoftheaters 1869

Der monumentale Prachtbau, mit dem Gottfried Semper seine reiche Dresdner Tätigkeit begonnen hatte, fiel am 21. September 1869 den Flammen zum Opfer. Das Ereignis, das weit über Dresden hinaus beträchtliches Aufsehen erregte, schildern die „Dresdner Nachrichten":

Fünf Minuten vor zwölf Uhr Mittags zeigte der Kreuztürmer den Brand des kgl. Hoftheaters an. Die grelle, furchtbar wütende Feuerflamme loderte zu allererst aus dem Dachstuhl und den direkt darunter liegenden Fenstern heraus und zwar aus jener Gegend, wo sich der Kulissenboden befand. In rapider Schnelligkeit verbreitete sich die Flamme, immer größere Dimensionen annehmend, sodaß die herbeigeeilten Spritzen und die Rettungs- und Löschmannschaften ohnmächtig an der Riesenbrandstätte standen. Der dicke, tiefschwarze Qualm wälzte sich durch die Fenster aller Etagen, und dazwischen leckte die blutrote Flamme heraus, wachsend und wachsend, bis sie zu einem gigantischen Feuermeere sich gestaltete. Was gerettet werden konnte, wurde noch herausgeschleppt, und hunderte von Händen trugen, was wegzubringen war. Musikinstrumente, Pauken, Violinen, Baßgeigen, alles das wanderte nach dem Hofe des Finanzhauses, während auf offenem Platze rotgepolsterte Bänke, Sessel, Türen usw. lagerten, die, zerrissen und zerbrochen, einen traurigen Anblick boten. Die Gewalt des Feuers war trotz des geringen Windes so groß, daß glühende Kohlen und glimmendes Notenpapier bis auf den Pirnaischen Platz flogen und dort von den Füßen der Passanten zertreten, die Trottoirs schwarz färbten. Das Landhausgäßchen, sowie der Hof des Landhauses selbst waren mit Kohlen und Asche übersät. Da am Theatergebäude selbst nichts mehr zu retten war, so war die erste und notwendigste Sorge darauf gerichtet, daß das Museum, Hotel Bellevue und das kgl. Schloß geschützt werden mußten. Fortwährend arbeiteten die Wasserschläuche auf den Dächern. Massenhaftes Publikum umlagerte den Feuerherd. Die Terrasse, die Terassentreppe, die Hauptwache, die Brücke, der Zwinger und seine Umgebung, alles das war dicht gedrängt von Zuschauern besetzt, und Verletzungen an Kleidern und Hüten durch herabstürzendes Flugfeuer, glühende Kohlen usw. waren keine Seltenheit.

Was an Dekorationen im Theater war, ist vollständig ein Opfer der Flammen geworden, namentlich die künstlerisch schönen Vorhänge, die Maschinerien, Versatzstücke und die Prospekte und Kulissen derjenigen Opern, welche laufend auf dem Repertoire waren, so die der Meistersinger, der Hugenotten, von Armide, Undine usw. Die Noten,

Das Interimstheater in den Jahren 1869 bis 1878. Aquarell von J. Walther.

Nesmüllers Sommertheater im Großen Garten. Steinzeichnung von E. Sonntag

Das Viktoria-Hotel vor dem Seetor, 1850/51 von H. Bothen erbaut, 1890 abgebrochen

Steinzeichnung von J. Riedel

Das Hotel de Saxe am Neumarkt, abgebrochen 1888; links davon die Salomonis=Apotheke Dr. Struves (Vgl. S. 286)

Tuschzeichnung von G. Täubert

Partituren und Singstimmen der „Meistersinger" wurden gerettet. Die Instrumente, die in der sogenannten Instrumentenkammer aufbewahrt wurden, sind vollständig verbrannt, besonders beklagt man den Verlust von mehreren Bässen, acht Waldhörnern usw. Ein schwerer Verlust ist die Vernichtung der Rüstkammer mit ihrem kostbaren Inhalte. Die zum guten Teile historischen Waffen werden gar nicht wieder in dieser Weise zu ersetzen sein. Die Garderobe der Künstler und Künstlerinnen fiel ebenfalls den Flammen zum Opfer. Nach königlicher Entschließung beziehen die Mitglieder des Hoftheaters ihren vollen Gehalt fort und erhalten sämtlich vorläufig zwei Monate Urlaub. Mit dem Landbaumeister Hänel und Hofbaumeister Krüger wird wegen des Baues eines Interimstheaters Konferenz gepflogen. Nach dem Plane beider soll der Bau auf sechzigtausend Taler kommen und bis zur Vollendung vier Monate in Anspruch nehmen.

Das Interimstheater diente seinem Zwecke bis zum 2. Februar 1878, an welchem Tage das neue Hoftheater, nach Plänen Gottfried Sempers von seinem Sohne Manfred erbaut, mit Goethes „Iphigenie" eingeweiht wurde. Das Prachtgebäude, mit 2000 Sitzen um 200 Plätze gegen das frühere Haus erweitert, war auf 2,350,000 Mark Baukosten veranschlagt worden; dieser Betrag erhöhte sich aber auf die ungewöhnliche Summe von über vier Millionen Mark. — Volkstümlicheren Bedürfnissen diente das von Joseph Ferdinand Müller, genannt Nesmüller, im Jahre 1856 im Großen Garten neben der Großen Wirtschaft errichtete Sommertheater; es bildete ein Vierteljahrhundert lang einen ungemein beliebten Vergnügungsort und eine nicht zu unterschätzende Konkurrenz für die königlichen Bühnen. Mehrfach gingen dramatische Künstler aus dem luftigen Musentempel unmittelbar an die berühmten Hoftheater über, und auch die Königliche Familie verschmähte es nicht, hier einmal eines der harmlosen Volksstücke mit anzusehen, die meist aus der Feder des vielgewandten Direktors selbst flossen. Eine Sammlung dieser vergessenen Sing- und Liederspiele wie „Eine Soldatenfamilie", „Die Frau Tante", das Zaubermärchen im Stile Raimunds „Der Gnome und sein Narr" usw. erschien 1864. Am beliebtesten war das Liederspiel mit Tanz „Die Zillerthaler", dessen vielgesungener Schmalzer „Wenn i mi nach der Hoamat sehn'" in ganz Deutschland, ja in Rußland und Amerika die Herzen rührte und entzückte. Finanzielle Schwierigkeiten, dazu ein Protest der Feuerpolizei machten 1881, zum großen Bedauern fast der ganzen Bürgerschaft, dem Nesmüllerschen Theater ein Ende. — Das rasche Wachstum der Stadt machte die Errichtung einer neuen Bühne notwendig, die in der Neustadt als „Albertheater" erstand. Die Stadt hatte den Bauplatz geschenkt; eine Vereinigung Dresdner Bürger betraute den Architekten Schreiber mit dem Bau, und die Königliche Intendanz pachtete das Haus zur Aufführung von Schau- und Lustspielen. Am 20. September 1878 wurde es eröffnet.

Ein Original

Leibarzt Dr. Walther

Der amerikanische Publizist Sidney Whitman, in den 70er und 80er Jahren ein häufiger Gast in Deutschland, weiß in seinen „Erinnerungen" von einem Original zu berichten, das sich trotz der Ungunst der gewandelten Zeiten siegreich bis zum Tode behauptete:

Wohl die markanteste Persönlichkeit Dresdens war, vielleicht der General von Fabrice ausgenommen, Dr. Walther, der Leibarzt des Königs. Beide waren Männer über sechs Fuß groß, der eine — er war Chef des Generalstabs der sächsischen Armee im Feldzug von 1866 gewesen und wurde darnach sächsischer Kriegsminister — mit adlerartigen, echt soldatischen Gesichtszügen, der andere der ausgeprägte Typus des glattrasierten Arztes. Ich bezweifle, ob vor- oder nachher irgend ein rein praktisch tätiger Arzt in Deutschland eine so hervorragende Stellung eingenommen und sich eines solchen Prestiges in der Gesellschaft erfreut hat wie dieser ausgezeichnete Mann, von dem man wie von einem Fürsten der Wissenschaft sprach. Er wurde oft zu Konsultationen an andere deutsche Höfe gerufen, und viele Kranke, besonders aus Rußland, kamen eigens nach Dresden, um ihn zu konsultieren. Sein stattliches Wohnhaus in der Waisenhausstraße war eine förmliche Ausstellung von Geschenken, mit denen dankbare Patienten ihn überhäuft hatten. Sein Ruf war um so bemerkenswerter, weil er ihn noch mehr seiner Persönlichkeit als seinen wissenschaftlichen Kenntnissen oder seiner Stellung als Arzt des Königs verdankte. Dr. Walther gehörte zu jenen Vertretern ausgesprochen deutscher Kultur, die literarische, philosophische und naturwissenschaftliche Kenntnisse vereinigen und einen lebhaften kritischen Sinn für Kunst und Musik besitzen, all das vereint mit einer Milde des Wesens — eine Eigenschaft, die man in Deutschland besonders bei den Sachsen findet, — über die doch niemals, auch nicht in Gegenwart eines Königs, je eine gewisse Zurückhaltung verloren ging, die dem geborenen Aristokraten eigen ist. Um seiner Vielseitigkeit die Krone aufzusetzen, war Dr. Walther ein großer Epikuräer und als solcher ständiger Gast an der Table d'hôte in der „Stadt Berlin", anerkanntermaßen der hervorragendste dieser Tischgesellschaft, zu dem die Habituees als höchster Autorität nicht nur in kulinarischen Angelegenheiten ehrfurchtsvoll aufblickten. So hoch dachte er von der Küche dieses Hauses, und so sehr schätzte er die gute Mahlzeit, die er hier fand, daß er die Tage, an denen König Johann ihn zum Diner einlud, als verlorene betrachtete. Ich habe ihn behaupten hören, daß des Herrn Marschners Kalbsbraten schmackhafter sei als alle, die man in Paris oder London bekomme. Er war der einzige Gast, dessen Wünsche der Wirt berücksichtigte, wenn er das Menu für den folgenden Tag entwarf; dies geschah ab und zu am Abend vorher, wenn der Herr Geheimrat noch nach dem Theater kam, um bei der Zusammenstellung dieses höchst wichtigen gastronomischen Dokuments behilflich zu sein. Aber selbst er war sehr vorsichtig im Verkehr mit seinem Wirt, denn beide waren sie Männer von erregbarem Temperament, und ein ernstlicher Zwist hätte ihm ein Opfer auferlegen können, zu dem er nicht die geringste Lust hatte, nämlich seine Beziehungen zu dem Hotel abzubrechen. Einmal kam es fast dazu, bei einer Gelegenheit, die die Einfachheit der Verhältnisse in den vorsiebziger Jahren in Sachsen illustriert. Bis 1871 hatte der Preis des Table d'hôte-Diners, das den Ruf hatte, das beste in Dresden zu sein, und tatsächlich kaum weniger gut war als das, was man heutigentags in London und Paris für fünf Mark bekommt, zwei Mark, für die Abonnenten und Stammgäste wie Dr. Walther jedoch nur eine Mark betragen, wenn auch unter der stillschweigenden Voraussetzung, daß eine halbe Flasche Wein getrunken wurde. Nach dem Kriege wurde der reguläre Preis auf drei Mark, der für die Stammgäste auf eineinhalb Mark erhöht. Mit echt sächsischer Sparsamkeit erhob Dr. Walther Einspruch gegen diesen Aufschlag, obwohl er im übrigen eine offene Hand hatte und sogar freigebig war, aber er fand sich schließlich ins Unabänderliche wie die Anderen. Leider war es ihm nicht bestimmt, den erhöhten Preis noch lange zu bezahlen, denn er starb noch im selben Jahre. Sein Tod wurde der Anlaß zu einer großen Kundgebung: Deputationen von allen Krankenhäusern der Stadt sowie eine große Anzahl hervorragender Militär- und Zivilpersonen der Hauptstadt folgten dem Leichenzuge. Ich sah dabei ebenso viele Uniformen wie bei der Beerdigung eines hohen Militärs. Als der Zug an seinem Lieblingshotel vorbeikam, sagte der witzige Wirt, der mit im Trauergefolge ging, zu mir: „Dieses Stück des Weges wird das schwerste für ihn sein, weil er heute nicht mehr bei mir essen kann".

Die Heimkehr des siegreichen Heeres

11. Juli 1871

Mit wachsender Freude hatten die Bürger den Gang der großen kriegerischen Ereignisse auf den Schlachtfeldern Frankreichs verfolgt. Mehr und mehr war der partikularistische Widerspruch aus jenen altsächsischen Kreisen verstummt, die von der Proklamation des Kaiserreiches eine Verkürzung der Landesrechte befürchteten. Die Welle der Begeisterung schäumte über, als nach langem Harren endlich das siegreiche Heer in die festlich geschmückte Residenz einzog. In seiner „Geschichte der Stadt Dresden von 1861—1902" gibt der Ratsarchivar Otto Richter aus eigenem Erleben eine Darstellung dieses Freudentages, dessen Höhepunkt F. W. Heine in seinem großen Gemälde getreu bis in die Porträts der Teilnehmer hinein festgehalten hat. Richter schreibt:

Da endlich kam ein Jubeltag, wie ihn Dresden nie zuvor gesehen: am 11. Juli hielt das siegreiche sächsische Heer seinen Einzug. Auf ein farbenprächtiges Bild schaut hellstrahlend die Julisonne herab; bis in ihre entlegensten Teile war die Stadt mit Blumen und frischem Grün, mit Flaggen, Bildern und Teppichen geschmückt. Die Straßen durchwogte ein freudig erregtes Volk, das aus dem ganzen Lande herbeigeströmt war, um den tapferen Kriegern einen frohen Empfang zu bereiten. Im Großen Garten und bis herein zum Böhmischen Bahnhofe standen seit dem Morgen die Truppen, 20260 Mann mit 8500 Pferden. Festjungfrauen schmückten am Eingange des Gartens die Regimenter mit Lorbeerkränzen und spendeten Eichenkränze für die 72 Geschütze. Bei der „Pikardie" teilte König Johann dem Kronprinzen Albert ein Schreiben des deutschen Kaisers mit, worin dieser ihn zum Generalfeldmarschall ernannte, und überreichte ihm den aus dem Kgl. Historischen Museum entnommenen Marschallstab, den der Polenkönig Johann Sobieski gegen die Türken beim Entsatze Wiens im Jahre 1683 ruhmvoll geführt hatte. Unter Glockengeläute erschien gegen 12 Uhr die Spitze des Zuges am Eingang der Prager Straße. Es war ein Augenblick unvergeßlicher Spannung, als der Königssohn, mit den höchsten kriegerischen Ehren geschmückt, gefolgt vom Stabe der Maasarmee, in den Triumphbogen einritt. Ein Sturm der Begeisterung durchbrauste die Luft, von Balkonen und Fenstern herab wie aus der Mitte der die Straße besetzt haltenden Tausende wurde der Feldherr mit Blumen überschüttet, und unter fortdauerndem Jubel tauschte das Volk Begrüßungen mit den einziehenden Kriegern aus. Wie durch eine lange festliche Halle bewegte sich der Triumphzug durch die Prager-, Waisenhaus-, Johannes- und Landhausstraße nach dem Neumarkte. Hier angelangt ritt Kronprinz Albert an die Tribüne heran, auf der die verwundeten Kameraden versammelt waren, nahm einen Lorbeerkranz von seinem Marschallstabe und heftete ihn unter den Beilfallsrufen der Volksmenge einem der Invaliden an. Dann nahm er an der gegenüberliegenden Tribüne der Festjungfrauen einen poetischen Gruß und einen Lorbeerkranz entgegen ... Vom Neumarkte ging der Zug durch die Augustusstraße und über die Elbbrücke nach dem Bautzner Platze, wo die Truppen vor der auf einer Tribüne um den König Johann versammelten königlichen Familie vorbeimarschierten. Nachmittags bot die Stadt den Truppen eine festliche Bewirtung auf der zu einer Zeltstadt umgewandelten Elbwiese am Waldschlößchen. Bei Musik, Gesang und Tanz verbrachten hier die fröhlichen Kriegerscharen den Abend inmitten einer unübersehbaren, ihnen immer aufs neue zujubelnden Volksmenge.

Ludwig Richters Lebensabend

Der Maler Paul Mohn, Schüler und später Schwiegersohn des Meisters, gibt in seiner Biographie „Ludwig Richter“ aus eigener Anschauung eine fesselnde Schilderung von den Lebens- und Arbeitsgewohnheiten des Künstlers. Wir dürfen sie in den Beginn der siebziger Jahre verlegen, wo Richter durch seine abnehmende Sehkraft allmählich an der zeichnerischen Arbeit behindert war, aber nichtsdestoweniger noch eine Anzahl köstlicher Aquarelle nach älteren Entwürfen schuf. Mohn erzählt:

Sein Haus war schlicht und einfach, ebenso sein Tisch anspruchslos bürgerlich; er sah gern einen oder zwei Tischgäste bei sich, selbstverständlich möglichst Nahestehende aus der Verwandtschaft, dann war er ungeniert und konnte in dem gewohnten Hauspelz sitzen. Das kurze Tischgebet sprach er schlicht und einfach, daß man ihm mit

Einzug des Kronprinzen Albert mit den siegreichen sächsischen Truppen am 11. Juli 1871

Gemälde von Fr. Wilhelm Heine

Ludwig Richter. Kreidezeichnung von Friedrich Preller

Ehrfurcht folgen mußte. Bei Tisch pflegte er eine gleichmäßig freundliche Unterhaltung und würzte das Mahl durch manchen trefflichen Gedanken, dabei immer demütig und voller innerster und wahrster Herzensgüte. Seit einer Reihe von Jahren sorgte ein Hamburger Kunstfreund (ich denke, es ist in dessen Sinne, wenn ich seinen Namen verschweige) für vorzügliche Weine und sonstige Stärkungsmittel, deren sein hohes Alter bedurfte. Wenn er solch kostbaren Stoff krendenzte, gedachte er stets mit rührender Dankbarkeit, aber immer im Gefühl des Unverdienten, des freundlichen Spenders. Ebenso einfach waren die Abende bei ihm; vor dem Abendtisch wurde eine, auch zwei Stunden lang vorgelesen; das Gehörte gab beim Abendessen Stoff zu anregender Unterhaltung. Der Meister war oft heiter, erzählte gern fröhliche Episoden aus seinem oder seiner Freunde Leben, ließ oft seinem wirklich guten und echten Humor, den er in hohem Maße besaß, freien Lauf, hörte aber auch gern zu. Nach Tisch wurde dann weitergelesen, er saß dabei im bequemen grauen Hauspelz in seiner Sofaecke, über den Augen einen großen grünen Schirm, die Hand am Ohr, da er schließlich auch schwerer hörte, so konnte er stundenlang dem Vorleser zuhören und war stets mit regstem Interesse dabei, sprach oft dazwischen, geistreich und lebendig anknüpfend an irgendwelche Stelle des eben Vorgelesenen . . .

In seiner Vaterstadt Dresden hat man jetzt ein Ludwig Richter-Zimmer eingerichtet, in dem Reliquien des verehrten Altmeisters aufgestellt sind. Hier ist der Arbeitstisch, an dem er viele Dezennien so fleißig geschafft, mit allem, was darauf untergebracht war, bis auf die kleine Vase, in der einige Blümchen je nach der Jahreszeit sein Auge erfreuten; sein bequemer breiter Stuhl steht vor dem Tisch und was sonst noch von Inventar sich erhalten. Man hat dort annähernd einen Eindruck von der Anspruchslosigkeit in seinem Hause, in seinem Arbeitszimmer. Über seinem Arbeitstisch hing das kleine in Öl gemalte Selbstporträt seines römischen Jugendfreundes Maydell und das von Amsler so schön gestochene Porträt Fohrs. Wie oft mögen, wenn seine Augen über diese beiden Bildnisse hinstreiften, die römischen Jugenderinnerungen an ihm vorübergezogen sein! Karl Philipp Fohr war sein künstlerisches Jugendvorbild auf dem Gebiete stilvoller und dabei manierloser Naturauffassung. Zur Seite des Tisches standen Mappen mit seinen Lieblingsblättern, Stiche und Radierungen, die er oft betrachtend durch seine Finger gleiten ließ und sich zur eigenen Arbeit daran erfrischte und anregte. Es war eine gewählte Gesellschaft, die da, still aneinander gereiht, zusammenlag . . .

Bei der Arbeit pflegte er leise vor sich hinzusingen oder zu pfeifen, beliebige Volksliedmelodien, heitere und ernste. Sobald der Tag sich neigte, legte er die Arbeit fort und eilte zum Spaziergang nach dem „Großen Garten", dem öffentlichen königlichen Park in Dresden, wo er mit Freunden in einem kleinen, engen Lokal „Beim Hofgärtner" seinen Kaffee einnahm, und wo dann eine lebhafte Unterhaltung gepflegt wurde. Früher hatten im Café Meißner solche Zusammenkünfte stattgefunden, an

Huldigungsblatt für Ludwig Richter
Radierung von E. Haertel

denen außer Künstlern wie Rietschel, Hähnel, Bendemann, Peschel usw. auch Schriftsteller und Schulmänner teilgenommen; mit den Jahren hatte sich dieser Kreis aufgelöst. Später finden wir dann den Meister, nachdem er seinen Spaziergang gemacht, an dem Stammtisch im British Hotel. Die Abend- oder gar Nachtstunden hat er zur Arbeit nie mit herangezogen; diese wurden nur für die laufenden Korrespondenzen und für das Lesen ausgenützt, letzteres erstreckte in jüngeren Jahren sich oft bis in die späten Nachtstunden.

Am 19. Juni 1884, mit 81 Jahren, starb Ludwig Richter. Er wurde auf dem neuen Katholischen Friedhofe der Friedrichstadt, nahe seinem Geburtshause unter allgemeiner Teilnahme beigesetzt. Sämtliche Kirchenglocken erwiesen dem Ehrenbürger Dresdens die letzte Ehre.

An der Polytechnischen Schule 1875

Der Mathematiker Leo Königsberger, im Jahre 1875 als Lehrer an das Polytechnikum berufen, schildert seinen Kreis und seine Beziehungen zur höfischen Geselligkeit in seiner Selbstbiographie „Mein Leben“:

So übersiedelten wir nun im April 1875 nach Dresden, fanden dort mit Hilfe der liebenswürdigen Unterstützung der Familie Zeuner eine schön gelegene Wohnung und erfreuten uns noch vor dem Beginne der Vorlesungen an der anmutigen Umgegend und den Schätzen der Kunstinstitute, mit deren Chef Hübner wir sehr bald in nähere freundschaftliche Beziehungen traten.

In Zeuner, dem bedeutenden, in der naturwissenschaftlichen Welt längst rühmlich bekannten Forscher, fand ich einen genialen Direktor der polytechnischen Schule und einen lieben Kollegen, der mir seine Freundschaft und sein Wohlwollen bis zu seinem Tode unverändert erhalten hat; Burmester war ein ausgezeichneter Vertreter der darstellenden Geometrie, Mohr, Lewicki, Hartwig u. a. als Theoretiker und Praktiker hervorragende Autoritäten der Technik. Alles war schon zum Teil und wurde später unter Zeuners Leitung reorganisiert, und ich selbst war nicht ohne Einfluß auf die Besetzung der Lehrstühle in der allgemeinen wissenschaftlichen Abteilung. Das Entgegenkommen des Unterrichtsministers Gerber, das persönliche Interesse, welches der hochgebildete und feinsinnige König an der Entwicklung der Hochschule nahm, und das er gleich im ersten Semester durch den Besuch meiner Vorlesung bekunden wollte, und die Erlaubnis, ihm ohne Rückhalt meine Wünsche bezüglich der Reorganisation auszusprechen, ermöglichten es, Toepler auf den Lehrstuhl der Physik zu berufen und durch die glückliche Besetzung der Lehrstühle für Chemie, Botanik, Philosophie u.a. eine wenn auch kleine, so doch gut organisierte naturwissenschaftliche Fakultät zu bilden ...

Zeuner, Toepler, der Philosoph Schultze, Hettner, der hochangesehene Literarhistoriker, der früher auch der Heidelberger Universität angehört hatte, bildeten einen anregenden Kreis, in den auch bisweilen andere angesehene Männer wie der Philosoph Fleckeisen, Graf Baudissin u. a. eintraten; Museum und Theater boten Reize des Lebens, die wir in Heidelberg vermißt hatten.

Zu alldem trat noch der Umstand hinzu, daß ich — freilich ohne meine Frau — zu den Hofkonzerten und Hofbällen geladen wurde, auf denen ich fast stets von dem Könige angesprochen und über meine Tätigkeit und Wünsche befragt wurde. Im übrigen boten mir die Hoffestlichkeiten wenig Interessantes, da ich als Tanz- und Kartenunkundiger mich stundenlang in eine Uniform eingezwängt in den Sälen untätig herumbewegen mußte — und auch diese freie Bewegung wurde durch das steife Zeremoniell, das am säsischen Hofe herrschte, häufig eingeengt. Als ich einmal nach dem Konzert mit Overbeck aus Leipzig in eine interessante Unterhaltung vertieft von einem Saal in den anderen ging, trat vor dem letzten derselben der Hofmarschall an mich heran und erklärte mir — freilich lächelnd und in größter Liebenswürdigkeit — daß in diesen Saal nur Overbeck eintreten dürfe, da er Geheimer Rat, ich jedoch nur Geheimer Hofrat sei. Und dieses unverbrüchliche Zeremoniell fand z. B. auch am Sylvesterabend seinen erheiternden Ausdruck. Während der König und die Königin mit dem Prinzen und der Prinzessin Georg an einem Tische Whist spielten, vollzog sich um zwölf Uhr nachts die Neujahrsgratulation der anwesenden Gäste in der Weise, daß je eine Gruppe von sechs bis sieben Personen an dem Tische vorbeizog, sich verbeugte, der König die Karten niederlegte und den Gruß erwiderte. Aber all diese Förmlichkeiten standen in dem schroffsten Kontrast zu der wahren und natürlichen Einfachheit des Königs, mit dem über politische Dinge zu sprechen wirklich eine Freude war. Die revolutionäre Gesinnung von Richard Wagner und Gottfried Semper in den Märztagen des Jahres achtundvierzig konnte er verstehen; der Haltung seines Lehrers Köchly, der von der Unterrichtsstunde aus dem Schlosse nach dem Rathause eilte und die Dynastie für abgesetzt erklärte, wollte er aber keine Verzeihung gewähren.

Die Polytechnische Schule wurde vom Jahre 1873 ab von Gustav Zeuner, dem berühmten Forscher auf dem Gebiet der mechanischen Wärmetheorie, geleitet und rasch in die Reihe der vornehmsten technischen Bildungsanstalten emporgehoben. Als sie 1875 in das neue Heim am Bismarckplatze übersiedelte, erhielt die Schule den Namen Polytechnikum; am 1. Mai 1878, zur Feier ihres fünfzigjährigen Bestehens, wurde der Anstalt die Verfassung einer Hochschule zuteil. Vom Jahre 1890 ab führt sie den Namen Technische Hochschule; sie erhielt das Recht der freien Selbstverwaltung gleich den Universitäten. Neben den beiden historisch-philosophischen Lehrstühlen wurden seit den siebziger Jahren noch vier ordentliche Professuren begründet für Geographie, Volkswirtschaft, Philosophie und Geschichte. Außer Hermann Hettner (1821—82) wirkten bedeutsam über Dresden hinaus der Philosoph Fritz Schultze, der sich besonders durch seine populärwissenschaftlichen Vorträge einen weiten Kreis gewann, und der Literarhistoriker Adolf Stern; über letzteren vergleiche Karl Woermann im folgenden Abschnitt.

Das literarische Leben in den achtziger Jahren

Der Kunstgelehrte Karl Woermann, der von 1882—1910 die Gemäldegalerie leitete, wurde, selbst aus echter humanistischer Geistes- und Herzensbildung Poet und Schriftsteller, bald Mitglied eines lebendigen literarischen Kreises. In seinen „Lebenserinnerungen eines Achtzigjährigen“ erzählt er auch von der Vereinigung „Symposion“, in der sich die führenden Persönlichkeiten zusammenfanden:

Ein starkes literarisches Leben herrschte damals in Dresden freilich nicht. Die Tage Ludwigs Tiecks waren vorüber, wie im Schauspiel die Tage Emil Devrients. Stark war nur noch die Oper, in der Therese Malten, Gudehus und der kleine Riese und bald auch Scheidemantel glänzten. Große Dichter lebten damals, ehe Gerhard und Karl Hauptmann vorübergehend ihren Wohnsitz dort aufschlugen, überhaupt nicht in Dresden. Einer der bekanntesten von ihnen war Adolf Stern (1835—1907), der Professor der Literaturgeschichte an der Technischen Hochschule, der sich namentlich durch seine Romane, aber auch durch epische und lyrische Dichtungen einen Namen gemacht hatte. Er hieß eigentlich Adolf Ernst, war aber nicht nur als Schriftsteller, sondern auch als Hochschullehrer nur unter dem Namen Stern bekannt. Als Kritiker des amtlichen Dresdner Journals war er mehr gefürchtet als geliebt; und als Mensch haftete ihm etwas Kleinbürgerlich-Unsicheres an, das sich schon in dem falschen Namen aussprach, unter dem er lebte, lehrte und schrieb. Aber er war eine reine und frische Natur, und es gingen manche Anregungen von ihm und seiner liebenswürdigen, seelenvollen Gattin aus, die als Margarete Herr zu den geschätztesten Pianistinnen jener Zeit gehörte. An Stern hatte ich eine Empfehlung von Ernst Scherenberg aus Elberfeld mitgebracht, die mich ihm sofort näher brachte.

Aus der Zeit Tiecks ragte noch der seinerzeit auch als konservativer Politiker und Gegner Preußens aus den Tagen des seligen Deutschen Bundes bekannte, von Österreich geadelte, auf allen Gebieten der Dichtkunst erprobte Viktor Friedrich von Strauß (1809—1891) in die Dresdner Gegenwart hinein. Freiwillige Dresdner waren auch mein Landsmann Karl Eduard Duboc (1822—1910), der unter dem Namen Robert Waldmüller Romane, Novellen und Gedichte schrieb, die ihrerzeit gern gelesen wurden, der Braunschweiger Friedrich Friedrich (1827—1890), der eine lange Reihe von Romanen verfaßt hatte, von denen namentlich die Kriminalgeschichten ihm einen Ruf verschafften, der Nassauer Franz Koppel-Ellfeld, der nachmalige Dramaturg und Intendanzrat des Dresdner Schauspielhauses, der sich zuerst durch sein Trauerspiel „Spartakus“ (1875) empfohlen hatte, später aber durch das Versspiel „Renaissance“, das er gemeinsam mit Franz von Schönthan schrieb, auf aller Lippen kam, und der Berliner Karl Ulrici (1839—1896), der als unverheirateter Kunstfreund in Dresden lebte, unter dem Namen Günther Walling verschiedene Bändchen guter, formen- und empfindungsstarker lyrischer Gedichte veröffentlicht hatte und sein gastfreies Haus zu einem Mittelpunkt literarisch angeregter Geselligkeit machte.

Als Lehrer der klassischen Sprachen und der deutschen Literatur an der Kreuzschule, zu der er von der Krauseschen Erziehungsanstalt gekommen war, aber wirkte der Göttinger Albert Möser (1835—1890) in Dresden, der eine Zeitlang, nachdem er einen, ich weiß nicht mehr von wem ausgeschriebenen, ersten lyrischen Preis gewonnen, als einer der bedeutendsten lebenden deutschen Lyriker galt. Spielend beherrschte er in der Tat die kunstvollsten Strophen- und Versformen, und in vollendetem Wohlklang rauschten seine Verse einher, denen es auch weder an Gedanken noch an Empfindungen fehlte; aber seine Lyrik war doch nicht spontan und unmittelbar empfunden genug, um auf die Dauer zu fesseln. Ihm schloß Paul Heinze sich an, der als Leiter der ursprünglich von Ernst Eckstein herausgegebenen „Deutschen Dichterhalle", die in Dresden in „Deutschlands Dichterheim" umgetauft wurde, eine gewisse Rolle im damaligen literarischen Leben spielte.

Symposion

Von den Mitgliedern der ersten Jahre unseres Vereins gehörte Ernst Eckstein, dessen glattes, behagliches Äußeres sein Wesen widerspiegelte, damals zu den Modedichtern, die jeder kannte. Durch seine Humoresken, von denen der köstliche „Besuch im Karzer" ihm die Herzen aller Gymnasiasten und Studenten gewann, hatte er sich rasch einen Namen gemacht. Sein Versuch, die Bühne zu erobern, scheiterte. Seine späteren zahlreichen Novellen in Prosa und in Versen waren angenehme Epigonenarbeiten reinsten Wassers. Seine großen Romane, von denen die aus der römischen Kaiserzeit mir am meisten geschichtliches und menschliches Leben zu atmen schienen, wetteiferten nicht ganz erfolglos mit denen Felix Dahns, George Taylors und Georg Ebers'. In unserem Verein, bei dessen Zusammenkünften Eckstein niemals fehlte, spielte er eine mehr passive als aktive Rolle. Die Wahl in den Vorstand lehnte er grundsätzlich ab; niemals nahm er das Wort zu einer Ansprache, und niemals gab er ein Gelegenheitsgedicht zum besten; aber in der Unterhaltung war er lebendig, geistvoll und anregend, im Hören und Teilnehmen an den Darbietungen anderer immer dankbar. Jeder hielt ihn, wenn auch nicht für eine Säule des deutschen Dichterwaldes, so doch für eine Stütze des Symposions, dem er leider schon 1900, erst fünfundvierzigjährig, entrissen wurde.

Innerlich bedeutender als Eckstein war Wolfgang Kirchbach, dessen tiefschürfende, etwas schwerfällige, aber geisterfüllte Gedichte, Schauspiele und Romane, wie „Die letzten Menschen" und „Auf der Walze", denen sich selbständige religions-philosophische

Schriften anschlossen, eine größere Verbreitung verdient hätten, als sie gefunden haben. Kirchbach gehörte zu den eifrigsten und mitteilsamsten Mitgliedern des Symposions, das ihm, als er 1898 Dresden verließ, ein glänzendes Abschiedsfest gab.

Von Friedrich Friedrich, dessen Romane damals viel gelesen wurden, Karl Ulrici, dem feurigen Lyriker, und Robert Waldmüller, dem annehmbaren Durchschnittsdichter, ist schon die Rede gewesen. Waldmüllers Bruder Julius Duboc, der gedankenreiche Philosoph und Essayist, nahm eine besondere, allgemein geachtete Stellung im Symposion ein. Zu den bedeutendsten früheren Mitgliedern des Vereins gehörten ferner Ferdinand Avenarius (1856—1923), der als Herausgeber des „Kunstwart" und als Kunstschriftsteller einen wirklichen Einfluß auf das deutsche Geistesleben seiner Zeit gewann, aber auch als Dichter eine starke Ausdrucksfähigkeit besaß, und der geistreiche Däne Karl Gjellerup (1857—1919), dessen Romane und Novellen von feiner Beobachtung der ganzen Außenwelt und der menschlichen Innenwelt getragen werden. Avenarius aber trat aus dem Verein, in dem es ihm zu harmlos und zwanglos herging, bald wieder aus; Gjellerup verließ uns später wegen eines Mißverständnisses mit einem anderen unserer Mitglieder. Beide gründeten darauf einen eignen „Diskussionsklub", der sich rasch Freunde und Mitglieder erwarb. Auch mein Freund, der Geheimrat im Sächsischen Ministerium des Innern, Al. Anselm Rumpelt, der sich als Lyriker unter dem Namen Alexis Aar einen gewissen Namen erworben hatte, später aber seine Gedichte einstampfen ließ, trat dem Symposion bei, bald darauf aber wieder aus, wahrscheinlich, weil ihm der zwanglose, eigentlich nur auf gemeinsame Erholung gestimmte Ton, der in unseren Zusammenkünften herrschte, nicht genügte.

Ganz in seinem Element unter uns aber fühlte sich Paul Liman, der zu den Verkündern Bismarcks nach dessen Rücktritt gehörte, später das Buch über Kaiser Wilhelm II. schrieb und eine gewisse Rolle als politischer Schriftsteller spielte. Während der wenigen Jahre, die er in Dresden lebte, war er ein eifriges und werktätiges Mitglied unseres Vereins. Durch sein eigenartig einnehmendes, südländisch wirkendes Äußere, seine reiche humanistische Bildung und seine anschmiegsamen Umgangsformen zog er mich in besonderem Maße an, und da seine liebenswürdige Gattin, eine ungarische Gräfin von Geburt, sich meiner Frau vielfach hilfsbedürftig anschloß, wurden wir Freunde. Schon 1894 aber siedelten Limans ganz nach Berlin über.

In einem mittleren Geschlechte des Symposion aber ragten der viel zu jung gestorbene, scharf beobachtende und künstlerisch gestaltende Romandichter und Rittergutsbesitzer Wilhelm von Polenz und der freilich viel äußerlichere, namentlich durch seine Humoresken aus dem Offiziersleben und seinen Roman „Erstklassige Menschen" bekannte, vielseitige Graf Wolf von Baudissin, der unter dem Namen Freiherr von Schlicht schrieb, der Oberst Richard Albert von Meerheimb, der eine besondere Dichtart, das Monodrama, erfunden hatte und in Schwung zu bringen suchte, und Karl Edler von der Planitz hervor, der unter dem Namen des „Mikado" zu den beliebten humoristisch-satirischen Dichtern jener Tage gehörte. Auch Guglielmo de Locella, der in deutscher Sprache eine Reihe wissenschaftlicher Schriften, aber auch kleine psychologische Schauspiele schrieb, von denen eines einmal in Dresden aufgeführt worden ist, gehörte zu den lebendigsten Mitgliedern unseres Bundes. Zu seinen nächsten Freunden zählte Franz Königsbrunn-Schaup, ein Adoptivsohn eines österreichischen Adligen, der kleine Dramen, Novellen und lyrische Gedichte von eigenartig sinnlich träumerischem Reize schrieb, unseren Zusammenkünften aber immer ein Element pikanter Schelmerei gab.

Erwachendes Kunstleben

In seinen Reiseskizzen über „Deutsche Königsstädte" windet der Hamburger Kunstpfleger Alfred Lichtwark (1852—1914) auch Dresden einen Kranz, dem einige Blüten entnommen seien. Was der feinsinnige Beobachter für die Zeit nach 1890 feststellt, ist durch die Entwicklung inzwischen geschichtlich beglaubigt worden:

Die Zustände in Dresden bieten ein sehr klares und in mehr als einer Beziehung eigenartiges Bild des Zusammenwirkens der mannigfachen Faktoren, die das künstlerische Leben in unserer Epoche beeinflussen.

Im vergangenen Jahrhundert kamen neben dem Künstler als Produzenten und dem Fürsten und seinem Hof als Mäcen großen Stils keine anderen Mächte in Betracht außer der Kirche und, bis zu einem gewissen Grade, der Stadtverwaltung. Nach der Revolution trat die Kirche als lebendige Kraft zurück, und wie der Palast des Fürsten, der einen Mikrokosmos alles künstlerischen und kulturellen Lebens gebildet hatte, in seine Bestandteile Theater, Oper, Konzerthaus, Gemäldegalerie, Skulpturensammlung, Gewerbemuseum, Geschichtsmuseum, Waffensammlung, Naturhistorisches Museum, Völkermuseum usw. aufgelöst wurde (womit der Anstoß zur Bildung einer großen Anzahl neuer, dem achtzehnten Jahrhundert unbekannter Bauorganismen gegeben war), so teilte sich auch die ästhetische, kritische und volkswirtschaftliche Funktion des Hofes und wurde vielen verschiedenen Schultern aufgeladen, dem Staat, seinen Anstalten und seinen Beamten, den Kunstvereinen, den Sammlern, der Presse, sogar dem Kunsthandel.

Langsam haben sich diese neuen Mächte entwickelt. Die meisten sind auch heute noch nicht so weit, daß sie sich nach der Qualität ihrer Leistungen ebenbürtig neben den Fürsten und seinen Hof stellen dürften. So hat z. B. der moderne Staat mit seinen Bauten, Monumenten und Anlagen noch bei weitem nicht soviel Glück gehabt wie der Fürst der absolutistischen Epoche, und die Ursache ist nicht weit zu suchen: er ist noch kein Bauherr, der seine Sache versteht. Denn was für eine untergeordnete Gattung Mensch ist heute der Durchschnittsbeamte, der in unverantwortlichen Kommissionen über künstle-

Ludwig Richters Geburtshaus in der Friedrichstraße. Aquarell von Otto Schneider

Blick auf Dresden vom Waldschlößchen. Kolorierte Lithographie von E. Weinrebe. Um 1870

rische Angelegenheiten endgültig zu entscheiden hat, verglichen mit dem hochkultivierten Fürsten der Zeit des Absolutismus?

*

Wie sich die künstlerischen Dinge seit den Befreiungskriegen in Dresden entwickelt haben, ist in den äußeren Umrissen bekannt genug. Um 1880 war die Epoche, in der Dresden eine bestimmende Macht des künstlerischen Lebens in Deutschland bedeutete, im großen und ganzen vorüber. Die Führer waren gestorben, oder sie waren, bis auf einige wenige, mit ihrer Kraft und ihrem Leben am Ende.

Die ersten Boten des neuen Lebens, das unterdes in anderen deutschen Kunststädten erwacht war, pochten um diese Zeit an Dresdens Tore. Daß die Vertreter der Dresdener Kunst, ihre Schüler und die in ihren Traditionen erwachsene Dresdener Gesellschaft sie nicht mit Jubel empfangen konnten, liegt auf der Hand. Auch in Dresden wiederholte sich dann das Mißverständnis, daß nun mit einem Male alles, was bis dahin gegolten hatte, abgetan, daß nun nichts mehr als gerade das Neueste zu Gemüt gehen sollte, und der Kampf war da, wie überall.

In der kurzen Zeit, die seither verflossen, hat sich die Situation gewaltig verschoben. Grollende Alte sind — außer einzelnen, die mit Wohlwollen der Entwicklung folgen — immer noch da, aber neben ihnen ist ein junges Geschlecht herangewachsen, das für seine neuen Ideale wirkt und wirbt (um 1894). Hätte, wie einst, der Fürst zu entscheiden gehabt, so wäre die Entwicklung entweder rasch vorwärts gegangen oder überhaupt verhindert worden. Kampf der Massen, wie wir ihn erlebt haben, hätte es nicht gegeben.

*

Als Ganzes bietet das Dresdner Kunstleben heute das Schauspiel seltener Einmütigkeit der wirkenden Kräfte, und der Erfolg ist nicht ausgeblieben, obwohl erst eine kurze Spanne Zeit nach neuen Zielen gestrebt wird. Und alles, was geschehen ist, geht von Vertretern oder Anhängern der jungen Kunst aus. Die eigensinnigen Verneiner und — soweit sie können — Vernichter des neuen Lebens haben dagegen keinerlei positive Leistung in die Wage zu werfen.

Diese Neubelebung der heimischen Produktion ist gerade jetzt von höchster ökonomischer Bedeutung für Dresden. In der vergangenen Epoche war es eine relativ wenig bemittelte Residenzstadt. Seit einigen Jahrzehnten haben sich die wirtschaftlichen Verhältnisse von Grund aus umgestaltet. Dresden ist heute eine reiche Stadt mit aufstrebender Tendenz. Wenn die Gesellschaft die günstigen Bedingungen, eine tiefe künstlerische Bildung zu erwerben, ausnutzt, so ist der Boden für eine sehr lebensfähige Lokalkunst vorhanden, die von Dresden allein getragen werden kann und den Export nicht braucht. Was bisher geschehen, bleibt als Ganzes für viele andere deutsche Städte ganz einfach vorbildlich.

Die Großstadt bis zur Jahrhundertwende

Das Kriegsjahr 1866 hatte die deutsche Frage entschieden, hatte die politische Existenz des sächsischen Königreiches über ernste Lebensgefahren hinweg gesichert, hatte es neu in den Verband der deutschen Bruderstaaten eingereiht. Nicht alle Patrioten empfanden die Beschränkung der staatlichen Souveränität als einen Gewinn. Aber die Tatsachen der Geschichte waren mächtiger als alle altsächsischen Verstimmungen, und der lebendige Odem des wiedererstandenen deutschen Kaiserreiches belebte auch die Pulse des Sachsenlandes mit neuer Zuversicht; er führte der alten Fürstenstadt an der Elbe Kräfte zu und stellte ihr Aufgaben, wie sie ihr in gleicher Fülle und Großartigkeit kaum jemals zugemutet wurden.

Von der Stadt des Barock und der Biedermeier zur Großstadt — unter diesem Zeichen steht die Entwicklung Dresdens in der zweiten Jahrhunderthälfte, genauer: in den drei Jahrzehnten nach 1870. Hier nimmt das neue Dresden seinen Anfang. Läßt es sich dem fast familienhaft begrenzten Leben der alten Stadt, wie wir es durch mehr als hundert Jahre in Freud und Leid verfolgt haben, organisch übersichtlich angliedern? Jüngste Vergangenheit ist immer schwierig zu übersehen, noch schwieriger geschichtlich zu erkennen. Noch sträubt sich etwas in uns, Erscheinungen und Zustände, körperhafte und geistige Entwicklungsformen, die wir haben werden und wachsen sehen, in den Begriff eines ehrwürdigen Alters einzubeziehen. Noch sind uns die späten Quellen unterirdisch verborgen, plaudernde Quellen persönlichen Miterlebens und rückblickender Betrachtung von jener Art, wie wir sie hier zusammengeleitet haben und für ein Gesamtbild auch der jüngsten Vergangenheit brauchen. Die äußeren Schaubilder dieser Zeit — oh, an optisch getreuen Wiedergaben bis zur buntbeschwingten Ansichtskarte und der steifen Gruppen- oder Festaufnahme herab fehlt es nicht. Aber dürften wir sie jenen oft naiven bildlichen Dokumenten der alten Zeit zugesellen, die wir so gern „die gute" nennen — ohne einen Bruch zu vollziehen und zu betonen, den wir auch heute noch schmerzlich empfinden?

Und doch geht es nicht an, die Akten dieser Chronik zu beschließen, ohne wenigstens in großen Umrissen das äußere und innere Bild des neuen Dresden anzudeuten, das mit seinen gewaltig ausgreifenden Fangarmen, mit „klammernden Organen" die Wahrzeichen der alten Fürstenstadt umschlossen hält.

Wir kurbeln den Motor an und schrauben uns zur Höhe, ein paar hundert Meter nur — welch eine Vogelschau!

Bau der Albertbrücke. Kolorierte Lithographie. Um 1870

Permosers „Fliegender Saturn“ an der Augustusbrücke. Aquarell von Heinrich Matthaey. 1874

Geruhig wie zu Zeiten Augusts des Starken zieht sich das breite Silberband des Stromes durch das anmutige Tal. An der scharfen Krümmung inmitten der Stadt grüßen die vertrauten Türme freundlich herauf. Aber sie haben Nachbarn bekommen, Kuppeln und Spitzen, und vierfach verbunden durch breite Brücken flutet das städtische Leben rastlos über die alte Elbe. Rundum im Kreise, schier unbegrenzt gen Ost und West, ein Gewirr von Dächern, Straßen, Gärten, weit, unübersehbar weit gedehnt bis zu den grünen Höhen in Nord und Süd; dazu ein Gewimmel von Fahrzeugen, ein Getöse von unbeschreiblicher Vielstimmigkeit. Wo sind die Grenzen der Stadt? Unmöglich, sie zu erkennen. Das Auge schweift zu den Weinbergen der Lößnitz, zu den Bergen nach Pillnitz und Lockwitz, nach Räcknitz und Plauen hinüber — alles freie Land ist überwuchert von menschlicher Siedelung, Werkstatt und Wohnstätte in engster Verbundenheit. Tausend Schlote qualmen, tausend und abertausend Schornsteine rauchen, tausende von Hämmern dröhnen, und vieltausend unsichtbare Fäden regsamen Denkens leiten geistige Energien von Hirn zu Hirn. Ist dieses steinerne Chaos da drunten eine Stadt, ein organisiertes Gemeinwesen mit eigenem Willen, eigener Seele?

Es ist das Groß-Dresdner Wirtschaftsgebiet, das uns erstaunen macht, ein Gebiet, das 1900 einen Durchmesser von etwa 20 km aufwies. In diesem Kreise bildete die Großstadt Dresden nur den Kern, der von der Gesamtheit der hier seßhaften Menschen ganze 52 Prozent umfaßte. Das waren damals nicht ganz 400 000 Seelen. 1871 zählte die Stadt 177 000 Einwohner, das waren immer noch 70 Prozent von Groß-Dresden.

Also: die Stadt, so groß sie geworden, so rasch sie, gemessen am stetigen Tempo ihres früheren Entwicklungsganges, gewachsen ist — die Wirtschaft ist schneller noch gewachsen als sie. Der städtische Lebenswille mußte in diesen fruchtbaren Jahrzehnten alles daran setzen, sich die Wirtschaft nicht über den Kopf wachsen zu lassen. Die Wirtschaft: das war nun Industrie, Handel und Verkehr, und zwar immer mit dem kleinen Worte „Groß" verbunden: Groß-Industrie und Groß-Handel bedingten den Großverkehr in die Ferne bis nach Übersee; sie zogen Menschen in Massen heran, die untergebracht und versorgt werden wollten. Da mußte auch die alte Stadt ins Große und ins Breite gehen. Der Übergang vom Idyll der Fürstenstadt zum straffen Arbeitsrhythmus der Großstadt war schwer. Für die Hauptstadt des dichtbevölkerten, gewerbefleißigen Landes war er unvermeidlich.

Noch zu Beginn der sechziger Jahre arbeiteten Gewerbe und Handel fast ausschließlich für den nächsten Bedarf, für Einheimische und Fremde. Die Hebung des Fremdenverkehrs erschien als wichtigste wirtschaftspolitische Aufgabe der stillen Residenz. Als im Jahre 1865 mit der Gründung der Sächsischen Bank das erste selbständige Bankunternehmen in Dresden auf die Füße gestellt wurde und die industriellen Anlagen sich sichtbarlich belebten, standen Staat und Stadt verlegen beiseite. Durfte man diese Unternehmungen fördern, die mit ihren Schloten das Paradies der Fremden, das

Idyll der Pensionisten und Pensionärinnen, die Würde der Residenz so ungeschlacht beleidigten? Vermehrte Steuereinnahmen waren gut, aber waren die zugewanderten Farbikarbeiter gute Steuerzahler? Wie kam die Stadt ihrerseits dazu, vermehrte Steuern zu erheben für diese ungebetenen Gäste? Da fiel denn wohl am grünen Tische des Oberbürgermeisters das majestätische Wort: „Ich will mit meinen Bürgern in Frieden leben!" Und man begreift den Unmut, mit dem Heinrich von Treitschke, der abtrünnige Sohn der Stadt, zu Anfang 1866 ausrief, er werde den Tag sehnen, da endlich einmal die Stadt hineingerissen werde in die volle Strömung staatlichen Lebens und ihre Bürger gezwungen würden, ernstere Fragen zu besprechen als die Nebenbuhlerschaft von Dawison und Devrient, von roten und grünen Dienstmännern!

Der Tag stand vor der Tür. Zollschranken fielen. Münze, Maß und Gewicht wurden einheitlich. Die politische Teilnahme an den Lebensfragen des neuen Reiches weitete den Blick; der rege Erwerbsinn der Bürger sah unvermutet überall neue Möglichkeiten und griff beherzt zu. Schon 1875 wurden 1100 Großbetriebe mit 25000 Arbeitern gezählt, weitere 25000 waren in Kleinbetrieben tätig. Nicht alle Spekulationen reiften im Gründungsfieber dieser bewegten Jahre zu gesundem Erfolg, dennoch gewann damals die Industriestadt Dresden ihren Weltruf in Erzeugnissen der Feinmechanik wie Klavieren, Nähmaschinen, in photographischen Papieren und Apparaten, in chemischen Präparaten und Droguen, in Strohhüten, Porzellan und Glas. Schokolade- und — ein Jahrzehnt später — Zigarettenfabriken gliederten sich an. Die Schornsteine mehrten sich von Jahr zu Jahr; die Leipziger und Wilsdruffer Vorstadt wurden Fabrikviertel. Die Friedrichstadt wuchs mit dem Güterbahnhof zugleich empor. Dörfer wie Cotta, Löbtau Pieschen und Plauen entwickelten sich fast über Nacht zu städtischen Vororten, in denen das Tempo der Bevölkerungszunahme dasjenige der Mutterstadt um das Vielfache übertraf.

Die Ausweitung des Erwerbslebens erforderte gebieterisch die Erweiterung der Stadtgrenzen: unter manchen Hemmungen, nachbarlichen Kämpfen ist sie ruckweise vollzogen worden bis in die Gegenwart hinein. Mächtig griff nun die Gemeinde nach West und Ost über ihr altes Weichbild hinaus. Als sie im Jahre 1892 durch die Einverleibung von Strehlen und Striesen ihre Flur um ein volles Viertel auf 3500 Hektar vergrößerte, hielt mancher alte Bürger die Grenzen der neuen Großstadt für erreicht. Wie weit sind sie heute überschritten worden! Wie vervielfältigte jeder neue Schritt die Aufgaben der gemeindlichen Fürsorge!

Die Rückwirkung der Glieder auf das Haupt machte sich schon Ende der siebziger Jahre fühlbar. Die Ringstraße auf dem Gelände des alten Festungsgrabens, von der Regierung lange nicht genehmigt, wurde 1883 vollendet; ein großer Straßendurchbruch in westöstlicher Richtung wurde 1885 mit der König Johannstraße geschaffen und stellte die notwendige Verbindung zwischen Altmarkt und Pirnaischem Platze her.

Von hier aus führte die neue Ringstraßenallee zum Elbberg, der 1892—1895 durch die Carolabrücke die vierte Stadtverbindung zum jenseitigen Ufer erhielt. Bereits 1877 war flußaufwärts die Albertbrücke eingeweiht worden, und die Entlastung der verdoppelten Marienbrücke vom Eisenbahnverkehr erleichterte die Verbindung im Westen. Freilich, die neuen Brücken mit ihrer nüchternen Konstruktionsform, aus Stein und Eisen gemischt, waren für das wundersam gewachsene Stadtbild am Strome kein Gewinn, sie waren Kinder der Technik, nicht der Kunst, trotz allen bildnerischen Schmuckes, mit dem man sie residenzfähig machen wollte. Die alte Augustusbrücke blieb nach wie vor das volkstümliche Wahrzeichen der Stadt und die Herzader des Verkehrs. Es ging eng zu auf den eng gestellten Brückenbogen; die Pferdebahnwagen, die seit Beginn der siebziger Jahre durch die alten Straßen klingelten, durften laut polizeilicher Anordnung sich auf der Brücke nicht begegnen — erst 1881 fiel dieses merkwürdige Verbot. Zwei volle Jahrzehnte noch hat die Veteranin unerschütterlich ihren Dienst getan, hat die roten und gelben „Elektrischen" hin- und herüber getragen, bis sie um die Wende des Jahrhunderts den Forderungen der Schiffahrt zum Opfer fiel. Aber ihre Schönheit ist wenigstens zum Teil in ihrer Tochterbrücke neu erstanden, und Gotthard Kuehl, der Maler, hat das bunte Gewimmel auf den wuchtigen Pfeilern als ein zweiter Canaletto in leuchtenden Farben der Nachwelt erhalten.

Auf Brücken ist es gut zu verweilen. Der Blick schweift den Strom hinauf und hinab: die steinernen Uferstraßen, die gemauerten Kaianlagen, die Schleusen, die begradigten Ufer der vormals wenig geschützten Elbwiesen künden von sorgsamer Arbeit. Auch der Umriß der alten Stadt ist nicht mehr derselbe. Monumentalbauten zu beiden Seiten des Stromes drängen sich auf: an der Neustädter Seite die beiden Ministerialgebäude und einige Fabrikanlagen. Die Brühlsche Terrasse behauptet ihren Platz und ihren Rang, aber die Kunstakademie, die Konstantin Lipsius von 1886 bis 1893 mit einem Aufwande von $4^{1}/_{2}$ Millionen dicht hinter ihr errichtete, ist eine Mißgeburt, die mit dem „Balkon Europas" in dauernder Feindschaft lebt. Der Brühlsche Palast mußte 1900 dem neuen Landtagsgebäude weichen, einem etwas nüchternen Alterswerke Paul Wallots, für das sogar ein Stück der Terrasse beansprucht wurde; — die Forderung wurde unter dem lauten Widerspruch der Öffentlichkeit begraben. In erneuerter Form und mit charakteristischer Silhouette erstand von 1871 bis 1878 das zweite Sempersche Hoftheater. 1889 wurde der stilgemäße Umbau des Königlichen Schlosses nach Plänen von Gustav Dunger und Gustav Frölich begonnen und 1901 beendet.

Die Umgestaltung der Bahnhofsanlagen war bereits seit 1849 Gegenstand eifriger Bemühungen; erst vierzig Jahre später schritt man zur Tat. Es galt, fünf Bahnhöfe Dresdens: den Leipziger (1839), den Schlesischen (1847), den Böhmischen (1851), den Albertsbahnhof (1855) und endlich den Berliner (1875) dem gewaltig anwachsenden Verkehr anzupassen und untereinander zu verbinden. Der Personenverkehr war von 937,000 im Jahre 1863 auf 4,6 Millionen im Jahre 1893 gestiegen. In den engen Bahnhöfen mußten die Reisenden in Massen die offenen Geleise überschreiten, vielfach kreuzten die städtischen Straßen den Schienenweg. Als 1888 die Verstaatlichung der sächsischen Privatbahnen beendet war, begann der Umbau. Die Stadt unterstützte das gewaltige Projekt des Staates durch die Verlegung der Weißeritz, für die ein neues Bett in Länge von fast drei Kilometer gegraben wurde, das viereinhalb Kilometer weiter stromabwärts in die Elbe mündete. Ein reicher Gewinn an Gelände und Schutz vor Hochwasser lohnte die Arbeit. Im Jahre 1898 war der Altstädter, 1901 der Neustädter Bahnhof vollendet. Der staatliche Aufwand hatte sich auf fast siebzig Millionen Mark, der städtische Anteil auf elf Millionen gesteigert.

Unter den Bauten der Stadt ist des Ausstellungspalastes zu gedenken, mit dem Dresden 1896 seinen großen Ausstellungen einen festen Rahmen schuf: die Eröffnung durch eine internationale Gartenbau-Ausstellung im gleichen Jahre war nicht ohne tiefere Bedeutung. Denn die junge Großstadt, durch deren Bahnhöfe ein Viertel des gesamten sächsischen Personenverkehrs flutete, in der sich die Zahl der gewerblichen Betriebe von 1875 bis 1895 auf 27500 verdoppelt hatte, diese Großstadt war von dem unausrottbaren Ehrgeiz besessen, eine Gartenstadt zu sein und zu bleiben. So hatte sich die Sorge der Stadtväter frühzeitig auf eine planmäßige Besiedelungspolitik gerichtet, und wenn auch die Erweiterungspläne die lebende Landschaft nach dem allgemeinen Reißbrett-Schema etwas nüchtern und hart in Stücke schnitten — die Vorsorge für die Trennung in Arbeits-, Geschäfts- und Wohnviertel setzte redlich ein und trug Früchte. Tastend erst, dann immer entschiedener trat ein Zug nach dem Osten zutage, dem Großen Garten zu, an den Elbufern aufwärts nach Loschwitz, Blasewitz und Laubegast und darüber hinaus bis Pillnitz. Soweit die Stadt auf diese Siedelungen Einfluß hatte, tat sie das ihre, um durch den Wechsel von geschlossener und offener Bauweise, durch Alleen, Anlagen und eingestreute Spielplätze das Großstadtbild heimisch und behaglich zu gestalten. Wer die Berliner, Leipziger oder Münner Villen- und Wohnviertel zum Vergleich heranzieht, wird feststellen müssen, daß die Residenz an der Elbe ihren alten Ruf, eine schöne Stadt zu sein, auch durch die schlimmen Zeiten der unbedenklichsten Bodenspekulation einigermaßen hindurchgerettet hat. Das Gefühl der Verpflichtung zu öffentlicher Kunstpflege, in der ersten Hochflut des Erwerbslebens zeitweilig begraben, machte sich bald wieder geltend; öffentliche Plastik, Brunnen und Denkmäler zierten Plätze und Anlagen, und reiche Stiftungen, vorweg die einträgliche Friedrich Güntz-Stiftung in Gestalt des „Dresdner-Anzeiger"-Betriebes, halfen mit, wo der Stadtsäckel versagte.

Im Jahre 1873 war König Albert seinem betagten Vater Johann auf dem Throne gefolgt. Fast dreißig Jahre hat Albert in der Stille das Szepter geführt, als letzter

Die Brühlsche Terrasse mit Café Reale und Doublettensaal. Gemälde von O. L. Schneider. 1884

Fackelzug zu Ehren des Fürsten Bismarck am 18. Juni 1892

Gemälde von Max Pietschmann

der Wettiner, dem eine wahre Volkstümlichkeit beschieden war. Der Nimbus des siegreichen Heerführers von Anno Siebzig half dazu; das meiste tat aber doch wohl die kluge, freundliche und würdige Haltung des Königs. Das Land feierte alle seine Jubiläen aufrichtig mit; die Residenz beeiferte sich, diesen Volksfesten den äußeren Rahmen zu bereiten, so vor allem dem Wettinfeste des Jahres 1889, mit seinem Huldigungszuge dem größten und prächtigsten Schauspiele, das sich jemals in Dresden vollzog. „Alles kam darin zur Erscheinung, was ein gewerbfleißiges Volk von Millionen an Kunstfertigkeit nur zu leisten vermag." Prunkwagen, Reiter und Gruppen zu Fuß durchzogen in historischen oder phantastischen Trachten die Straßen, den Tausenden der Teilnehmer jauchzten Hunderttausende an Zuschauern zu. Land und Stadt, Handwerk, Gewerbe, Industrie, Bergbau, Landwirtschaft — kurz alle Stände, Berufe, Korporationen wetteiferten, dem Könige und durch ihn dem Hause Wettin zu huldigen, das vor achthundert Jahren ins Land gekommen war. Diese dynastische Ehrenbezeugung vollzog sich in derselben Residenz, die bereits im Jahre 1878 den feurigen Republikaner August Bebel aus dem benachbarten Plauen als Volksvertreter in den deutschen Reichstag entsandt hatte.

Drei Jahre später erlebte die Stadt einen ähnlichen Begeisterungssturm: Fürst Bismarck, der abgedankte Gründer des Reiches, verweilte auf seiner Fahrt nach Wien am 18. Juni 1892 in Dresden. Bürgerschaft und akademische Jugend, an 15000 Mann, zogen am Abend mit Fackeln über den Theaterplatz. Gesänge ertönten, die Menge jubelte dem Alten zu, der auf der Terrasse des Hotels Bellevue hochaufgerichtet die Huldigung entgegennahm. Bis ans Ende seiner Tage — so sagte er — werde er sie nicht vergessen. Dieser überwältigende Dresdner Empfang gab den Anstoß zu den bekannten weiteren Ehrungen des greisen Kanzlers bei seiner Fahrt durchs Reich. Eines weiteren Ereignisses, das allerdings unter die schwarzen Tage der Chronik gehört, soll wenigstens im Vorübergehen gedacht sein: am 16. Februar 1897 stand die ehrwürdige Kreuzkirche in Flammen. Das Gemäuer und der fein profilierte Turm des verklingenden Dresdner Barock hielten der Vernichtung stand, und mit erleichtertem Herzen begrüßten die Freunde des alten Stadtbildes den Entschluß, die Kirche unverändert auferstehen zu lassen. Was hätte man auch besseres an ihre Stelle setzen können? Was immer in den neuen Stadtvierteln an Kirchenbauten entstanden war, atmete den dürren Geist blasser Stilreminiszenzen; die Besinnung zur eigenen Form trat, hier wie auf dem sonstigen Gebiet der Architektur und des Kunstgewerbes, erst um die Jahrhundertwende ein.

Der rasche materielle Aufstieg, die technischen Fortschritte, die politischen Kämpfe drückten dem Geiste der jungen Großstadt ihr Siegel auf. Dresden war in diesen ersten Jahrzehnten der Umschichtung weder literarischer noch künstlerischer Vorort. Es besaß nicht bodenständige Kraft noch Weltläufigkeit genug, um schöpferische Antriebe zu geistiger und kultureller Neuorientierung von sich aus geben zu können. Aber von dem materiellen Firnis der Zeit nur halb zugedeckt, behauptete sich der ererbte Bildungstrieb des obersächsischen Stammes, dieser Trieb, dessen schon Kügelgen in seinen Erinnerungen rühmend gedenkt, und der mindestens zur Achtung vor geistigen Werten erzieht. So ward Dresden ein fruchtbarer Boden für die neuen Lebenskeime in Kunst und Dichtung. Es wurde, auf dem historischen Fundamente seiner unvergleichlichen Bildungsstätten ruhend, eine gleichsam neutrale Pflanzstätte, wo die wild wuchernden Ideen und Versuche zur Form und Klärung gelangen konnten. Es ist kein Zufall, daß die Sezession in München gegründet, die „Weber" zuerst in Berlin aufgeführt wurden, so wenig wie es ein Zufall war, daß 1887 die erzieherische Idee des „Kunstwarts", 1890 die kritische Mahnung „Rembrandts als Erzieher" in Dresden empfangen wurde und von hier aus Deutschland für eine vertieftere Auffassung von Wesen und Wert künstlerischer Kräfte gewann. Mochte die Kunst, die um 1890 im Dresdner Umkreise gemacht wurde, rückständig, mochte der Widerstand gegen die Meister Uhde und Klinger laut und unverständig sein, die Dresdner Bürgerschaft war nicht unbelehrbar; sie bequemte sich nicht nur, sie bemühte sich, wiederum teilzunehmen an den geistigen Strömungen wie in der guten älteren Zeit. Der Hof, in spanische Stiefel eingeschnürt, konnte nicht führen. Mit berechtigtem Selbstbewußtsein erkannte das liberale Bürgertum seine Bildungsmission und folgte den Männern des öffentlichen Vertrauens. Wir haben bei Lichtwark gelesen, wie die alte Fürstenstadt einen neuen und fast jugendlichen Ruf gewann; wir wissen, wie die großen Kunstausstellungen der neunziger Jahre offenbarend und vorbildlich wirkten, wie das anscheinend in Traditionen erstarrte Hoftheater unter dem taktvollen Regiment des Grafen Seebach die Bande frommer Scheu lockerte und beherzt die neuen Geister in Wort und Ton zu Gaste lud. In die Skulpturensammlung des Albertinums war mit Georg Treu ein Geist beschwingten Fortschrittes eingezogen; die alte Gemäldegalerie unter Woermann, das Kupferstich-Kabinett unter Max Lehrs öffneten sich der neuen Kunst. Das Schlagwort „Die Kunst dem Volke", aus der sozialen Not der Zeit geboren, erfüllte sich in Dresden mit einem humanen Leben, und es war abermals kein Zufall, daß der erste deutsche Kunsterziehungstag vom Jahre 1901 unter der Leitung von Woldemar von Seidlitz in Dresden auf der Brühlschen Terrasse abgehalten wurde.

Wir müssen es uns versagen, die Schwelle des Jahrhunderts zu überschreiten. Wir bilden uns auch nicht ein, die vielfältigen Lebensäußerungen einer großstädtischen Gemeinschaft vom Umfange Dresdens halbwegs vollzählig angedeutet zu haben. Nur ein paar klärende Beziehungen sollten gegeben, ein paar leitende Fäden gezogen werden vom „Alten Dresden" herüber zum Bannkreis der jungen Großstadt, die der künftige Chronist einmal in das richtige Altersregister einreihen mag. Möge ihm die Arbeit so lehrreich und erquicklich sein wie uns die unsere. Eugen Kalkschmidt.

Die Bastei. Aquarell von Paul Mohn

Das italienische Dörfchen. Radierung von Walter Zeising. 1905

Schriftquellen

Apetz, Paul, Washington Irvings Aufenthalt in Dresden. Dresden 1614
Höfische Vergnügungen S. 218

Arnoldische Buchhandlung. Hundert Jahre Geschichte der Arnoldischen Buchhandlung zu Dresden von 1790—1890. Dresden 1890
Das Lesebedürfnis der Dresdner S. 114 — Ideen zur Verschönerung der Stadt S. 177

Augustusbrücke, Sprengung der. Morgenblatt für gebildete Stände, Tübingen 1814
Die Sprengung der Augustusbrücke S. 145

Beust, Friedrich Ferdinand Graf von, Aus drei Vierteljahrhunderten. Verlag J. G. Cotta'sche Buchhandlung Nachf., Stuttgart 1887
Die Leiter des Aufstandes S. 384 — Die Dresdner Konferenzen S. 390

Bienert, Gottlieb Traugott, Erinnerungen aus meinem Leben. Als Manuskript gedruckt, Leipzig 1888
Dresdner Bäckereiverhältnisse S. 352

Blätter für literarische Unterhaltung 1833 Nr. 152f., Leipzig
Die Kurfürstliche Bibliothek um 1800 S. 107 — Die Zensur um 1800 S. 109

Briefe über Sachsen. Von einem Reisenden. Berlin 1786
Im Spiegel eines Reisenden S. 80

Briefe eines reisenden Franzosen über Deutschland an seinen Bruder zu Paris, übersetzt von Kaspar Risbeck. Bd. 2. Leipzig 1874
Lichter und Schatten S. 75

Briefwechsel der Kaiserin Maria Theresia und Kurfürstin Maria Antonia von Sachsen. Herausgegeben von Woldemar Lippert. Verlag B. G. Teubner, Leipzig 1908
Der Dresdner Hof in preußischer Gewalt 1758 S. 33

Brühl. Leben und Charakter des Grafen v. Brühl (von Justi?). 3 Bde. Göttingen 1760—61
Verschwendung im Brühlschen Palais S. 45

Bucher, Karl Otto, Jugenderinnerungen eines alten Sachsen. Verlag Ernst Hackarath, Dresden 1888
Der Sieg des Bieres S. 285 — Die Dresdner Vogelwiese der guten alten Zeit S. 408

Burney, Charles, Tagebuch seiner musikalischen Reisen. Bd. 3. Hamburg 1772
Musikalische Reisebilder S. 63 — Ein merkwürdiges Experiment S. 65

Carus, Karl Gustav, Lebenserinnerungen und Denkwürdigkeiten. 4 Bände. Verlag F. A. Brockhaus, Leipzig 1865—66
Eisgang auf der Elbe S. 182 — Kunstleben nach dem Kriege S. 194

Dresden wie es ist. Von Ernst Scherzlieb (Wilhelm von Lüdemann). Zwickau 1830
Vorlesung im Liederkreise S. 248 — Gesellschaftlicher Naturgenuß um 1830 S. 279 — Der Struvesche Gesundheitsgarten S. 286

Dresden wie es ist, und wie es seyn sollte. Von Rebmanns Freunden. Dresden 1805
Die Mundart der Dresdner S. 113

Dresdner Geschichtsblätter 1894 Nr. 1
Empfindsame Maientage der Elisa von der Recke S. 101

Eiseles und Beiseles (Otto Walster) Kreuz- und Querfahrten durch das Königreich Sachsen nebst umliegenden Dörfern. Leipzig 1864
Die Zeitungen um 1864 S. 415

Falkenstein, Karl, C. A. Tiedges Leben. 2 Bände. Leipzig 1841
Im Hause Elisens von der Recke S. 259

Förster, Karl, Biographische und literarische Skizzen aus seinem Leben. Von Luise Förster. Dresden 1846
Peter Cornelius in Dresden S. 232 — Begegnung mit Jean Paul S. 262 — Die Tieckbüste von David d'Angers S. 302

Freytag, Gustav, Erinnerungen aus meinem Leben. Verlag Georg Hirzel, Leipzig 1887
Die Gründung des Handwerkervereins S. 348

Goethe, Johann Wolfgang, Wahrheit und Dichtung. Verlag der J. G. Cotta'schen Buchhandlung, Stuttgart
Goethes erster Besuch in Dresden S. 58

Gutzkow, Karl, Rückblicke auf mein Leben. Allgem. Verein für deutsche Literatur, Berlin 1875
Bewegte Zeiten am Hoftheater S. 345

Hantzsch, Adolf. Hervorragende Persönlichkeiten in Dresden und ihre Wohnungen. Heft 25 der Mitteilungen des Vereins für Geschichte Dresdens. Dresden 1918

Hasche, Joh. Christian, Magazin der Sächs. Geschichte Teil I—VI. Dresden 1784/89
Anfänge der Luftschiffahrt S. 72 — Von der großen Elbflut des Jahres 1784 S. 85

Heine, Heinrich, Nachgelassene Gedichte. Verlag Hoffmann & Campe, Hamburg
Dresdner Poesie S. 246

Heydrich, Max, Otto Ludwig. Skizzen und Fragmente. Leipzig 1873
Otto Ludwigs Einführungen in Dresden S. 342

Hilscher, Paul Gotthold. Der Sammler f. Geschichte im Elbtal. Bd. I/II. Dresden 1836/37
Eine Bittschrift in Versen S. 22 — Der reichste Mann in Sachsen S. 40

Hoff, Johann Friedr., Lehrjahre bei Ludwig Richter. Verlag Johannes Alt, Frankfurt a. M.
Der gefährliche Kalabreser S. 388

Holtei, Karl von, Vierzig Jahre. 6 Bände. Verlag Eduard Trewendt, Breslau 1859
Weber im festlichen Kreise S. 213

Immermann, Karl, Reisejournal. Düsseldorf 1833
Tiecks Vorlesungen S. 266 — Pillnitz und Dresden S. 279

Janus oder Dresden und Leipzig, wie es war und ist. Ein Scherz-, Toiletten- und Sonntagsblatt für Theater, Literatur etc. und Lokalität. Jahrgang 1831, Leipzig
Die September-Revolution 1830 S. 271

Janus (H. Meynert), Charaktergemälde von Dresden grau in grau. Pößneck 1833
Konditoreien und Kaffeehäuser S. 289 — Chaisenträger S. 292

Johann, König von Sachsen, Dichtungen. Verlag B. Tauchnitz, Leipzig 1902
Auf den Brand des Pillnitzer Schlosses S. 217

Jonas, Fritz, Christian Gottfried Körner. Biographische Nachrichten über ihn und sein Haus. Verlag Weidmann'sche Buchhandlung, Berlin 1882
Schiller in Loschwitz S. 90 — Kriegsbriefe aus dem Körnerhause S. 126 — Der Kaiser auf der Flucht S. 134 — Körners auf der Flucht S. 172

Klemm, Gustav, Vor fünfzig Jahren. Kulturgeschichtliche Briefe. Verlag E. Schweizerbart, Stuttgart 1865
Die Königliche Residenz um 1820 S. 239 — Der Tod König Friedrich Augusts I. S. 268

Königsberger, Leo, Mein Leben. Verlag Karl Winter, Heidelberg 1919.
An der Polytechnischen Schule S. 435

Könneritz, Julius Franz Jakob von, Aufzeichnungen. Archiv für Sächsische Geschichte. Verlag B. Tauchnitz, Leipzig 1869
Der Einzug des Königs 1815 S. 175

Kosegarten, Ludwig Th., Meine Freuden in Sachsen. Leipzig 1801
Lady Hamilton und Nelson in Dresden S. 115

Krause, Karl, Der Aufruhr in Dresden. Dresden 1849
Zwei Aufrufe S. 369

Krüger, Hermann Anders, Pseudo-Romantik. Friedrich Kind und der Dresdner Liederkreis. Verlag H. Haessel, Leipzig 1904
„Liederkreis" und „Abendzeitung" S. 242

Kügelgen, Marie Helene von, Ein Lebensbild in Briefen. Verlag R. Wöpke, Leipzig 1900
Die Befreiung S. 140

Kügelgen, Wilhelm von, Jugenderinnerungen eines alten Mannes. Verlag W. Hertz, Berlin 1870
Napoleon S. 132 — Die Russen kommen S. 138 — Künstlerprofile S. 200 — Zelebritäten S. 219

Kyaw, Rudolf von, Fürst Putjatin. Dresden 1883
Das Landhaus Putjatin S. 231

Laun, Friedrich (Fr. Aug. Schulze), Memoiren. Mitgeteilt in Wolfgang Menzels Literaturblatt 1848. Stuttgart
Geselligkeit um 1800 S. 95

Lichtwark, Alfred, Deutsche Königsstädte. Verlag Bruno Cassirer, Berlin 1912
Erwachendes Kunstleben S. 440

Lindau, M. B., Geschichte der Haupt- und Residenzstadt Dresden von der ältesten Zeit bis zur Gegenwart. 2 Bände. Verlag von Grumbkow, Dresden 1884/85

Loen, Johann Michael von, Erinnerungen. Mitgeteilt bei Friedrich Förster, Die Höfe und Kabinette Europas im 18. Jahrhundert. III. Band. Potsdam 1839
Der galanteste Hof der Welt S. 12 — Dresdner Karneval S. 17

Lucius, Karoline. Briefwechsel Chr. F. Gellerts mit Demoiselle Karoline Lucius. Herausgegeben von F. A. Ebert. Leipzig 1823
Ein Feuerwerk zu Wasser und zu Lande S. 51

Meißner, Alfred, Dresden im Herbst 1846. Gegenwart Bd. XXII. Verlag Georg Stilke, Berlin 1883
Im Vormärz S. 328 — Der alte Emil Devrient S. 420

Meschwitz, Heinrich, Mein Vaterhaus. Verlag Oscar Laube, Dresden 1920
Die Dresdner Heide um 1860 S. 414

Mohn, Paul, Ludwig Richter. Verlag Velhagen & Klasing, Bielefeld und Leipzig 1910
Ludwig Richters Lebensabend S. 430

Musenalmanach für das Jahr 1832. Herausgegeben von Amadeus Wendt. III. Jahrg. Leipzig 1832
„Faust" im Hoftheater S. 253

Nieritz, Gustav, Selbstbiographie. Verlag Georg Wigand, Leipzig 1872
Im polnischen Brauhause S. 103 — Sturmzeichen S. 126 — Nach der Schlacht S. 164 — In der belagerten Stadt S. 169 — Der Mai-Aufstand 1849 S. 357

Oppermann, Andreas, Ernst Rietschel. Verlag F. A. Brockhaus, Leipzig 1873
Zum ersten Male in Dresden S. 183

Parthey, Gustav, Jugenderinnerungen. Als Manuskript gedruckt. Berlin 1871
Berühmte Gäste im Körnerhause S. 91

Pecht, Friedrich, Aus meiner Zeit. Lebenserinnerungen. 2 Bände. Verlagsanstalt F. Bruckmann A. G., München 1894
Allerhand Ritter vom Geiste S. 304 — Die Geselligkeit der Fremdenstadt S. 335

Poellnitz, Ludwig von, Das galante Sachsen. Amsterdam 1735
Die Gräfin Orczelska S. 21

Preller der Jüngere, Friedrich. Tagebücher des Künstlers, herausgegeben von Max Jordan. Verlag der Vereinigten Kunstanstalten, München 1904
Kunst und Künstler 1856 S. 394

Prölß, Robert, Geschichte des Hoftheaters zu Dresden von seinen Anfängen bis zum Jahre 1862. Verlag W. Baensch, Dresden 1878
Die Umwandlung der Theaterverhältnisse S. 202

Recke, Elisa von der, Tagebücher u. Briefe. Dieterich'sche Verlagsbuchhdlg., Leipzig 1900
Harmonika-Konzerte S. 70

Reinhardt, Karl, Die Dresdner Vogelwiese. Leipzig 1861
Das große Vogelwiesengewitter S. 410

Rellstab, Ludwig, Aus meinem Leben. 2 Bände. Verlag J. Guttentag, Berlin 1861
Die Romantik der Sächsischen Schweiz S. 187

Rethel, Alfred, Briefe. In Auswahl herausgegeben von Josef Ponten. Verlag Bruno Cassirer, Berlin 1912
Alfred Rethel über den Aufstand S. 375

Richter, Ludwig, Lebenserinnerungen eines deutschen Malers. Herausgegeben von Max Lehrs. Propyläen-Verlag, Berlin 1923
Die Kriegszeit S. 152

Richter, Otto, Geschichte der Stadt Dresden in den Jahren 1871 bis 1902. Verlag von Zahn & Jänsch, Dresden 1903
Die Heimkehr des siegreichen Heeres S. 429

Runge, Philipp Otto, Briefe. Ausgewählt von Erich Hancke. Verlag von Bruno Cassirer, Berlin 1913
Frühling in Dresden S. 120

Schillers Briefwechsel mit Körner. Bd. I. Berlin 1847
Schillers Ankunft in Dresden S. 86

Schöne, Hermann, Aus den Lehr- und Flegeljahren eines alten Schauspielers. Verlag Philipp Reclam jun., Leipzig
Einzelbilder aus den Maitagen S. 376

Schreyer, P., Selbstbiographie. Mitgeteilt im Dresdner Anzeiger 1876. Rückblick auf Dresdens Vergangenheit. Dresden 1876
Die Beschießung Dresdens S. 35

Schubert, Gotthilf Heinrich von, Der Erwerb aus einem vergangenen und die Erwartungen aus einem zukünftigen Leben. Verlag Palm & Enke, Erlangen 1853—56
Öffentliche Vorträge S. 121

Schubert, Gustav von, Lebenserinnerungen. Deutsche Verlagsanstalt, Stuttgart 1909
In militärischer Beleuchtung S. 364

Seidler, Luise. Erinnerungen und Leben der Malerin Luise Seidler, herausgegeben von Hermann Uhde. Verlag W. Hertz, Berlin 1874
Goethe und Luise Seidler S. 191 — Therese aus dem Winckell S. 256

Stahr, Karl, Ein Brief über Dresden aus dem Jahre 1860. Mitgeteilt im Dresdner Anzeiger 1906, Sonntagsbeilage Nr. 24
Ein Brief aus dem Jahre 1860 S. 403

Tageschronik der Dresdner Nachrichten von 1806—1871
Der Brand des Hoftheaters 1869 S. 422

Vehse, Eduard, Geschichte der Höfe des Hauses Sachsen. 7 Bände. Verlag Hoffmann & Campe, Hamburg 1851—55
Jean Paul in Dresden S. 98 — Der Freiherr vom Stein über Dresdner Stimmungen im Jahre 1813 S. 151

Vor fünfzig Jahren. Aus den Erinnerungen eines alten Dresdners. Dresden 1894
Die ersten Dampfschiffe S. 295

Wagner, Richard, Mein Leben. 2 Bde. Verlag F. Bruckmann, A.-G., München 1911
Richard Wagners Anstellung 1843 S. 314 — Karl Maria von Webers Asche S. 321 — Richard Wagner als Revolutionär S. 370

Wandern und Reisen, Illustrierte Zeitschrift für Touristik usw. Verlag L. Schwann, Düsseldorf 1903
Die Leipzig-Dresdner Eisenbahn S. 296

Wasiliewski, Wilhelm Joseph von, Aus siebzig Jahren. Lebenserinnerungen. Deutsche Verlagsanstalt, Stuttgart 1897
Von Dresdner Kapellmeistern und Virtuosen S. 393

Weber, Max Maria von, Karl Maria von Weber. Ein Lebensbild. 3 Bände. Verlag B. G. Teubner, Leipzig 1864—66
Die Anfänge der Dreyßigschen Singakademie S. 192 — Im Hause Karl Maria von Webers S. 206 — Am Stammtisch bei „Chiappone" S. 211

Weinart, Benjamin Gottfried, Topographische Geschichte der Stadt Dresden und der um dieselbe herumliegenden Gegenden. Dresden 1777
Von Dresden überhaupt S. 23

Whitman, Sidney, Deutsche Erinnerungen. Deutsche Verlagsanstalt, Stuttgart 1913
Ein Original (Leibarzt Dr. Walter) S. 427

Woermann, Karl, Lebenserinnerungen eines Achtzigjährigen. Verlag Bibliographisches Institut, Leipzig 1924
Das literarische Leben in den achtziger Jahren S. 437

Wraxall, William, Memoiren. Mitgeteilt bei Vehse, Geschichte der deutschen Höfe. Verlag Hoffmann & Campe, Hamburg 1851 f.
Eine Geisterbeschwörung im Jahre 1774 S. 66

Zezschwitz, Joseph von, Mitteilungen aus den Papieren eines sächsischen Staatsmannes, herausgegeben von seinem Sohne. Verlag C. S. Krausche, Kamenz 1858
Schlacht bei Dresden S. 161

*

Bei der Beschaffung der Abbildungen und der Schriftquellen dieses Buches konnten wir uns der regen und opferwilligen Hilfe der wichtigsten Dresdner Sammlungen und Bibliotheken erfreuen. In erster Linie haben wir dem Stadtmuseum, seinem Direktor Dr. Karl Großmann und seinen Beamten für die unermüdliche Unterstützung und die technische wie ideelle Teilnahme an unserer Arbeit zu danken; der weitaus größte Teil der Bilder stammt aus dieser ausgezeichnet geleiteten und vielseitigen Sammlung. Nicht minder waren Dr. Georg Müller, Direktor der Stadtbibliothek und des Ratsarchivs, und seine Mitarbeiter um die Förderung unseres Werkes bemüht. Das Staatliche Kupferstichkabinett unter seinem Direktor Dr. Zoege von Manteuffel, die Sekundogeniturbibliothek, das Museum für sächsische Volkskunst und andere öffentliche Institute haben uns ihre Schätze gleichfalls mit größter Bereitwilligkeit geöffnet. Ihnen Allen sei der aufrichtigste Dank ausgesprochen.

Verzeichnis der Abbildungen

Die Originale aller Abbildungen, bei denen nichts anderes bemerkt ist, befinden sich im Stadtmuseum

Seite

Albertbrücke, Bau der. Um 1870 445
Arldt, C. W. Die neue Hauptwache, erbaut von K. F. Schinkel 1833 276
Die große Barrikade am Eingang der Wilsdruffer Gasse. Kupferstich-Kabinett 379
Aßmann, C. Saal im Brühlschen Palais. Kupferstich-Kabinett 43
Das Theater auf dem Linckeschen Bade. 1798 207
Augustusbrücke, Die, nach der Sprengung am 19. März 1813 . . . . . . 141 u. 145
Augustusstraße mit dem Brühlschen Palais zur Rechten 42

Bäßler, W. Das Hoftheater im Jahre 1841 317
Das Belvedere auf der Brühlschen Terrasse 412
Begräbnis der Vogel-Marliese am 25. Februar 1832 225
Beichling, C. Das alte Hoftheater. Kupferstich-Kabinett 208
Das Waldschlößchen 285
Bellangé, H. Aus der Schlacht bei Dresden 159
Belvedere, Das, auf der Brühlschen Terrasse. 1821 236
Bendemann, Eduard. Bildnis Ernst Rietschel, Kupferstich-Kabinett 312
Sokrates und sein Kreis. Wandbild im Ballsaal des Residenzschlosses 323
Selbstbildnis 395
Blick auf die Elbbrücke von der Neustadt. Um 1820 148
Blick auf Dresden von der Bautzner Straße. Um 1800 106
Blick von der Augustusbrücke nach Westen 53
Bodenehr, Moritz. Der Stallhof mit der Englischen Treppe 29
Bohlau, Karl. Bildnis des Generaldirektors Wolf Adolph von Lüttichau 344
Bote, Der Bautzner und Pirnaische 223
Bowyer, R. Phantastische Ansicht von Dresden 105

Seite
Brühlsche Terrasse, Die. Um 1840 282
Brühlschen Terrasse, Die große Treppe der. Um 1825 237

Canaletto d.J. (Bernardo Bellotto), Der Altmarkt mit dem Blick nach der Kreuzkirche. 1752 3
Die alte Kreuzkirche. 1757 5
Der Neumarkt mit der alten Wache. 1749 7
Der Zwingerhof. 1758. Staatliche Gemäldegalerie 9
Die Dresdener Neustadt. 1750. Staatliche Gemäldegalerie 10
Die Trümmer der alten Kreuzkirche. 1765. Staatliche Gemäldegalerie 41
Carlus. Barrikadenkämpfer im Jahre 1849 362
Carriera, Rosalba. Pastellbildnis der Fürstin Teschen. Staatliche Gemäldegalerie 19
Pastellbildnis der Gräfin Orczelska. Staatliche Gemäldegalerie 20
Carus, Carl Gustav. Selbstbildnis. 1822 197
Castell, F. Der Zwinger nach dem Brande v. 6. Mai 1849. Kunsthandlung P. Rusch, Dresden 385

Dahl, Johann Christian Clausen. Kreuzschul-Kurrendaner. 1826 62
Blick auf Dresden bei Mondschein 215
Selbstbildnis 311
Darbes, J. Bildnis Elisa von der Recke. Körner-Museum 100
Dorothea, Herzogin von Kurland. Körner-Museum 100
Denkmal des Kurfürsten Moritz an der Promenade 229
Dresden aus der Vogelschau. Um 1855 . . . . 398, 399
Dresdener Bilderbogen aus der Biedermeierzeit: Wohnstube und Teesalon. Museum für Volkskunde . . . . 263 u. 264
Dresdener Botenfuhrmann. Museum für Volkskunde 224
Dresdener Originale: Eierhanne, Peter Groll und Johann Karl Gottfried Rehhahn . 221, 222
Dresdener Stadtwappen. Stadtbibliothek 463
Dresdener Trachtenbilder: Dame im Morgenkleid und Köchin 77, 78

Ehrenpforte beim Einzug des Königs Friedrich August am 7. Juni 1815 174
Einweihung des neuen Kreuzschulgebäudes in Dresden am 1. Mai 1866 420
Enslen, J. C. Blick auf Dresden-Neustadt vom Schloßturm. 1820 235
Blick auf den Zwinger und seine Umgebung. 1820 238
Erhard, Johann Christian. Ruhende russische Soldaten. 1813. Kupferstich-Kabinett . . . 157

Faber, Traugott. Dr. Struves Trinkhalle. 1822. Kunsthandlung P. Rusch, Dresden . . . 287
Blick auf Dresden. 1861. Kunsthandlung P. Rusch, Dresden 417
Festhalle zum ersten deutschen Sängerbundesfest am 22. bis 25. Juni 1865 418
Fischer, C. Bildnis Gustav Nieritz 356
Fleischmann, E. Der alte Galeriehof. 1835 184
Floßbrücke, Die russische, bei Dresden im April 1813 142
Flugblatt: Das Begräbnis der Vogel-Marliese 225
Flugblatt: Das Neumünchner Bier 288
Flugblatt zur Eröffnung der Leipzig-Dresdener Eisenbahn. 1839 297
Flugblatt gegen die Verteuerung des Brotes 353
Franke, J. Die alte Sophienkirche vor dem Umbau 270
Franzosen schließen am 28. August 1813 ihre Gefangenen in die Kreuzkirche ein 160

Seite
Friedrich, Caspar David. Die Königsmühle im Plauenschen Grunde. Um 1800 68
Die Pulvermühle im Plauenschen Grunde. Um 1800 118
Selbstbildnis 196

Gille, F. C. Bildnis Karl Theodor Winkler nach dem Gemälde von Fr. Gonne 349
Graff, Anton. Bildnis des Johann Georg Palizsch. 1782. Museum für Volkskunde . . . 49
Bildnis des Hofkapellmeisters Johann Gottlieb Naumann. 1801. Kupferstich-Kabinett . . 73
Selbstbildnis. 1795. Staatliche Gemäldegalerie 99
Kurfürst Friedrich August von Sachsen 173
Grolich. Das Castrum doloris für König Friedrich August I. von Sachsen. 269
Grunewald. Bildnis König Friedrich August II. von Sachsen. 1840 355

Haertel, C. Huldigungsblatt für Ludwig Richter. Kupferstich-Kabinett 434
Hähnel, Ernst Julius. Entwurf zu dem Bacchuszug im Hoftheater. Kupferstich-Kabinett . 323
Hammer, C. G. Die alte Gemäldegalerie 58
Das Landhaus des Fürsten Putjatin. 1811 230
Hammer, C. G. Zuckerfabrik von H. W. Calberla. Kupferstich-Kabinett 289
Hanfstaengl, Franz. Bildnis Ludwig Tieck. 1837 244
Bildnis Wilhelmine Schröder-Devrient. 1840. 337
Bildnis Emil Devrient. 1842 338
Bildnis Joseph Tichatscheck 401
Bildnis Marie Bayer-Bürck 406
Hanfstaengl, Peter. Bildnis Anton Mitterwurzer 402
Hartmann, Ferdinand. Titel zu Kleists „Phöbus". 1808. Landesbibliothek VIII
Hauptwache, Die, mit dem neuen Hoftheater. Kupferstich-Kabinett 208
Heine, Fr. Wilhelm. Einzug des Kronprinzen Albert mit den siegreichen sächsischen Truppen am 11. Juli 1871 431
Hoftheater, Das Königliche, im Jahre 1837 209
Hübner, Julius. Entwurf für den Vorhang im neuen Theater 316
Selbstbildnis 396
Hullmandel, C. Auf der Zwinger-Galerie 241
Blick in die Rampesche Gasse. 249
Teilansicht des Zwingers. 252

Innenansicht der Gemäldegalerie. 1830. Kupferstich-Kabinett 61

Japanische Palais, Das, in der Neustadt 111
Jentzen, F. Herzog Albert von Sachsen. 1850 373
Jentzsch, Johann Gottfried. Blick auf Schloß Pillnitz. Um 1800. Kupferstich-Kabinett 50

Keyl, M. Linckens Bad bei Neustadt-Dresden. Um 1770 205
Kietz, E. B. Bildnis Carl Gottlob Reißiger 324
Bildnis Gottfried Semper 325
Klinsky, Joh. Gottfried. Ehrenpforte für Napoleon auf dem Schloßplatz im Mai 1812 135
Köhler, Ernst. Aus der Schlacht bei Dresden . . . . . 166—168
König, J. Flugblatt zu dem Kulissenstreit Dawison-Devrient. 1863 407
Körner, Theodor. Miniatur-Bildnis. Um 1810. Körner-Museum 94
Gedicht: Vor Rauchs Büste der Königin Luise. Faksimile. Körner-Museum 131

Seite
Kriehuber, Joseph. Bildnis Bogumil Dawison 405
Krüger, G. Bildnis Herzog Albert von Sachsen. 1850 373
Kügelgen, Gerhard von. Selbstbildnis 195
König Saul und David. Kunsthandlung P. Rusch, Dresden 198
Kügler, G. A. Spottbild auf Beusts Abreise nach London 386
Kurländer Palais, Das 66

Lesch, Heinrich. Plan von Dresden. 1828. Kupferstich-Kabinett 250, 251
Leypoldt, C. J. von. Die im Jahre 1820 abgebrochene Bastion Merkur 154
Lindemann, C. P. Illumination im Brühlschen Palais. 1738. Kupferstich-Kabinett . . . 44
Ludwig, Otto. Bildnis. 1850 343
Lutherer-Resch, C. Wache der Kommunalgarde am Dresdner Stadthause. 1849 367

Marktplatz, Der, von Dresden-Neustadt. Um 1820 243
Matthaei, C. Die Abguß-Sammlung im ehemaligen Galeriegebäude 124
Matthaey, Heinrich. Das Rats-Chaisenhaus auf dem Altmarkt 293
Permosers „Fliegender Saturn" an der Augustusbrücke. 1874 446
Mengs, Anton Raphael. Kurfürstin Maria Antonia. 1751. Gemäldegalerie 32
Mohn, Paul. Die Bastei. Kupferstich-Kabinett 455
Molinari, Al. Therese aus dem Winckell 257
Monument des General Moreau bei dem Dorfe Räcknitz. 1814 163
Motte, C. Aus der Schlacht bei Dresden. 1813 159

Nagel, Johann Friedrich. Die bretterne Saloppe. Um 1810 185
Nowakowsky. Johann Karl Gottfried Rehhahn 222

Oeser, Fr. L. Der tiefe Grund bei Schandau. 1790. Kupferstich-Kabinett 67

Packhof, Der, im Jahre 1832 294
Palais Marcolini in der Friedrichstraße 130
Parade, Die große, vor Kaiser Napoleon auf der Ostrawiese am 10. August 1813 136
Pietschmann, Max. Fackelzug zu Ehren des Fürsten Bismarck am 18. Juni 1892 452
Plan von Dresden im Jahre 1780 . . . . 24, 25
Plan von Dresden im Jahre 1828. Kupferstich-Kabinett 250, 251
Preller, Friedrich. Bildnis Ludwig Richter 432

Rasp, C. G. Kurfürst Friedrich August von Sachsen. 1780 173
Rau, J. H. G. Vor dem Rathaus am Abend des 9. September 1830 275
Richter, J. C. A. Die Piekertsche Wirtschaft im Großen Garten 81
Straße in Blasewitz mit Proviantknecht 87
Das Leipziger Tor im Jahre 1846 354
Richter, Ludwig. Blick auf Dresden über Plauen 187
Ruinen vom alten Schloß zu Pillnitz 1818 216
Im Großen Garten 280
Blick auf Dresden aus dem Ostra-Gehege 284
Blick über die Elbbrücke auf die Altstadt 328

Seite

Richter, Ludwig. Blick in den Zwinger . . . 335
Franz Timmler . . . 409
Riedel, J. Das Viktoria-Hotel vor dem Seetor . . . 425
Rietschel, Ernst. Jugendliches Selbstbildnis . . . 306
Rohbock, L. Palais im Großen Garten. Um 1850 . . . 281
Rosmaster. Dresdener Trachtenbilder. Um 1780 . . . 76
Rotari, C. P. Bildnis Georg Adolf Hasse . . . 55

Schillerhaus, Das, in Loschwitz . . . 88
Schillers Brief vom 12. September 1785 an seinen Freund Körner. Faksimile . . . 89
Schlick, G. König Johann von Sachsen . . . 392
Schloß Uebigau an der Elbe. Kupferstich-Kabinett . . . 84
Schmidt, C. Die Neustädter Kirche. Um 1830 . . . 299
Schneider, Otto. Ludwig Richters Geburtshaus in der Friedrichstraße . . . 441
Die Brühlsche Terrasse mit Café Reale und Doublettensaal . . . 451
Schönheit, C. S. Die neue Kreuzkirche . . . 83
Scholtz, Julius. Barrikadenkampf in Dresden 1849 . . . 361
Schulze, C. G. Bildnis des Johann Georg Palizsch. 1782. Museum für Volkskunde . . 49
Schröder-Devrient, Wilhelmine, fordert am 3. Mai 1849 die Volksmenge auf, vor das Königliche Schloß zu ziehen . . . 359
Schumann, L. Das Pirnaische Tor vor 1812. Grabenseite . . . 179
Schwerdgeburth, C. A. Bildnis Karl Maria von Webers . . . 210
Seetor, Das, vor der Auflassung der Festungswerke . . . 31
Sillig, W. Die Letzten fliehen über die angezündete Verbindungsbrücke am 15. Mai 1813 147
Sitzung der Ersten Kammer im Jahre 1831 . . . 278
Sonntag, E. Nesmüllers Sommertheater im Großen Garten . . . 424
Sprinck, C. F. Das Pirnaische Tor vor 1812 . . . 153
Das Wilsdruffer Tor vor 1811 . . . 177
Ruinen vom alten Schloß zu Pillnitz. 1818 . . . 216
Stallhof, Der. Um 1840 . . . 309
Staub, L. Bildnis der Klaviervirtuosin Klara Wieck . . . 331
Stock, Dora. Bildnis Minna Körners. Um 1786. Körner-Museum . . . 94
Bildnis Emma Körner. Körner-Museum . . . 94
Selbstbildnis. Körner-Museum . . . 129
Stoelzel. Silhouette der Kurfürstin Amalia Augusta. 1783 . . . 97
Sylvestre, Louis de. Bildnis des Grafen Heinrich von Brühl. Um 1740 . . . 46
Reiterbildnis König Augusts des Starken. Staatliche Gemäldegalerie . . . Titelbild

Täubert, Carl. Die Saloppe bei Dresden. 1784 . . . 120
Ansicht der Bastei. Um 1820 . . . 189
Die Verbindungsbrücke von Rathen (Basteibrücke) . . . 190
Blick von der Brühlschen Terrasse auf die Hofkirche. Um 1850 . . . 303
Täubert, Franz. Die Promenade am ehemaligen Seetor. Sammlung der Sekundogenitur 180
Schloß Pillnitz. Um 1810. Kupferstich-Kabinett . . . 186
Das Königliche Residenzschloß. Sammlung der Sekundogenitur . . . 300

Seite

Täubert, G. Blick in die Moritzstraße. Um 1830 . . . 266
Das Hotel de Saxe am Neumarkt . . . 426
Theaterzettel zur Erstaufführung von: „Der Freyschütz" . . . 247
„Faust" . . . 255
„Rienzi, der Letzte der Tribunen" . . . 315
Theil, Johann Benedikt. Die Reitbahn im Stallhof. Um 1730. Kupferstich-Kabinett . . 30
Äußere Ansicht des Zwingers mit Graben. Um 1800 . . . 112
Thormeyer. Das Pirnaische Tor vor 1812. Grabenseite . . . 179
Thümling, L. Die neue Synagoge. Erbaut von Gottfried Semper 1838—1840 . . . 326
Tiedge, Christian August. Miniatur-Bildnis. Um 1810. Körner-Museum . . . 100
Torelli, Steffano. Bildnis der Kammersängerin Faustina Hasse . . . 56
Townley, Charles. Anton Graff im Kreise seiner Familie. 1788. Körner-Museum . . . 74

Uniformen der Kommunalgarde Dresdens 1849 . . . 368

Venetianisches Haus des Hofmarschalls Freiherrn C. von Gutschmid . . . 350
Vignetten . . . 1, 18, 357, 384
Vogel von Vogelstein, Carl Christian. Bildnis Karl Maria von Weber. 1823 . . . 210
Bildnis Ludwig Tieck . . . 244
David d'Angers modelliert die Büste Tiecks . . . 305
Bildnis König Friedrich August II. von Sachsen. 1840 . . . 355
Die Mitglieder der Dresdener Konferenzen im Brühlschen Palais am 23. Dezember 1850 391
Vogelschießen, Das Dresdner, um 1790 . . . 411
Vogelwiesen-Gewitter, Das große, im Jahre 1861 . . . 413

Wachtposten der Kommunalgarde an der Wallstraße im September 1830 . . . 277
Wagener, Friedrich Erhard. Bildnis Christian Gottfried Körner. 1790. Körner-Museum 93
Wagner, Richard, Bildnis . . . 318
Walther, J. Das Interimstheater in den Jahren 1869 bis 1878 . . . 423
Wehle, Robert. Abmarsch preußischer Truppen nach den Straßenkämpfen im Jahre 1849 380
Weinhold, J. G. Bildnis Karl Gutzkow. 1844 . . . 332
Carola, Herzogin von Sachsen . . . 374
Weinrebe, E. Blick auf Dresden vom Waldschlößchen. Museum für Volkskunde . . . 442
Wendler, J. Spottbild auf die Krinoline. Um 1850 . . . 389
Wettrennen auf den Elbwiesen am 2. Juli 1805 . . . 117
Will, Johann Martin. Die Belagerung Dresdens im Juli 1760 . . . 36, 37
Williard, H. Erinnerung an Elisa von der Recke und Tiedge. 1841. Körner-Museum . . . 258
Wunderlich. Das Castrum doloris für König Friedrich August I. . . . 269

Zeising, Walter. Das italienische Dörfchen. 1905. Kunstverlag Emil Richter, Dresden . . 456
Zöllner, L. Bildnis Carl August Böttiger. 1826 . . . 123
Die Mitglieder der Dresdener Konferenzen im Brühlschen Palais am 23. Dezember 1850 391
Zucchi, Lorenzo. Bildnis des Grafen Heinrich von Brühl. Um 1740 . . . 46
Kapellmeister Georg Adolf Hasse . . . 55
Kammersängerin Faustina Hasse . . . 56

Namen-Verzeichnis

In dieses Verzeichnis wurden nur die Namen jener Personen aufgenommen, über die oder von denen auf den angegebenen Seiten etwas Wesentliches gesagt ist.

Seite

Albert, König von Sachsen . . 373, 429, 450
Albrecht, Herzog zu Sachsen 28
Albrecht, Prinz von Preußen 341
Anna, Kurfürstin von Sachsen 40
Anton Clemens Theodor, König von Sachsen 271
Arnold, Johann Christoph 114, 177
Auerbach, Berthold 330
Auerswald, Hans Adolf Erdmann von 351, 352
August der Starke, Kurfürst von Sachsen und König von Polen 6, 12, 14, 21, 22, 33, 40, 187
Avenarius, Ferdinand 439
Bähr, George 8, 65
Bakunin, Michael . . 363, 370, 372, 375, 384
Banck, Karl 351
Baudissin, Graf Wolf von 439
Bauer, Karoline 310
Bebel, August 453
Becker, Sophie 71
Bendemann, Eduard 304, 308, 314, 342, 395, 397, 400
Beust, Friedrich Ferdinand Graf von 358, 364, 365, 369, 384, 387, 390
Bieberstein, Marschall von 366, 370
Bienert, Gottlieb Traugott 352
Bismarck, Otto Fürst 453
Blum, Robert 357
Böttger, Johann Friedrich 8
Böttiger, Carl August 121, 123, 125, 212, 246, 286, 308
Brendel, Oberst 138
Breuer, Legationsrat 212
Brühl, Heinrich Graf 11, 40, 45, 46, 108
Bucher, Karl Otto 285, 408
Buchner, Paul 4
Burney, Charles 63, 65
Carl, Prinz von Sachsen, Herzog von Kurland 66, 70

Seite

Carus, Carl Gustav . . . 182, 194, 197, 199
Casanova, Giovanni Battista 63
Chevalier de Saxe 66, 70
Chiappone, Gastwirt 211, 213
Chiaveri, Gaetano 8
Cornelius, Peter 194, 232
Crusius, Oberbibliothekar 107
Dahl, Johann Christian Clausen 234, 310, 311
Daßdorf, K. W. 107, 108
David d'Angers 302
Davoust, Marschall, Prinz v. Eckmühl 139, 149, 150
Dawison, Bogumil 404, 405, 407
Demiani, von, Galerieinspektor 201
Devrient, Eduard 342, 345
Devrient, Emil 310, 333, 338, 345, 404, 407, 420
Devrient, Ludwig 345
Dietrich, Chr. W. E. 63
Dietrich, Oberst 366
Dinglinger, Johann Melchior 8
Dönhoff, Gräfin von 13, 14, 16
Dorothea, Herzogin von Kurland 71, 72, 100, 127, 260
Dreyssig, Kapellmeister 193
Duboc, Julius 439
Duboc, Karl Eduard 437
Dunger, Gustav 449
Eckstein, Ernst 438
Einsiedel, Graf Detlev von 203
Elisabeth, Prinzessin von Sachsen 54
Ernst, Hofsekretär 242
Falkenstein, Karl 259
Flemming, Feldmarschall Graf von . . . 15
Fohr, Karl Philipp 433
Fontane, Theodor 286
Förster, Friedrich 134
Förster, Karl 212, 232, 262, 302
Freytag, Gustav 339, 346, 348

Seite
Friedrich August II., Kurfürst von Sachsen 11, 202
Friedrich August I., König von Sachsen 137, 150, 151, 173, 175, 203, 218, 268
Friedrich August II., König von Sachsen 273 f., 345, 355, 357, 360, 364, 394
Friedrich Christian, Kurfürst von Sachsen 63
Friedrich der Große, König von Preußen 21, 33, 57
Friedrich Wilhelm I., König von Preußen 21, 70
Friedrich Wilhelm III., König von Preußen 132
Friedrich, Caspar David 196, 199, 200, 202, 233, 313
Friedrich, Friedrich 437
Frölich, Gustav 449
Frommann, Karl Friedrich Ernst 191
Gablenz, Generalleutnant von . . 273, 274
Garcia-Viardot 336
Gellert, Christian Fürchtegott 51, 108
Geßler, Karl Graf von 101
Gjellerup, Karl 439
Goethe, Johann Wolfgang von 58, 92, 191, 199, 253, 255
Gouvion de Saint Cyr, Marschall . . . 169
Graff, Anton 63, 74, 98, 99, 194
Groll, Peter 220, 221
Gutzkow, Karl . . . 332, 333, 334, 339, 345
Hagedorn, Christian Ludwig von . . 60, 63
Hähnel, Ernst Julius 314, 329, 340, 341, 397
Hamilton, Emma 115, 119
Hamilton, Sir William 119
Hanfstaengl, Franz 304
Hartmann, Ferdinand 201, 202
Hasche, Johann Christian 72, 85
Hasse, Johann Adolf 11, 55, 57
Hasse, Faustina, geb. Bordoni . 11, 56, 57
Haucke, Johann Gottfried 63
Heine, Heinrich 246
Heinrich der Erlauchte, Markgraf von Sachsen 28
Heinrich, Maler 234
Heinze, Paul 438
Hell, Theodor, siehe Theodor Winkler
Helmert, Buchhändler 226
Herr, Margarete 437

Seite
Herz, Henriette 191
Heubner, Otto Leonhard . . . 369, 370, 384
Hiller, Ferdinand . . . 330f., 335, 342, 345
Hoff, Johann Friedrich 388
Hoffmann, E. Th. A. 199, 200, 206
Holtei, Karl von 213
Horn, Uffo 342, 345
Hübner, Julius 308, 314, 329, 342, 345, 396, 397
Humboldt, Wilhelm von 134
Immermann, Karl 266, 279
Irving, Washington 218
Johann Georg I., Kurfürst von Sachsen . . 4
Johann Georg II., Kurfürst von Sachsen . 6
Johann, König von Sachsen 200, 217, 329, 346, 387, 392, 429, 436
Jonas, Fritz 90
Kaufmann, Mechanikus 194
Kind, Friedrich 212, 242, 245, 247
Kirchbach, Wolfgang 438
Kleist, Heinrich von 122, 128, 242, 245
Klemm, Gustav 239, 268
Klengel, Wolf Kaspar von 6
Knöffel, Johann Christoph 11
Koch, Julius . . . . 166 f.
Königsberger, Leo 435
Könneritz, Julius Franz Jakob von . . 175, 273
Koppel-Ellfeld, Franz 437
Körner, Christian Gottfried 86, 89, 90—93, 95—97, 101, 126, 175, 202, 242
Körner, Emma 94, 127, 128
Körner, Minna, geb. Stock 90—92, 94, 95, 126, 172
Körner, Theodor . . 94, 127, 131, 134, 172
Kosegarten, Ludwig Th. 115
Krebs, Hofkapellmeister 393
Krubsacius, Friedrich August 11
Kuehl, Gotthard 449
Kügelgen, Franz Gerhard von 138, 195, 199, 200, 202, 245
Kügelgen, Marie Helene von . . . 140, 226
Kügelgen, Wilhelm von 132, 138, 200, 219, 304, 454
Kühn, Friedrich 242
Kunze, Wilhelm 172

Seite
Laun, Friedrich 95, 242
Lehrs, Max 454
Lessing, Karl Friedrich 304, 308
Lichnowsky, Fürst Felix 351, 352
Lichtwark, Alfred 440
Liman, Paul 439
Lindenau, Geheimrat von 273
Lipinski, Konzertmeister 394
Lipsius, Konstantin 449
Loen, Michael von 12, 17
Lucius, Caroline 51
Ludwig, Otto 336, 342, 343
Lüdemann, Wilhelm von (Ernst Scherzlieb) 248, 286
Lüttichau, Wolf Adolph von 320, 321, 342, 344, 345 f., 347, 375
Maltitz, Baron von 310
Marcolini, Camillo Graf . . . 107, 108, 137
Maria Antonia, Kurfürstin von Sachsen 11, 32, 33, 57, 63
Meerheimb, Richard Albert von 439
Meißner, Alfred 328, 420
Mengs, Anton Raphael 63, 194
Meschwitz, Heinrich 414
Metternich, Clemens Fürst von 137
Meyerbeer, Giacomo 322, 393, 404
Meynert, Heinrich 289, 292
Miltitz, Freiherr von 152
Mohn, Paul 430
Moritz, Kurfürst von Sachsen 2
Morlachi, Hofkapellmeister . . 204, 217, 314
Mosen, Julius 310
Möser, Albert 438
Mozart, Wolfgang Amadeus 91, 92
Müller, Adam Heinrich . 122, 125, 128, 242
Müller, Franz Hubert 202
Müller, Joseph Ferdinand, gen. Nesmüller 427
Münzer, Thomas 363
Murat, König von Neapel 134
Napoleon I., Kaiser von Frankreich 132, 134, 137, 151, 152, 162, 169
Näther, Schloßturmwächter 103
Naumann, Johann Gottlieb 11, 70, 72, 73, 101
Naumann, Sekretär 107, 108
Nelson, Horatio 115, 119
Seite
Nieritz, Gustav 103, 126, 164, 169, 356, 358, 364
Nosseni, Giovanni Maria 4
Nostiz-Jänkendorf, Minister 242
Oehme, Maler 313
Oeser, Adam Fr. 63
Olpe, M.. 110
Orczelska, Gräfin 20, 21
Otto der Reiche, Markgraf von Sachsen . . 28
Paer, Kapellmeister 127
Palizsch, Johann Georg 48, 49
Parthey, Gustav 91
Paul, Jean 98, 262
Pecht, Friedrich 304, 335
Peschel, Karl Gottlob 304, 313
Planitz, Karl Edler von der 440
Plockhorst, Bernhard 351
Polenz, Wilhelm von 439
Pöllnitz, Baron 21
Pöppelmann, Matthäus Daniel 8
Preller, Friedrich der Jüngere . . . . . 394 f.
Putjatin, Fürst 227, 231
Quandt, J. G. von . . 259, 313, 328 f., 334
Rabenhorst, Bernhard . . 358, 364, 365, 369
Racknitz, Friedrich Joseph Freiherr von 96, 97, 203
Ramberg, A. von 335, 339
Rau, Woldemar 397
Rebmann, A. G. F. 110, 113
Recke, Elisa von der . . . 70, 100, 101, 259 f.
Reinhardt, Carl 410
Reissiger, Carl Gottlob 314, 319, 322, 324, 347, 393
Rellstab, Ludwig 187
Rethel, Alfred 340, 341, 375
Reynier, General 143, 145, 146
Richter, Ludwig 152, 304, 313, 314, 430, 432
Richter, Otto 429
Riedel, Johann Anton 59, 63
Riemer, Friedrich Wilhelm 191
Rietschel, Ernst 183, 304, 306, 312—314, 330, 340, 341, 397
Risbeck, Kaspar 75
Robert, Ludwig 213
Röckel, August . . . 316, 363, 372, 384, 387
Rossini, Gioachino 214

Seite
Rumpelt, Al. Anselm 439
Runge, Philipp Otto 120
Rutowski, Fr. August Graf von 21
Schadow, Wilhelm 302
Schelling, Fr. W. J. 199
Schenau, Elias 63
Scherzlieb, Ernst (W. von Lüdemann) 248, 286
Schiller, Friedrich . . . . 86, 89, 90—92, 233
Schinkel, Karl Fr. 314
Schmidt, J. G. 11, 65
Schnorr von Carolsfeld, Julius 329, 340, 341, 397, 400
Schönberg, August 219, 228
Schöne, Hermann 377
Schopenhauer, Artur 245, 329
Schrepfer, Johann Georg 66
Schreyer, P. 35
Schröder-Devrient, Wilhelmine 310, 322, 336, 337, 359, 363
Schubert, August von 364
Schubert, Gotthilf Heinrich von 121
Schulz, Hofrat 321, 322
Schulz, Generalmajor von 364
Schulze, Friedrich August 95
Schumann, Robert 333, 336, 341
Schwarzenberg, Fürst Felix 390
Seconda, Joseph 204
Seebach, Nikolaus Graf 454
Seebeck, Dr. 192
Segert, Dr. 134
Seidelmann, Professor 201
Seidler, Luise 98, 191, 256
Semper, Gottfried 304, 314, 326, 329, 339, 340, 363, 384
Silbermann, Gottfried 65
Sophie, Kurfürstin von Sachsen 2
Stahr, Karl 403
Stein, Karl Freiherr vom 151
Stern, Adolf (Adolf Ernst) 437
Stock, Dorothea . . . 90—92, 95, 127, 129
Strauß, Victor Friedrich von 437
Struve, F. A. August 286
Thielmann, Johann Adolf Freiherr von 151, 152
Tichatscheck, Joseph 387, 400, 401
Seite
Tieck, Ludwig 212, 233, 244—246, 253, 260, 265 f., 302, 308
Tiedge, Christian August . . . 100, 259 f., 308
Todt, Geh. Regierungsrat . . 369, 371, 384
Treitschke, Heinrich von 448
Treu, Georg 454
Tschirner, Bürgermeister . 364, 369, 371, 384
Tunnerstick, Dr. 65
Ulrici, Carl (Günther Walling) 438
Vitzthum von Eckstädt, C. W. Graf . . . 203
Vogel, Christian Lebrecht 194
Vogel von Vogelstein, Carl Christian 302, 390
Vogel-Marliese 226
Wackerbarth, A. Chr. Graf von 70
Wagner, Richard 314 f., 318, 334, 339, 347, 360, 370 f., 384, 387
Waldmüller, Robert 437
Wallot, Paul 449
Walster, Otto 415
Walther, Dr., Leibarzt 427
Wasiliewsky, Wilhelm Joseph von 393
Weber, F. B. . . . . 126—128
Weber, Alexander von 322
Weber, Karl Maria von 57, 192, 203, 206 f., 210, 247, 314, 321, 327, 393
Weber, Karoline von . . . 211, 213, 319, 322
Weber, Max Maria von 206, 322
Weinart, Benjamin Gottfried 23
Wesselhöft, Betty 191
Whitman, Sidney 427
Wieck, Klara 331, 336, 341
Winckell, Therese aus dem . . 201, 256, 257
Winckelmann, Johann Joachim 11
Winkler, Theodor (Theodor Hell) 203, 212, 242, 245, 246, 308, 320, 347, 349
Wintzingerode, Ferdinand Graf von . . . 308
Witzleben, Oberst von 151
Woermann, Karl 437
Wraxall, William 66
Xaver, Prinz von Sachsen . . . 11, 51, 63
Zeuner, Gustav 435, 436
Zezschwitz, Freifrau von 161
Zezschwitz, Hofrat von 140, 220, 273
Zichlinsky, Leo von 370
Zingg, Adrian 98

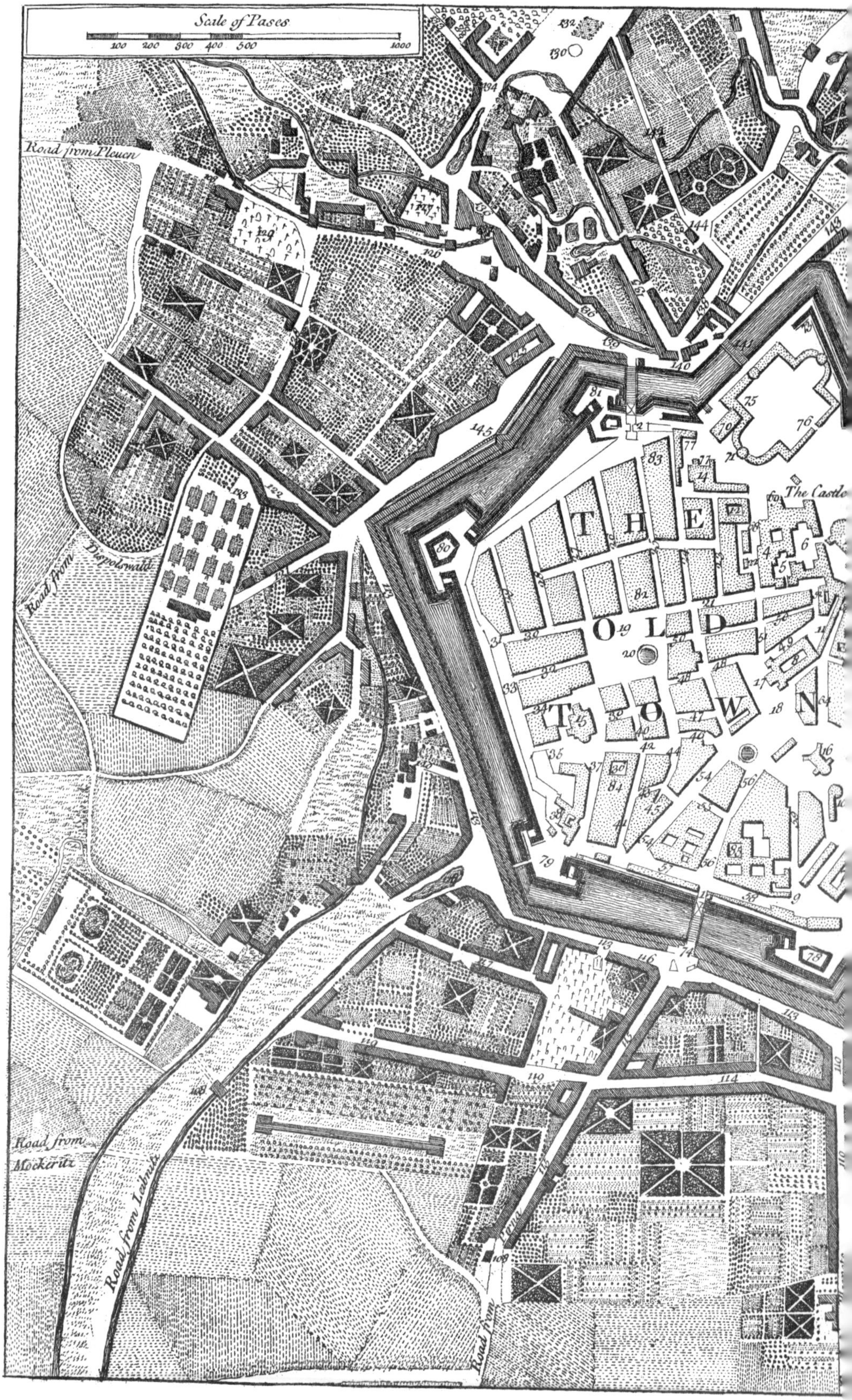
Scale of Pases
100 200 300 400 500
1000
Road from Plouen
Road from Diepolswald
Road from Mockeritz
Road from Leubnitz
Road from
The Castle
THE OLD TOWN